经济学研究丛书

JINGJIXUE YANJIU CONGSHU

中国审计发展报告（2016）

——经验探索、制度建构、公告概览和前景展望

ZHONGGUO SHENJI FAZHAN BAOGAO（2016）

南京审计大学　编著

红旗出版社

红旗出版社
RED FLAG PRESS
推动进步的力量

图书在版编目（CIP）数据

中国审计发展报告 . 2016：经验探索、制度建构、公告概览和前景展望 / 南京审计大学编著 . —北京：红旗出版社，2016. 12
ISBN 978-7-5051-3995-4

Ⅰ. ①中…　Ⅱ. ①南…　Ⅲ. ①审计—研究报告—中国—2016　Ⅳ. ① F239. 22

中国版本图书馆 CIP 数据核字（2017）第 004682 号

书　　名	中国审计发展报告（2016）——经验探索、制度建构、公告概览和前景展望		
编　　著	南京审计大学		
责编编辑	赵春霞		
装帧设计	人文在线		
出版发行	红旗出版社		
地　　址	北京市沙滩北街 2 号		
邮政编码	100727		
经　　销	全国新华书店		
发 行 部	010-57270296		
印　　刷	北京市媛明印刷厂		
开　　本	170mm×240mm	印　　张	22
字　　数	344 千字		
版　　次	2017 年 1 月北京第 1 版	印　　次	2017 年 1 月北京第 1 次印刷
书　　号	ISBN 978-7-5051-3995-4	定　　价	60. 00 元

欢迎品牌畅销图书项目合作联系电话：010-84026619

中国审计发展报告（2016）：
经验探索、制度建构、公告概览和前景展望

编　委　会

前　言

《中国审计发展报告（2016）：经验探索、制度建构、公告概览和前景展望》聚焦我国政府审计在2016年的发展，定位于两个角度：一是描述我国政府审计在2016年的发展状况；二是在此基础上，对未来的发展趋势做一简要展望，同时，也对一些发展状况做一简要评述。

关于发展状况的描述，最好的方法是定量和定性相结合。然而，由于各种原因，我国政府审计的定量数据在当年难以获取，所以，本发展报告是根据各级审计机关公开报道的信息，主要从定性角度来描述发展状况，包括三个方面：一是经验探索；；二是制度建构；三是公告概览。经验探索主要是各级审计机关在2016年的审计工作的各种创新，而制度建构是2016年各级审计机关出台的新制度，公告概览是2016年各级审计机关公告的审计结果。上述三个方面，从定性的角度，较大程度上描述了我国政府审计在2016年的发展状况。

关于前景展望，主要是对某审计类型或事项在未来的发展做一简要的构想，同时，在可能的情形下，也指出现在存在的问题。

本发展报告分为三个模块：模块一是综合报告，这部分聚焦我国政府审计发展中的综合性问题，这些问题不属于某一类审计业务，而具有全局性，对审计机关具有整体性影响。2016年，我国政府审计发展的综合性经验探索和制度构建主要体现在四个方面：人财物管理制度完善；综合性审计业务制度完善；新常态下如何更好地履行审计监督职责；“十三五”审计工作规划。模块二是分报告，这部分聚焦各类审计业务的发展。根据我国政府审计目前的审计业务类型，2016 年的发展报告中，选择了八类审计业务，形成八个分报告：本级政府预算执行审计及财政决算审计发展状况与前景展望；部门预算执行审计和部门决算审计发展状况与前景展望；经济责任审计发展状况与前景展望；金融审计发展状况与前景展望；企业审计发展状况与前景展望；固定资产投资审计发展状况与前景展望；资源环境审计发展状况与前景展望；外资运用审计发展状况与前景展望。模块三是专题报告，这部分对审计出现的一些新问题进行专门的调查和研究，2016 年选择了审计信息化。

本报告由王家新教授、晏维龙教授总体策划，尹平教授、王会金教授、时现教授、裴育教授参与总体策划，郑石桥教授组织实施，各报告具体分工如下：综合报告，郑石桥；本级政府预算执行审计及财政决算审计发展状况与前景展望，张耀中；部门预算执行审计和部门决算审计发展状况与前景展望，张耀中；经济责任审计发展状况与前景展望，张耀中；金融审计发展状况与前景展望，张耀中；企业审计发展状况与前景展望，吕君杰；固定资产投资审计发展状况与前景展望，吕君杰；资源环境审计发展状况与前景展望，吕君杰；外资运用审计发展状况与前景展望，吕君杰；电子数据审计国内应用现状调查与分析，陈伟；大数据审计研究，陈伟；电子数据审计的技术属性和逻辑过程，裴育、郑石桥。

以政府审计为对象，编写审计发展报告，是一项新的偿试，我们希望这本报告能一定程度上发挥智库的作用，对我国政府审计的发展有所裨益。书中的错误和缺陷，请读者指正！

本书材料主要来源于各报刊媒体及审计机关网站，并且标注了作者姓名，在此，向各原文献的作者表示感谢！

作者于南京老山之麓

2016/12/4

目 录

第1篇　综合报告

综合报告聚焦我国政府审计发展中的综合性经验探索和制度构建问题，这些经验探索和制度构建不属于某一类审计业务，而具有全局性，对审计机关具有整体性影响。2016年，我国政府审计发展的综合性经验探索和制度构建主要体现在四个方面：人财物管理制度完善；综合性审计业务制度完善；新常态下如何更好地履行审计监督职责；“十三五”审计工作规划。在上述四方面内容的基础上，本篇对部分内容有一个简要的评述和前景展望。

一、人财物管理制度完善

2014 年，党的十八届四中全会提出“完善审计制度，保障依法独立行使审计监督权”，《国务院关于加强审计工作的意见》对审计工作提出了原则性要求，2015 年 12 月 8 日，中办、国办《关于完善审计制度若干重大问题的框架意见》及相关配套文件，明确了完善审计制度的八大任务。所以，从 2014 年开始，完善审计制度是我国政府审计的重要议程。2016 年，各级政府及审计机关继续探索政府审计制度完善，并提出了一系列新的审计制度，基本可以区分为人财物管理制度和审计业务制度两方面，这里先介绍人财物管理制度的完善。

（一）浙江省委深改组审议通过《浙江省审计机关人财物管理改革试点实施方案》

2016 年 3 月 30 日下午，浙江省委书记、省委全面深化改革领导小组组长夏宝龙主持召开省委全面深化改革领导小组第九次会议并讲话。省委副书记、省长、领导小组副组长李强，省委副书记、领导小组副组长王辉忠出席会议。会议审议通过了《浙江省审计机关人财物管理改革试点实施方案》等改革举措。夏宝龙强调，我们要深刻领会习近平总书记在中央全面深化改革领导小组会议上的重要讲话精神，按照“抓主体责任、抓督办协调、抓督察落实、抓完善机制、抓改革成效、抓成果巩固”的要求，始终坚持问题导向和效果导向，下决心动真格，抓落实强执行，以闯关夺隘攻城拔寨的精神，确保各项改革部署落到实处，推动各项改革举措落地生根，以实实在在的改革成果为发展开路。会议要求，要扎实推进全省审计机关人财物管理改革试点，健全有利于依法独立行使审计监督权的审计管理体制，更好地服务于经济社会持续健康发展。会议强调，“一步实际行动胜过一打纲领”，现在的关键是抓好落实。各级各部门要把抓改革落地作为一项重大政治责任，时时放在心上，牢牢扛在肩上，紧紧抓在手上，全力打通“最后一纳米”。要过好责任关，抓领导责任、主体责任、协调责任，以高度负责的态度抓改革落地。要过好效率关，见势要早，动作要快，力度要大，以只争朝夕的干劲抓改革落地。要过好定力关，改革试点要试出经验，改革督察要一杆到底，改革考核要重在长效，以干一件成一

件的实际行动抓改革落地，确保改革真正取得实效。（梁敏、何刘坚，4.08）

（二）浙江正式启动地方审计机关人财物管理改革试点工作

2016年7月21日上午，浙江省委、省政府召开全省审计机关人财物管理改革试点工作动员部署会议。省委常委、常务副省长袁家军出席会议并做动员讲话。省委常委、省委秘书长陈金彪主持会议。省审计厅党组书记、厅长徐宇宁通报了《浙江省审计机关人财物管理改革试点实施方案》（以下简称《方案》）的主要内容。袁家军指出，确定浙江省作为全国省以下地方审计机关人财物管理改革试点省份，充分体现了党中央、国务院对浙江的信任和支持。管理改革试点是为了更好地发挥审计在党和国家监督体系中重要作用的内在要求，是更好地保障审计机关依法独立行使审计监督权的迫切需要，是更好地整合提升审计力量的重要途径。各地、各有关部门要切实把思想和认识统一到党中央、国务院和省委、省政府的决策部署上来，切实增强做好管理改革试点工作的责任感、使命感和紧迫感，积极稳妥有序推进管理改革试点工作。袁家军强调，省以下地方审计机关人财物管理改革试点是在地方审计机关双重管理体制框架下，加强上级党委和审计机关对下一级审计机关领导和管理的改革，必须强化一个意识，克服两种倾向，明确"三个没有变"。强化一个意识，即强化党对审计工作的领导；克服两种倾向，既要克服管理改革就意味着地方审计机关可以摆脱地方党委、政府的领导和监督的这一错误倾向，又要克服只接受地方党委、政府领导而置人财物管理改革于不顾或轻视的这一错误倾向；明确"三个没有变"，即地方审计机关实行双重管理的体制没有变，审计机关是同级政府组成部门的属性没有变，审计机关围绕中心、服务大局的工作方针没有变。袁家军指出，浙江省的《实施方案》明确了七方面31项改革具体措施，既认真贯彻了中央文件精神，又结合浙江实际，突出干部管理制度改革这个重点，统筹审计人、财、物、事等各个方面改革。他强调，各地、各有关部门要按照《实施方案》的要求，切实加强领导。各级党委、政府是推进改革试点工作的责任主体，主要领导是第一责任人，要亲自过问、亲自部署、亲自推进。省级有关部门要切实加强对各地的协调指导，确保改革工作稳步推进、取得实效；要抓紧组织实施，按照《实施方案》确定的各项任务，细化分工，厘清职责，明确时限，确保各项改革措施不折不扣落实到位。省审计厅要边探索、边总结，对试点工作中行之有效的经验、做法，及时总结完善，为全国面上改革积极探索路子；要严肃工作纪律，各地、各有关部门特别是审计机关广大干部要严肃政治纪律、组织纪律和工作纪律，在改革试点中必须严格按照中办发〔2015〕58号文件和《实施方案》要求来部署开展，确保中央和省委、省政府政令畅通。相关部门要定期督促检查，对改革试点工作任务重视不够、落实不力的单位和个人，要及时督促整改。袁家军要求全省审计机关要深入细致地做好思想政治工作，充分调动广大干部参与改革、支持改革的积极性、主动性，确保改革过程中思想不乱、工作不断、队伍不散，确保改革平稳有序推进。要以改革试点为契机，切实履行好审计督监职责，加大审计力度，改进审计方法，做好公共资金的“守护者”、念好权力监督的“紧箍咒”，勇于担当、奋发有为，更好地服务于浙江省经济社会持续健康发展。（祝子庆、何刘坚，7.21）

（三）广西审计厅积极贯彻落实《关于完善审计制度若干重大问题的框架意见》及相关配套文件精神

广西自治区审计厅积极采取措施贯彻落实《中共中央办公厅 国务院办公厅印发〈关于完善审计制度若干重大问题的框架意见〉及相关配套文件的通知》（中办发〔2015〕58号，简称《框架意见》）精神，为全区审计机关人财物管理改革做足准备、打好基础。一是科学安排审计项目，加快实现审计覆盖。在2016年审计项目安排中，该厅摸清了审计对象底数和自身审计资源状况，分析了审计对象的资金和资产规模、内部管理、相关的法律法规和政策等基本情况，把握审计的必要性和难易程度，决定对公权力大、公益性强、公众关注度高的重点单位三年轮审一次，对资金量较小或影响力不大的一般单位五年或不定期轮审一次，有重点、有步骤地推进公共资金审计全覆盖。二是突出审计重点导向，强化审计成果意识。明确了审计的重点为主要检查公共资金筹集、管理、分配、使用过程中遵守国家法律法规情况，贯彻执行国家重大政策措施和宏观调控部署情况，公共资金管理使用的真实性、合法性、效益性以及公共资金沉淀等情况，公共资金投入与项目进展、事业发展等情况，公共资金管理、使用部门和单位的财政财务收支、预算执行和决算情况，以及职责履行情况，确保在审计覆盖面“广”的同时，做到反映情况“准”、查处问题“深”、原因分析

“透”、措施建议“实”的审计效果，有深度、有成效地推进公共资金审计全覆盖。三是统筹整合审计资源，不断提升审计效率。2015 年以来，由财政处牵头，抽调其他业务处和法规处、信息中心组成分析团队，按行业收集整理相关法规政策，形成行业审计分析向导，对数据进行标准化处理和分析建模，探索出“总体分析、系统研究、发现疑点、分散核实、精确定位”的数字化审计方式。积极运用大数据等新技术、新手段，推动审计部门与相关部门的信息共享，扩大信息渠道和数据来源，逐步探索跨部门数据分析，提高审计效率，推进公共资金审计全覆盖；努力创新审计组织方式，科学整合审计资源，下好全区审计“一盘棋”，探索通过区、市、县审计机关合力实施审计项目的方式实现纵向联动，邀请内部审计人员参加项目审计，实现内外互补等审计组织方式，交流审计工作经验，提高审计人员业务能力，提升审计工作效率。四是加大人才培养力度，建立示范带动机制。建立健全全区审计人员管理数据库，加强对审计业务骨干的跟踪管理，针对审计精英骨干举办各类专题培训班。五是积极理顺机构职能，完善配套规章制度。为顺应党中央和国务院对审计工作的新定位、新要求，更好地发挥审计监督作用，厅党组按自治区人民政府关于推进机关改革和职能转变的要求，积极理顺处室职能定位和职责分工，减少职责交叉、权责脱节。（彭启民，7.15）

（四）云南省委、省政府印发《实施意见》

近日，云南省委、省政府印发《关于完善审计制度若干重大问题的实施意见》及《关于实行审计全覆盖的实施意见》《审计机关人财物管理改革试点工作实施方案》两个相关配套文件，深入贯彻落实中办国办《关于完善审计制度若干重大问题的框架意见》（中办发〔2015〕58 号）及相关配套文件精神，对云南省完善审计制度、实行审计全覆盖及推进该省审计机关人财物管理改革试点工作作出了全面部署。《实施意见》及配套文件提出了完善审计制度的总体目标：进一步完善审计管理体制，形成机构设置科学、权责划分明晰、人财物配置合理、运转高效的审计管理新体制，保障审计机关依法独立行使监督权，对公共资金、国有资产、国有资源和领导干部履行经济责任情况实行审计全覆盖，做到应审尽审、凡审必严、严肃问责，发挥好维护经济安全、推动深化改革、促进依法治省、推进廉政建设中的重要作用。《实施意见》及配套文件明确了完善审计制度的八大任务：实行审计全覆盖、强化上级审计机关对下级审计机关的领导、积极推进全省审计机关人财物管理改革、适时推进审计职业化建设、加强审计队伍思想和作风建设、建立健全履行法定审计职责保障机制、完善审计结果运用机制及加强对审计机关的监督。其中，对实行审计全覆盖、推进全省审计机关人财物管理改革进行了重点安排。配套文件《关于实行审计全覆盖的实施意见》明确要求，审计机关要按照科学规划、统筹安排、分类实施的原则，建立健全工作机制，在一定周期内对依法属于审计监督范围的所有管理、分配、使用公共资金、国有资产、国有资源的部门和单位，以及党政主要领导干部和国有企事业领导人员履行经济责任情况进行全面审计，做到应审尽审、凡审必严、严肃问责。要加强计划管理，整合审计资源，进一步强化监督合力，充分发挥审计的整体性和宏观性作用；创新审计方式方法，大力推进大数据审计工作模式，积极组织开展大项目审计，提升审计质量和效率。同时，为强化审计数据报送与管理，要求审计机关应建立被审计单位审计数据定期报送制度，有关部门、金融机构和国有企事业单位应按照审计机关要求主动予以配合，不得制定限制性规定。配套文件《审计机关人财物管理改革试点工作实施方案》明确要求，加强上级审计机关对下级审计机关的领导，强化省级审计机关的干部管理、业务管理、财务管理等职能，建立健全双重考核制度。州市、县级审计机关及所属事业单位人员编制统一上划，由省级机构编制部门单列管理，全省审计机关人员由省级统一招录、招聘；州市审计机关正职由省委（省委组织部）管理，其他领导班子成员和县级审计机关班子成员委托州市党委管理，任免州市审计机关领导班子成员和县级审计机关正职，须事先征得省审计厅党组同意；省以下审计机关人员供养、机构运转、履行职责所需的经费等由省级财政统一管理，纳入省级财政预算足额安排；审计项目计划实行省级统一管理、分级实施制度，下级审计机关在完成上级审计计划任务的同时，围绕地方党委、政府中心工作制定本级审计项目计划并开展工作。同时，也对完善审计结果报告和公告制度，强化审计质量控制，统筹推进信息化建设等方面提出了具体要求。实施方案也强调，省级各有关部门和各级党委、政府要高度重视，深刻领会中央完善审计制度的战略意图，统筹安排、超前谋划；各地区各相关部门要相互支持、相互配合、稳步推进。同时，各级有关部门要加强监督检查，严肃纪律；要加强新闻宣传、舆论引导，让广大干部群众充分了解审计机关改革试点工作的

重大意义、目标任务、关键措施，努力营造良好的试点工作环境。（厅办公室，8.10）

（五）贵州省审计机关人财物管理改革动员部署电视电话会议召开

近日，贵州省委、省政府召开全省审计机关人财物管理改革动员部署会议。省委书记、省人大常委会主任陈敏尔，省委副书记、省长孙志刚作出重要批示。省委常委、常务副省长秦如培出席会议并讲话。会议指出，审计机关人财物管理改革是保障依法独立行使审计监督权的必然要求，是统筹整合审计资源提高审计工作质量的必然要求，是加强审计队伍建设提高审计人员素质的必然要求。各地各有关部门要认真贯彻落实党中央、国务院和省委、省政府决策部署，按照陈敏尔书记、孙志刚省长的批示要求，把狠抓改革任务落实作为一项重大政治责任，切实加强组织领导和统筹协作，依法有序、积极稳妥推进改革工作，形成可复制、可推广的经验做法。会议强调，本次改革包括领导干部管理、机构编制和人员管理、经费和资产管理、审计项目计划统筹管理、审计结果报告和公告管理、审计执法责任制管理、审计信息化建设等七个方面，涉及面广、政策性强。要准确把握改革内涵，围绕改革目标，选好配强审计系统领导干部，不断优化审计机构设置，积极探索审计职业化，切实加强审计队伍建设，不折不扣把改革各项重点任务落到实处。会议要求，要以改革为契机，进一步强化审计监督职能，聚焦省委、省政府中心工作，主动适应新常态，积极践行新理念，优化审计机关机构设置，打造过硬审计干部队伍，与时俱进提升审计能力和水平，为全省守底线、走新路、奔小康作出新贡献。会上，贵州省委组织部、省编委办、省财政厅、省人力资源社会保障厅（省公务员局）、省审计厅作了发言。省有关部门负责人在主会场参加会议，各市（州）、县（市、区）政府及有关部门负责人在当地分会场参加会议。（范德武，8.12）

（六）重庆市委市政府印发实施方案部署审计机关人财务管理改革试点工作

为认真贯彻党中央、国务院《关于完善审计制度若干重大问题的框架意见》及相关配套文件精神，保障审计机关依法独立行使审计监督权，7月26日，重庆市委、市政府印发了《重庆市审计机关人财物管理改革试点实施方案》，按照坚持党的领导、坚持依法依规、坚持问题导向、坚持提升素质四项原则，结合直辖市特点，对完善审计制度，推进市、区县以及两江新区、万盛经开区审计机关人财务管理改革作出了全面部署。方案明确，全市审计机关按照干部人事、机构编制、经费资产、审计业务四统一的要求进行管理。区县审计机关正职由市委（市委组织部）管理，其他班子成员由市委委托区县党委管理，其任免须事先征得市审计局党组同意。区县审计机关审计人员由市级部门统一招录，机构编制、经费资产由市级部门统一管理。市级审计机关要建立健全审计项目计划管理制度、审计执法责任制、审计结果报告和公告制度，加强审计信息化建设，推进全市审计机关业务工作统一管理。方案要求，试点工作于 2016 年 7 月正式启动，2016 年年底前健全完善相关管理制度。全市各级党政领导要统一思想认识、明确责任，积极支持审计机关管理方式改革试点工作，认真协调解决改革推进过程中遇到的困难。各相关部门要密切配合，扎实落实好各项试点工作任务，严格遵守各项工作纪律，营造良好改革环境，确保改革工作顺利推进。（张斌，8.17）

（七）重庆市审计局召开全市审计机关人财物管理改革推进会

为认真落实市委、市政府召开的全市审计机关人财物管理改革试点工作动员会议精神，积极主动、低调务实的做好审计管理改革试点的启动工作，8 月 15 日，重庆市审计局召开了各区县审计局主要负责人参加的全市审计机关人财物管理改革试点推进会，明确提出了“三个必须”的总体要求，并对做好机构、编制、人员、经费预算、财务资产的自查清理以及下半年全市审计机关统一招录、2017 年审计计划制定等起步工作作出了安排。一是必须坚定地统一思想、深化认识。会议分析了当前审计队伍中存在的对管理体制改革工作心存疑虑的八种倾向性认识，并指出，审计管理改革试点的方向和目标已经明确，审计干部必须坚定地把思想和行动统一到党中央的决定上来，统一到市委、市政府制订的改革实施方案上来，统一到“独立依法行使审计监督权、更好的发挥审计作用”的改革目标上来，坚持步调一致、统一行动，为在全国推进审计管理体制改革探索路子、提供经验。二是必须不等不靠、低调务实地做好协调。会议强调，要克服可能产生的“盲目尊大、妄自菲薄、畏难懈怠”的三种不良心态，保持清醒头脑，坚持主动作为，不张扬、有定力、讲方略的做好前期各项协调工作，及时向党委政府汇报并争取支持，积极主动的和相关部门做好干部管理、编制上收、经费划转、人员招录等具体工作的衔接，重大问题及时向市局请示汇报。要抓好管理改革试点推进与审计工作的协调，在调整变革时期毫不松懈、恪尽职守，确保按时保质完成年度目标任务，切实做到思想不乱、队伍不散、工作不断、履职有力。三是必须不折不扣、有序有效地落实好改革措施。会议明确，各区县局主要领导要正视改革推进初期的各种困难和问题，切实负起责任，抓具体、推落实，有针对性地做好在职和离退休干部的思想政治工作，承办部门要细致入微的做好每项具体任务，不折不扣、不出差错的落实好改革措施。要严格改革纪律，严禁在改革期间增减内设机构、突击提拔干部、违规发放津补贴等。在市级相关操作办法出台前，要主动做好机构、编制、人员和经费预算、财务资产的自查清理，以及财政收支基数划转、2017 年经费预算编制、2017 年审计计划制定和“五年轮审”规划滚动修订等的准备工作，确保该市改革试点工作稳妥推进、如期完成、取得实效。（刘鎏，8.17）

（八）广东省委、省政府印发《关于完善审计制度若干重大问题的实施意见》及相关配套文件

为贯彻中央《关于完善审计制度若干重大问题的框架意见》及相关配套文件，广东省委、省政府 7 月 21 日印发了《广东省关于完善审计制度若干重大问题的实施意见》（以下简称《实施意见》）及相关配套文件，对广东省完善审计制度、保障依法独立行使审计监督权作了部署和安排。广东省完善审计制度改革领导小组成员单位各负其责，进一步细化操作办法，促进改革措施落地。《实施意见》明确了广东省完善审计制度的指导思想、总体目标和基本原则。提出的总体目标是加大改革创新力度，完善审计制度，健全有利于依法独立行使审计监督权的审计管理体制，建立具有审计职业特点的审计人员管理制度，对公共资金、国有资产、国有资源和领导干部履行经济责任情况实行审计全覆盖，做到应审尽审、凡审必严、严肃问责。到 2020 年，基本形成与治理体系和治理能力现代化相适应的审计监督机制，更好发挥审计在保障国家和省重大决策部署贯彻落实、维护经济安全、推动深化改革、促进依法治省、推进廉政建设中的重要作用。明确的八项主要任务是实行审计全覆盖、强化上级审计机关对下级审计机关的领导、探索省以下地方审计机关人财物管理改革、推进审计职业化建设、

加强审计队伍思想和作风建设、建立健全履行法定审计职责保障机制、完善审计结果运用机制、加强对审计机关的监督。贯彻落实《实施意见》，当前的重点任务有三项：一是全面履行审计监督职责，实行审计全覆盖。通过统筹整合审计资源、创新审计组织方式和创新审计技术方法，对公共资金、国有资产、国有资源和领导干部履行经济责任情况实行审计全覆盖。全省各级审计机关要建立健全与审计全覆盖相适应的工作机制，科学规划，统筹安排，分类实施，注重实效，坚持党政同责、同责同审。二是强化上级审计机关对下级审计机关的领导。围绕增强审计监督的整体合力和独立性，强化全省审计工作的统筹。加强审计机关干部管理，任免省审计厅正职，须事先征得审计署党组同意；任免省审计厅副职，须事先征求审计署党组的意见。上级审计机关要加强审计项目计划的统筹和管理，合理配置审计资源，省审计厅年度审计项目计划要报审计署备案。三是探索省以下地方审计机关人财物管理改革。按照中央部署，从完善领导干部管理制度、完善机构编制和人员管理制度、完善经费和资产管理制度、建立审计项目计划统筹管理机制、完善审计结果报告和公告制度、建立健全审计执法责任制、统筹推进审计信息化建设等方面，在该省开展省以下地方审计机关人财物管理改革试点。各级党委、政府要按照党管干部、统一管理的要求，加强对本地区审计改革工作的领导。《实施意见》要求省审计制度改革试点工作领导小组负责全省审计制度改革试点工作的组织实施。省有关部门和市、县党委、政府要从党和国家事业发展全局出发，充分认识完善审计制度的重大意义，加强工作统筹，形成合力，推动各项改革措施贯彻落实。省审计厅要会同有关部门按照《实施意见》确定的目标要求和任务，加强组织协调，密切配合，有重点、有步骤地抓好落实。市、县党委和政府要积极支持审计制度改革。市、县级审计机关要严格按照省的要求做好相关工作。（张晓梅，8.24）

（九）江苏省出台审计机关人财物管理改革试点实施方案

2016年7月28日，江苏省委、省政府正式印发《江苏省审计机关人财物管理改革试点实施方案》（以下简称《方案》）。实施方案从改进领导干部管理制度等7个方面对江苏审计机关人财物改革试点工作进行了全面部署。实施方案明确了审计机关领导干部、机构编制和人员以及经费、资产的管理制度。设区市审计局正职由省委管理，其他领导班子成员和县

（市、区）审计局领导班子成员委托设区市党委管理。任免设区市审计局领导班子成员和县（市、区）审计局正职，须事先征得省审计厅党组同意。省机构编制委员会办公室统一管理全省审计机关的机构编制，省审计厅协助开展相关工作。全省新进审计人员由省级统一招录，对专业性较强的职位可以实行聘任制。设区市、县（市、区）审计局为本级财政一级预算单位，其经费预算和资产由省财政厅委托设区市、县（市、区）财政部门管理。实施方案要求，全省各级审计机关的审计项目计划由省审计厅统一管理。设区市、县（市、区）审计局对本级预算执行情况和其他财政财务收支情况的审计工作报告，在听取本级政府行政首长意见并报经上级审计机关审定后，按规定程序向本级人民代表大会常务委员会报告。上级审计机关要加强对下级审计机关审计质量的监督检查，建立健全审计执法责任制。统筹推进审计信息化建设，构建省级审计数据系统。实施方案最后强调，各级党委、政府要切实加强对全省审计机关人财物管理改革试点工作的领导，坚持整体设计、先行先试、有序推进。努力营造良好改革环境，确保审计队伍思想稳定、审计业务及其他各项工作有序进行。省级各有关部门要按照试点任务要求和各自职能，明确分工，落实责任，密切配合，共同抓好改革的组织实施工作。（肖可，8.19）

（十）江苏部署审计机关人财物管理改革试点工作

2016年8月26日，江苏省召开全省审计机关人财物管理改革试点工作部署电视电话会议。省委副书记、省长石泰峰在会上强调，要认真贯彻中央对开展审计机关人财物管理改革试点工作的决策部署和省委、省政府的工作要求，强化责任担当，积极探索实践，狠抓工作落实，确保圆满完成改革试点各项任务，为“强富美高”新江苏做出应有贡献。石泰峰指出，开展全省审计机关人财物管理改革试点工作，是党中央、国务院赋予江苏的重要任务，也是推进江苏审计工作改革发展的重要机遇，要从全面深化改革和全面推进依法治国的高度，充分认识到推行改革是保障审计机关依法独立行使审计监督权的迫切需要，是新形势下完善审计管理体制的迫切需要，也是进一步提升审计工作水平的迫切需要，进一步增强责任感、使命感和紧迫感，切实把改革试点工作抓紧抓好。石泰峰对试点工作提出三项具体要求：一是坚持正确改革方向，强化党对审计工作的领导，突出审计独立性这个核心，健全审计管理体制，保障审计机关依法独立行使审计监督权，坚持依法有序推进改革试点。二是把握改革关键，紧扣审计机关人、财、物和审计业务等方面，加强和改进审计机关领导干部管理制度，优化审计机关机构设置，改进审计机关经费管理，强化财政经费保障，加强审计能力建设，切实推动各项改革举措落地落实。三是确保改革质量，抓紧研究制定干部管理、机构编制管理和财务资产管理的具体配套实施办法，统筹研究解决难点问题，及时总结做法经验，形成具有鲜明江苏特色的改革品牌。石泰峰强调，各级各有关部门要严格按照《实施方案》要求，强化改革责任，切实加强对试点工作的组织领导和协调指导。各级审计机关要把试点工作作为头等大事，全力以赴抓好组织实施。严格遵守纪律，在改革试点中坚持重大事项必须经集体研究决定，严格按程序报批，进一步严肃组织人事和财经工作纪律，开展经常性督促检查，对违规违纪问题要严肃进行查处。结合“两学一做”学习教育，开展深入细致的思想工作，把握正确的舆论导向，最大限度凝聚各方共识，营造良好改革氛围。（陈月飞、肖可，8.30）

（十一）四川省人大要求从四个方面进一步强化审计工作

近日，四川省第十二届人大常委会第二十七次会议听取并审议了省审计厅厅长黄河受省人民政府委托所作的《关于四川省2015年度省级预算执行和其他财政收支的审计工作报告》。常委会组成人员针对审计整改及成果运用重视不够、审计责任追究力度不够、审计督促工作难度较大、屡审屡犯现象未得到根本解决等问题，提出从以下四个方面着力，进一步强化审计工作。一要落实审计整改主体责任。审计查出问题的整改，必须从政府层面上予以督促和推动。省政府应高度重视审计发现问题的整改工作，及时组织相关部门研究部署整改工作，并将审计整改工作纳入相关单位的督察督办和绩效考核范围。审计部门要分单位、分地区建立审计查出问题的整改台账和整改销号制度，定期跟踪，按月向省政府以及省人大常委会报送分单位、分地区的整改情况清单。被审计单位的主管部门应加强对所属单位审计整改事项的监督，把审计结果及整改情况作为考核和奖惩的重要依据。二要强化责任追究及制度建设。抓典型曝光，逐步探索部门预算执行审计和专项审计的结果公开，对审计发现的违法违纪典型案件要公开曝光，切实维护审计权威。抓问题追责，对于审计发现的问题，必须依法处理、严格追责，该移送有关单位追究责任的，必须及时移交。对未按期整改、整改不到位、整改不力、屡审屡犯的单位和个人，要严格追责问责。省政府在向省人大常委会报告整改情况时，应提供分地区、分单位的详细审计整改清单，对于未及时整改到位的要公开点名。抓制度完善，省政府应研究审计部门提出的审计建议，督促相关部门健全相关运行机制，完善相关管理制度，建立防范“年年审、年年犯”现象出现的长效机制，使审计成果得到充分运用和切实巩固。三要完善审计工作制度。审计工作要向事前、向决策环节延伸，在前端、在事前亮红灯、提建议，避免盲目决策导致操作不规范和资金浪费。加大跨部门跨系统数据交互和运用力度，扩大联网审计范围，建立健全覆盖所有政府性资金和财政运行全过程的监督体系。继续加强审计部门上下联动，推广交叉审计工作模式。加强财政评审和决算审计之间的互动，努力实现双向监督制约。审计工作既要揭示、遏制和防范违纪违规行为，也要建立鼓励创新、支持发展的容错机制，合理划分审计发现问题的性质，分类提出处理意见。四要强化重点难点领域审计。继续配合人大监督工作，重视事关经济社会改革发展全局、事关人民群众切身利益的重点领域、重点资金和重点项目的审计监督，推进依法行政、依法理财，推动财政资金合理配置与高效使用。加强对“营改增”、扶贫攻坚、结构调整等重大决策落实情况的审计监督，加大对财政扶贫资金使用情况以及省属国有企业落实相关经济政策和财税政策的审计力度，关注财政专项资金分配、管理和使用情况以及产业投资基金设立、管理和运行情况的监督，推动宏观调控政策的落实。关注政府债务的规范管理和有效控制，开展对政府存量债务置换债券资金使用情况以及国有企业尤其是城投公司企业债的管理和使用情况的审计。继续选择部分省级部门进行预算执行情况审计，促进省级部门预算的规范管理。（韩勇、夏明，8.25）

（十二）山东省委、省政府印发审计机关人财物管理改革试点实施方案

近日，山东省委、省政府印发《山东省审计机关人财物管理改革试点实施方案》（以下简称《实施方案》），对改革试点工作的指导思想、目标原则、主要内容、组织领导等作出全面部署。《实施方案》从领导干部管理、机构编制和人员管理、经费资产管理、审计项目计划管理、审计结果报告公告和结果运用、审计执法责任制、审计信息化建设、审计队伍思想

和作风建设、保障机制等9个方面，提出了29项改革措施，旨在加大改革创新力度，完善审计制度，健全有利于依法独立行使审计监督权的审计管理体制，更好发挥审计在保障重大决策部署贯彻落实、维护经济安全、推动深化改革、促进依法治省、推进廉政建设中的重要作用。《实施方案》明确，改革试点工作按照坚持党的领导、坚持依法有序、坚持问题导向、坚持统筹推进的原则进行。在干部管理权限上，明确市审计局正职由省委管理，其他领导班子成员和县（市、区）审计局领导班子成员由省委委托市委管理；任免市审计局领导班子成员和县（市、区）审计局正职，须事先征得省审计厅党组同意。在机构编制和人员管理上，明确市、县（市、区）审计局仍为同级人民政府工作部门，省编办统一管理全省审计机关的机构编制；根据实际需要，建立健全内设机构，强化省审计厅干部管理、业务管理、财务管理等职能；各级审计人员由省级统一招录。在经费和资产管理上，明确对全省各级审计机关的经费和资产实行统一管理、分级负责，市、县（市、区）审计局财务关系上划省级管理，同时办理经费划转事宜，经费划转后，市、县（市、区）审计局人员经费、公用经费标准根据属地原则执行，各项经费标准不低于现有水平。在审计业务管理上，明确全省各级审计机关的审计项目计划由省审计厅统一管理，建立健全审计与组织人事、纪检监察、公安、检察以及其他有关主管单位的工作协调机制，把审计监督与党管干部、纪律检查、追责问责结合起来，把审计结果及整改情况作为考核、任免、奖惩领导干部的重要依据；建立健全审计业务质量控制机制，严格执行审计执法过错责任追究制度；加强审计数据综合利用，构建大数据审计工作模式。《实施方案》指出，全省审计机关人财物管理改革试点工作，在省委、省政府统一领导下有序推进，省审计厅牵头组织实施，省委组织部、省编办、省人力资源社会保障厅、省财政厅、省公务员局按照职责分工做好干部管理、机构编制管理、人员管理、经费和资产管理等相关工作。（李晨锋，8.26）

（十三）湖北省出台完善审计制度若干问题的实施意见

2016年8月12日，湖北省委办公厅、省政府办公厅印发《湖北省完善审计制度若干问题的实施意见》，从八个方面明确了完善审计制度的主要任务：一是大力推进审计全覆盖。要建立健全审计全覆盖工作机制，科学规划、统筹安排、分类实施，做到应审尽审、凡审必严、严肃问责，实现对公共资金、国有资产、国有资源以及领导干部履行经济责任情况的全覆盖审计。二是强化上级审计机关对下级审计机关的领导。进一步加强全省审计工作统筹，深度统筹全省审计工作内容，重点统筹部署审计工作、整合审计资源、加强审计管理、推进信息化建设、开发利用审计成果、强化基层建设；改进审计机关领导班子管理制度，强化对下级审计机关领导干部的任职资格管理；建立健全对市、县两级审计机关的考核制度，完善审计工作业绩考评体系，强化考核结果运用。三是扎实做好审计机关人财物管理改革准备。组织开展审计机关人财物管理情况专项调研，摸清审计机关人财物管理现状；做好审计机关资产清理和产权确权工作；积极做好省以下审计机关人财物管理改革的准备工作。四是适时推进审计职业化建设。组织开展全省审计人员职业素养情况调研，做好前期准备工作；建立审计人才培养规划、审计工作岗位权力清单和责任清单，完善审计人员选任机制；采取多渠道、多途径加强培养锻炼，增强审计干部队伍活力。五是建立健全履行法定审计职责保障机制。各级党委和政府要支持审计机关履行职责，保障审计机关依法独立行使审计监督权，定期听取审计机关工作汇报，营造审计工作良好环境和条件；审计机关不得超越职责权限、超越自身能力、违反法定程序开展审计，不参与各类与审计法定职责无关的、可能影响依法独立进行审计监督的议事协调机构或工作；凡是涉及管理、分配、使用公共资金、国有资产、国有资源的部门、单位和个人，都要自觉接受审计、配合审计。六是强化审计结果运用。各级党委、政府及相关部门要高度重视审计结果运用，把审计监督与党管干部、纪律检查、追责问责、经济社会发展结合起来，把审计结果及整改情况作为党委、政府加强宏观管理、经济决策的重要参考和考核、奖惩、任用领导干部的重要依据。七是加强审计队伍思想作风建设。要强化理论武装，坚定理想信念，加强党性修养，全面加强审计队伍思想政治建设；加强审计职业道德建设，建立健全审计职业道德规范，切实践行社会主义核心价值观；坚持全面从严治党，从严管理审计队伍，严守政治纪律和政治规矩；加强党风廉政建设，压实“两个责任”，严格执行廉政纪律和审计工作纪律，努力建设“四铁”审计队伍。八是加强对审计机关的监督。要求各级党委、人大、政府、政协进一步加强对审计机关的监督，定期组织开展审计法律法规执行情况检查，督促审计机关切实加强党风廉政建设、严格依法审计、依法查处问题、依法向社会公告审计结果；探索建立对审计机关的外部审计制度，完善聘请民主党派和无党派人士担任特约审计员制度，积极推进审计信息公开，提升审计工作透明度。《实施意见》还提出了完善审计制度的四项保障措施。（刘启寿，9.01）

（十四）广东省完善审计制度改革列入省法治政府建设实施纲要

党的十八届四中全会对完善审计制度作了重大部署，中办、国办印发《关于完善审计制度若干重大问题的框架意见及相关配套文件的通知》（中办发〔2015〕58 号，以下简称中央 58 号文）对贯彻四中全会关于完善审计制度作了制度性安排。广东省作为全国试点省（市），省委、省政府高度重视党中央、国务院的一系列重大决策部署，省委省政府主要领导同志多次作重要指示，将全省审计机关人财物管理改革试点工作任务纳入重要议事日程，列入 2016 年全省深化改革重点内容，并成立了由省委常委、常务副省长担任组长的“省审计制度改革试点工作领导小组”，专门负责改革试点工作的组织协调和实施工作。在深入贯彻中央 58 号文件精神，以及深入开展调查研究的基础上，省委于 7 月 21 日正式印发了《广东省关于完善审计制度若干重大问题的实施意见》及相关配套文件（粤发〔2016〕21 号，以下简称省委 21 号文）。日前，广东省委省政府印发了《广东省法治政府建设实施纲要（2016—2020 年）》（以下简称《实施纲要》），并将广东省完善审计制度改革列入《实施纲要》主要任务和具体措施中。《实施纲要》要求加强行政监督和审计监督。其中要完善审计制度，健全有利于依法独立行使审计监督权的审计管理体制，建立具有审计职业特点的审计人员管理制度，基本形成与国家治理体系和治理能力现代化相适应的审计监督机制。全面履行审计监督职责，对公共资金、国有资产、国有资源和领导干部履行经济责任情况实行审计全覆盖。强化上级审计机关对下级审计机关的领导。推进省以下地方审计机关人财务管理改革试点。推进审计职业化建设。广东省审计厅在贯彻落实中央 58 号文、省委 21 号文的过程中，注意研究法治政府建设的新情况新问题，与其他单位积极合作，及时沟通，推动广东省率先基本建成法治政府。（沈丹蕾，9.19）

（十五）四川首次对市级审计机关重大事项报告内容作出制度设计

日前，该厅首次对市级审计机关重大事项报告内容作出制度设计。这项制度，对全面掌握各地审计机关的重大事项，加强对全省审计工作的领导至关重要。《市级审计机关重大事项报告工作规定》明确，向审计厅报告的重大事项包括重要工作、重要情况、紧急突发事件及处置情况三个方面。重要工作包括：本级审计机关作出的工作规划、重要改革举措、工作中的重大创新做法和经验；年度工作计划和工作总结；市级审计机关向当地党委、政府上报的重要审计结果及整改情况。二是重要情况包括：本级审计机关领导班子成员分工调整、人员编制调整和内设机构及职数变化情况；县级审计机关主要负责同志调整情况；本级审计机关主要负责同志因外出学习、考察、休假超过1周以上的情况；本级审计机关领导班子成员、科级以上干部和县级审计机关主要负责同志涉嫌违纪违法，受到党纪、政纪处分，被采取组织措施或强制措施以及被追究刑事责任的情况；本级审计机关发生的行政涉诉案件及重大审计质量问题。紧急突发事件及处置情况包括：涉及本地区审计机关及审计人员的重大自然灾害、安全事故、失泄密事故、公共卫生事件及处置的情况；涉及本地区审计机关重要网络舆情、负面新闻、群体性信访或纠纷等社会反响较大、影响审计机关形象的事件及处置情况；本级审计机关审计人员在审计工作中受到人身威胁或不法伤害的情况。规定还明确，各市（州）审计局要将重大事项，如实及时报告省厅；遇有特别重大、紧急事项时，应先口头报告，书面材料要在限期内补报。四川省审计厅强调，加强对重大事项报告制度落实情况的监督检查，其落实情况纳入审计厅对各市（州）审计局绩效考核；重大事项报告实行市（州）审计局主要负责同志负责制，对隐瞒不报、谎报或报告不及时的，视情节轻重给予责任单位和相关责任人通报批评，必要时将有关情况通报给当地党委、政府。（马跃明、夏明，10.18）

二、综合性审计业务制度完善

各级政府及审计机关在完善人财物管理制度的同时，对一些综合性的业务制度的完善也进行了探索并有一些新的制度出台，主要包括审计计划管理制度、审计质量管理制度、移送违纪违法线索制度、审计整改制度、审计业务外包制度、审计绩效审计制度、审计技术方法制度等。

（一）重庆对全市审计项目计划实行统筹管理

重庆市审计局以实行审计监督全覆盖为目标，积极整合审计资源，加强对全市审计项目计划的统筹管理，确保审计项目计划执行的科学性、可行性、合理性。一是严格年度审计项目计划的审批。区县审计局根据市审计局的指导意见和当地党委、政府的中心工作，编制2016年年度审计项目计划（送审稿），经当地政府审核同意后上报市审计局。市审计局及时组织召开由所有局领导及处长参加的局务会，对各区县项目计划进行审定，并以正式文件下达区县审计局，抄送区县政府。二是增强审计项目计划的刚性。明确规定区县审计局未经批准不得擅自变更或调整项目数量、实施时间等内容，确需调整审计项目计划的，于每季度最后一个月的20—25日内填写《区县审计机关审计项目计划调整报批表》报送市审计局，并提供经当地政府审核的相关资料，待市审计局批复后实施。三是创新审计项目计划的执行方式。2016年市审计局对财政预算执行、税收预算执行、工商系统部门预算执行等12个项目实行“分级同步、上下联动”审计，由市审计局统一组织、统一编制工作方案、统一进行大数据分析、统一成果汇总，并与各区县审计局同步实施，共享成果。同时，市审计局还抽调区县审计局人员与市审计局人员共同组成审计组开展对7个区县的预算执行和决算审计。四是加强审计项目计划执行情况的监管。市审计局对计划编制和管理情况进行定期检查，对计划执行情况通过信息化等手段实行动态监管。区县审计局于每季度最后一个月向市审计局填报《区县审计机关审计项目计划执行情况季报表》，市审计局每季度对全市项目计划执行情况进行统计分析，将分析结果形成审计专报报市委、市政府主要领导、分管领导和相关部门，并将审计项目计划管理工作纳入对区县审计局的年度综合目标考核内容。通过加强审计项目计划的统筹管理，重庆市有效克服了区县审计局审计项目计划编制重点不突出、项目数量过多等问题，促进了大数据分析等审计技术手段的运用和审计组织方式的创新，整合了审计资源，提高了审计成效。（涂倩，5.09）

（二）广东省审计厅扎实推进全省审计计划统一管理工作

为贯彻落实中央《关于完善审计制度若干重大问题的框架意见》及相关配套文件精神，切实加强全省审计计划统一管理。一是统一思想认识。要求全省审计机关要深刻领会中央58号文件的思想内涵和精神实质，切实把思想和行动统一到审计署和省委、省政府的决策部署上来，增强使命感和紧迫感，扎实做好审计计划改革工作。针对当前全省审计计划管理工作中存在的问题和不足，如一些单位对计划工作不够重视、管理较为薄弱，计划的全局性不够强、重点不够突出，审计资源统筹整合力度不够等，要切实加强工作整改，建立健全管理机制，配齐配强工作力量，不断提高计划的科学管理水平。二是建立审计计划统筹管理机制。坚持审计计划全省“一盘棋”原则，省审计厅成立市县审计机关审计项目统筹委员会，进一步加强对各级审计机关审计计划编制工作的领导。在项目统筹委员会领导下，严格审核地方审计项目计划，对审计项目计划执行、管理和效果情况进行跟踪和监督检查。每年省审计厅将围绕年度工作重点提出全省审计计划工作的指导性意见，明确计划的指导思想、重点内容和要求，对署、省、市、县各级的任务量按一定的比例进行合理安排。除上级统一组织审计项目外，市、县级审计机关每年要结合当地中心工作，提出本级年度审计项目计划，经当地政府审核后报省审计厅批准执行。三是增强审计计划管理的严肃性。要紧紧围绕改革工作部署，以改革创新精神和高度的组织纪律性，推进计划制定和组织实施工作。全省各级审计机关组织实施的所有审计项目，都应当纳入年度审计项目计划。编制年度审计项目计划，应当坚持量力而行、尽力而为的原则，合理确定审计项目数量，避免盲目扩大审计覆盖面和超出自身能力、承担力所不及的任务，确保审计质量，防范审计风险。对上级审计机关统一组织的审计项目，下级审计机关应当统筹安排，预留时间和人力，并保证优先完成。审计计划一经省厅下达，应当在规定时间内不折不扣地完成，不得擅自变更、调整。四是加大审计资源整合力度。要强化对全省各级审计机关审计资源的统筹整合，坚持集中力量、重点突破，开展涉及全局或行业性的重点资金和重大项目审计。省审计厅要做好计划制定前的调研工作，围绕主题主线和民生热点，每年确定一到两个重点审计项目，组织各级审计机关统一实施，着力打造广东审计精品。要进一步加强对内部审计和社会审计力量的统筹整合，通过内部审计自查、借用内部审计人员参与政府审计工作等方式，充分发挥内部审计基础防线作用；积极完善和拓展向社会购买审计服务的方式方法，充分利用社会力量参加政府审计，构建以国家审计为主导、内部审计和社会审计为重要组成部分，既有分工、又有合作的“三位一体”审计监督大格局。五是创新审计组织方式。要以实现刘家义审计长提出的“六大转变”为目标，根据审计项目特点、审计资源状况，探索运用灵活多样的审计组织方式，运用大兵团、多兵种、协同化的审计组织方式完成一些复杂、艰巨的审计任务。积极推进跨层级、跨专业、跨地区审计资源的优化配置，采取单项审计、复合审计、行业审计、滚动安排、“上审下”“同级审”“交叉审”“联合审”以及授权、委托等方式开展审计，努力实现不同类审计项目的同步安排、协同实施、成果共享。（姚运通，5.10）

（三）山东建立全省审计项目计划统一管理制度

日前，《山东省审计厅审计项目计划管理办法（试行）》印发实施，标志着山东省各级审计机关审计项目计划统一管理格局初步形成，实现了审计资源的高效配置。办法明确了项目计划管理的适用范围、原则及职责，要求除公共投资、村（社区）负责人经济责任和突发重大公共事件等 3 类审计项目实行备案制外，其他审计项目均纳入全省审计项目计划管理。坚持统一领导、审计全覆盖、依法尽责、留有余地、成果导向、协同审计的原则实施项目计划统一管理，在法定职责和审计管辖范围内安排审计项目计划，突出对重点领域、重点部门、重点资金和重点项目的审计监督，不同类型审计项目实现同步安排、协同实施、结论互认、成果共享，并把审计成果目标贯穿全过程，追求成果最大化。办法规定了项目计划编制、审批和执行程序，省审计厅于每年 8 月底启动下年度全省审计项目计划编制工作，安排市县审计机关按照当地党委政府中心工作提交计划建议，包括审计项目名称、审计目标、审计范围、审计重点、组织方式、人力资源和审计工作量等内容。省厅审核各地的计划建议后作出反馈意见，由市县审计机关编制本级下年度审计项目计划草案，计划草案须经本级政府同意。省厅汇总、审定各市的计划草案，融入本级计划草案后，编制全省审计项目计划，报省政府批准。审计项目计划一经批准下达，各级审计机关应当严格执行。遇有特殊情形需要调整的，应当按照原程序报批。审计机关对审计项目计划执行情况实行动态管理，定期通报审计项目计划执行情况和审计成果，确保审计计划完成。办法还对项目计划的监督检查与责任追究作出规定，要求上级审计机关应当对下级审计机关审计项目计划管理及执行情况进行监督检查。审计机关主要负责人是本单位计划管理工作第一责任人，对本单位计划管理工作负总责。未严格按规定程序报批审计项目计划、未经省厅批准擅自调整审计项目等行为，情节较重的，予以问责处理。（刘振锋、郑茂霞，10.20）

（四）浙江省出台审计项目分级质量控制意见

近日，浙江省审计厅制定印发了《加强审计项目分级质量控制的意见》（以下简称《意见》）。该《意见》以审计项目质量为核心，以针对性、规范性和可操作性为原则，着力通过理念意识的改变、目标要求的明确、控制内容的划分、关键环节的管控、责任主体的界定、相关制度的完善、审计整改的倒逼推进分级质量控制，以规范操作规避风险、提高效率提升效果。《意见》明确了分级质量控制的主要内容。分级质量控制包括上级审计机关对下级审计机关的质量控制和审计机关内部的质量控制。上级审计机关对下级审计机关的质量控制内容主要包括审计项目计划统筹，同步项目、组织实施项目、授权项目、委托项目的质量管理，重大事项报告管理，审计业务质量检查等。审计机关内部分级质量控制覆盖至调查了解、方案制订、审计实施、结果文书出具、审计整改督查等审计项目全过程以及所有参与人员。《意见》界定了分级质量控制的责任主体。上下级审计机关之间一般按照实施主体、审计机关内部一般按照岗位职责确定分级质量控制的责任。自行立项并实施项目、全省同步实施项目、授权项目、委托项目，其项目组织方式、项目实施主体、项目管理模式不同，责任主体不同责任大小不一。审计机关内部，负责实施的审计组成员分工不同，责任不同；负责项目管理的部门负责人和审计机关负责人，岗位职责不同，责任大小也不同。《意见》规定了不同岗位在分级质量控制中的职责要求。审计人员是审计证据质量的第一责任人。审计组组长是审计组审计报告质量的第一责任人。业务部门负责人是审计报告代拟稿质量的第一责任人。审计机关负责人对审定签发的审计结果文书负责。审计机关负责人重点关注报告反映的内容是否符合相关法律法规的规定、国家方针政策和当前中央精神要求，审慎研判发展创新过程中出现的具体问题的定性和处理，按照“依法审计、实事求是”的原则客观审定审计结论。《意见》强化了审计方案对分级质量控制的指导控制作用。组织同步项目实施的上级审计机关应当在先行试点的基础上编制审计工作方案，并要求将审计目标、内容和要求等通过表格形式予以数据化，便于情况、数据汇总。审计实施方案要准确定位审计目标，分析确定对审计目标有重要影响的审计事项，明确审计对象范围、时间范围、业务范围，细化审计内容、重点和措施方法，并要求用“任务清单、问题清单、问题线索清单”管理和控制审计实施现场。《意见》强化了相关制度对分级质量控制的推进作用。上级审计机关要健全完善审计业务检查制度，加强对下级审计机关上报审计结果文书的审核把关、依法履职和“双报告”制度执行的监督检查。各级审计机关要建立完善审理委员会会议和审计机关审计业务会议制度，制订或修改完善会议相关操作办法，对会议的范围、程序、参会人员、会议材料准备等作出具体规定。市县审计机关要全面推进审计项目审理工作，不得以审计业务会议、审计机关领导审核、公文核稿代替审理。要配强配齐审理人员，并对审理范围、方式、程序、内容、重点、审理结果运用等作出明确规定。《意见》强化了整改督查对分级质量控制中的倒逼作用。各级审计机关和审计人员应当把审计整改作为审计质量控制及其价值提升的落脚点和助推器，通过全面落实整改事项全覆盖挂销号制度、强化跟踪检查等有效措施，积极改变对整改情况了解不全面等影响整改落实效果的现状，积极主动落实审计查出问题的整改，提高审计项目成效。同时，通过整改督查工作，及时发现并反馈审计项目质量管理控制方面存在的不足，倒逼审计质量的提高。（竺双喜，5.04）

（五）浙江省审计厅深入开展“审计整改落实年”活动

为适应新常态、践行新理念，更好地履行审计监督职责，日前浙江省审计厅印发了《关于开展“审计整改落实年”活动的实施意见》（以下简称《方案》），在全省审计机关全面部署开展“审计整改落实年”活动，要求通过此项活动，不断提高审计质量，切实推进审计发现问题整改落实，进一步巩固审计成果、提升审计价值，更好地发挥审计在党和国家监督体系中的重要作用。《意见》指出，加强审计整改是审计机关贯彻落实党中央、国务院关于完善审计制度决策部署的实际行动，是切实推进问题纠正、维护审计严肃性和公信力、更好履行审计监督职责的重要举措，是推动改革创新、完善法律法规，促进审计成果转化运用，更加有效发挥审计在党和国家监督体系中重要作用的有效途径。各级审计机关要着力在深化审计整改工作机制、制度上下功夫，在鼓励创新、推动改革上尽全力，紧紧围绕“审计查处问题整改率、审计移送事项成案率、审计成果运用转化率”三项标准，认真履职，攻坚克难，推动审计各项工作迈上新台阶。《意见》强调，加强审计整改以提高三项标准为着力点，抓好八个关键环节管理，推动审计事业全面发展。一是提高审计质量，夯实审计整改基础，注重审计项目计划、项目实施、审计报告三个关键环节的管理，确保审计质量经得起检查，审计结果经得起检验。二是分门别类推进整改，对审计决定事项，必须督促整改责任单位全面执行到位，对于审计报告反映应整改的问题，应区分原因，督促整改。三是明确审计组、业务部门、督查部门、法规部门、分管业务领导等内部职责，通过各司其职、各负其责，协同推进审计整改。四是充分利用开发上线的审计整改督查系统，实行审计整改“挂销号”全覆盖，现实审计整改规范化、动态化、精细化管理。五是加大实地督查力度，重点对屡审屡犯、整改不力等单位的跟踪督查。六是充分借力人大、政府督查部门的之职能优势，推动相关领域整改重点、难点的破解。七是加大追责问责力度，研究制定审计整改问题办法，推动审计整改追责问责。八是加强整改分析研究，利用整改中掌握的大量事实，分析影响改革、阻碍发展的根本性和深层次原因，提出对策建议。《意见》要求，各级审计机关要切实提高思想认识，加强组织领导和督促检查，建立健全组织机构，推动审计整改结果公开，提高审计整改信息化管理水平，完善评比考核办法等保障措施，确保“审计整改落实年”活动取得实效。（周进俭，5.05）

（六）河北省审计厅加强审计法制建设　不断提高审计监督层次和水平

日前，河北省审计厅设立审计项目质量检查委员会，对本厅实施的审计项目质量进行评估和认定，对需追究审计执法过错责任的事项进行调查，提出处理意见；对审计质量管理进行探索和研究，促进建立审计质量管理长效机制，加强审计项目监督和管理，规范审计执法行为，提高审计质量，防范审计风险，不断提高审计监督层次和水平。河北省审计厅历来重视审计法制建设，先后建立健全了一系列审计制度机制，围绕审计计划编制、现场实施、复核审理、报告处理、结果公告全过程，构建环环相扣的审计权力监督制约机制，做到审计职责权限法定、审计程序法定、审计方式法定、审计标准法定、审计保障法定，以制度保障提高审计质量。今年，该厅系统梳理了相关制度，着手修订完善了《审计项目审理办法》《审计执法过错责任追究办法》《审计业务文书质量考核办法》和《审计现场管理办法》等4个办法，进一步加强审计质量全过程控制。审计项目审理办法对审理的内容、程序和时间作出规定，法规部门依据审计法及其实施条例、国家审计准则以及其他有关规定，对业务处提交的审计项目资料进行审查，提出书面审理意见。审理时间从审理人员审签审理受理单开始，到审理人员向业务处室提交审理意见书结束，一般在 15 个工作日内完成。遇有统一组织的重大审计项目或者需集中审理审计项目等特殊情形的，经法规部门负责人批准后，审理期限可以适当延长。审计项目审理采取网上审理和报送审理相结合的方式进行，确保工作实效。

审计业务文书质量考核办法明确了考核内容和考核对象，将考核内容分解为审计通知书、审计报告（专项审计调查报告）、审计决定书、审计处罚决定书、审计移送处理书、审计实施方案、审计记录和审计程序等七项业务文书及其相关资料，并确定了具体分值。考核对象包括省厅各业务处室（含承担当年审计项目的其他处室）及相关审计人员。考核在审理和业务会环节进行，做到审理、审定与考核同步实施。审计现场管理办法对审计组进入被审计单位开始工作，到向审计机关提交审计结果文书期间，执行审计业务及相关事项实施计划、组织、协调和控制等一系列活动进行约束控制，规范审计组和审计人员的审计现场行为。明确审计组要严格按照有关规定使用介绍信、协助查询单位账户通知书、协助查询个人存款通知书等文书，并做好领用和缴销记录。审计组组长是审计现场廉政工作的第一责任人，带头执行各项廉政纪律，自觉接受监督。审计人员要按照审计实施方案确定的审计事项、分工和进度要求，依照法定职责、权限和程序实施审计，不得擅自减少审计事项和扩大审计范围。对违反规定的审计人员视情节轻重追究责任；涉嫌违法犯罪的，依法移送司法机关追究其刑事责任。

审计执法过错责任追究办法，坚持客观公正、程序合法、职责和责任相结合、教育与惩戒相结合、追究责任与改进工作相结合的原则，对审计人员执法过错责任的追究范围及责任、追究形式及程序进行了界定，明确了审计人员在审计业务组织实施、审核、复核、审理、审计结果审定和整改检查过程中，违反法定审计程序，因故意或者重大过失出现认定事实错误或重大问题遗漏、适用法律法规错误、超越或者滥用审计职权等行为，造成严重后果的依法追究责任，促进审计人员依法依规审计，规范执法行为。（王海文，6.15）

（七）甘肃省审计厅制定多项制度　提高审计质量　规范审计工作

为进一步加强审计工作的法治化、制度化和规范化建设，甘肃省审计厅以建立健全规章制度为先导，近期陆续制定了《甘肃省审计机关审计项目计划管理办法》《甘肃省审计机关购买社会审计服务管理办法》《甘肃省审计质量岗位责任及过错追究办法》《甘肃省审计厅关于加强审计项目质量分级管理控制的意见》和《甘肃省审计厅审计结果公告办法》等制度。制定一系列制度，是甘肃省审计机关牢固树立“五大发展理念”，进一步贯彻落实《关于完善审计制度若干重大问题的框架意见》《国务院关于加强审计工作意见》精神和省委、省政府对审计工作的指示要求，积极探索省以下审计机关人财物集中管理，强化审计机关层级监督的重要举措，是打造“强、精、实、严”审计队伍的具体行动，是进一步规范审计行为，提升审计质量上层次、管理水平上档次的重要步骤。通过制定一系列的制度，有利于推进各级审计机关依法行政、依法审计；有利于实现对公共资金、国有资产、国有资源和领导干部经济责任情况审计全覆盖；有利于进一步提高审计质量，防范审计风险，提升审计机关效能；有利于提高审计工作的公信力和透明度，促进审计机关全面依法履行职责。（申增寿，9.21）

（八）内蒙古五部门联合印发《内蒙古自治区审计机关移送违纪违法线索（问题）管理办法》

近日，经自治区人民政府同意，内蒙古自治区纪律检查委员会、自治区人民检察院、自治区审计厅、自治区监察厅、自治区公安厅五部门联合印发了《内蒙古自治区审计机关移送违纪违法线索（问题）管理办法的通知》，对审计机关发现的违纪违法线索（问题）移送作出了详细的规定。《管理办法》规定，全区各级审计机关在审计过程中发现的被审计单位及相关人员涉嫌违纪违法线索（问题），不属于审计机关依法处理权限范围内的，要依法移送有关机关、部门或单位进一步查处。纪检监察、检察、公安机关、主管部门对于审计机关移送的各类线索（问题），应及时将立案、撤案、移送审查起诉等查处结果书面告知审计机关。《管理办法》还对审计机关内部办理移送事项时的质量控制流程作出了规定；对因主要事实尚未查清、有关部门已立案调查或已进入司法程序以及其他不适合办理移送的情况等三种情形不办理移送事项也作出了具体说明。《管理办法》要求，审计人员和审计机关对移送事项要保持职业敏感和谨慎，要加强移送事项的质量控制。涉及移送违纪违法线索（问题）事项的所有审计及相

关人员，应当严格遵守审计工作纪律以及保密规定，不得泄露移送事项的有关情况。(赵劲，2.16)

(九) 重庆市建立完善五项制度强化审计整改见成效

为充分发挥审计监督作用，近年来，重庆市通过出台市委、市政府关于加强审计工作的意见和市政府关于加强审计整改工作的通知等文件，从建立完善制度入手，不断强化审计整改工作。一是建立完善报告制度。按照市委、市政府要求，由接受审计的有关区县（自治县）、市级有关部门和单位对审计发现的问题及时整改，在规定时间内向审计机关和主管部门报送整改情况。全市审计机关负责对被审计单位报送的整改情况进行汇总审查，并起草审计整改报告，经审定后，由政府报人大常委会。从今年起，市人大常委会将对市政府提交的审计整改报告进行审议，并进行专题询问。2015年，市政府还书面向国务院和审计署报送了接受审计署各类审计的整改情况。二是建立完善督察制度。一是由市人大财经委组织财政、审计、行业主管部门深入部门和区县进行现场督查，2015年开展的市本级及铜梁区社会救助等专项资金审计整改现场督查收到了良好效果。二是按照“谁主管、谁负责”的原则，由全市各级党委、政府的分管负责人根据工作分工督促抓好分管范围的审计整改工作。三是各级政府督查室每年均把审计整改情况纳入了政务督查的内容，市纪委、市委巡视办、市委督查室牵头到区县和部门单位开展督查工作时，审计部门一同参加并对审计整改情况进行督查。三是建立完善联动制度。逐步建立完善了党委、政府领导，被审计单位负责，人大财经委、常委会预算工委及审计机关、被审计单位主管部门督促，有关各方协调配合的审计整改联动制度。市审计局先后与市纪委（市监察局）、市检察院、市公安局、市国税局、市地税局分别签署了《关于在查处案件中进一步加强协作配合的意见》《关于进一步加强检察机关与审计机关在查办职务犯罪活动中协作配合的意见》《建立打击经济犯罪协作机制的意见》《关于加强协作配合工作的意见》。同时，充分发挥经济责任审计联席会议作用，形成了督促审计整改的合力。四是建立完善问责制度。市委、市政府明确要求，被审计单位的主要负责人是落实审计整改的第一责任人，对单位自身存在的问题，要认真组织研究，制定有效措施，切实进行整改；对下属单位存在的问题，要亲自过问，督促进行整改。整改不到位的，对被审计单位进行约谈；对整改不力、弄虚作假、屡审屡犯的，由审计机关提请纪检监察机关、组织人事部门或上级主管部门进行问责。去年，在审计署和市本级实施的审计项目中，先后有6个区县因问题严重和整改不力被约谈或问责；对各部门预算执行审计的整改问题，由市审计局、市财政局对被审计单位的主要负责人进行了集体约谈；在市委、市政府对区县的综合目标考核中，坚持把审计整改情况纳入扣分事项。五是建立完善公开制度。近两年来，在市委、市人大和市政府的支持下，由审计机关起草，经市政府审定后提交市人大常委会的审计工作报告和审计整改报告不仅反映了问题涉及的各个单位，而且列表反映了问题涉及的资金明细，公告审计结果和审计整改情况时，也列表对应公告，接受社会各界监督，有力地促进了被审计单位整改，受到社会各界好评。通过建立完善五项制度，重庆市审计整改工作取得了明显成效。2015年，全市审计机关促进整改落实中，已上缴财政比上年增长20.4%；已减少财政拨款或补贴比上年增长143%。全市各级被审计单位根据审计建议制定整改措施1734项，比上年增长18.6%。（王映晴，5.06）

（十）青海省出台审计购买社会服务实施办法　规范审计购买社会服务行为

近日，青海省审计厅、财政厅依据相关法律、法规和省人民政府关于政府向社会力量购买公共服务的相关规定，结合实际，出台了审计机关购买审计社会服务实施办法，着力规范审计购买社会服务行为。办法的主要内容包括，一是明确了审计机关购买审计服务必须遵循公开、公正、公平的原则，及时向社会公开购买审计服务的内容、程序、流程及要求等，通过市场竞争择优选择承接审计服务的社会力量；二是明确了购买主体和承接主体，并对承接主体必须具备的条件进行了约束；三是明确了购买审计服务项目，即主要包括造价咨询、财务审计以及专家咨询等方面；四是明确了采用购买服务项目的方式，即由购买主体将需要购买的审计服务项目打成若干服务包，并明确规定每个包的服务内容和质量等要求，经过政府采购向承接主体购买相关服务，并规定了购买审计服务的详细流程；五是明确了购买审计服务所需资金列入同级财政预算，并按“保本、微利”的原则，合理确定购买审计服务支付标准。另外，办法还对财政部门、购买主体、承接主体的职责分工以及购买审计服务的绩效考评作出了具体规定。（张华，7.25）

（十一）福建省审计厅积极推进绩效管理改革创新成效显著

福建省审计厅贯彻落实《国务院关于加强审计工作的意见》、刘家义审计长不断提高审计质量和工作效率的指示以及福建省机关效能建设领导小组的工作要求，按照《福建省机关效能建设工作条例》进一步健全绩效管理制度，完善评估指标体系，强化绩效运行监控，用好绩效评估结果，加强自身建设，推进改革创新，推动审计机关更好地服务福建科学发展、跨越发展。一是完善绩效管理制度，做好规范衔接。该厅坚持把绩效管理作为加强审计机关内部管理和作风建设的重要抓手，切实把绩效管理制度作为行政管理的一项基本制度，围绕绩效目标、绩效责任、绩效运行、绩效评估、绩效提升等基本环节，做好现有制度与规范的衔接工作，建立健全了内容科学、程序严密、配套完备、有效管用的绩效管理制度。二是确定绩效目标，建立绩效指标体系。以福建省委、省政府关于加快福建省科学发展跨越发展行动计划和全省审计工作会议部署的工作任务为重点，该厅深入分析往年审计业务工作绩效方面存在的不足，准确把握审计业务工作与绩效指标设置的结合点，为确保省委、省政府重大决策部署贯彻落实到位，突出把预算执行审计、宏观政策审计、经济责任审计、民生项目审计等内容作为绩效考评的重点，增加、细化体现审计业务工作成果成效的相关指标，以量化数据呈现业务工作取得的绩效进步，提高绩效指标设置的科学性、合理性，通过科学设置绩效指标体系促进审计业务工作绩效全面提升。三深入细化指标，分解绩效责任。该厅按照可量化、可操作、可检查、可考评的总体要求，提出10项业务工作实绩一级指标，明确各指标的牵头处室和协办处室，按照绩效指标设置要求并对一级指标进行再分解细化，提出3～5项工作目标（二级指标），绩效目标包含工作数量、工作质量、工作目标以及预期效果等要素，每项指标均需明确目标制定依据和任务来源。目标设定采取自下而上的方法，由各处室、单位设置，汇总并征求各处室、单位意见，再三优化，做到“三上三下”。绩效目标设定后，由各处室、单位根据职能职责将其细化分解到具体岗位责任人，提出具体的工作量化及质量和时序进度要求，各处室单位发挥绩效管理工作主体作用，各业务处室在制定审计工作方案时，即应将量化的绩效指标在方案中予以体现。四是跟踪监控绩效运行，促进改进提升。该厅建立了绩效运行内部监控和定期分析汇报制度，厅效能办对各处室、单位年度工作任务完成情况的督促检查，特别是加强对列入绩效评估的工作目标的过程督查，对工作进度滞后的及时督促提醒，必要时以下达书面督办通知书、网上通报等措施加大督办力度。实时跟踪、掌握全厅各项绩效指标的进度和完成情况，及时发现绩效运行存在的问题，采取有针对性措施，促进绩效改进提升。五是强化考评结果运用，制定整改措施。该厅进一步健全绩效考评结果运用的奖惩办法，完善绩效考评结果与评先评优、公务员年度考核、干部选拔任用、绩效奖励惩处等挂钩的制度和措施，充分调动机关各处室、单位抓绩效管理的积极性和主动性。针对省效能办绩效评估反馈意见以及在绩效运行监控、工作督查督办、定期分析、年度总结中发现、查找的问题进行深度分析，认真总结成功经验，查找还存在的薄弱环节及原因，进一步完善工作制度，制定切实可行的整改措施，推进审计质量和工作效率再上新台阶，努力发挥审计监督的最大效能。（郑晓冲、陈春清，6.08）

（十二）广东省审计厅大力推行审计项目网上“一站式”审理模式

近期，为健全与审计全覆盖相适应的工作机制，切实加强审计质量控制和风险防控，广东省审计厅顺应当前审计信息化建设和无纸化办公的发展形势，大力推行审计项目网上“一站式”审理模式，将审理工作全程搬上审计专网，实施网上审理，大大提高了审计审理的规范化、制度化水平，有效提高了审理工作效率和质量。审计项目网上“一站式”审理是依托审计管理系统（OA），根据审理工作流程设计专门的“项目执行与审理”模块，实现从审计项目承担单位提交审理材料到法规审理部门出具审理意见的全过程均在线完成。该模式要求将各阶段的审计资料通过数据包的形式上传至审理平台，并清晰记录了每一名责任人员在各个环节上的工作记录。通过实施网上审理全流程控制，将审计质量控制四级复核和审理机构内部三级复核机制的岗位责任进一步具体化和清晰化，优化了复核审理流程，强化了分环节、分层级落实质量控制责任，提高了审理工作效率，结合已经实施的审计项目计划在线管理、审计项目在线督办等机制，实现了审计项目从计划到实施再到审理的全过程信息化管理，为健全审计业务质量控制机制、实行审计责任追究制度打下了基础。广东省审计厅一直高度重视加强审计质量控制，将审计项目审理作为审计质量控制的关键环节，选调业务骨干充实法规审理部门，积极探索创新审理工作模式。作为审计规范化建设的一项重要创新举措，对推行网上“一站式”审理提出要求：一是厅机关各处室和直属单位要充分认识和全力支持网上审理工作，尽快学习和掌握在线审理系统的操作方式，确保工作顺利推进。二是全体审理人员要充分利用好网上审理平台，进一步增强责任感和使命感，不断提升自身业务水平，切实发挥好新形势下审计质量“质检员”的作用。三是坚持边运用边完善的原则，全体审计干部要结合实践情况，积极提出完善在线审理模式的意见建议，群策群力使网上审理工作更加符合审计工作需要。（冯大丰，5.31）

（十三）福建省出台办法加强数据分析团队管理　服务大数据审计全覆盖

为服务大数据审计全覆盖，有效开展审计数据分析团队工作，近日，福建省审计厅印发了《福建省审计厅数据分析团队管理暂行办法》，对数据分析团队的组织管理、主要职责、工作规程等进行了明确。办法明确，省审计厅和各地市审计机关要整合资源，着手建立包括计算机数据分析人员和审计业务骨干在内的非专职的跨行业数据分析团队，省审计厅数据分析团队在全省范围内抽选人员，同时根据项目需要聘请有关专家。数据分析团队的主要职责包括：制定审计数据库的建设标准和规范，制定数据分析标准和规范；负责组织审计署和全省统一实施项目的数据采集、分析、整理和上报工作；负责组织整合不同行业数据资源，实施系统的跨行业的综合性数据分析、专题分析或课题研究；对各业务部门提交的数据分析难题组织专题攻关，并提交可行的解决方案。办法还明确了数据分析团队的工作规程，包括实施项目审批制、数据收集、数据管理、数据分析利用的类型及组织方式等。办法要求，数据分析工作由数据分析团队相关成员协同审计项目牵头部门进行，数据分析团队成员对原始数据进行清理、转换，生成审计分析中间数据。项目牵头部门提出书面审计思路，数据分析团队成员根据思路编写审计模型，运用关联对比分析、数据挖掘、知识发现等技术，对数据进行综合分析、系统研究，发现审计疑点线索，揭示行业普遍性、倾向性问题，提交审计组核查。为保证目标任务落到实处，办法还明确要建立奖惩考核机制，对数据分析组和成员实行年度考核，对在开展数据综合利用过程中表现突出、取得成效的给予表彰，作为干部评优评先的优先条件之一。（郑晓冲、张敏，8.23）

（十四）江苏多渠道培养高层次审计信息化人才 积极引领大数据审计模式

江苏省审计机关高度重视打造高层次审计信息化人才队伍，努力提升审计干部适应信息化、运用大数据的能力素质，为构建大数据审计工作模式提供了重要支撑，也为推动全省审计工作转型升级提供了有力抓手。一是充分运用审计干部和外部专家两类资源。江苏省审计厅在全省范围积极整合资源、集中优势力量，着力打造计算机审计咨询专家团队、攻关团队和数据分析团队三支队伍。专家团队由省内数据分析、网络安全、软件研发等相关领域的27名知名专家学者组成，以独立身份参与审计信息化规划编制和项目建设的咨询、研究和论证，提供专业化建议和技术性指导，与审计干部在知识结构、专业能力、业务交流等方面形成互动互补，实现社会资源和审计资源优化配置。在借助外力的同时，注重内部挖掘，经过单位推荐、能力测评、专家评审等层层选拔，由来自全省各地的35名计算机审计业务骨干组成计算机审计攻关团队，定期开展集中培训、交流研讨并组织参加重大项目审计，充分激发加快江苏审计信息化发展的内生动力。二是科学创新教育培训和资质考评两种形式。针对审计干部特点和审计队伍现状，江苏省审计厅创新审计信息化培训教育模式，一方面积极选派干部参加审计署组织开展的各类计算机技术和信息化审计培训，定期邀请计算机审计方面的专家及先进典型开设讲座、传经送宝，通过全国联考选拔优秀青年审计干部参加软件工程在职硕士学习，旨在为全省培养审计信息化应用的中坚力量。截至2015年底，全省1282人取得审计署计算机审计中级水平考试合格证书，居各省（市、区）前列，另有94人顺利通过CISA认证考试。三是不断拓宽理论研讨和实践运用两条渠道。江苏省审计厅深入推进人才使用和技术运用紧密结合、协调发展，为全省审计信息化人才自我提升、持续成长搭建高层次平台。申报的“面向多业务协同的政府大数据分析关键技术研究与应用”专项课题，被科技主管部门列入江苏省重点研发计划，以此为桥梁和纽带，促成审计干部与知名高校学者在大数据审计领域跨界合作，为面向多业务协同的政府大数据分析提供技术解决方案和工作思路。与此同时，注重在审计实践中培养和锻炼高层次审计信息化人才，依托已建成的数字化审计分析平台，加快建设部门预算执行、地税、财政等子系统并顺利投入运用，其中地税数字化审计系统被评为全省绩效管理创新创优项目，为在信息化条件下提升审计干部的问题查核、评价判断和宏观分析等实战能力创造了有利条件。四是有力深化机制完善和模式构建两大成果。江苏省审计厅充分利用审计信息化人才资源丰富的优势，努力加大审计信息化人才的培养使用力度，发挥骨干引领带动作用，在完善数据报送机制、构建大数据审计工作模式等方面取得新进展。坚持“数据先行”，依靠遍布全省各地的审计信息化人才，顺利完成审计署部署的审计电子数据报送任务，仅在半个多月时间内，实现了省、市、县三级财政收支、中央财政转移支付、扶贫等电子数据的全面归集、统一整理，并在全省初步建立了数据定期报送制度。在省级层面，充分发挥高层次审计信息化人才的积聚优势，在取得122个省级一级部门预算财务电子数据、全省地税大集中数据和全省财政一体化数据基础上，积极构建“总体分析、发现疑点、分散核查、系统研究”的数字化审计模式，扩大审计的广度和深度，实现审计监督全覆盖，审计成果受到了人大和政府的充分肯定。（李鎏，3.08）

（十五）重庆加强自主创新 积极攻克非结构化数据分析难关

重庆市审计局在近期开展的经济责任审计中，针对会议纪要、行政公文、数据报表等非结构化数据文档只能靠人工逐份审阅，难以采用现有数据分析手段进行系统分析这一“难关”，加大对非结构化数据分析软件的研发力度，自主研发了“非结构化数据分析软件”，极大地提高了审计工作质量和效率。该局立足经济责任审计工作的特点，从公文信息分类提取、关键词组检索、追踪筛查入手，历时2个多月的努力，成功开发了“非结构化数据分析软件”。该软件具有操作直观、无须安装、运算快捷、避免疏漏、编写简易、可读性强、可移植性强的特点，基本满足了经济责任审计中海量非结构化数据快速分类检索、重点事项决策过程梳理、非结构化数据与结构化数据关联查询、疑点线索关键信息检索等需求。通过在审计现场的实际应用，该软件不仅节约了审计成本，也拓展了审计查处问题的深度，大大提升了审计工作时效与质量水平。如在今年同步推进实施的6个区县党政主要领导干部经济责任审计项目中，该局1名审计人员利用该软件，仅2天时间就完成了原需几个人半个月才能完成的对近4万份电子文档数据的分类梳理工作。通过审计思路与大数据技术的深度融合，审计人员在短时间内实现了对海量非结构化数据的归集和分析，还原了被审计领导干部重大经济事项的决策过程。审计组利用该软件辅助查出了2件案件线索，并深入分析了宏观层面、体制机制上的问题。目前，该局拟在全市审计机关推广应用该软件，软件开发组也将根据审计现场实际工作需要，不断对软件功能进行改进完善，扩大应用领域，使其更好地服务于审计工作。（彭祎，9.18）

三、新常态下如何更好地履行审计监督职责

2014年5月，习近平在考察河南的行程中提出：中国发展仍处于重要战略机遇期，我们要增强信心，从当前中国经济发展的阶段性特征出发，适应新常态，保持战略上的平常心态。这是新常态的首次提出，后来，他要求要把适应新常态、把握新常态、引领新常态作为贯穿发展全局和全过程的大逻辑。事实上，新常态经济是经济学范式转换、经济发展模式转轨、经济增长方式转变，新常态经济是与GDP导向的旧经济形态与经济发展模式不同的新的经济形态与经济发展模式，新常态经济用发展促进增长、用社会全面发展摒弃GDP增长，用价值机制取代价格机制作为市场的核心机制，把改革开放的目标定位于可持续发展的社会主义市场经济而不是不可持续增长的资本主义市场经济。那么，政府审计工作如何适应经济新常态呢？2016年，审计长刘家义发表重要讲话，审计署发布《关于新常态践行新理念更好地履行审计监督职责的意见》，各级审计机关在这方面做了一些探索。

（一）刘家义审计长重要讲话

适应新常态　践行新理念　更好地履行审计监督职责

——刘家义在全国审计机关深入学习贯彻党的十八届五中全会精神电视电话会议上的讲话

（2016年1月28日）

同志们：

今年是“十三五”开局之年。如何做好新形势下的审计工作，不久前召开的全国审计工作会议已经作出全面的安排部署。能不能实现“十三五”审计工作目标，完成安排部署的各项工作任务，更好地发挥审计作用，关键在于能不能把中央的精神吃准吃透，把审计工作面临的形势任务

搞清搞明，把中央的要求落实落靠。这次电视电话会议的主要任务，就是对进一步深入学习领会、贯彻落实五中全会精神、习近平总书记系列重要讲话精神、中央经济工作会议精神和李克强总理对审计工作的重要指示，提高认识、创新理念、转变思维、聚焦重点，进行再动员、再部署。重点讲三个方面的意见：

1. 深入学习、深刻领会，更好地认识新形势新任务新要求

我们常说，明大势才能谋大事。我国经济经历了30多年的高速增长，特别是跨过21世纪的第一个10年后，经济发展的环境、特征、动力都发生了深刻变化。党的十八大召开后不久，中央作出我国经济发展处于增长速度换挡期、结构调整阵痛期、前期刺激政策消化期“三期叠加”的重要判断。2014年5月，习近平总书记在河南考察时首次提出我国经济发展进入新常态的科学论断。随后，习近平总书记在亚太经合组织（APEC）工商领导人峰会和中央经济工作会议上，对经济发展新常态作了进一步阐释。在2015年10月召开的党的十八届五中全会上，总书记论述了经济发展新常态的科学内涵，提出了五大发展新理念；在年底召开的中央经济工作会议上，又明确要加快供给侧结构性改革、落实五大重点任务。最近，习近平总书记在省部级主要领导干部专题研讨班上发表了重要讲话，就学习贯彻五中全会精神提出明确要求，并对经济发展新常态、五大发展新理念、供给侧结构性改革等重大问题作了系统、全面、深入的阐释。从“三期叠加”到新常态，到五大发展理念，再到供给侧结构性改革，构筑起一个紧密衔接、一脉相承的逻辑体系，是对我国当前所处历史方位的新认识，是对我国经济发展规律的新把握，是对我国经济发展路径的新探索。这个逻辑体系不仅体现了从理论到实践、从认知到行动的有机统一，更是马克思主义中国化的最新成果，是中国特色社会主义理论体系的最新发展，是21世纪中国版的马克思主义政治经济学。我们一定要深入学习领会，把学习贯彻五中全会和习近平总书记系列重要讲话精神与贯彻落实中央下发的《关于完善审计制度若干重大问题的框架意见》及相关配套文件结合起来，把落脚点放到充分发挥审计在党和国家监督体系中的重要作用上，做到认识到位、行动自觉、步调一致。

（1）认识新常态、适应新常态、引领新常态是当前和今后一个时期我国经济发展的大逻辑。经济发展新常态是基于我国发展阶段的科学判断，具有丰富而深刻的内涵，绝不是一句口号、一个标签。我们必须深刻认识

经济发展新常态新在哪里、常在何处、有何特征，才能使我们的各项工作有的放矢、更有针对性，才能更好地发挥审计作用。

一是对新常态怎么看？这是一个基本问题，也是一个重大问题。通过对新常态的深刻认识，理性把握，辩证分析，准确判断，要看出自信心，充分看到我国经济发展长期向好的基本面没有变，经济韧性好、潜力足、回旋余地大的基本特征没有变，经济持续增长的良好支撑基础和条件没有变，经济结构调整优化的前进态势没有变，我国仍然处于大有可为的战略机遇期，我们对中国经济的未来要充满信心。要看出危机感，新常态下经济发展面临速度换挡、结构深度调整、新旧动能转换的若干节点，潜在增长率下降趋势短期难以避免，有些新矛盾新问题和潜在的风险会逐渐浮出水面，难免会有“短痛”和“阵痛”。要看出定力，这些重大的阶段性特征是波浪前进中的新曲面、螺旋上升中的新弯道，完全符合事物发展规律，我们要保持战略上的平常心，不能乱了阵脚。要避免认识误区，新常态不是一个偶然事件，而是一个客观状态，是我国经济发展向形态更高级、分工更优化、结构更合理的阶段演进的必经过程，不能简单地以“好”或“坏”来评价认识；新常态不是一个箩筐，不能把所有的问题都往里装，不能把所有负面的东西都归因于新常态；新常态更不是一个“避风港”，不能把它当作不作为、不想为、不能为的借口和挡箭牌。

二是新常态下干什么？对这个问题，一些同志可能感到很迷茫。那么，新常态下到底要干什么？就是要贯彻落实中央系列重大决策部署。具体地说，党的十八届三中全会提出了 336 项改革任务和举措，四中全会提出 180 多项，五中全会又提出了若干项。根据这些任务和措施，中央陆续出台了一系列改革性制度文件。这些都是审计机关和审计人员要学习的重要内容，是审计工作的根本遵循，也是审计监督要全力促进和保障落实的重点。我们必须准确把握这些新变化，加紧锻造新能力，尽快适应新常态，努力实现新作为。

三是新常态下怎么干？认识、适应、引领新常态，关键是解决“怎么干”的问题。经济发展进入新常态，党领导经济工作的观念、体制、方式方法也在与时俱进。中央经济工作会议提出的“十个更加注重”，可以说是引领新常态的方法论、实践论，包括：推动经济发展，要更加注重提高发展质量和效益；稳定经济增长，要更加注重供给侧结构性改革；实施宏观调控，要更加注重引导市场行为和社会心理预期；调整产业结构，要更加注重加减乘除并举；推进城镇化，要更加注重以人为核心；促进区域发展，要更加注重人口经济和资源环境空间均衡；保护生态环境，要更加注重促进形成绿色生产方式和消费方式；保障改善民生，要更加注重对特定人群特殊困难的精准帮扶；进行资源配置，要更加注重使市场在资源配置中起决定性作用；扩大对外开放，要更加注重推进高水平双向开放。落实到审计工作中，我们就要以“十个更加注重”为标尺。对不符合“十个更加注重”标尺的，要切实纠正；对符合这个标尺的，要大力促进。比如，对放水漫灌强刺激、盲目扩建新城区、行政过多干预资源配置等现象，我们要客观揭示和反映，坚决查处、推动问责；对适时变通、千方百计地促进科技创新、发展实体经济、推动精准扶贫脱贫、保护生态环境等行为，要积极鼓励和促进。

四是新常态下怎么办？能不能遵循大逻辑，能不能进入新状态，能不能有新作为，关键在于能不能迅速适应和转变思维方式，这对广大审计干部是一个重大考验和严峻挑战。目前，我们对传统的审计思路和模式都很熟悉了，使用起来也得心应手，但对于新常态下的新要求，有些审计人员可能会觉得比较陌生，老办法不能用，新办法不会用，不会为、不善为；有的面对新的形势迷惘、畏难，不愿为、不敢为；还有的在行动上自觉不自觉地与新常态的要求逆向而行、背道而驰，自己却还浑然不知。大家一定要认识到，审计是监督和检查别人的，如果审计人员的理念、思路和方法不对，不仅会把审计工作带进死胡同，更可怕的是可能影响审计对象去创新、去发展，不利于改革发展。我们一定要转变思维、改变观念、及时充电、补课补脑，切不可坐着等、站着看、总抱怨、慢吞吞、“庸懒散”。

（2）五大发展理念是适应经济发展新常态的重大理论和实践创新。在我们党的历史上，每一次思想的解放、每一次发展理念的创新，都推动了发展的新跨越、开拓了发展的新境界。五中全会提出的创新、协调、绿色、开放、共享的发展理念，凝聚着我们党对经济社会发展规律的深入思考，是面向未来的深远谋划。我们必须准确理解把握，切实树立和践行。

一是要全面完整地理解五大发展理念。五大发展理念是一个有机完整的体系，是新常态下解决我国调结构、转方式进程中的主要矛盾、根本问题和发展短板的本质要求，是实现“十三五”时期发展目标、全面建成小康社会的根本要求。五大发展理念系统回答了新常态下实现什么样的发展、怎样发展的重大命题，是破解当前和今后一个时期发展难题的总钥匙，一定要全面理解和把握，切不可割裂开来，偏废任何一方。

二是要深刻准确地把握五大发展理念的内在逻辑。五大发展理念是相互贯通、相互促进的具有内在联系的集合体。创新发展为首，着眼于解决发展动力问题，是牵动发展全局的“牛鼻子”；协调发展是制胜要诀，着眼于解决发展不平衡的问题，既是发展手段又是发展目标，还是评价发展的标准和尺度，是发展两点论和重点论的统一，是发展平衡和不平衡的统一，是发展短板和潜力的统一；绿色发展着眼于解决人与自然和谐问题，核心在于推动形成绿色发展方式和生活方式，协同实现人民富裕、国家强盛、中国美丽；开放发展着眼于解决发展的内外联动问题，是主动顺应经济全球化潮流、更好把握国内国际两个大局的必然要求；共享发展着眼于解决社会公平正义问题，是坚持以人为本、践行发展以人民为中心、走共同富裕道路的重要体现，也是社会主义的本质要求。

三是要深学笃用、贯彻落实五大发展理念。五大发展理念集中体现了今后五年乃至更长时期我国的发展思路、发展方向和发展的着力点，深刻揭示了实现更高质量、更有效率、更加公平、更可持续发展的必由之路。我们要以新理念把握引领新常态，真正做到崇尚创新、注重协调、倡导绿色、持续开放、推进共享。我们要善学善用、深学笃行，不仅要运用五大发展理念来指导审计事业发展，更要通过发挥审计的监督和保障作用，推动五大发展理念在经济社会发展各个领域落地生根，变成普遍实践。

（3）推进供给侧结构性改革是贯彻五大发展理念的着力点。当前，贯彻五大发展理念，就是要推进供给侧结构性改革。理解供给侧结构性改革，应把握好以下三点：

一是供给侧结构性改革的本质内涵是什么？具体到我们国家来看，“供给侧结构性改革”不仅是一个经济学术语，还是一个政治经济学术语，具有深刻的思想内涵。我们可以从“供给侧”＋“结构性”＋“改革”这样一个公式来理解，其切入点和着力点是供给侧，其内容特征是结构性，其核心是改革。简而言之，供给侧结构性改革就是要从供给侧入手，用改革的办法矫正供需结构错配和要素配置扭曲，提高供给结构对需求变化的适应性和灵活性，使供给和需求在更高水平、更深层次实现新的平衡。其精髓在于用改革的办法推进结构调整，用创新的力量打造动力引擎，让各种生产要素的活力竞相迸发，提高全要素生产率，其基本逻辑就是要“创造新供给，培育新需求”。可以说，供给侧结构性改革既强调供给又关注需求，既突出发展社会生产力又注重完善生产关系，既注重发挥市场的决定性作用又要求更好发挥政府作用。

二是为什么要搞供给侧结构性改革？观察问题，要看全貌，更要看到矛盾的主要方面；要看到病症，更要找准病因病根。当前，我国经济发展面临的不仅有总量性、周期性问题，更有结构性、长期性矛盾，两者交织并存、相互掣肘，其中结构性矛盾更为突出，主要矛盾就是供给与需求不匹配、不协调、不平衡，且矛盾的主要方面不在需求侧，而在供给侧，矛盾的根源则在于体制和机制障碍。供给体系总体上呈现中低端产品过剩、高端产品供给不足的状况，或者说是在新的需求状态下的产品供给不足，同时不少消费品供给规模有余而品质不足。只有在适度扩大总需求和调整需求结构的同时，着力加强供给侧结构性改革，才能实现由低水平供需平衡向高水平供需平衡的跃升。可以说，推进供给侧结构性改革是抓住了问题的关键，扭住了发展的重点，拎起了"衣领子"、牵住了"牛鼻子"。

三是怎么推进供给侧结构性改革？供给侧结构性改革是个新课题，必须坚持系统思维，用好辩证法。简言之，就是要从供给侧和需求侧两端发力推进结构性改革，释放新需求，创造新供给，形成供给与需求良性互动、高效对接的增长动力机制。一方面，要加快培育新动能，打造新引擎；另一方面，要用好市场倒逼机制，改造提升传统动能，加快经济发展新旧动能的转换。从根本上来说，就是向改革要动力，向结构调整要助力，向创新要潜力。推进供给侧结构性改革，还要配套实施好"五大政策支柱"，即宏观政策要稳、产业政策要准、微观政策要活、改革政策要实、社会政策要托底。宏观政策要稳，就是要为结构性改革营造稳定的宏观经济环境；产业政策要准，就是要准确定位结构性改革方向；微观政策要活，就是要完善市场环境、激发企业活力和消费者潜力；改革政策要实，就是要加大力度推动改革落地；社会政策要托底，就是要守住民生底线。这五大政策是整体融合、有机结合、相互配合的统一体，目的就是为供给侧结构性改革的顺利推进营造良好的环境和条件。

（4）五大任务是针对当前经济形势和发展需要的重要举措。中央经济工作会议提出，贯彻落实五大发展理念，推进供给侧结构性改革，就是要在适度扩大总需求的同时，抓好"去产能、去库存、去杠杆、降成本、补短板"五大重点任务，提高供给体系的质量和效率。

一是要深刻认识五大任务的重要性和艰巨性。五大任务是推进供给侧结构性改革的具体体现，就是要扩大有效供给、去除无效供给，消化无效产能、培育崭新动能，盘活过剩产能沉淀的劳动力、资本、土地等生产要素，淘汰“僵尸企业”，让生产要素从低效率领域转移配置到高效率领域，让经济发展获得新的动能。这五大任务可以说是五块“硬骨头”，但都必须啃下来，因为只有化解产能过剩，才能为优化供给结构腾挪空间；只有化解房地产库存，才能稳定房地产市场、形成良好预期；只有降低杠杆，才能防范金融风险，坚决守住不发生系统性和区域性风险的底线；只有降低企业成本，才能让企业轻装上阵、激发活力；只有补短板，才能做到让发展惠及全体人民，增强发展的协调性。

二是要充分看到五大任务的整体性和特殊性。五大任务是一个系统设计，要着力在“优化存量、引导增量、主动减量”上下功夫。从长期看，各项任务都有利于增强发展的动力和后劲；但从短期看，不同任务之间又具有“对冲”作用或掣肘，关键在于把握好“度”。因此，五大任务总体上应全面推进，但落实到一个地区一个部门，就要因地制宜，聚焦重点。这个思路也适用于审计工作，就全国而言，这五大任务都是我们审计中必须全面关注的，同时也要注意根据不同地区经济社会的实际情况、发展条件，不同部门的法定职责、事权和责任清单，把握好不同的重点，更好发挥审计实效。

三是要注重把握五大任务的针对性和操作性。抓好五大任务，要高度重视战略与战术、治标与治本的结合，战略上要坚持稳中求进、把握好节奏和力度，做好打持久战的准备，敢于经历痛苦的磨难，适当提高换挡降速容忍度，先筑底、后回升；战术上要抓住关键点，抓好五大任务的关键环节，精准发力，逐个突破，既要有绵绵用力、久久为功的韧劲，也要有立说力行、立竿见影的狠劲，确保有效供给能力不断提高，财政金融风险得到释放。

2. 适应形势、突破框框，切实形成新理念新方式新机制

审计机关认识新常态、适应新常态、引领新常态，关键是要把五中全会和中央经济工作会议精神，特别是习近平总书记系列重要讲话精神、李克强总理对审计工作的重要指示学习好、理解好、贯彻好，真正落实到审计工作中，真正成为审计工作的标准和尺子。在去年底召开的全国审计工作会议上，我们提出，审计机关要适应新形势新任务新要求，牢固树立创新、协调、绿色、开放、共享的发展理念，加大改革创新力度，自觉服从

经济社会发展大局，围绕党和国家工作中心开展工作。强调要切实把握好依法审计、鼓励创新、推动改革3大原则，明确了坚持15个“凡是”和完成好8项任务的要求。

总体上看，近年来特别是党的十八大以来，各级审计机关能够按照审计署的统一部署要求，积极适应经济社会发展变化需要，适时调整工作思路和审计重点，取得了积极成效。2013年，在深入学习贯彻党的十八大精神基础上，我们提出审计工作要紧扣科学发展这一主题主线，围绕提高经济增长的质量和效益这个中心，全面履行审计监督职责，更加注重反映总体情况，揭示深层次问题，分析根本原因，从体制机制制度层面提出建议，为深化改革、制定政策、完善决策、强化管理、健全制度提供及时准确的信息和依据，着力推进改革、促进发展、维护民生、揭示风险、查处案件、强化问责，更好适应我国发展战略机遇期条件和内涵的根本变化，推动中央政策措施的贯彻落实和国家治理的完善，在更高层面发挥审计监督的作用，为经济持续健康发展和社会和谐稳定做出更大贡献。2014年，深入学习贯彻党的十八大和十八届三中全会精神，我们提出审计工作要紧紧围绕反腐、改革、发展，以监督检查财政财务收支的真实合法效益为基础，着力反映公共资金使用、公共权力运行和公共部门履职尽责情况，促进理好财、用好权、尽好责；着力揭露重大违法违纪问题，促进党风廉政建设和反腐败斗争；深入揭示体制机制制度性问题，推动深化改革和制度创新；及时反映经济社会发展中的突出矛盾和风险，维护国家经济安全和服务可持续发展，充分发挥国家利益捍卫者、经济发展“安全员”、公共资金守护者、权力运行“紧箍咒”、反腐败“利剑”和深化改革“催化剂”的作用，为推动完善国家治理和实现可持续发展作出积极贡献。2015年，深入学习贯彻党的十八大和十八届三中、四中全会精神，我们提出要从审计财政财务收支的真实性、合法性、效益性入手，紧紧围绕“反腐、改革、法治、发展”，突出审计重点，加大审计力度，提高审计实效，坚持一手抓重大违纪违法、重大损失浪费、重大风险隐患、重大履职尽责不到位等问题的查处，一手抓促进深化改革、推进法治、提高绩效，切实做到“六个贯穿始终”，即把维护人民群众根本利益贯穿始终，把推动依法治国贯穿始终，把促进深化改革贯穿始终，把推动政策落实贯穿始终，把维护国家经济安全贯穿始终，把推进反腐倡廉建设贯穿始终，用“反腐”“改革”的双引擎，驱动“发展”这艘巨轮在“法治”的航道上行稳致远。特别是自2014年8月以来，按照国务院部署要求，我们先后印发《关于切实发挥审计监督作用促进经济平稳健康运行的若干意见》《关于进一步加大审计力度促进稳增长等政策措施落实的意见》等6个文件，国务院办公厅专门下发稳增长促改革调结构惠民生防风险政策措施落实跟踪审计工作方案，审计署在中央预算执行审计和其他财政收支审计工作报告以及其他审计报告中，向国务院等有关方面提出促进经济平稳健康运行相关建议20多次。各级审计机关认真履行审计监督职责，在推动中央重大政策措施贯彻落实、推动财政资金统筹使用、加强对权力运行的制约监督、维护国家经济安全、推动保障和改善民生、推动资源环境保护、促进反腐倡廉和推进深化改革等方面发挥了积极作用。

但从近期各地、各单位上报的审计报告、审计信息材料以及调研了解的情况看，仍然有少数审计机关和部分审计人员陷在老套路、老框框中，工作思路陈旧、思维方式僵化、审计方法落后，能力不足、作风不实、效果不好等问题较为突出，与强化审计监督、推动改革发展的目标不相符。归纳起来，这些问题主要表现在：一是有的处理问题不科学，思维方式不适应。主要是有的审计人员没有做到历史地、辩证地、发展地看待和处理问题，看问题停留在表象，就事论事，或者延续惯性思维、死抠条文，没有深入分析条文符不符合改革的大趋势、是不是有利于创业创新。二是有的学习研究不到位，业务素质不适应。主要是有的审计人员对改革的新精神新进展不学习、不了解、不研究，有的对被审计单位的创新性做法认识不到位、不适应，有的不深入研究政策措施出台的背景和目的，审计反映问题、提出建议的角度与改革方向不完全相符。三是有的审计实施不深入，履职能力不适应。主要是有的审计人员不认真执行审计工作方案和指导意见，也不认真研究分析被审计地区、部门的实际情况和特点，审计切入点不准确，反映问题的角度不准确、力度和深度不够。四是有的举止言行不文明，工作作风不适应。主要是有的审计人员不注重与被审计单位和有关方面沟通协调，不注重多方面了解情况，不能依法依纪依规、依事依情依理地与被审计单位交换意见，还有个别人员口大气粗。习近平总书记多次强调，“权力是人民赋予的”。审计的权力也一样，是人民赋予的，党中央、国务院把职责授予我们，我们一定要心存敬畏，依法独立行使审计监督权力。要认识到，权威不是靠文件写出来的，也不是靠上级领导给我们竖起来的，更不是靠要出来、横出来，靠口大气粗说出来的。权威来自哪里？权威来自我们个人的修身养性，是靠人格魅力建立起来的；权威来自工作实践，是靠实干拼出来的。

理念决定思路，思路决定出路。上述这些问题，归根到底是审计理念不适应。在当前形势下，审计机关必须认识新常态、适应新常态，树立科学审计理念，转换思维方式，革新思想方法，因势而谋、因势而动、因势而进，才能更好地依法履行审计监督职责。

（1）坚持依法审计，做到应审尽审、凡审必严。依法审计是审计机关必须坚持的基本原则。依法审计，也就是我们反复强调的审计职责权限法定、审计程序法定、审计方式法定、审计标准法定、审计保障法定。我理解，依法审计包括三个层面：第一，审计监督权是法律规定的，审计对象和审计范围必须依法确定。第二，接受审计监督是法律要求的，属于审计监督范围的单位、项目和资金必须依法接受监督。第三，审计行为是受法律约束的，审计人员履行审计监督职责必须依法独立。依法审计又是一个动态过程，在保持本质和内核稳定的前提下，更要适应形势和实践的发展变化，做到依法审计与实事求是、客观公正的统一。当前，坚持依法审计，应当解决好以下几个问题。

一是解决好依什么法的问题。党的十八届四中全会决定指出，坚持党的领导，是社会主义法治的根本要求，是党和国家的根本所在、命脉所在，是全国各族人民的利益所在、幸福所在，是全面推进依法治国的题中应有之义。执行党的路线方针政策是坚持党的领导的根本要求。当前，在经济发展新常态和全面深化改革的大背景下，我国经济社会各领域正处于深度变革之中，实现党的政策和国家法律的互联互动，使党的主张成为国家意志，不断健全完善各项法律法规是深化改革的重要目标。相对于经济社会发展形势变化和党中央、国务院作出的重大决策部署，法律法规通常具有滞后性，其健全完善需要一个过程。目前有些法规特别是部门规章已经不适应经济社会发展需要，如与盘活存量、加强财政资金统筹的要求相比，有关预算收入专款专用、法定挂钩事项、专项转移支付等制度规定未及时调整，有些方面还存在简政放权给地方“松了绑”、专款专用对发展“留着绊”的矛盾现象；有些法规和部门规章本身就“埋着钉子”“留着尾巴”。因此，审计机关和审计人员一定要处理好严格依法与实事求是的关系，在遵循宪法和基本法律法规的基础上，要以是否符合中央决定精神和重大改革方向作为定性判断事物的标准。对于行政法规、部门规章、地方性法规，符合十八届三中、四中、五中全会精神，符合习近平总书记系列重要讲话精神的，我们要坚决依照执行。反之，不仅不能生搬硬套，而且要提出意见建议，促进及时修改完善，切不能拿着一些不符合改革发展要求的法规制度去条条对比、斤斤计较，更不能片面地以一些不合时宜的规章为审计的依据。

二是解决好怎么依法的问题。坚持问题导向是审计的基本要求。我们坚持“两手抓、两手硬”，发现问题、揭示问题是基础。审计中，要围绕权力运行和责任落实两个重点，严肃查处重大损害国家和人民利益、重大违纪违法、重大履职不到位、重大损失浪费、重大环境污染和资源毁损、重大风险隐患等问题。对重大违纪违法问题，要重点查处以权谋私、贪污腐败、行贿受贿、化公为私，为特定关系人输送利益，骗取国家财政资金等问题；对重大履职不到位问题，要重点查处对党中央、国务院重大政策措施落实不力，上有政策、下有对策，有令不行、有禁不止，阳奉阴违等问题，特别是对一些领导干部违反中央“八项规定”精神和国务院“约法三章”，违反廉洁从政、廉洁从业规定，徇私舞弊、中饱私囊、失职渎职等，要始终坚持“零容忍”，坚决查处。

具体到审计项目来看，也要坚持依法审计、突出重点。如，在财政审计中，要重点揭示政府债务方面存在的重大风险隐患，以及可能导致的区域性财政、金融风险；重点查处骗取、套取、贪污、侵占国家财政资金，权钱交易，为特定关系人谋利，其中在查处骗取、套取国家财政资金的问题时，既要把着力点放在骗取、套取的单位或个人上，更要放在揭示管理部门、公职人员不作为、严重失职渎职甚至内外勾结、相互串通上；还要重点查处违反中央“八项规定”精神、违规列支“三公”经费和会议费，以及不作为、（下转三版）（上接二版）慢作为、乱作为造成财政资金长期闲置以及重大损失浪费、低效无效、侵害人民利益等问题，对任何地方或单位以“打酱油的钱不能买醋”等为借口拒不整合财政资金的，也要坚决查处、坚决曝光，坚决推进改革、整合，发挥财政资金的使用效益。在金融审计中，要重点查处非法集资、地下钱庄，内外勾结骗取银行贷款、转移信贷资金，以及借创新产品、创新工具之名进行非法活动，包括操纵市场、欺诈上市、内幕交易等违法犯罪行为；要关注金融资产质量，维护金融市场安全，包括信贷外汇、票据证券、互联网金融等。在企业审计中，要重点查处国有企业资产负债损益不真实问题；重点查处执行“三重一大”制度中的重大违纪违法问题，包括境内外重大投资决策、重大股权交易、重大资本运营等存在的问题；重点揭示企业运营中的风险隐患，以及企业领导人员廉洁从业方面存在的问题。在资源环境审计中，要重点查处土地、矿产资源等国有资源出让、使用过程中，管理部门、公职人员滥用职权、权力寻租、搞权钱交易，以及倒买倒卖、为不法分子大开绿灯，谋取非法利益等问题；重点查处矿产资源等国有资源开发利用过程中的重大安全隐患、破坏生态环境、造成环境污染等危及人民利益问题；重点查处在资源环境整治等项目中，骗取国家财政补贴等各种专项资金、克扣征地拆迁补偿资金问题。

三是解决好怎么用法的问题。对审计而言，发现问题只是第一步，还要查源头、查原因、查责任、查后果，对发现的问题进行由表及里、由点到面的综合分析，审慎做出结论和处理。要注意处理好几个关系：首先，要处理好故意与过失的关系。对审计发现的问题，要在落实责任主体的基础上，认真分析是主观故意，还是工作上的过失。对主观故意引致的，要毫不姑息、坚决查处；对工作过失造成的，应当具体问题具体分析，谨慎处理；如果是上级规定不明确或制度过时、不符合实际，被审计单位不得已采取变通举措产生的问题，应当针对这些制度规定重点揭示和反映。其次，要处理好不会与不为的关系。比如，对贯彻落实中央重大政策措施中的不作为、慢作为问题，要分析是被审计单位和人员主观上消极松懈、不愿作为，还是认识和适应新常态有个过程、不会作为，或者是受到不符合改革发展要求的旧的法规制度等客观因素的限制、阻碍而不能作为，不能一概而论，把不作为的帽子一扣了之。最后，要处理好个人与集体的关系。比如，对审计发现的重大违纪违法问题线索应当查深查透，同时要分析判断是个人问题还是集体违纪违法违规，不能因为一些个人的违纪违法问题就对被审计单位全盘否定，也不能因为查处违纪违法问题而影响单位正常运转、企业正常生产经营等，要用法律的手段为经济社会健康发展提供有力保障。

（2）坚持鼓励创新，促进培育发展新动力。习近平总书记指出，抓住了创新，就抓住了牵动经济社会发展全局的“牛鼻子”；抓创新就是抓发展，谋创新就是谋未来。我们讲审计坚持鼓励创新，一方面是审计自身在思想观念、技术方法、组织方式等方面不断开拓创新；另一方面是审计要解放思想、与时俱进，大力支持、促进和推动改革发展中的积极探索与创新举措。

一是要有保护新生事物的强烈意识。新生事物的出现，必然是对习惯做法、传统模式、现有制度的突破、超越甚至是颠覆。面对新生事物，一般有两种态度：一种是一句“不合规矩”，便不问青红皂白、一棍子打死；另一种是细心观察、谨慎研判，对符合改革总体方向的，小心呵护其成长壮大。我们应当如何选择？答案是显而易见的。当前，经济社会发展进程中新生事物层出不穷。对待新生事物，审计人员切不可固守老思路、老办法，不能简单套用原有的制度规定来衡量判断。

二是要有认识发现创新的战略眼光。我们讲，对发展中的积极探索和创新举措，凡是有利于调结构、补短板、化解产能过剩的，凡是有利于降低企业成本、提质增效的，凡是有利于化解房地产库存的，凡是有利于扩大有效供给的，凡是有利于防范化解金融风险的，要坚决促进总结完善，大力推进形成新的制度规范。这几句话应该说得很明白，但实际执行中需要审计人员多方考量。这是因为，新举措、新办法有很多还处于实施或试行中，结果和效果尚未完全显现，怎么才知道是否有利于这个、有利于那个呢？这就需要我们加强学习研究，提高分析研判的能力。一方面，要加强对政治、经济、科技、文化等领域最新知识的学习，加快知识更新储备，提升专业素养；另一方面，更重要的是要深入学习贯彻习近平总书记系列重要讲话精神，深入学习研究中央重大政策措施的内容、背景和目的，深刻领会和把握改革方向，了解相关改革的最新进展等。只有这样，才能真正辨别和支持那些符合改革方向的创新举措。比如讲到的 PPP 模式，如果审计人员对 PPP“是什么”、“为什么”、“怎么搞”都不了解，是不可能作出客观公正地作出判断的。

三是要有包容创新试错的良好心态。习近平总书记讲到，在经济高速增长时期，大家习惯于一种干法，很适应，很顺手；进入新常态了，一些同志不知道怎么干为好了，就像改革开放初期，大家习惯于旧的计划经济套路，对农村联产承包责任制、乡镇企业异军突起、扩大对外开放等一度也无所适从，经过一段时间探索实践，我们的同志就适应了。同样，创新也有一个探索尝试、厚积薄发的过程，可能会产生一些不可预知的风险乃至失败。中央指出，要激发基层首创精神，鼓励和允许地方对中央改革方案进行差别化探索，鼓励干事，宽容失误。我们要按中央要求，把先行先试与明知故犯的违纪违法行为区分开来，把探索性试验中的失误同我行我素的违纪违法行为区分开来，把推动发展的无意过失同谋取私利的违纪违法行为区分开来。对审计中发现的一些创新事项，尽管成效预期还不是很明朗，甚至出现一些暂时性的失误或失败，只要不违背改革的大原则、大方向，就要推动改进完善，推动形成容错机制，千万不能轻率下结论、打板子。

（3）坚持推动改革，促进体制机制制度完善。在经济发展新常态下，我们要更加深刻地理解改革、把握改革，更加主动地适应改革、服务改革。

一是要正确理解和把握深化改革的基本特征。30多年来，我国改革开放由浅入深、由易到难、逐步深化，破解了许多影响和制约发展的重大难题，但仍有一系列深层次矛盾和问题尚未得到根本解决。而且，随着国际国内形势深刻变化，我国发展又面临一系列新问题和新挑战。老问题新问题相互交织，国内国际因素相互影响，利益格局深刻调整，权利诉求纷繁复杂，迫切需要攻克体制机制上的顽瘴痼疾，突破利益固化的藩篱，系统性、整体性、协同性是新一轮改革的主要特征。面对这样一场深刻庞大、艰巨繁重的改革，中央提出了一系列新思想、新论断、新举措，明确了全面深化改革的指导思想、目标任务、重大原则，合理布局了深化改革的战略重点、优先顺序、主攻方向、工作机制、推进方式和时间表、路线图。我们要及时更新理念、调整思路、摆脱思维定式，学习好当代中国马克思主义政治经济学，以五大发展理念为引领，着力推进改革不断深化。

二是要围绕制度创新聚焦发力。当前，很多问题归根到底是体制机制制度跟不上形势发展变化需要造成的，创新完善体制机制制度是新一轮深化改革的焦点所在。审计机关要把促进制度创新作为各项审计的重要内容和目标，狠下功夫，及时揭示和反映不合时宜、制约发展、阻碍改革的制度规定，凡是制约和阻碍中央重大政策措施贯彻落实的，凡是制约和阻碍结构性改革推进的，凡是制约和阻碍创新创业、激发活力的，凡是制约和阻碍简政放权、政府职能转变的，凡是制约和阻碍转型升级、提高绩效的，要坚决推动改进和完善。比如，审计中发现，中央财政对地方的专项转移支付实际包括300多个明细项目，适用300多项管理办法，其中超过一半管理办法中明确要求必须专款专用，同一类专项划分出的明细项目间资金也不得进行调剂，由此造成专项资金大量结余结转、长期闲置，不能统筹安排。对此，我们不仅提出了改革专项管理办法的总体建议，还以上述6个凡是为标尺，对每项管理办法进行深入分析，提出了立改废的建议，产生了积极效果。

三是要促进增强改革的系统性、整体性和协同性。要充分利用审计工作涉及面广、专业性强的优势，依托审计项目开展研究型审计。要以中央重大政策措施落实跟踪审计为主线，密切关注改革推进的力度和效果，加强对审计成果的综合利用和分析，重点关注各领域改革措施不配套、不衔接甚至相互矛盾、抵消等问题，及时揭示制约发展、阻碍改革的环节和方面，深入分析影响改革推进的根本性和深层次原因，积极提出对策建议，推动各项改革相互促进、整体推进、形成合力。比如，审计中发现，部分商事登记调整为后置审批所涉及的多部法律尚未修订，实行“先照后证”“注册资本实缴改认缴”“年检改年报”后，仍有数十部规章制度要求办理行业准入时提交验资、年检证明文件等。针对审计指出的问题，国务院明确2015年底前在全国全面推行“一照一码”登记模式，工商总局在完成涉及本部门法规规章修订的同时，进一步梳理出160多个需要其他部门修订或废止的规章和规范性文件，目前已完成修订80多个。

3. 完善机制、提高效率，更好地履行审计职责

适应新常态，践行新理念，必须进一步完善审计工作机制，加大审计力度，提高工作效率，确保各项工作顺利推进。在全国审计工作会议上，我们提出要强化队伍建设、制度建设、监督制约、统筹管理等几个方面。这里，再重点强调以下四点：

（1）加强学习领会，吃透中央精神。当前和今后一个时期，深入学习贯彻五中全会和习近平总书记系列重要讲话精神，是审计机关的首要政治任务。各级审计机关要高度重视，主要负责同志要率先垂范，先学一步，带动审计人员深入学、反复学。要认真组织开展“学党章党规、学系列讲话，做合格党员”学习教育，坚持学深学透、融会贯通、学以致用，切实领会中央重大决策部署的战略意图和精神实质，更加有针对性地谋划和改进审计工作。

（2）突出审计重点，务求工作实效。要围绕去产能、去库存，促进传统产业升级改造；围绕改善民生和补短板，促进精准扶贫、精准脱贫等惠民富民政策落实；围绕降低企业成本，促进实体经济发展；围绕去杠杆和保安全，促进防范系统性和区域性风险。要继续加大对不作为、慢作为、假作为问题的揭示和反映力度，促进政令畅通，维护中央权威。要继续推动各级财政存量资金的盘活利用和合理配置，消除阻碍财政资金统筹使用

的制度障碍，促进资金整合和有效使用。要继续加大对重大违纪违法问题的揭露和查处力度，促进反腐倡廉和惩治腐败。

（3）依法文明审计，维护审计形象。要把依法文明作为一项重要事项来抓、来整顿，始终谦虚谨慎、依法审慎、文明规范。在执行审计任务时，一言一行都要依法、文明，以理服人，千万不能以监督者自居、听不进不同意见；要讲究方法、讲究技巧，以相互平等的姿态、相互尊重的态度，多沟通、多商量，千万不能说话蛮横、瞧不起人；要加强自身道德修养，拿出点儒雅、亮出点风度、腾出点肚量、带出点气场，让审计结论更公允，让审计人员更有公信力。

（4）坚持从严从实，更加认真用心。毛主席讲，世界上怕就怕“认真”二字，共产党就最讲认真。习近平总书记多次讲，要踏石留印、抓铁有痕，要盯着办、马上办，这就是认真。我们讲坚定理想信念，应当从做事认真用心开始，做什么事只要认真用心了，就一定能做成、做好。我最近看了一些审计简报、审计报告和一些单位报的文稿，质量不是很高，有的甚至还有错字别字，这反映出的就是作风问题，反映出有些同志还存在应付了事、得过且过、敷衍塞责的情形。我已经向各位署领导、各位司局长提出了要求，以后报上来的任何文稿，达不到质量要求，第一次退回，第二次黄牌警告，第三次全署通报。各地上报的报告、信息等材料也要按这个要求执行。希望我们每一个环节都认真负起责任来。

同志们，我国正处在改革创新的伟大时代，我们必须深入学习领会中央精神，适应新常态、践行新理念，在以习近平同志为总书记的党中央领导下，更加有效地发挥审计在党和国家监督体系中的重要作用，推动审计事业在新时期取得新的更大发展！

（二）审计署发布《关于新常态践行新理念更好地履行审计监督职责的意见》

中华人民共和国审计署文件

审政研发〔2016〕20 号

审计署关于适应新常态践行新理念更好地履行审计监督职责的意见

各省、自治区、直辖市和计划单列市、新疆生产建设兵团审计厅（局），署机关各单位、各特派员办事处、各派出审计局：

党的十八大以来，以习近平同志为总书记的党中央不断深化对共产党执政规律、社会主义建设规律、人类社会发展规律的认识，形成了一系列治国理政的新理念新思想新战略。全面学习贯彻党的十八大和十八届三中、四中、五中全会精神，深入学习贯彻习近平总书记系列重要讲话，认真学习贯彻李克强总理对审计工作的重要指示，认识新常态、适应新常态、引领新常态，对于开创审计工作新局面、更好地发挥审计在党和国家监督体系中的重要作用具有重大意义。为了适应新常态，践行新理念，坚持依法审计、实事求是，更好地履行审计监督职责，现提出以下意见：

1. 深入学习领会中央精神，把思想和行动统一到中央重大决策部署上来。当前和今后一个时期，各级审计机关要把学习贯彻党的十八大和十八届三中、四中、五中全会精神，学习贯彻习近平总书记系列重要讲话，作为首要政治任务。

（1）组织深入学习。各级审计机关的主要负责同志要率先垂范，先学一步，带动全体审计人员深入学、反复学、及时学、持续学。认真组织“学党章党规、学系列讲话，做合格党员”学习教育，在审计系统开展“适应新常态、践行新理念”大讨论，积极采取中心组学习、集中培训、理论研讨、形势报告、党课教育等多种形式，营造浓厚的学习氛围。

（2）深刻领会精神实质。各级审计机关要原原本本地学习党的十八大以来历次全会报告、习近平总书记系列重要讲话、李克强总理对审计工作的重要指示，深刻领会经济发展新常态是基于我国发展阶段的科学判断，深刻领会创新、协调、绿色、开放、共享这五大发展理念集中体现了今后五年乃至更长时期我国的发展思路和发展方向，深刻领会供给侧结构性改革是经济发展新常态下解决我国调结构、转方式进程中的主要矛盾、根本问题和发展短板的着力点，深刻领会宏观政策要稳、产业政策要准、微观政策要活、改革政策要实、社会政策要托底这五大政策支柱是供给侧结构性改革顺利推进的重要条件，深刻领会“去产能、去库存、去杠杆、降成本、补短板”这五大重点任务是针对当前经济形势和发展需要的重要举措。

（3）切实统一思想和行动。通过学习，使全体审计干部切实理解和把握中央重大决策部署的战略意图及精神实质，及时掌握改革的新精神新进展，把思想统一到中央精神上来，把行动统一到中央的部署上来，把力量凝聚到实现中央确定的各项任务上来，做到认识到位、行动自觉、步调一致。

2. 自觉适应新常态，践行新理念。各级审计机关要以新理念把握引领新常态，牢固树立创新、协调、绿色、开放、共享的发展理念，按照李克强总理对审计工作的重要指示，转变思想观念，转换思维方式，正确把握改革和发展中出现的新情况新问题，既不能以新出台的制度规定去衡量以前的老问题，也不能生搬硬套或机械地使用不符合改革发展要求的旧制度规定来衡量当前的创新事项，还要适时总结经验，推动有关方面建立容错机制。

（1）坚持客观求实。要严格遵循宪法和基本法律法规，以是否符合中央决定精神和重大改革方向作为审计定性判断的标准，把推进改革中因缺乏经验、先行先试出现的失误和错误，同明知故犯的违纪违法行为区分开来；把上级尚无限制的探索性试验中的失误和错误，同上级明令禁止后依然我行我素的违纪违法行为区分开来；把为推动发展的无意过失，同为谋取私利的违纪违法行为区分开来，审慎作出结论和处理。

（2）坚持问题导向。要严肃查处损害国家和人民利益、重大违纪违法、重大履职不到位、重大损失浪费、重大环境污染和资源毁损、重大风险隐患等问题，对以权谋私、假公济私、权钱交易、骗取财政资金、失职渎职、贪污受贿、内幕交易等违法犯罪问题，要始终坚持“零容忍”，坚决查处。

（3）坚持鼓励创新。要注重保护改革发展中的新生事物，对突破原有制度或规定，但有利于维护人民利益，有利于调结构、补短板、化解产能过剩，有利于降低企业成本、提质增效，有利于化解房地产库存，有利于扩大有效供给，有利于防范化解金融风险，有利于资源节约利用和保护生态环境，有利于推进财政资金统筹使用和提高资金绩效的创新举措，要坚决支持鼓励，积极促进规范和完善，大力推动形成新的制度规范。

（4）坚持推动改革。要关注影响改革发展的深层次问题，对制约和阻碍中央重大政策措施贯彻落实，制约和阻碍结构性改革推进，制约和阻碍创新创业、激发活力，制约和阻碍简政放权、政府职能转变，制约和阻碍转型升级、提高绩效等体制机制性问题，要及时反映，大力推动完善制度和深化改革。

3. 进一步突出审计重点，推动深化改革和创新发展。各级审计机关要自觉服从经济社会发展大局，围绕党和国家工作中心开展工作，将推动中央重大决策部署贯彻落实作为重中之重，着力促进提高经济发展的质量和效益，着力促进供给侧结构性改革，着力促进改善宏观调控和调整产业结构，着力促进保障改善民生和保护生态环境，充分发挥审计在国家治理中的基石和重要保障作用。当前及今后一个时期，要重点抓好8个方面的工作：

（1）持续组织对国家重大政策措施落实情况的跟踪审计，重点关注去产能、去库存、去杠杆、降成本、补短板任务落实，以及创业创新、扩大有效投资、促进转型升级、推进新型城镇化、精准扶贫、电子商务、节能环保等领域政策措施的贯彻落实情况和效果，促进政令畅通。

（2）加强公共资金绩效审计，不仅要监督检查预决算管理法律法规和财经纪律执行情况，关注中央八项规定精神和国务院“约法三章”贯彻落实情况，更要关注财政支出绩效和积极财政政策的实施效果，坚决查处以“打酱油的钱不能打醋”等为借口导致资金长期闲置问题，促进整合专项、盘活存量、用好增量、优化结构、深化改革、提高绩效。

（3）加大对经济运行中风险隐患的审计力度，密切关注政府债务、银行信贷、企业投资负债、资本市场运行、互联网金融等方面的薄弱环节和风险隐患，加强对国有企业和国有金融机构的审计，促进企业深化改革、提质增效、做强主业，维护国家经济安全。

（4）加强对扶贫、卫生、教育、就业、社会保障等民生资金和项目的审计，重点监督检查政策执行、资金使用、项目实施等情况，更加关注相关领域改革发展中的新情况、新问题，更加关注公共资金、公共资产、公共服务的公平合理分配，促进国家惠民富民政策的落实，推动共享发展。

（5）加大资源环境审计力度，各项审计中都要关注资源节约集约循环利用和环境保护政策落实情况，开展领导干部自然资源资产离任审计，促进形成绿色发展方式和生活方式，推动绿色发展。

（6）深化领导干部经济责任审计，坚持党政同责、同责同审，全面推行党政主要领导干部经济责任同步审计，依法依纪反映不作为、慢作为、假作为、乱作为问题，促进依法行政。

（7）加大对权力集中、资金密集、资源富集、资产聚集的重点部门、重点岗位、重点环节的审计力度，严肃揭露和查处重大违纪违法问题，加强对腐败案件发生规律的剖析，推动铲除腐败滋生的土壤，促进廉政建设。

（8）加大对体制机制性问题的揭示和反映力度，根据中央出台的重大政策措施，及时跟踪检查有关部门规章和地方性法规修订完善情况，促进及时建立健全与新政策新要求相适应的新办法、新规则；对不合时宜、制约发展、阻碍政策落实的法律和行政法规，推动及时清理完善；对改革推进中出现的政策措施不衔接、不配套等问题，及时反映、提出建议，促进增强改革的系统性和协调性。

4. 完善工作机制，改进审计方式方法。把中央要求落到实处，各级审计机关要坚持以改革创新的精神推动各项工作，始终保持审计工作活力，激发审计工作创造力，着力提高审计效率。

(1) 加强经验总结和研究分析。要全面梳理和总结近年来工作开展情况，紧密结合新形势新任务新要求，深入查找在思想观念、思维方式、审计方式和判断标准等方面存在的不适应问题，制定符合自身实际的整改措施和路径，立行立改、创新提高。

(2) 加强工作谋划和统筹。要细化明确各项审计和各个审计项目的思路、重点、方法、成果，制定有针对性、可操作性的发展规划和审计方案，及时作出系统规划、部署，并督促、指导落实到位。

(3) 加强审计资源整合。要破除审计机关之间和审计机关各部门之间狭隘的“地盘”意识，横向纵向全方位推进审计工作高度融合，探索矩阵式沟通协调，推进扁平化业务管理，重要事项按规定及时报告，全面提升审计监督效能。

(4) 完善审计业务评价考核体系。要将落实五大发展理念、促进创新改革成效作为评价审计工作业绩的重要标准，健全激励约束机制。

5. 转变作风，提升审计能力。把中央要求落到实处，各级审计机关要始终坚持以品格为核心、作风为基础、能力为重点、业绩为导向，从严管理审计队伍，转变作风，提升审计能力。

(1) 完善干部选拔任用机制。要将适应新常态、践行新理念的自觉意识和行动能力作为干部选拔任用的基本标准，建立落实能者上、庸者下、劣者汰的能上能下机制。

(2) 不断提升审计能力。要大兴读书之风，大兴深入思考之风，大兴善于总结实践之风，完善审计职业教育培训体系，加大交流和轮岗力度，使审计人员具备过硬的基本功，敢于和善于审计，既能查处重大违纪违法问题，又善于推动体制机制制度完善。

(4) 坚持依法文明审计。要严格遵守党的政治纪律、组织纪律、廉洁纪律、群众纪律、工作纪律和生活纪律，严格执行审计“八不准”工作纪律，既要无私无畏、敢于碰硬、勇于担当，又要谦虚谨慎、审慎客观、文明规范。

（4）严格审计质量控制。要讲究方法、严格程序，坚持平等待人、以理服人，充分听取被审计单位和有关方面意见，使审计结论更公允，让审计人员更有公信力。

审计署

2016 年 2 月 5 日

（二）各地方审计机关的探索

1. 广东审计机关开展适应新常态践行新理念更好地履行审计监督职责集中学习活动

为更好地适应新常态、践行新理念，根据审计署的部署，2 月 15 日一17 日，广东省审计厅组织全省审计机关围绕习近平总书记系列重要讲话、党的十八届五中全会、全国审计工作会议、刘家义审计长 1 月 28 日在全国审计机关电视电话会上的讲话、全省审计工作会议等精神开展集中专题学习活动。大家一致认为，正确认识和主动适应新常态对做好新时期审计工作具有十分重要的意义，是做好新时期审计工作的重要前提，是审计服务经济社会发展的客观需要，也是审计工作实现自身发展的必由之路。特别是广东，作为改革开放的前沿阵地，已较早地进入了经济社会发展新常态，在“十三五”这个重要历史关口，广东如何率先全面建成小康社会，更需要各级审计机关深入领会和贯彻五大发展理念，准确把握战略机遇内涵的深刻变化，推动以发展理念转变引领发展方式转变，以发展方式转变推动发展质量和效益提升，再塑广东发展竞争新优势，实现习近平总书记对广东提出的“三个定位、两个率先”的目标。大家一致认为，必须深入查找当前全省审计工作存在的问题，主动适应和引领新常态。近年来全省各级审计机关对新常态的认识逐步深入，能够适时调整工作思路和审计重点，取得了积极的成效。但仍有一部分审计机关和审计人员存在工作思路陈旧、思维方式僵化、审计方法落后等现象，归根到底就是审计理念不适应。为此，各级审计机关将进一步认清新常态的大局与大势，牢固树立创新、协调、绿色、开放、共享的发展理念，坚持客观求实、坚持问题导向、坚持鼓励创新、坚持推动改革。广东省审计厅指出，全省各级审计机关要以五大发展理念为指导，依法全面履行审计监督职责，通过加强经验总结和研究分析、加强工作谋划和统筹、加强审计资源整合和完善审计业务评价考核体系，重点抓好八个方面的工作：一是持续组织对国家和省重大政策措施落实情况的跟踪审计；二是加强公共资金绩效审计；三是加大对经济运行中风险隐患的审计力度；四是加强对扶贫、卫生、教育、就业、社会保障等民生资金和项目的审计；五是加大资源环境审计力度；六是深化领导干部经济责任审计；七是加大对权力集中、资金密集、资源富集、资产聚集的重点部门、重点岗位、重点环节的审计力度；八是加大对体制机制性问题的揭示和反映力度。广东省审计厅要求，全省各级审计机关要围绕“落实一个责任、树立两种精神、提升三种能力、强化四种意识”加强自身建设，即落实党风廉政建设主体责任，树立担当精神和创新精神，提升明大势能力、依法审计能力和学习研究能力，强化政治意识、核心意识、看齐意识和大局意识。（蔡炯，2.22）

2. 河北省审计厅积极适应新常态践行新理念扎实推进审计监督全覆盖

“十二五”期间，河北省审计厅紧盯中央和省委重大决策部署落实，着眼助力经济社会新发展，扎实推进审计监督全覆盖，全省审计工作实现了跨越式发展，为促进全省经济稳步增长发挥了重要作用。今年，该厅继续将推动中央和河北省一系列重大决策部署的贯彻落实作为重中之重，以审计监督全覆盖为抓手，注重揭示制约发展的深层次问题，严肃揭露和查处重大违纪违法问题，及时反映重大风险隐患，依法全面履行审计监督职责，充分发挥审计在国家治理中的基石和重要保障作用。该厅积极贯彻落实《关于完善审计制度若干重大问题的框架意见》及相关配套文件《关于实行审计全覆盖的实施办法》，建设了省级数据分析中心，组建审计数据分析团队，建成跨行业跨部门的审计数据综合分析平台，开发了数据集中管理软件，对省本级一级预算单位试行审计监督全覆盖。收集116个一级预算单位财政财务数据和业务数据，利用大数据分析技术，筛选出疑点问题线索，实施精准审计。对不及时报送数据或数据报送不完整的单位，将作为重点对象安排审计。通过审计，进一步规范资金分配管理，盘活财政资金存量，优化财政资金增量，调整财政支出结构，促进减少财政资金沉淀和提高财政资金使用绩效。为推动重大政策措施落地生效，该厅将重大政策措施落实情况审计作为重要审计内容，纳入2016年所有审计项目，围绕项目落地、资金保障、简政放权、政策落实和风险防范等5个方面，统一组织全省审计机关全年进行跟踪审计，重点关注创业创新、扩大有效投资、促进转型升级、推进新型城镇化、电子商务、节能环保等重点领域政策措施落实情况和效果。同时，根据河北省委、省政府安排，开展“一问责八清理”专项行动，重点检查部门预算执行的真实性和合法性，“三公”经费和公款消费情况，“吃空饷”、“小金库”和大额采购情况，党政机关楼堂馆所建设情况，财政存量资金规模和结构等情况，揭示和查处不作为、慢作为、假作为、乱作为等问题，促进经济平稳运行、健康发展和转型升级。（王海文，4.05）

3. 辽宁省审计厅出台《关于适应新常态践行新理念、更好地履行审计监督职责的指导意见》

为全面落实《审计署关于适应新常态践行新理念更好地履行审计监督职责的意见》要求，辽宁省审计厅出台《关于适应新常态践行新理念、更好地履行审计监督职责的指导意见》，从四个方面提出了在新时期，特别是辽宁经济转型发展振兴的特殊时期辽宁审计工作的重点任务。一是以适应新常态，践行新理念为要求，深入学习贯彻有关精神，统一思想和行动。通过组织深入学习，深刻认识辽宁经济发展所处的关键阶段，深入领会辽宁振兴发展的各项重要举措，切实统一思想和行动，把思想统一到中央和省委、省政府精神上来，把行动统一到中央和省委、省政府的决策和部署上来。同时，强调要主动将审计系统的新思路、新方法和新理念，以及审计工作的新进展向本级党委、政府汇报，争取其对审计工作的支持，要加强与其他部门的交流协作，扩大审计成果的覆盖面，提升审计整改的效果，争取对审计工作的理解与认同。二是自觉适应新常态，践行新理念。在坚持问题导向，严肃查处重大违纪违法问题的同时，要注重客观求实，以新理念为引领，把握新常态，转变思想观念，转换思维方式，正确把握改革和发展中出现的新情况、新问题；要坚持鼓励创新，做到宽容试错，注重保护改革发展中的新生事物，对突破原有制度或规定，但有利于维护人民利益，有利于供给侧结构改革，有利于推进财政资金统筹使用和提高资金绩效的创新举措，要允许试错、宽容失败，积极维护被审计单位的创新积极性，并提出包容性的改进建议，促使科学改进和规范提升；要坚持推动改革，促进完善制度，通过加大对影响改革发展的深层次问题等的揭示和总结归纳，提出完善体制机制层面的对策和建议，供党委、政府的决策部署和行动参考。三是坚持依法审计，依法履职。要在法定的职责范围内开展审计工作，不得参与各类与审计法定职责无关的、可能影响依法独立进行审计监督的议事协调机构或工作，已经参与的要积极清理和退出；要依照法定审计程序、审计方式和审计标准，严格规范审计监督权力运行，严格遵守审计工作纪律，强化责任追究。要始终将严格依法履行审计职能、切实发挥审计职责作为各项审计工作的重要内容，在依法审计的原则基础上，主动适应新常态、践行新理念、全面提升审计工作水平。四是加强审计管理，推进审计创新发展。要自觉服从经济社会发展大局，围绕党委、政府中心工作，积极主动作为，加强稳增长等政策措施落实情况跟踪审计等各项审计业务工作；加强审计计划、审计项目组织、审计质量管理以及审计干部考核管理，提高审计工作管理水平；加强审计方式方法创新，推广数字化审计方式，探索研究式审计方式，打造审计研究与审计实践相互促进、良性循环的格局；加强对各系统、各层面、至上而下和至下而上审计成果的整合提炼和统筹分析，打造审计成果形成机制，实现审计成果的最大化。（王佳，9.27）

四、“十三五”审计工作规划

2016年，是我国“十三五”的开局之年，中央制定了《中华人民共和国国民经济和社会发展第十三个五年规划纲要》，审计工作在“十三五”期间如何发展呢？国家审计署制定了《“十三五”国家审计工作发展规划》，各级地方政府审计机关也制定了本地的审计工作“十三五”规划。

（一）国家审计署制定《“十三五”国家审计工作发展规划》

审计署关于印发“十三五”国家审计工作发展规划的通知

各省、自治区、直辖市和计划单列市、新疆生产建设兵团审计厅（局），署机关各单位、各特派员办事处、各派出审计局：

为全面贯彻落实党的十八大和十八届三中、四中、五中全会精神，深入贯彻习近平总书记系列重要讲话精神，根据《国民经济和社会发展第十三个五年规划纲要》，审计署结合全国审计工作实际，制定了《“十三五”国家审计工作发展规划》。现予印发。

请各地区、各单位组织全体审计人员认真学习，进一步统一思想、提高认识，适应新常态、践行新理念，明确今后五年审计工作发展的目标和措施。根据规划提出的目标、任务和要求，从本地区、本单位实际出发，研究制订具体贯彻落实措施，狠抓落实，务求实效，推动审计事业又好又快发展，更好地发挥审计在党和国家监督体系中的重要作用，为协调推进“四个全面”战略布局、实现中华民族伟大复兴的中国梦做出更大贡献！

审计署

2016年5月17日

“十三五”国家审计工作发展规划

为贯彻落实党的十八大和十八届三中、四中、五中全会精神，根据《国民经济和社会发展第十三个五年规划纲要》、《国务院关于加强审计工作的意见》、中共中央办公厅、国务院办公厅《关于完善审计制度若干重大问题的框架意见》及相关配套文件，结合审计工作实际，制定“十三五”国家审计工作发展规划。

1. 审计工作的指导思想。高举中国特色社会主义伟大旗帜，以马克思列宁主义、毛泽东思想、邓小平理论、“三个代表”重要思想、科学发展观为指导，深入贯彻习近平总书记系列重要讲话精神，牢固树立政治意识、大局意识、核心意识、看齐意识，着力贯彻落实创新、协调、绿色、开放、共享的发展理念，完善审计制度，加大审计力度，创新审计方式，提升审计能力，提高审计效率，依法独立行使审计监督权，更好地发挥审计在党和国家监督体系中的重要作用，为协调推进“四个全面”战略布局，实现中华民族伟大复兴的中国梦做出更大贡献。

2. 审计工作的目标要求。按照协调推进“四个全面”战略布局的部署要求，围绕提高发展质量和效益这个中心，贯穿供给侧结构性改革这条主线，贯彻党政同责、同责同审要求，对公共资金、国有资产、国有资源和领导干部履行经济责任情况实行审计全覆盖，做到应审尽审、凡审必严、严肃问责。到2020年，基本形成与国家治理体系和治理能力现代化相适应的审计监督机制，使中国特色社会主义审计制度更加完善，更加充分发挥审计在保障国家重大决策部署贯彻落实、维护国家经济安全、推动深化改革、促进依法治国、推进廉政建设中的作用。

——形成有利于依法独立行使审计监督权的审计管理体制。

加强全国审计工作统筹，强化上级审计机关对下级审计机关的领导，推进省以下地方审计机关人财物管理改革，优化审计机关内部架构，实现各层级审计资源的科学配置，推动建立健全履行法定审计职责保障机制，完善审计结果运用机制，自觉接受对审计机关的监督。推动修订审计法及其实施条例，完善国家审计准则和指南体系，明确各项审计应遵循的具体标准和程序，切实做到依法审计。

——健全与审计全覆盖相适应的工作机制。

坚持科学规划、统筹安排、分类实施，在“十三五”期间，对依法属于审计监督范围的所有管理、分配、使用公共资金、国有资产、国有资源的部门和单位，以及党政主要领导干部和国有企事业单位领导人员履行经济责任情况实现有重点、有步骤、有深度、有成效的审计全覆盖，对重点部门、单位每年审计，其他审计对象至少审计 1 次，对重点地区、部门、单位以及关键岗位的领导干部任期内至少审计 1 次，对重大政策措施、重大投资项目、重点专项资金和重大突发事件开展跟踪审计。

——建立具有审计职业特点的审计人员管理制度。

加强审计机关领导班子和干部队伍建设，健全审计干部培养和管理机制，打造一支政治强、业务精、作风优、纪律严的审计铁军。推进审计职业化建设，建立分类科学、权责一致的审计人员管理制度和职业保障机制，确保审计队伍专业化水平。

——大力推行现代综合审计模式。

树立科学的国家审计观，创新审计管理模式和组织方式，形成财政、金融、企业、经济责任、资源环境、民生审计一体化，境内与境外审计一体化，审计发展规划、年度计划、项目方案、组织实施一体化，审计一线作业与后台数据分析一体化，审计实践总结与理论研究一体化，查处问题与促进发展、分析原因与推进改革、促进整改与推动问责一体化，惩治腐败与促进廉政、揭示风险与维护安全、促进公平正义与推进民主法治一体化。全面推广“总体分析、发现疑点、分散核实、系统研究”的数字化审计方式，努力实现由单点离散审计向多点联动审计转变、由局部审计向全覆盖审计转变、由静态审计向静态与动态审计相结合转变、由事后审计向事后与事中审计相结合转变、由现场审计向现场审计与非现场审计相结合转变、由微观审计向微观与宏观审计相结合转变。

3. 审计工作的基本原则。适应新常态，践行新理念，正确把握改革和发展中出现的新情况新问题，既不能以新出台的制度规定去衡量以前的老问题，也不能生搬硬套或机械地使用不符合改革发展要求的旧制度规定来衡量当前的创新事项。

——坚持依法审计。

树立法治理念，强化法治思维，做到审计程序合法、审计方式遵法、审计标准依法、审计保障用法。严格遵循宪法和基本法律法规，以是否符合中央决定精神和重大改革方向作为审计定性判断的标准。

——坚持问题导向。

严肃查处损害国家和人民利益、重大违纪违法、重大履职不到位、重大损失浪费、重大环境污染和资源毁损、重大风险隐患等问题，对以权谋私、假公济私、权钱交易、骗取财政资金、失职渎职、贪污受贿、内幕交易等违法犯罪问题，做到“零容忍”。

——坚持客观求实。

实事求是地揭示、分析和反映问题，做到“三个区分”，即区分是主观故意违纪违规还是过失犯错，区分是政策制度、法规不完善还是有意违规，区分是改革探索中出现的失误还是以权谋私等。

——坚持鼓励创新。

注重保护改革发展中的新生事物，对突破原有制度或规定，但有利于维护人民利益，有利于调结构、补短板、化解产能过剩，有利于降低企业成本、提质增效，有利于化解房地产库存，有利于扩大有效供给，有利于防范化解金融风险，有利于资源节约利用和保护生态环境，有利于推进财政资金统筹使用和提高资金绩效的创新举措，要坚决支持鼓励，积极促进规范和完善，大力推动形成新的制度规范。

——坚持推动改革。

密切关注影响改革发展的深层次问题，对制约和阻碍中央重大政策措施贯彻落实，制约和阻碍结构性改革推进，制约和阻碍创新创业、激发活力，制约和阻碍简政放权、政府职能转变，制约和阻碍转型升级、提高绩效等体制机制性问题，要及时反映，大力推动完善制度和深化改革。

4. 审计工作的主要任务。围绕党和国家工作中心，服务改革发展大局，从审计财政财务收支的真实、合法和效益入手，始终坚持“两手抓”，突出以下重点：

——着力维护人民根本利益。

审计中要围绕实现好、维护好、发展好最广大人民根本利益，更加关注扶贫、教育、医疗、社保等民生政策落实情况，更加关注公共资源、公共资产、公共服务的公平合理分配，维护社会公平正义，推进共享发展。

——着力推动依法治国。

审计中要围绕全面依法治国的重大部署，始终关注法律法规的执行情况，揭示有法不依、执法不严等问题，促进依法行政；反映法律法规不适应、不衔接、不配套等问题，提出加强法治建设的意见建议，促进加快建设法治经济和法治社会。

——着力推动深化改革。

审计中要围绕全面深化改革的重大部署，始终关注改革部署的推进情况和创新探索，关注发展中的新情况、新问题，关注体制性机制性问题，积极提出解决突出问题和推动长远发展的建议，促进形成有利于创新的体制机制，推动创新发展。

——着力推动政策落实。

审计中要围绕国家重大政策措施和宏观调控部署的贯彻落实，始终关注重大项目落地、重点资金保障、重大政策落实等情况，促进去产能、去库存、去杠杆、降成本、补短板，促进经济结构转型升级，推动协调发展。

——着力推动提高发展质量和效益。

要把绩效理念贯穿审计工作始终，综合分析经济效益、社会效益和环境效益，促进加快转变经济发展方式，实现更高质量、更有效率、更加公平、更可持续的发展。

——着力推动生态文明建设。

审计中要围绕加快推进生态文明建设的重大部署，始终关注资源节约集约循环利用和环境保护政策落实情况，促进形成绿色发展方式和生活方式，推动绿色发展。

——着力维护经济安全。

审计中要密切关注经济社会运行中的薄弱环节，关注财政、政府债务、金融、能源、矿产资源、水资源、粮食、生态环保等方面的风险隐患，防范系统性和区域性风险；关注走出去、引进来过程中国有资产安全，促进提高开放型经济水平，推动开放发展。

——着力推动党风廉政建设和反腐败斗争。

审计中对重大违纪违法问题，要重拳出击，一查到底。要查源头、查原因、查责任、查后果，深入研究分析腐败案件发生的规律，推动建立完善不敢腐、不能腐、不想腐的制度机制。

5. 政策落实跟踪审计。以促进政策落实到位、不断完善、发挥实效为目标，着力推动项目落地、资金保障、简政放权、政策落实、风险防范，紧密结合不同时期、不同地区、不同行业、不同部门单位的实际情况，持续跟踪审计国家重大政策措施和宏观调控部署落实情况，发挥审计的保障作用。

——对各地区、各部门单位贯彻落实国家重大政策措施的具体部署、执行进度和实际效果进行审计，及时发现和纠正有令不行、有禁不止行为，促进政令畅通。

——加大对不作为、慢作为、假作为等重大履职不到位问题，以及重大失职渎职、重大损失浪费、重大风险隐患、重大违纪违法等问题的揭露和查处力度，推动整改问责。

——加大推动制度创新力度。

根据中央出台的重大政策措施，及时跟踪有关部门规章和地方性法规修订完善情况，促进及时建立健全与新政策新要求相适应的新办法、新规则；对不合时宜、制约发展、阻碍政策落实的法律和行政法规，推动及时清理完善。

——加大推动深化改革力度。

积极推动供给侧结构性改革。对改革发展过程中行之有效的积极探索和创新举措，要促进总结完善，推动形成新的制度机制；密切关注各领域改革措施不配套、不衔接甚至相互矛盾、抵消等问题，积极提出建设性意见，保障改革协调推进。

——创新政策落实跟踪审计的方式方法，不断完善操作规范、报告公告、整改问责等，到2017年形成高效健全的政策落实跟踪审计制度体系。

6. 财政审计。以保障公共资金安全高效使用、促进建立健全现代财税制度、增强财政政策的有效性为目标，依法对政府的全部收入和支出、政府部门管理或其他单位受政府委托管理的资金，以及相关经济活动进行审计，切实增强财政审计的宏观性、整体性和建设性。

——加强财政预算执行及决算草案审计。

每年对各级政府预算执行及决算草案进行审计，监督检查预决算的真实性、合法性和效益性，重点关注财税体制运行、财税政策执行、政府预算体系建设、重点专项资金管理使用、预算绩效管理、政府债务管理，以及推进政府资产报告制度、权责发生制政府综合财务报告制度、财政库底目标余额管理制度等情况。完善预算执行审计分阶段组织实施方式。探索开展科目审计。

——加强部门预算执行及决算草案审计。

对各级党政工作部门、事业单位、人民团体等的部门预算执行和决算草案5年内至少审计1次，重点部门和单位每年审计，监督检查部门预决算的真实性、合法性和效益性，重点关注贯彻中央八项规定精神、国务院“约法三章”要求、“三公”经费和会议费支出等情况，促进严格预算约束，提高预算绩效管理水平。

——加强税收审计。

对海关、国税、地税系统收入征管情况5年内至少审计1次，重点监督检查依法征收、税制改革、非税收入改革和征管体制改革推进，以及结构调整、科技创新、大众创业、环境保护等方面税收优惠政策落实情况及效果，推动清费立税，完善地方税体系，促进建立税种科学、结构优化、法律健全、规范公平、征管高效的现代税收制度。

——加强公共投资审计。

对2022年北京冬奥会场馆等关系全局性、战略性、基础性的重大公共基础设施工程进行跟踪审计，加强对其他政府投资、政府与社会资本合作等方式建设的公共产品和公共服务项目审计，突出立项决策、项目审批、征地拆迁、环境保护、工程招投标、物资采购、资金管理使用和工程质量管理等重点环节，关注投资项目规划布局、投向结构和经济社会环境效益等情况，促进深化投融资体制改革、扩大有效投资、优化供给结构、提高投资绩效。

7. 金融审计。以防风险、增效益、促改革为目标，依法对金融监管部门、金融机构、金融市场开展全方位、多层次审计监督，关注金融领域新业务、新市场、新动向，促进提高金融服务实体经济效率和支持经济转型的能力，推动建立安全高效的现代金融体系。

——对金融监管部门履行监管职责情况进行全面审计，重点关注落实宏观政策、细化监管措施、健全监管规则、提高监管绩效等方面存在的突出问题和薄弱环节，从体制机制制度层面分析原因、提出建议，促进完善适应现代金融市场发展的金融监管框架，推动构建货币政策与审慎管理相协调的金融管理体制。

——对国有及国有资本占控股或主导地位的金融机构5年内至少审计

1次，重点关注资产负债损益、经营管理、业务创新、法人治理及内部控制等情况，促进金融机构依法合规经营，提高管理水平和服务质量，防范经营风险，增强核心竞争力。

——重点关注银行、证券、保险等金融机构贯彻落实国家重大政策措施情况，推动落实国家货币政策、产业政策等宏观调控政策措施，发展绿色金融、普惠金融、互联网金融，加强对中小微企业、农村特别是贫困地区的信贷、结算、保险等金融服务，更好地支持实体经济发展。

——密切关注货币市场、资本市场、外汇市场、保险市场等运行情况，及时揭示和反映重大风险隐患，促进健全监测预警、压力测试、评估处置和市场稳定机制，防范发生系统性、区域性金融风险。

8. 企业审计。以促进国有企业提质增效、保值增值、做强做优做大为目标，依法对国有企业和国有资本实现审计全覆盖，推动国有企业深化改革，促进增强国有经济活力、控制力、影响力、抗风险能力，维护国有资本安全。

——对各级国有资产监管机构履行监管职责情况进行全面审计，推动以管企业为主向以管资本为主转变，建立国有资产出资人监管权力清单和责任清单，将配合承担的公共管理职能归位于相关政府部门和单位，促进完善各类国有资产管理体制。

——对国有资本投资、运营公司进行全面审计。

密切关注国有资本投资、运营公司的设立及运转情况，加大对权力集中的重点岗位和资金密集、资源富集、资产聚集的重点领域、重要环节的审计力度，促进形成国有资本流动重组有效平台、优化国有资本布局、规范国有资本运作、提高国有资本配置和运行效率。

——对国有和国有资本占控股或主导地位的企业5年内至少审计1次。

结合国有企业分类改革、国有资本授权经营体制改革等推进情况，区分国有企业功能类别、国有资本和国有资产规模、管理状况以及管理主体的战略地位等，确定重点审计对象和审计频次。审计中重点关注企业境内外国有资产的真实、完整和保值增值情况、资产负债损益情况、重大投资决策及投资绩效情况、发展潜力和风险隐患情况、企业法人治理及内部控制情况，遵守国家相关法律法规情况，促进国有企业加强经营管理，提高盈利能力。

——加强国有企业境外投资和境外国有资产审计。

建立国有资本、国有企业境外投资审计制度，对投资、运营、管理和使用境外国有资产的有关企业和单位，以及负责境外国有资产监管的机构进行审计，重点监督检查贯彻执行国家重大经济政策措施和“走出去”战略部署情况、境外投资和经营管理等业务的决策流程和绩效情况、境外国有资产产权管理和国有资本保值增值情况，促进境外国有资产依法运营、安全可控、优质高效，推动健全完善境外国有资产监管体制机制和制度。

——关注国有企业贯彻落实国家重大政策措施情况，重点监督检查电力、石油、天然气、铁路、民航、电信、军工等领域国有企业服务国家战略、落实国家重大产业政策和产业布局调整等情况，对各项政策措施的实施情况及效果，推动增强国有经济的整体功能和效益。

——密切关注混合所有制改革、国有企业分类改革、公司制股份制改革等国有企业改革重点领域，着力检查相关改革措施的具体部署、责任落实、执行进度和实际效果等，促进国有企业改革依法有序推进，防止国有资产流失。

9. 民生审计。以促进深化改革、保障和改善基本民生、维护人民利益为目标，加大对扶贫、“三农”、就业、社会保障、科技、文化、教育、救灾等民生资金和项目的审计力度，循着资金流向，从政策要求、预算安排、资金拨付追踪到项目和个人，确保惠民政策落地生根、不断完善和发挥实效。

——加强扶贫审计。

对扶贫政策落实情况进行跟踪审计，重点监督检查脱贫工作责任制落实情况，精准扶贫、精准脱贫相关项目实施和资金管理使用情况，推动扶贫资金统筹整合使用，促进提高扶贫实效，打赢脱贫攻坚战。

——加强涉农审计。

密切关注转变农业发展方式、推进农业结构调整、推进农村一二三产业融合发展、深化农村土地制度改革、实行耕地保护及轮作休耕、提高农业技术装备和信息化水平等重大政策措施落实情况，重点监督检查政策执行、资金使用、项目实施、资源利用等方面情况，推动涉农资金整合和统筹使用，促进强农惠农政策落到实处。

——加强社会保障审计。

以养老保险、医疗保险为重点，加强社会保险基金管理使用和投资运营情况审计，揭示突出问题和风险隐患，保障基金安全规范运行，促进建立更加公平更可持续的社会保障制度。围绕新型城镇化目标，深化保障性安居工程审计，加大对住房公积金等住房保障资金、城镇棚户区和城乡危房改造项目的审计力度，推动建立健全以政府为主提供基本保障、以市场为主满足多层次需求的住房供应体系。加强社会救助、社会福利和优抚安置等方面审计，推动健全社会救助体系和社会福利制度，维护社会公平。

——加强教科文卫等领域审计。

加强对教育、科技、文化、医药卫生等领域重点资金和项目的审计，重点监督检查政策落实、资金分配、项目实施等情况，及时反映相关领域改革中的新情况、新问题，促进规范管理、完善制度、提高绩效，推动深化科技管理体制等相关领域改革，健全国家基本公共服务制度，完善基本公共服务体系，提高义务教育、基本医疗、公共卫生、公共设施、公共文化等基本公共服务共建能力和共享水平。

——对重大突发性公共事项进行跟踪审计，重点监督检查有关资金、物资的筹集、分配、拨付、使用情况和有关项目的建设推进情况，保障重大突发性公共事项应急处置、预防预警、恢复重建等工作顺利进行。

10. 资源环境审计。以促进全面节约和高效利用资源、加快改善生态环境为目标，依法对土地、矿产、水资源、森林、草原、海洋等国有自然资源，以及环境综合治理和生态保护修复等情况进行审计，加大对资源富集和毁损严重地区的审计力度，对重点国有资源、重大污染防治和生态系统保护项目实行审计全覆盖，推动加快生态文明建设。

——对重要自然资源开发利用及保护情况进行审计，重点监督检查土地、矿产、水资源、森林等相关政策制度执行情况，特别是约束性指标落实情况和资源高效利用机制建立情况，促进资源节约集约循环利用，提高资源利用综合效益。

——对重点领域、重点行业、重点地区污染防治情况进行审计，重点监督检查水、大气、土壤、重金属废弃物、核废弃物等污染防治行动计划执行情况，污染物减排约束性指标落实情况，环境治理基础制度改革情况，环境基础设施、环境治理保护重点工程建设情况，促进落实最严格的环境保护制度，推动形成政府、企业、公众共治的环境治理体系。

——对山水林田湖等自然生态系统保护和修复情况进行审计，重点监督检查退耕退牧还林还草、天然林资源保护、国家生态安全屏障保护修复、国土绿化行动、国土综合整治、防沙治沙和水土流失综合治理、湿地保护与恢复等重点生态工程建设情况和相关政策措施落实情况，推动自然生态系统的保护与修复，筑牢生态安全屏障。

——实行领导干部自然资源资产离任审计。

在试点的基础上，2017 年制定《领导干部自然资源资产离任审计暂行规定》，2018 年起全面推开，2020 年建立起比较完善的自然资源资产离任审计制度。通过审计，促进切实履行自然资源资产管理和环境保护责任。

11. 经济责任审计。以促进领导干部守法、守纪、守规、尽责为目标，坚持“全面推进、突出重点、健全制度、规范管理、提高质量、深化发展”的工作思路，深化领导干部经济责任审计，完善经济责任审计结果运用机制，不断提高经济责任审计的质量和水平。

——对地方各级党委、政府、审判机关、检察机关，中央和地方各级党政工作部门、事业单位、人民团体等单位的党委（党组、党工委）和行政正职领导干部（包括主持工作 1 年以上的副职领导干部），国有企业法定代表人，以及不担任法定代表人但实际行使相应职权的企业主要领导人员履行经济责任情况进行审计，对重点地区、部门、单位的领导干部任期内至少审计 1 次，坚持任中审计与离任审计相结合，加大任中审计力度，全面推进党政主要领导干部经济责任同步审计。

——突出经济责任审计重点。

立足权力运行与责任落实，分类别研究领导干部经济责任的内容，健全完善经济责任审计评价体系，重点监督检查领导干部贯彻执行党和国家经济方针政策、决策部署情况，遵守有关法律法规和财经纪律情况，本地区本部门本单位发展规划和政策措施制定、执行情况及效果，重大决策和内部控制制度的执行情况及效果，本人遵守党风廉政建设有关规定情况等，促进领导干部更好地践行五大发展理念，依法作为、主动作为、有效作为。

——深化经济责任审计结果运用。

充分发挥经济责任审计工作联席会议（领导小组）的作用，健全经济责任审计情况通报、审计发现问题整改、审计结果公告等制度，推动将经济责任审计结果及整改情况纳入所在单位领导班子、民主生活会及党风廉政建设责任制检查考核的内容，作为领导班子成员述职述廉、年度考核、任职考核的重要依据。

12. 涉外审计。以促进完善对外开放战略布局、健全对外开放新机制、保障国家利益为目标，加强对外援助资金、驻外非经营性机构、利用外资审计，服务“走出去”战略，推进“一带一路”建设。

——加强对外援助资金审计。

对组织管理我国政府对外无偿援助、无息贷款、优惠贷款的政府主管部门，国有金融机构等对外援助管理机构，以及在境内外实施援助项目的中方实施单位进行审计，重点监督检查贯彻执行国家对外援助方针政策和决策部署，对外援助资金预算执行，项目资金管理使用的真实、合法和效益等情况，促进提高对外援助资金规范使用和发挥最大效益。

——加强驻外非经营性机构审计。

对我国驻外使领馆及各类驻外非经营性机构进行审计，重点监督检查预算执行和其他财政收支、财务收支的真实、合法和效益情况，国有资产的购建、管理、使用和处置等情况，促进规范预算和财务管理，提高资金使用绩效。

——加强利用外资审计。

重点监督检查扩大开放领域、放宽准入限制等相关政策措施落实情况，国外贷援款项目管理和资金使用以及对外履约情况，关注新兴国际金融组织总体发展战略与业务开展等情况，促进优化利用外资结构，提高利用外资综合质量。

13. 加强和改进审计管理。围绕增强审计监督的独立性和整体合力，创新审计资源配置、业务管理和结果运用等机制，促进全国审计工作统筹部署、协调推进。

——强化上级审计机关对下级审计机关的领导。

健全对下级审计机关的干部管理、重大事项报告、考核等方面制度。在稳步推进 7 个地区省以下地方审计机关人财物管理改革试点的基础上，总结经验、把握规律，到 2018 年形成一套较为成熟、规范、有效的省以下地方审计机关人财物管理制度和模式。

——加强审计计划统筹。

摸清审计对象底数，分类确定审计重点和审计频次，对重点部门、单位以及关键岗位的领导干部加大审计频次，编制中长期审计项目计划，确保“十三五”期间实现有重点、有步骤、有深度、有成效的审计全覆盖。完善审计项目计划管理办法，明确省、市、县审计项目计划报批、备案的办法和具体要求。

——优化审计资源配置。

推进跨层级、跨专业、跨区域审计资源的优化配置，加强各级审计机关、不同类型审计项目的统筹融合和相互衔接，建立审计成果和信息共享机制，提高审计监督整体效能。规范大型审计项目的组织实施和成果运用，加强审计现场科学管理，保证规范有序高效运行。

——完善审计结果运用机制。

健全审计与组织人事、纪检监察、公安、检察以及其他有关主管单位的工作协调机制，制定进一步加强协作配合的实施意见，推动把审计监督与党管干部、纪律检查、追责问责结合起来。加强对审计发现问题整改情况的跟踪督促，推动改进各级人大常委会听取和审议审计查出突出问题整改情况报告机制。加强审计成果综合利用，提高审计成果利用的层次和水平。

——加大审计结果和信息公开力度。

完善审计机关政府信息公开工作规定和审计结果公告办法。除涉及国家秘密、商业秘密、个人隐私以及公开后可能危及国家安全、公共安全、经济安全和社会稳定的信息外，依法依规全面公告审计结果，推动被审计单位公告整改结果。加强和改进审计宣传工作，讲好审计故事，办好审计机关所属媒体，注重运用新媒体，提高审计信息公开的及时性和广泛性。

——加强对内部审计的指导，强化对社会审计机构出具相关审计报告的核查，除涉密项目外，根据需要购买审计服务，并制定完善相应管理办法。

14. 加强审计队伍建设。以品德为核心、能力为重点、作风为基础、业绩为导向，全面加强审计队伍的政治、思想、组织、作风、纪律、能力和制度建设，打造审计铁军。到 2020 年，形成一套健全高效的审计人才培养、激励、评价和使用机制，审计队伍整体能力素质有较大提升，高端骨干人才数量有较大增长，人才总量和结构与审计事业发展总体要求基本适应。

——加强领导班子建设。

认真落实《审计署 2015—2018 年领导班子建设规划》，全面加强审计机关各级领导班子政治建设，引导领导干部增强政治意识、大局意识、核心意识、看齐意识，始终忠诚于党、始终对组织坦诚、始终正确对待权力、始终牢记政治责任，严防“七个有之”，不断提高驾驭能力和领导能力。以“一把手”建设为重点，选优配强各级领导班子。加强人才梯队建设，健全后备干部动态管理机制，不断优化各级审计机关领导班子的经历、年龄、知识、专业等结构。

——加强干部队伍思想作风建设。

强化思想政治教育，大力弘扬“责任、忠诚、清廉、依法、独立、奉献”的审计人员核心价值观，深入落实“实、高、新、严、细”的工作作风，锻造优良的政治品质，打造过硬的纪律作风，使审计队伍的政治素质和纪律作风再上一个新台阶。

——深化干部人事制度改革。

完善干部选拔任用和轮岗交流机制，加大上下级审计机关之间干部交流力度，有计划地选派审计干部到其他单位挂职锻炼。上级审计机关要按照规定配合地方加强对下级审计机关的考核和考察。严格执行巡视工作条例和领导干部能上能下若干规定，加强对领导班子和领导干部的日常监督和管理，完善考核评价体系。严格执行领导干部报告个人有关事项规定。探索开展公务员个人平时考核。积极稳妥推进事业单位改革。继续做好离退休干部工作。

——推进审计职业化建设。

建立符合审计职业特点、适应审计工作需要的审计人员管理制度，建立审计专业技术类公务员职务序列。完善审计人员选任机制，实行分类招录制度。对专业性较强的职位实行聘任制，制定聘任人员管理办法。设立正高级审计专业技术资格。健全审计职业保障机制和审计职业岗位责任追究机制。制定推进国家审计职业化建设实施方案，经中央批准后实施。到2020年，形成基本适应工作需要的审计职业化管理机制。

——完善审计职业教育培训体系。

制定审计职业教育规划，建立审计干部继续教育和分类分级、分岗位培训制度。办好市县审计局长和省级审计机关处长培训班，5年内轮训一遍。继续办好新疆、西藏培训班。对西部地区送教上门，吸收一批中西部地区审计干部到审计署及派出机构参加审计项目，以审代训。加强审计干部教育培训网络平台建设，推进审计模拟实验室的建设和应用，加大审计案例教学的推广应用力度。建立审计人员职业发展规划，持续提升职业胜任能力。完善审计专业人才培养机制。

——加强审计干部教育学院建设和发展。

立足审计工作需要和审计干部成长需要，科学设计审计干部教育培训课程、教案和培训班次，实施精品培训课程和精品教材工程，增强培训师资力量，推进审计职业教育与国民教育深度融合，不断提高教学管理水平和教育培训质量。

15. 落实全面从严治党和党风廉政建设主体责任。坚持思想建党、制度治党，认真履行全面从严治党和党风廉政建设主体责任，严守党的政治纪律和政治规矩，增强“四个意识”，自觉在思想上政治上行动上与党中央保持高度一致，对党绝对忠诚，为审计事业发展提供坚强的政治思想和组织保障。

——落实两个主体责任。

强化审计机关各级党组织、各级领导班子及成员的全面从严治党主体责任，坚持把管党治党作为最大的政绩、第一位的工作抓实抓好。把党风廉政建设与审计业务工作同部署、同落实、同检查、同考核，建立并严格落实党风廉政建设主体责任台账制度，层层分工负责，层层传导压力，层层抓好落实。

——加强审计机关党的建设。

坚持把党建工作与审计业务工作融为一体。抓好审计机关基层党组织建设，健全组织机构，完善组织设置，规范组织制度，切实发挥战斗堡垒作用。加强党员教育、监督和管理，增强党员意识，切实发挥先锋模范作用。严肃党内政治生活，严格执行民主集中制，各级党组织每年开展 1 次党性分析和民主评议党员，切实增强党内生活的政治性、原则性、战斗性。把意识形态工作作为党建工作重要内容，切实维护意识形态领域安全。制定加强审计队伍思想和作风建设的意见，做好新形势下的思想政治工作。加强审计一线党建工作，更好地发挥审计组临时党组织的监督、保障和服务功能。

——深入推进党风廉政建设。

严格贯彻中央八项规定精神，坚持不懈纠正“四风”，建立健全作风建设长效机制。以树立正确的权力观、地位观、利益观为重点，把岗位廉政教育、职业道德教育和预防职务犯罪贯穿于领导干部培养和管理的全过程，深入学习贯彻党章、《中国共产党廉洁自律准则》和《中国共产党纪律处分条例》以及其他党规党纪，严格遵守党的政治纪律、组织纪律、廉洁纪律、群众纪律、工作纪律、生活纪律。丰富和改进廉政教育形式，健全审计廉政风险防控体系。加强审计现场管理，严格执行审计“八不准”工作纪律等规定。加大审计项目廉政回访等监督检查力度，对重大审计项目实行廉政跟踪检查。严格执纪问责，对违反廉政纪律的行为实行“一案双查”，既追究当事人责任，也追究相关领导责任。

——办好中共审计署党校。

坚持服务中心、建设队伍，审计署对署机关和派出机构党员干部集中培训，5年内对处级以上党员干部轮训一遍，每年举办1期基层党组织书记培训班，重点开展马克思主义基本原理、中国特色社会主义理论体系、党的路线方针政策和党风党纪党规教育，强化思想理论武装，增强党性修养，坚定理想信念。适时开展对地方审计机关党员领导干部、重要党务工作者和模范党员的培训。

16. 推进审计法治化建设。以保障依法独立开展审计监督为目标，坚持依法审计、文明审计，加强审计质量控制，强化对审计监督权运行的制约和监督，不断完善审计法律法规和内部规章制度体系，使审计工作有章可循、有规可依。

——形成较为完备的审计法律法规体系。

在广泛征求各方面意见的基础上，做好审计法及其实施条例修订相关工作。修订完善国家审计准则，制定、修订各专业领域的国家审计指南，适时做好其他审计法规、规章和地方性审计法规的制定和修订工作。

——形成健全的审计管理制度体系。

健全审计业务管理、廉政建设、岗位考核、责任追究等内部管理制度，完善和落实重大事项报告制度，提高规范化管理水平。建立和落实审计规范性文件的起草、审查、集体审议、公开发布等制度，加强合法性审查，提高审计制度建设的程序化、科学化水平。

——建立健全审计业务质量控制机制。

优化复核审理流程，分环节、分层级落实质量控制责任，对发现的重大审计质量问题，要按照权责一致的原则，严格实行责任追究制度。加强质量检查，上级审计机关要加强对下级审计机关审计质量的监督检查，定期通报监督检查情况。改进优秀审计项目评选，发挥好优秀审计项目的示范引领作用。

——强化对审计监督权运行的制约和监督。

建立健全审计机关权力清单、责任清单制度，形成审计计划、实施、审理、报告等各环节既相互制约又协调有序的审计权力运行机制。严格落实干预审计工作行为登记报告等制度，增强纪律约束。完善审计机关主要领导干部经济责任审计，探索与省以下地方审计机关人财物管理改革相适应的经济责任审计组织方式。主动接受党委、人大、政府、政协监督，定期报告工作。推动建立对审计机关的外部审计制度。坚持阳光法则，提高审计工作的公开透明度，完善特约审计员制度，自觉接受社会监督。

——切实做到依法审计、文明审计。

加强法治宣传教育，严格依照法定程序、方式、标准履行审计监督职责。坚持文明审计、客观求实，充分听取被审计单位和有关方面意见。各级审计机关不得参与可能影响依法独立进行审计监督的议事协调机构或工作。

17. 加快审计信息化建设。以提升审计能力和审计效率为目标，加大数据集中力度，完善国家审计数据中心，形成全国统一的审计信息系统。加大数据分析力度，拓展大数据技术运用，大幅提高运用信息化技术发现问题、评价判断、宏观分析的能力，形成“国家审计云”。

——加大数据集中和整合力度。

建立健全数据采集与管理的制度规范和工作机制，到 2020 年实现对经济社会各类主要信息数据的全归集。完善审计业务电子数据管理办法。建立完善国家审计数据中心和省级审计数据分中心，大力推进各类数据的整合和标准化，地方审计机关收集的审计相关电子数据信息，按审计署规定的标准、方式、要求统一集中管理，逐步实现各级审计机关之间、审计机关与审计现场之间的信息共享，提升数据利用价值。建立审计数据灾备中心。

——加强大数据技术运用。

积极应用“云计算”、数据挖掘、智能分析等新兴技术，提高审计效率。探索多维度、智能化数据分析方法。加强对各领域、各层级、各系统间数据的关联分析，增强判断评价宏观经济、感知经济风险等方面能力。大力推进联网审计。

——加强信息化建设项目审计。

围绕国家大数据战略和“互联网＋”行动，以提高财政资金使用效益和维护国家信息安全为重点，加大对政府部门、国有企事业单位信息化建设项目及信息系统审计力度，促进国家大数据战略的顺利实施。

——完成“金审三期”工程建设。

制定统筹推进全国审计信息化建设指导意见。到2020年，基本建成数字化审计指挥平台、大数据综合分析平台、审计综合作业平台、模拟仿真实验室和综合服务支撑系统。加快推进审计机关公文处理、档案管理等各项工作的信息化，逐步实现审计计划编制、资源配置、组织管理、质量控制、成果利用等全过程的数字化。基本建成一体化信息综合服务支撑保障体系。实现审计机关设备和系统软件全部国产化。

18. 加强和改进审计理论研究。坚持总结规律、认识规律、运用规律，深化审计理论研究，力争推出一批有用、管用、好用的审计理论研究成果，更好服务和指导审计实践。到2020年，初步形成较为完善的中国特色社会主义审计理论体系。

——突出审计理论研究重点。

加强对国家治理、国家战略、公共政策、宏观经济形势及审计监督对象和事项的研究，为更好发挥审计在国家治理中的基石和重要保障作用提供理论支撑、理论指导。加强审计基础理论研究，不断深化对国家审计本质和发展规律的认识。加强对审计实践的理论总结和提炼，把实践中形成的行之有效的做法和经验，总结升华为理论或制度规范，为审计实践提供有效指引。编写《中国国家审计学》、《中国共产党审计工作史》、《中国审计思想史》、《中外国家审计比较研究》。

——加强审计理论研究人才队伍和其他基础建设。

积极营造百花齐放、百家争鸣的理论研究氛围和优秀科研人才脱颖而出的人才成长环境，加强科研机构与业务部门的协作和人员交流，组织重点课题研究。深入推进高校审计学科建设、审计专业硕士学位管理、优秀审计博士论文评选、审计署博士后工作站建设。到2020年，形成一批审计学科带头人，凝聚一批在国内外有影响的国家审计理论专家，培养一批在理论研究上有建树的骨干。

——加强审计决策咨询智库建设。

整合审计科研资源，加强各级审计科研所、学会、理论研究会等科研机构建设，着力为各级审计机关确定工作思路提供咨询建议，为解决实践中遇到的问题提供决策参考。建立健全不同层级科研机构间、科研机构与政策研究机构间的协作机制，围绕重大问题开展联合攻关，充分发挥审计智库服务决策的重要作用。加强审计博物馆建设。

19. 加强审计国际合作与交流。坚持服务国家利益，坚持互利共赢，在更大范围、更广领域、更高层次上参与并引领国际审计事务，积极扩大中国审计的国际话语权和影响力，不断提升中国审计在世界审计舞台上的地位。

——积极参与审计国际事务。

认真履行世界审计组织主席职责，完成《世界审计组织章程》修订。有序推进国际标准化组织“审计数据采集”项目委员会工作，完成“审计数据采集”国际标准的制定。深层次参与亚洲及有关地区审计组织事务。

——推进审计领域多边双边外交。

完善多边、双边审计会晤机制，通过高层互访、培训、研讨会、项目合作、专家讲学等多种形式，加强与世界各国审计机关的广泛联系与合作，探索接收其他国家和地区审计官员到中国审计机关学习、实践，为发展中国家最高审计机关提供能力和信息共享。

——组织审计国际培训。

持续开展对发展中国家，特别是周边、南太及非洲地区审计官员的培训，打造有中国特色的国际化审计培训品牌。在全国审计系统选派一批国际教员，执行境内外审计国际培训项目。办好接收国际留学生项目。

——加大审计对外宣传力度。

在借鉴国际审计先进经验的同时，积极向国际社会推介中国特色社会主义审计理论和制度、模式与方法，传播中国审计理念，分享中国审计经验，展示中国软实力。

20. 切实抓好规划实施。各级审计机关要根据本规划要求，研究制订具体落实措施，切实加强组织领导，抓好规划实施，确保本规划确定的目标任务顺利完成。有关单位要加强监督检查、中期考核和效果评估，确保各项任务落实到位。

（二）各地方审计机关的“十三五”审计工作规划

1. 安徽省审计厅全面实施五年创新计划

为深入贯彻党的十八大、十八届三中、四中、五中全全和习近平总书记系列重要讲话精神，全面落实中办、国办印发的《关于完善审计制度若干重大问题的框架意见》及相关配套文件精神，完成省委、省政府决策部署，推进“十三五”安徽审计事业创新发展，安徽省审计厅在巩固“十二五”“五大工程”成果的基础上，加大改革创新力度，全面实施“五年创新计划”，决定从2016年起，依次在全省审计机关开展“审计理念创新年”、“审计技术创新年”、“审计管理创新年”、“审计队伍建设创新年”、“审计制度创新年”活动。“五年创新计划”坚持以审计理念创新为内在要求，促进适应新常态，践行新理念，自觉服从大局，围绕中心开展工作；坚持以审计技术创新为重点突破口，大力提高信息化条件下审计监督能力和水平；坚持以审计管理创新为坚强保障，强化上级审计机关对下级审计机关的领导，适时推进省以下审计机关人财物管理改革，切实增强审计监督的整体性、全局性和协调性；坚持以审计队伍建设创新为关键所在，全面落实从严治党和党风廉政建设主体责任，积极推进审计职业化建设，完善审计干部职业培训体系，为推进审计全覆盖提供强大智力支持；坚持以完善审计制度为目标定位，巩固和提升实施“五年创新计划”实践成果，基本形成与国家治理体系和治理能力现代化相适应的安徽特色审计制度，保障依法全面履行审计监督职责。通过实施“五年创新计划”，健全有利于审计监督权科学运行的审计管理体制，完善有利于审计目标实现的审计工作机制，形成有利于创新发展的审计制度优势，对公共资金、国有资产、国有资源和领导干部履行经济责任情况实行审计全覆盖。到2020年，基本形成与国家治理体系和治理能力现代化相适应、具有安徽特色的审计监督制度，更好发挥审计在保障重大决策部署贯彻落实、维护经济安全、推动深化改革、促进依法治省、推进廉政建设中的重要作用，全力服务创新型“三个强省”和美好安徽建设，着力保障如期全面建成小康社会。（综合法规处，5.19）

2．“十三五”甘肃审计工作发展规划正式发布

2016年7月11日，甘肃省审计厅发布了《“十三五”甘肃审计工作发展规划》，明确“十三五”时期全省审计工作发展的指导思想、总体目标、基本原则、主要任务。《规划》明确，要按照协调推进“四个全面”战略布局的部署要求，围绕提高发展质量和效益这个中心，贯穿供给侧结构性改革这条主线，贯彻党政同责、同责同审要求，对公共资金、国有资产、国有资源和领导干部履行经济责任情况实行审计全覆盖，做到应审尽审、凡审必严、严肃问责。到2020年，基本形成较为完善的审计监督机制，更加充分发挥审计在保障中央和省委、省政府重大决策部署贯彻落实、维护经济安全、推动深化改革、促进依法治省、推进廉政建设中的作用。《规

划》强调，要围绕省委、省政府工作中心，服务改革发展大局，从审计财政财务收支的真实、合法和效益入手，始终坚持“两手抓”，重点做好重大政策落实跟踪审计、财政审计、金融审计、企业审计、民生审计、资源环境审计、经济责任审计、外资运用审计、审计理论研究九个方面的工作，着力维护人民根本利益，着力推动依法治省，着力推动深化改革，着力推动政策落实，着力推动提高发展质量和效益，着力推动生态文明建设，着力维护经济安全，着力推动党风廉政建设和反腐败斗争。《规划》要求，要加强和改进审计管理，强化上级审计机关对下级审计机关的领导，推进省以下地方审计机关人财物管理改革，加强审计项目计划统筹，优化审计资源配置，完善审计结果运用机制，加大审计结果公开力度，加强对内部审计的业务指导和监督，建立健全购买社会审计服务工作机制。《规划》还对加强审计队伍建设、推进审计法治化建设、加快审计信息化建设作出了明确规定。(徐菲菲，7.13)

3. 广东印发《“十三五”广东审计工作发展规划》

近日，广东省审计厅印发了《“十三五”广东审计工作发展规划》，明确和部署了“十三五”时期全省审计工作的目标、任务和措施，要求围绕省以下审计机关人财物管理改革的新形势、新要求布局全省审计工作。《规划》明确了“十三五”时期的总体目标，要求立足全省审计“一盘棋”总体格局，以提高发展质量和效益为中心，以供给侧结构性改革为主线，坚持党政同责、同责同审，对依法属于审计监督范围的所有管理、分配、使用公共资金、国有资产、国有资源的部门和单位，以及党政主要领导干部和国有企事业单位领导人员履行经济责任情况实行审计全覆盖，做到应审尽审、凡审必严、严肃问责。到2020年，基本形成与国家治理体系和治理能力现代化相适应的审计监督机制。《规划》明确了“十三五”时期广东审计工作的主要任务，强调要围绕党中央、国务院和省委、省政府工作中心，健全完善横向到边、纵向到底的审计全覆盖工作机制，切实做好政策落实跟踪审计、财政审计、公共投资审计、金融审计、企业审计、民生审计、资源环境审计、经济责任审计、涉外审计等九个方面的工作任务和工作重点。特别是，《规划》强调要进一步加大联网在线审计、县乡级党政主要领导干部经济责任异地同步审计、领导干部自然资源资产离任审计、公共投资审计等的工作力度，不断探索创新具有广东特色的审计工作机制和办法。《规划》强调要强化上级审计机关对下级审计机关的领导，推进省以下审计机关人财物管理改革试点，健全对下级审计机关的干部管理、重大事项报告、考核等方面制度。对全省审计项目计划执行、管理和效果情况进行跟踪和监督检查。推进跨层级、跨专业、跨区域审计资源的优化配置，加强全省各级审计机关、不同类型审计项目的统筹融合和相互衔接。《规划》要求采取切实措施，健全与审计全覆盖相适应的工作机制，加强和改进审计管理，提升审计队伍素质能力，强化党风廉政建设，推进审计法治化和信息化建设，加强审计理论研究和审计领域交流，深化粤港澳审计领域的交流与合作。（姚洪标，8.25）

4. 北京市审计局印发“十三五”审计工作发展规划

近日，北京市审计局发布了《“十三五”北京审计工作发展规划》。《规划》对“十三五”时期全市审计工作的目标、任务和措施作出了安排部署。《规划》指出，“十三五”时期全市审计机关要深入贯彻习近平总书记系列重要讲话和对北京工作重要指示精神，牢固树立政治意识、大局意识、核心意识、看齐意识、首善意识，着力贯彻落实创新、协调、绿色、开放、共享的发展理念，牢牢把握首都城市战略定位，完善审计制度，加大审计力度，创新审计方式，提升审计能力，依法独立行使审计监督权，更好地发挥审计的保障和监督作用，为推进率先全面建成小康社会、建设国际一流的和谐宜居之都做出更大贡献。《规划》要求，要以形成有利于依法独立行使审计监督权的审计管理体制，建立健全审计全覆盖工作机制，建立具有审计职业特点的审计队伍管理制度，大力推行审计新模式为目标，围绕优化提升首都核心功能，对公共资金、国有资产、国有资源和领导干部履行经济责任情况实行审计全覆盖，做到应审尽审、凡审必严、严肃问责。到2020年，基本形成与首都城市战略定位相适应的审计监督机制。《规划》明确了重大政策措施落实情况跟踪审计、京津冀协同发展战略落实情况跟踪审计、城市规划建设管理情况审计、财政审计、企业及金融审计、资源环境审计、民生审计、经济责任审计等八大领域审计的具体目标和工作重点。其中，《规划》特别提出创新京津冀审计机关协同机制，加强三地审计机关规划、计划等工作的协同协作，联合天津、河北审计机关对重大战略推进落实情况、重要资金保障情况进行审计。同时，《规划》强调以服务首都城市战略定位，围绕“四个中心”建设开展城市规划建设管理情况审计，发挥审计在城市现代化建设中的重要作用。《规划》强调，“十三五”时期要从加强和改进审计管理、抓好审计队伍建设、法治化建设、信息化建设、强化审计研究、加强审计宣传等六个方面加强审计机关自身建设。《规划》提出，全市审计机关要以“研究型审计”为重要抓手，着力破解审计改革发展难题，着力提升审计成果，到2020年初步建立研究型审计业务操作规范体系，不断将研究型审计引向深入。同时，《规划》结合中央精神，对强化上级审计机关对下级审计机关的领导，推进省以下审计机关人财物管理改革等方面工作也做了相关部署。（局研究室，9.08）

5. 浙江发布《浙江省审计工作发展“十三五”规划》

近日，浙江省发展和改革委员会、浙江省审计厅联合印发了《浙江省审计工作发展“十三五”规划》，对“十三五”时期浙江审计工作的主要目标、工作原则、主要任务、加强管理创新和基础建设等方面做出了安排部署。《规划》紧扣《浙江省国民经济和社会发展第十三个五年规划纲要》和《“十三五”国家审计工作发展规划》等相关文件精神，以在进一步拓展监督和保障职能上走在全国前列，在进一步提升审计质量与价值、提升审计能力上走在全国前列，在进一步依法独立行使审计监督权上走在全国前列“三个走在前列”为具体要求，用“一个目标、两大职能、三个走在前列、四项原则四个机制、五大基础建设、六大任务”统筹的规划主要内容，既立足长远，又符合当前审计工作实际，较好解决了今后五年浙江审计工作“审什么”、“怎么审”、“怎么保障”等问题。《规划》从公共政策、公共资金、国有资产、国有资源、领导干部经济责任、公共投资等六个方面明确了今后五年全省审计工作的主要任务，并以专栏形式列出了重点任务清单，解决了“审什么”的问题。一是加强对公共政策的审计，重点关注供给侧结构性改革、七大万亿产业培育、“五水共治”等涉及重大改革、产业发展、转型升级、民生环保领域政策措施的贯彻落实情况，并提出省审计厅本级每年组织开展10个左右政策跟踪审计项目；二是加强对公共资金的审计，重点关注“三公经费”、财政专项资金、省级产业发展基金、五项社保基金等公共资金使用的真实性、合法性、效益性情况，以及公共资金投入、沉淀与项目进展、事业发展等情况；三是加强对国有（集体）资产的审计，重点关注省属授权经营企业集团、省属金融企业、机关事业单位经营管理的国有资产的质量和风险管理情况；四是加强对国有资源的审计，提出五年内对土地、矿藏、海域、水域、森林等国有自然资源和特许经营权、排污权等国有无形资源各审计1次；五是加强对领导干部经济责任的审计，提出对重点地区、部门、单位以及关键岗位的领导干部任期内至少审计1次；六是加强对公共投资的审计，提出对省委省政府关注的重点项目及重大基础设施项目开展审计和跟踪审计，对教育、卫生、体育等公共事业项目开展预算执行审计和竣工决算审计，对援疆、援青、援藏资金、项目和对口支援政策实施情况开展审计和审计调查。《规划》明确了“十三五”期间审计管理的创新路径，提出要探索建立审计全覆盖工作机制、审计“一体化”工作机制、大数据审计工作机制、审计结果运用机制四个工作机制，解决了“怎么审”的问题。在审计全覆盖机制建立上，提出要摸清底数，建立完善审计对象信息库和重要审计事项信息库，实行审计项目计划中长期滚动管理，并根据审计对象不同，分别确定审计方式与审计频次。在建立审计“一体化”工作机制上，要求以“一体化”思维统筹审计项目，强化项目意识，弱化处室和层级意识，努力实现多专业有机融合、多层级优势互补、多部门高效协同，切实增强审计监督的整体合力。在探索建立大数据审计工作机制，要求按照“以用促建、以用促培、以用促学”的要求，推进审计业务与信息技术深度融合。在建立健全审计结果运用机制上，提出要加大审计成果开发力度，不断提高审计查处问题的整改率、审计移送事项的成案率、审计成果运用的转化率。《规划》还明确要加强五个方面的审计基础建设，即加强审计法制建设、加强审计队伍建设、加强审计信息化建设、加强审计文化建设、加强机关党的建设，解决了“怎么保障”的问题。（陈建军，9.09）

6. 广西自治区审计厅印发全区审计发展“十三五”规划

广西壮族自治区审计厅印发了《广西壮族自治区审计发展“十三五”规划》（以下简称《规划》），明确“十三五”时期全区审计工作发展的指导思想、基本原则、发展目标、主要任务、交流合作、自身建设、保障措施等方面内容。《规划》提出了“十三五”时期全区审计工作的发展目标，强调全区审计机关要围绕自治区党委、政府和审计署的决策部署，以规范审计行为、提高审计质量为主线，以推动审计监督全覆盖、提高审计服务大局能力为核心，努力实现对公共资金、国有资产、国有资源和领导干部履行经济责任情况实现有重点、有步骤、有深度、有成效的审计全覆盖，做到应审尽审、凡审必严、严肃问责。到2020年，在全区基本形成与国家治理体系和治理能力现代化相适应的审计监督机制，更好地发挥审计在保障中央和自治区重大决策部署贯彻落实、维护经济安全、推动改革发展、促进依法治桂、推进反腐倡廉中的重要作用。进一步完善依法独立行使审计监督权的管理体制、健全与审计全覆盖相适应的工作机制、建立适应现代审计职业特点的管理制度、深入推行“一体化”的综合审计模式、全面推广应用现代审计方式方法。《规划》提出了“十三五”时期全区审计工作的基本原则，强调全区审计机关要适应新常态、践行新理念，正确把握改革和发展中出现的新情况新问题，以更高的标准服务于全区经济社会发展。要坚持围绕自治区党委、政府中心工作，自觉将审计工作融入全区经济社会发展大局。要坚持依法审计，做到审计程序合法、审计方式遵法、审计标准依法、审计保障用法，实事求是地揭示、分析和反映问题。要树立问题意识、坚持问题导向，坚持对违法违纪问题查实查深查透，确保审计结论客观公正。要坚持推动改革、鼓励创新，注重“三个区分”研究改革发展中出现的新情况新问题，及时反映制约改革发展的体制机制问题。要坚持统筹兼顾、协调发展，把审计事业发展的阶段性任务与战略性目标结合起来，“一盘棋”整体推进全区审计工作。《规划》明确了“十三五”时期全区审计工作的主要任务，强调要围绕落实中央、自治区的决策部署，从审计财政财务收支的真实性、合法性、效益性入手，坚持“两手抓、两促进”，始终坚持做好维护人民群众根本利益、推动法治建设、推动深化改革、推动政策落实、提高发展质量和效益、推动扶贫攻坚、推动生态文明建设、维护经济安全、推动党风廉政建设和反腐败斗争等工作。全区各级审计机关要切实履行审计监督职责，扎实做好政策落实跟踪审计、财政审计、固定资产投资审计、金融审计、企业审计、民生审计、资源环境审计、经济责任审计、涉外审计等领域的审计工作。《规划》要求全区各级审计机关围绕落实全面从严治党、加强审计法治建设、加强审计队伍建设、强化审计理论研究、加快审计信息化建设、改进审计管理等方面进一步夯实各项基础工作，全面提升管理水平。全区各级审计机关党组要发挥领导核心作用，加强组织领导，明确责任落实，强化各项保障措施，切实抓好规划贯彻落实。(田峻闻，9.13)

五、简要的评述和前景展望

(一) 关于人财物管理制度完善

党的十八届四中全会通过的《中共中央关于全面推进依法治国若干重

大问题的决定》，对审计制度完善强调了四个方面：一是对公共资金、国有资产、国有资源和领导干部履行经济责任情况实行审计全覆盖；二是强化上级审计机关对下级审计机关的领导；三是探索省以下地方审计机关人财物统一管理；四是推进审计职业化建设。中办、国办《关于完善审计制度若干重大问题的框架意见》及相关配套文件，明确了完善审计制度的八大任务：实行审计全覆盖，强化上级审计机关对下级审计机关的领导，探索省以下审计机关人财物管理改革，推进审计职业化建设，加强审计队伍思想和作风建设，建立健全履行审计法定职责保障机制，完善审计结果运用机制，加强对审计机关的监督。

2016 年，各试点省份都颁布了完善审计制度的实施方案，基本上都涉及到完善审计制度的各个方面。然而，还存在一些需要进一步努力改进的制度完善之处：第一，对于如何理解审计全覆盖、如何实施审计全覆盖，尚缺乏系统的策划及能常态化的可操作的制度建构；第二，对于审计体制的完善，只是强调了本级政府对政府审计的独立性造成的不利影响，未关注到行政型审计体制的固有缺陷；第三，审计结果运作机制的完善还需要有可操作性的制度；第四，审计机关内部监督体系尚需要有实质性的制度建构，例如，审计机关的内部审计机构的建立及有效工作的制度建构；第五，审计人员职业化尚需要系统的制度建构。

（二）关于综合性审计业务制度完善

在完善审计基础性制度的同时，一些综合性的业务制度得以建构，涉及到审计计划管理制度、审计质量管理制度、移送违纪违法线索制度、审计整改制度、审计业务外包制度、审计绩效审计制度、审计技术方法制度等。然而，我们审计业务制度需要完善之外较多，就综合性业务制度来说，下列方面尚需要考虑：审计主题应作为完善政府审计制度的重要方面；审计重要性应作为完善政府审计制度的重要方面；审计意见类型应作为完善政府审计制度的重要方面；审计管辖范围应作为完善政府审计制度的重要方面；违规悖反的处理应作为完善政府审计制度的重要方面；按审计主题制定审计指南应作为完善政府审计制度的重要方面；违规问题分类体系应作为完善政府审计制度的重要方面；电子数据审计的技术属性应作为完善政府审计制度的重要方面；制度审计应作为完善政府审计制度的重要方面；非财务信息审计应作为完善政府审计制度的重要方面。

(三)关于新常态下如何更好地履行审计监督职责

2016 年 2 月 5 日，审计署向全国审计机关印发《审计署关于新常态践行新理念更好地履行审计监督职责的意见》，对新常态下如何开创审计工作新局面、更好地发挥审计在党和国家监督体系中的重要作用做出了纲领性部署，各级地方审计机关也做了一些探索。我们认为，在今后的审计工作中，除了践行《审计署关于新常态践行新理念更好地履行审计监督职责的意见》的要求外，在审计工作中还需要增加两方面的思维：一是将审计依据作为审计对象，二是将判断规则悖反的要求植入审计定性中。

关于审计依据作为审计对象，一般来说，审计依据就是审计过程中所依赖的财经法律法规，这些依据是审计定性的标准，也是审计客体在经济活动中应该遵守的。然而，由于我国经济进入新常态，原来不少的财经法律法规可能不适应经济新常态，对于这些财经法律法规，审计机关要判断其合理性，发现其缺陷，及时推动整改，使得体制、机制和制度得以完善。从本质上来说，这些财经法律法规也就成为审计对象。

关于将判断规则悖反的要求植入审计定性中，主要是解决合理与合法的矛盾问题。法律适用中的“规则悖反”是指规则的适用结果却有悖于规则的设立目的，或极不公正以至于无法让人接受。规则悖反的出现，一方面是由于法律法规不完满性，无论立法者如何殚精竭虑、审慎仔细地履行其立法职能，亦难以保证其制定的规则能够完全完满，规则悖反是法律法规不完满性的具体表象之一。另一方面，由于法律适用者对法条背后的规范意图的忽视或把握不准，以至于机械地适用法条，进而导致处理结果与道义、理性相抵触。一般来说，对于存在规则悖反的法条，有两种处理方法：一是要采用目的性限缩的方法来处理，是指基于法律法规规定的立法意旨，将依法律文义已被涵盖的嫌疑行为排除在适用范围外。目的性限缩是以立法意旨作为考量的标准，将虽然包含在文义范围内的嫌疑行为，由于该嫌疑行为与立法意旨不相符，而将该嫌疑行为排除在该法条的适用范围之外，目的性限缩能一定程度上解决“合理不合法”的问题；二是采用目的性扩张，这是一种法律漏洞补充方法，是指相较于立法意旨而言，法律文义所涵盖的案型显然过于狭窄，以至于立法意旨不能完全地贯彻。所以，应将法律适用的范围扩张到原法律规定文义不包括的案型。目的性扩张所要处理的案型与法律的明文规定并不相同，它是由于立法者立法时思虑不周以至对符合立法意旨的部分案型未予规定的情形，目的性扩张以“立法目的”为判断依据，为贯彻该立法目的而放松法条的案型涵盖范围，使其适用范围扩大应为该立法目的所内含的案型，目的性限缩能一定程度上解决“合法不合理”的问题。

第2篇　分报告

分报告聚焦各类审计业务的发展，根据我国政府审计目前的审计业务类型，2016年的发展报告中，选择了八类审计业务，形成八个分报告：本级政府预算执行审计及财政决算审计发展状况与前景展望；部门预算执行审计和部门决算审计发展状况与前景展望；经济责任审计发展状况与前景展望；金融审计发展状况与前景展望；企业审计发展状况与前景展望；固定资产投资审计发展状况与前景展望；资源环境审计发展状况与前景展望；外资运用审计发展状况与前景展望。

分报告 1：本级政府预算执行审计及财政决算审计发展状况与前景展望

本分报告聚焦本级政府预算执行审计和财政决算审计在 2016 年的发展状况，包括经验探索、制度构建和公告概览，在此基础上，对这两类审计的未来发展做一简要的前景展望。由于本年度相关制度出台很少，因此，将制度构建和经验探索合并。

一、经验探索和制度建构

各级审计机关从多角度探索本级政府预算执行审计，涉及审计内容、审计组织方式、审计方法等多个方面。

（一）突出重点 创新方法 湖北省本级预算执行审计效果明显

省审计厅紧密围绕“四个全面”战略布局和“五个湖北”建设，依法履行审计监督职责。一是紧紧围绕省委、省政府工作中心确定年度审计的重点领域和关注的重点问题。开展了全省扶贫资金审计，揭示了虚报套取、截留挪用资金和扶贫资金结存较大等问题；开展了医药采购平台、保障性安居工程、社会抚养费等专项审计，揭示了药品采购价格虚高、保障性住房分配管理不规范及社会抚养费征收政策执行不严格等问题；开展了 19 个县市重大政策措施落实跟踪审计，揭示了重大项目实施推进缓慢、清理取消行政审批事项政策落实不到位和违规收费等问题。二是树立大数据审计理念，充分利用财政、工商、税务、公安等大数据信息资源，依托审计云平台，运用数据分析和挖掘技术。将省级预算执行审计作为“突破口”，采用“集中分析，分散核查”的模式，积极探索“互联网＋审计”，通过对预算指标、国库支付、财务核算、决算报表以及相关行业数据的关联分析，锁定审计延伸核查的范围，明确了审计查找问题的发力点，抽调60名业务骨干利用40天时间对省直110个部门及所属486个二、三级预算单位开展了全覆盖审计。全省保障性安居工程项目按照“系统研究、总体分析、发现疑点、分散核实”的数字化审计方式，将保障房配房业务数据、租赁补贴数据与机动车登记数据、房产数据、低保数据、养老保险数据、个税征管数据等外围数据进行关联对比，生成高收入人群领取租赁补贴、享受保障房、一人享受多套保障房、缴纳公积金仍享受保障房、有房产享受保障房等11个疑点数据，共计64671条疑点。（财政处）

（二）厦门市审计局“同级审”突出四项重点

2016年，厦门市审计局加大对公共资金、国有资产、国有资源和领导干部履行经济责任情况的审计全覆盖，重点突出四个方面：一是围绕财政提质增效，加强财政审计。以促进公共资金安全高效使用为目标，对厦门市财政局等11个部门开展预算执行和决算审计，对8个单位开展财务收支审计。重点关注财政支出绩效、存量资金盘活、相关政策落实、“三公”经费等方面情况；二是围绕改革发展，开展政策审计。采取专项审计调查并结合预算执行和经济责任审计的方式，重点对厦门自贸区建设情况等20个项目进行审计，关注各项政策措施实施的实际效果，揭示和反映有令不行、有禁不止的行为，以及经济发展过程中可能出现的风险隐患等问题；三是围绕权力运行的制约与监督，加强经济责任审计。重点对厦门市规划委等15个部门17名领导干部开展任期经济责任审计。重点围绕领导干部履行发展、环保、民生、安全、绩效、廉政等责任情况，确定不同岗位审计重点，着力揭示和反映重大违法违规、重大失职渎职、重大决策失当、以及不作为、慢作为、假作为、乱作为等问题，强化对权力运行的监督制约；四是加大民生资金和项目审计，对保障房、安置房、就业补助等17个涉及民生领域的项目、资金、单位进行审计。从政策要求、预算安排、资金拨付一直追踪到项目、追踪到个人，严肃查处和纠正挤占挪用、损失浪费等损害人民群众利益的突出问题。（厦门市审计局）

（三）大连市审计局2015年度预算执行审计突出四大重点

大连市审计局在2015年度预算执行审计中，以推动政策措施落实、促进经济发展为主线，突出四大审计重点：(1) 一是首次将先导区预算执行情况纳入审计范围。以实现本级预算审计的完整性为目标，今年上半年首次开展了对保税区、高新技术产业园区、长兴岛临港工业区、花园口经济区 4 个先导区预算执行情况的审计；(2) 二是深化对市本级财政预算管理情况的审计监督，重点关注新预算法的贯彻落实情况。以推动财政政策贯彻落实、提高财政资金使用绩效、推进完善财政管理体制为目标，重点关注了预算编制、审批及调整的合理性，预算执行的规范性，扶贫、养老机构补贴等政策执行、财政存量资金统筹、非税收入管理以及政府性债务情况；(3) 三是持续开展政策措施贯彻落实情况审计。围绕项目落地、资金保障、简政放权、政策落实、风险防范 5 个方面，主要开展了简政放权政策措施落实审计调查、部分民生建设项目推进情况跟踪审计、财政资金统筹状况审计调查、2015 年保障性安居工程跟踪审计以及建筑行业 2014 至 2015 年农民工保障政策执行情况审计等项目；(4) 四是强化对重大项目和重点资金的审计。主要开展了政府性投资分配、管理及建设情况审计调查，农村公路建设管理情况专项审计调查，住房维修“一二三”工程跟踪审计，中等职业学校财务管理及绩效情况专项审计，水资源开发保护和管理情况专项审计调查，国有和国有控股企业资本运营情况审计等项目。(佚名)

(四) 乌兰察布：围绕“五个方面”推进预算执行审计

一是明确审计目标：采取走访和召开座谈会的形式开展审前调查；摸清被审计单位的情况；重点了解部门执行重大决策部署的贯彻落实情况、确定审计事项，制定重点问题清单。二是注重突出审计重点：以“整合专项、盘活存量、优化支出”为目标，重点审查预算编制情况；关注预算编制是否真实、合法、科学、完整；重点关注财政收入的合理性和专项资金整合使用管理情况；关注各项经费的真实性和完整性。三是重点关注部门非税收入征缴情况：首先关注有无超标准、超范围征收，其次关注收支两条线执行情况，经费的收支是否全部纳入了单位的预算管理，对纳入预算管理的非税收入是否及时上缴国库，对尚未纳入预算管理的非税收入是否及时足额上缴规定的账户，有无截留、转移、坐支、挪用、私分非税收入问题。四是审查部门其他业务情况：包括非财政预算拨款收支、结余、往来账款是否按照相关会计制度进行了记录和反映，是否在决算报表中充分

披露。五是充分运用计算机审计技术，使审计定性准确，审计处理恰当。（卢艳阳）

（五）长宁：构建大数据审计工作模式　推进财政资金统筹使用

上海市长宁区审计局努力推进以大数据为核心的审计信息化建设，推进财政资金统筹使用。一是推动横向内外“联起来”：依托审计综合信息管理系统，推进审计机关与财政信息共享，已导入在区财政集中核算的所有预算单位财务、业务数据，共涉及一、二级预算单位 429 家；探索推进审计机关与发改委、建交委信息共享，导入区政府投资项目相关财务数据和建设数据，强化对区政府投资审计项目的科学动态管理；推进审计机关与审计现场之间信息共享，努力实现审计计划编制、资源配置、组织管理、质量控制、成果利用等全过程的数字化。二是广泛运用数字化审计方式，探索构建预算编制、预算执行、存量资金、公务卡和“三公”经费支出等常用分析模型，全面反映区级财政预算执行情况；针对降低区各部门 12 月份资金支出占全年支出比重、降低预算调整变动幅度、强化资金资产监督管理、提高财政资金统筹使用绩效等方面提出审计意见。三是推动政府预算体系“完善起来”：推进涉及 30 家预算单位、862.64 万元应缴款项及时上缴，推进涉及 79 家预算单位、202 个项目、3.4 亿元专项经费加快预算执行进度，提高资金使用效率，进一步优化财政资源配置、提高财政资金使用效益、完善预算管理制度。（高洁楠）

（六）静安区审计局在财政预算执行审计中着重把握三个突出

一是把握区域“改革”和“热点”，突出审计针对性。立足区域经济转型，综合反映原两区财政体制、预算管理、经济活动等方面差异，从体制机制上提出审计意见，推动财政管理体制融合，完善公共财政体系。将热点资金及重大投资项目建设作为审计重点，推动教育、卫生、社会保障等方面的重大政策落实。二是把握监督“广度”和“深度”，突出审计全覆盖。围绕财政转型、提质、增效，将资金、资产、资源全面纳入审计范围，不仅关注本级财政预算管理、部门预算执行以及内控制度管控情况，同时关注政府性债务、部门存量资金等，促进政府优化财政结构、盘活资金存量和健全财政机制。突出对财政体制机制、重大政策执行、资金使用绩效等方面的审查力度。三是把握整改“跟踪”和“落实”，突出审计成果转化。强化整改监督，对被审计单位整改情况“一对一”实时跟踪，通过及时回访、督查、指导，推动从严从实从快落实。推进审计整改“对账销号”集中管理，建立问题清单、整改台账，确保“整改落实一个，销号删除一个”，对未整改销号问题实行“点对点”管理，倒逼问题整改到位。（佚名）

（七）荆州市审计局扎实开展国有资本经营预算审计

荆州市审计局将本级国有资本经营预算审计作为重点项目纳入财政审计大格局，采取三项措施扎实推进。一是加强审前调查，精心制定实施方案。为切实保证审计质量，该局针对国有资本经营预算工作起步晚、相关管理制度尚未完善的特点，严格按照审计程序要求，广泛收集和认真学习相关文件资料，拟定了详细的审前调查提纲并开展调查摸底工作。二是抓住关键环节，明确审计六个重点。即：重点关注国有资本经营预算管理的对象、预算收支的范围、预算编制的完整性、预算管理的制度化、规范化、预算执行情况、预算资金管理情况。三是立足质量提升，改进审计方式方法。将国有资本经营预算审计与国资委主任经济责任审计项目有机结合，一审多果。在审计实施中，坚持查财务与查业务有机结合，从管理基础数据入手，分析管理漏洞；从政策法规执行情况入手，分析相关政策是否贯彻落实；从管理责任入手，严查各项管理环节是否存在问题。（肖昌厚）

（八）湘潭市首次实施市级决算草案审计和部门决算草案审签

今年，该市首次对市级决算草案实施审计、对部门决算草案实施审签，涉及市本级及市委办、市人大办、市政府办、市政协办、市城管局、市安监局、市人防办七个部门。市级财政决算草案审计是对市本级财政预算执行结果的审计，目标是促进健全真实、完整、合法的财政决算体系，重点是在总体把握 2015 年度市级财政预算执行结果的基础上，对政府决算草案的真实性、收支活动合法性、资金使用效益性进行总体评价，审查市级决算（草案）报表体系是否完整、编制程序是否规范、收支数字是否真实和完整，包括预算收支平衡、年终财政财务收支清理、上下级财政结算及部门决算（草案）涉及到的有关情况等。部门决算草案审签是对单个市级部门决算草案的编制和汇总情况进行审计，目标是揭示反映部门决算编制中存在的问题，为政府加强财政管理、财政部门加强对部门预算执行管理和财政部门、人大部门审查市级部门决算草案提供依据，规范部门决算编制行为。重点关注五个方面内容：一是资产的计价、新购建资产、账外资产、资产处置的会计处理等情况；二是往来款的真实性及其账龄结构，收支挂往来，以及往来款的收回、核销、清理等情况，统计往来款中虚列支出、应计未计收入等形成的存量资金规模；三是收支的确认是否准确，是否真实完整；四是净结余和结转的总量和结构，统计超过预算确定期限一年以上和当年尚未明细到项目单位的结转等存量资金规模；五是会计报表附注及说明是否真实、完整。以此对部门决算的真实性、完整性和合规合法性进行检查。（王海文）

（九）盐城：2015 年度“同级审”工作亮点纷呈

今年的“同级审”工作紧密围绕树立和践行五大发展理念、协调推进“四个全面”战略布局新要求，呈现以下几个特点：一是贯穿“一条主线”，着力推进对政府全口径预算的全覆盖监督，强化对重点领域、重点部门、重点资金、重大政策执行情况的审计；二是突出审计重点，将中央“稳增长、促改革、调结构、惠民生、防风险”等重大政策措施贯彻落实情况作为重中之重，全力推动“营改增”、产业扶持、小微企业税费优惠等政策措施落地生根、见到实效；三是优化工作思路，围绕促改革、促发展、促反腐，审慎区分无意过失与明知故犯、工作失误与失职渎职、探索实践与以权谋私，着力反映重大损害群众利益、重大违法违纪和重大履职不到位问题，并注重总结好经验、好做法以及整改效果等，推动积极作为、主动作为、有效作为。（万永宏 陈东 李德志 陶振华）

（十）玉溪市审计局积极探索财政预算执行数字化审计

玉溪市审计局采取四项措施，探索财政预算执行数字化审计工作。一是转变以总预算会计账为核心，围绕总预算支出合规合法性进行审计的传统理念，提出了“跳出财务看业务”的审计新理念。二是将“预算总指标—处室指标—单位指标—用款计划申请—用款计划批复—支付数据—记账凭证”等财政管理 7 大业务流程处理成 26 张审计中间表，为数字化审计做准备。三是通过编写 SQL 查询分析语句，利用业务数据（审计中间表）生成业务科目余额表、财政收支决算总表、按月收支分析柱状图，并与财政部门提供的会计科目余额表、收支决算总表进行对比分析，在掌握总体收支结构的同时，审核财政部门是否存在人为调整收支科目、个别时间段突击花钱等问题。四是利用数字化审计手段，分别查询分析财政管理7大业务流程、数据流间的运用控制情况，揭露财政部门预算指标管理、用款计划管理、支付管理、总预算会计核算管理中存在的问题。（李玥帆 文绍贵）

（十一）秭归县审计局运用大数据开展预算执行审计

县审计局在开展财政预算执行审计中，积极探索“互联网＋审计”，利用大数据平台，强力推进大数据采集分析工作。（1）筹建审计对象基本信息库：由政府办印发了《关于定期报送审计电子数据的通知》，要求县直预算单位及乡镇政府在规定期限内向审计机关报送相关财务及业务电子数据，完成了全县67个一级预算单位及123个二级预算单位的数据采集数据库的工作；开展数据基础式审计，将该库与现有的审计业务管理信息系统进行对接建立综合查询与统计分析模块，明确数据分析的思路和方法，搭建起了审计数据分析管理系统。（2）集中开展数据分析，按照“总体分析、重点审计业务分析、审计事项分析、分班核查、统一处理”的审计方式，在对所有的预算单位进行全面数据分析基础上，侧重开展县直15个部门（单位）2015年度的预算执行及其他财政财务收支审计；借助采集的数据库设计文档和数据字典，掌握后台数据结构，明确重点领域数据库的范围；通过采用数据测试、代码审查、文档查阅等技术方法确定与审计业务紧密相关的核心信息资源。（3）确定核查重点，促进大数据审计成果的转化与应用：通过大数据技术分析，实行统一编制审计实施方案、统一编制审计通知书、统一召开项目进点会议、统一处理处罚意见、统一汇总审计报告的“五统一”要求，根据审计方案重点与目标，运用大数据信息系统审计技术方法全面分析被审计单位信息系统在建设运行过程中存在的缺陷和不足，抽取相应被审计单位进行重点审计检查，重点审查疑点线索，将审计人员与审计成果、被审计单位与审计问题进行关联，挖掘出审计疑点及问题线索，对问题进行预警等，全面提升审计成果的转化利用。（郭新郭志）

二、公告概览①

（一）国务院关于2015年度中央预算执行和其他财政收支的审计工作报告（摘录）

中央预算执行及决算草案审计发现的主要问题有：（1）预决算差异较大：一般公共预算收入决算数多33.2亿元，支出决算数少90.34亿元；政府性基金收入（含地方上解收入）决算数多12.29亿元，支出决算数多7亿元；国有资本经营收入决算数多0.14亿元，支出决算数多2.9亿元。（2）预算分配与项目确定、专项规划、制度规定衔接不够、基本预算划分不够清晰以及转移支付制度不完善、财政管理绩效等问题；由于财政专项资金管理权限分散、按项目下达、分条线考核等，出现的主管部门“三不愿”、基层政府“三不敢”现象，等等。包括：将中央本级支出101.24亿元调剂为对地方转移支付支出，将对地方转移支付支出262.52亿元调剂为中央本级支出；退增值税、消费税等937.48亿元，在决算草案中没有体现；未按要求报告财政资金绩效情况；中央本级项目支出和专项转移支付分别有2052.75亿元（占13%）、6778.3亿元（占38%），未细化落实；18个省实施重点流域水污染防治项目中，9个省纳入规划的1684个项目（占44%）未得到中央补助，而7个省不属于规划范围的2135个项目（相当于其规划项目数的63%）获得了补助；发展改革委分配85个补助地方投资专项时，有的专项没有管理办法或相关规定不够明确；有些项目交叉安排支出，。3个部门的53个项目交叉安排支出，政府性基金预算和一般公共预算分别安排268.06亿元、29.46亿元（佚名）。

（二）2015年各省市自治区本级预算执行审计情况

1. 北京市2015年市级预算执行和其他财政收支的审计工作报告（摘录）

审计结果表明，市级财政能够落实市人大预算决议，强化预算管理，

---

① 通过两个路径查找各省市自治区的“某年度预算执行和其他财政收支审计报告”，一是审计厅的官方网站，二是百度。通过上述两个路径，一些省市自治区的上述报告并未发现。

预算执行情况良好。但在预算管理、预算执行、资金使用绩效方面存在一些问题，主要是：(1) 决算方面，一般公共财政预算支出、政府性基金预算支出决算情况明细表列示的决算数与调整预算数，部分项级科目间预算执行变更较大。(2) 财政管理方面，部门预算个别事项申报和批复不规范、市级基本建设支出预算执行变更较多，部分基本建设项目资金下达后尚未形成实物量、个别企业少缴国有资本经营收益，部分国有资本经营预算项目执行进度较慢、个别社会保险基金预算项目未能执行，基层单位生育保险政策执行不严、行政事业性资产管理不到位。(3) 转移支付方面，部分专项转移支付资金未能在当年及时使用、部分专项转移支付已超过结转使用期限。(4) 部门预算执行过不到位、财务和决算管理不规范。

2. 河北省2015年度省本级预算执行及其他财政财务收支情况的审计工作报告（摘录）

审计结果表明，省财政较好地执行了2015年度省本级预算，决算草案编制比较规范，收支数字真实准确，内容比较完整。但在预算管理和执行中尚存在一些薄弱环节，有待进一步改进完善。(1) 年初预算需细化207600万元，财政待分资金有710502.83万元。(2) 项目资金闲置25500万元。(3) 违规收费、自定政策集中收入14770.63万元，挤占专项资金、超预算支出2131.47万元，截留财政收入7179.58万元、虚列支出443.71万元。(4) 企业少预缴企业所得税2245.8万元。(5) 安居工程专项资金管理不合规，涉及金额40004.27万元

3. 山西省2015年度省本级预算执行和其他财政收支的审计工作报告（摘录）

审计结果表明，预算执行整体较好，预算编制和决算草案编制比较规范，收支数字真实准确，内容比较完整。审计发现的主要问题：(1) 决算草案部分内容填列不准确，在往来账核算、虚增转移性支出、虚列结转。(2) 部分支出预算编制不精准，未落实、无立项、虚报职工数多申领资金。(3) 财政收入征管不到位，应征未征税费236.72亿元，已征未缴税费71.03亿元。(4) 部分财政资金分配使用效率不高，部分项目预算下达滞后，11个市级财政和有关项目单位滞留专项资金94.61亿元。(5) 政府采购预算和计划管理不规范、政府采购项目实施不严格。(6) 部门预算执行存在结存资金、虚列支出、违规发放奖金、超预算支出会议费等、财务核算不严格。

4. 内蒙古2015年度省本级预算执行和其他财政收支的审计工作报告（摘录）

审计结果表明，财政支出结构得到优化，预算执行规范程度和执行率有所提高。审计发现的主要问题：（1）预算执行方面。预算执行不够到位，涉及26个专项支出预算51.85亿元；未按程序分配下达专项资金5.28亿元；资金分配下达不及时197.03亿元；发改委管理的部分基本建设投资计划不规范23.71亿元；地税局延缓征收税费2.01亿元、预征税费2.27亿元、应征未征税费1.62亿元。（2）国有企业方面。建设项目应招标未招标、未公开招标、虚假招标、违规分包转包等涉及资金20.87亿元，骗取、套取财政资金2192万元，无依据发放工资奖金、福利补贴等7048万元。（3）水利专项资金方面。存在拨付资金不及时和滞留闲置资金15.6亿元、挤占挪用6.5亿元、虚列支出套取资金3.68亿元、工程款存入个人账户核算2.83亿元等问题，工程方面存在招标违规、转包、超支工程款等问题。

5. 黑龙江省2015年度省本级预算执行和其他财政收支的审计工作报告（摘录）

审计发现的主要问题：（1）决算草案编制方面：未及时足额上缴非税收入，少计一般公共预算收入1024.36万元；部分教育收费直接缴入国库，导致多计6075.98万元。（2）省本级预算执行审计情况：一般公共预算管理方面，部分项目预算执行率低，部分中央转移支付资金未能按规定期内下达；政府性基金预算方面，53个单位年初预算不细化占项目预算总额的60.76%，2.11亿元项目预算当年未执行，35个项目资金至8月末仅下达46.7%；社会保险基金预算管理方面，应统筹未统筹失业保险调剂金；专项资金方面，涉嫌骗取节能技术改造项目奖励资金，财政滞拨、滞留专项资金，企业专项资金会计核算不规范。（3）全省税收征管审计情况：税收征缴方面应入库未入库税款27771.36万元；税务稽查存在问题7248.35万元；提前征收、多征收税款97.68万元；未入库社会保险费4889.63万元；部分市县欠税滞纳金4171.99万元，未纳入税收会计报表核算4881.24万元，未及时发放代征手续费1136.13万元。

6. 上海市2015年度本级预算执行和其他财政收支的审计工作报告（摘录）

审计结果表明，2015年，“四本预算”均实现预算收支平衡，预算管理情况总体较好。审计发现的主要问题：(1) 一般公共预算管理方面，对企业日常申报纳税行为监管不到位、未及时足额收缴非税收入、部分市级基本建设资金未按支出内容编报决算、部分区县编报的市级专项补助资金决算不准确。(2) 政府性基金预算管理方面，部分土地出让收入未按规定收缴和列支、新型墙体材料专项基金未按规定收缴、新增建设用地土地有偿使用费预算执行率较低。(3) 国有资本经营预算管理方面，少缴国有资本经营收益、以前年度预算安排项目进展缓慢且资金结存较大、延期的技术创新与能级提升项目未及时进行调整。(4) 社会保险基金预算管理方面，部分企业少缴社会保险基金、部分区县执行新型农村合作医疗基金预算管理制度不严格、城镇居民基本医疗保险参保人员相关信息获取机制不够健全。

7. 江苏省2015年省级预算执行和其他财政收支情况的审计工作报告(摘录)

一些地方和部门单位存在的问题：在预算管理和执行方面，存在年初预算不够细化、部分预算下达不及时、政府性基金预算与一般公共预算相关支出统筹不够、个别地区省级收入混库等问题；在部门预算执行方面，存在一些部门项目支出预算执行率低、部分项目资金沉淀下属单位形成结余等问题；在重大政策措施落实方面，存在部分项目未按计划开工建设、前期工作滞后、建设程序不规范等问题；在保障性安居工程建设和省级扶贫、省级工业和信息产业转型升级、高校优势学科建设等专项资金使用管理方面，存在部分项目资金闲置、未及时下拨使用、支出进度较慢，项目审批、管理不到位，少数项目重复申报以及少数地方挤占挪用专项资金等问题。

8. 浙江2015年度省本级预算执行和全省其他财政收支的审计工作报告(摘录)

审计发现的主要问题：(1) 省本级决算草案，未报告省级债务规模和结构、未将预算数和调整预算数分列反映；(3) 预算编制方面，内容未按规定细化、预算少编、错编资产出租收入、专项资金存在二次分配现象；(4) 一些税费征管不到位、部分项目预算执行率偏低、少缴国有资本收益、政府采购支出未直接付款到收款单位；(5) 财政专户资金清理不到位；(6) 财政转移支付改革还不够彻底：一些部门的财政专项资金整合不到位，下达不及时。

9. 江西省 2015 年度省级预算执行和其他财政收支的审计工作报告（摘录）

从审计情况看，2015 年省本级预算执行情况总体是好的，但也存在一些需要进一步规范的问题。(1) 财税管理审计，2014 年未全部下达转移支付资金，财政专户滞留部分政府非税收入，省级部门国库集中支付项目结转资金达三年的占 3.44%。(2) 省级部门预算执行审计，财政存量资金结转结余较大，三公”经费、会议费、培训费管理不严格，少数部门单位违规发放津补贴。

10. 福建省 2015 年度省本级预算执行和其他财政收支情况审计结果公告（摘录）

从审计情况看，2015 年省本级预算执行情况总体是好的，但也存在一些需要进一步规范的问题。(1) 转移支付资金管理不规范，提前下达的比例偏低、未按规定时限下达中央转移支付资金、超出规定时限下达省级对下转移支付资金。(2) 预算细化和结余结转资金管理仍需改进：年初预算待分配指标占比较高，部门项目细化率低；待分配资金预算执行进度缓慢，未按规定要求全部细化下达；部门结余结转资金控制不够严，超出规定的规模。(2) 财政存量资金需继续加大统筹盘活力度：2015 年统筹盘活以往年度存量资金 66.44 亿元，但是仍存在安排不合理、进度缓慢导致资金沉淀或二次沉淀。(3) 财政专项资金方面，单编预算的专项资金尚未形成合力；预算管理水平有待提高；未按规定分配资金。(4) 社保基金专项资金结余结转量大，部分就业项目补助比例偏低，存在改变用途、虚报冒领、违规发放补助资金等问题。

11. 安徽省 2015 年度省本级预算执行和其他财政收支的审计工作报告（摘录）

(1) 一般公共预算执行审计情况，主要问题有：两项省级专项资金下达较迟；60 项省级专项资金超过 5 年且执行期限不明确；三项涉农专项资金安排有交叉重复。(2) 国有资本经营预算执行审计情况，审计发现的主要问题有：四个项目申报评审不规范，4279.42 万元；淮北矿业集团滞留资金 3615 万元；两个项目实施滞后；资金使用监管和绩效评价工作不到位。(3) 社会保险基金预算执行审计情况，主要问题是：15 家单位欠缴社会保险费 2261.14 万元；省直职工医疗救助基金未按规定进行年度结算。(5) 国有资产管理方面，13 个部门固定资产账实不符 5436.03 万元，面积

13957.12平方米；5个部门的国有资产处置、管理不合规562.26万元，面积7558.83平方米。(6) 税收征管方面，漏征耕地占用税75244.61万元漏征城镇土地使用税27734.04万元，少征土地增值税16483.88万元，税源监测与管控不到位。

12. 山东省2015度省级预算执行和其他财政收支审计情况的公告（摘录）

(1) 省级预算管理审计情况，发现的主要问题有：第一，预算编制和批复方面，政府预算中其他支出预算编制不准确；部门预算编制不够严格；科技重大专项等11个款级科目年初批复到位率低于50%，2.09亿元；转移支付资金未及时下达；41.63亿元预算执行不到位；小微企业补贴资金和就业创业培训补助资金，截至年底结余6367.74万元和6786.6万元，分别占当年下达资金的94%和47%。第二，行政事业单位资产管理方面，40个二级单位未纳入资产管理信息系统，155个单位的1344项资产未在系统中登记资产价值。(2) 省发展改革委参与预算资金分配管理审计情况，发现的问题有：第一，区域战略推进资金管理有9个市未制定具体的分配管理办法；第二，向4个项目重复安排区域战略推进专项资金和服务业发展引导资金6200万元。(3) 税收征管审计情况，发现的问题有：小微企业税收优惠政策落实仍不到位；未按期征收税款；税源管理和税收稽查不严格。

13. 河南省2015年度省级预算执行和其他财政收支的审计工作报告（摘录）

审计发现以下主要问题：(1) 财政管理方面。财政代编预算规模仍然较大，有124项、预算规模86.12亿元，没有细化到具体单位和项目，占年初预算的11.64%；省级专项资金清理整合不到位；涉企财政资金分配环节监管不严，对26家不符合申报条件的企业补助2051.6万元，33家企业弄虚作假骗取3283万元；部分预算执行效率不高，预算资金下达不及时，大量资金结余，拨付资金缓慢；政府债券使用，71.86亿元资金闲置导致利息负担9863万元，资金使用不合规15.42亿元，新增债券资金12.26亿元未报同级人大审批；财政存量资金统筹力度仍需加强。(2) 税收征管方面。征管不到位，虚收空转税款4.94亿元，预征187户企业税款3.48亿元，某所长收受贿赂导致少征税款2371万元；少征757户企业城镇土地使用税1.28亿元；代开发票造成税款流失1303万元，偷逃房产税

405.14 万元，代开虚假发票 1.03 亿元。

14. 湖南省 2015 年度省级预算执行和其他财政收支的审计工作报告（摘录）

审计发现以下主要问题：（1）决算审计。少列报预算收入 3218.78 万元，多列报预算支出 19.8628 亿元，历年国企改革支出挂账 7.24 亿元。（2）预算审计。预算编制不细化，一般公共预算 232.63 亿元未细化到单位、到项目，占年初预算的 44.4%；省发改委 6.19 亿元未明确到具体项目，占预算总额的 57.5%；预算编制不完整，收入 4.71 亿元、支出 4.09 亿元未纳入政府性基金预算管理；预算年初到位率低，实际安排迟；未及时扣缴各地拖欠的农田水利建设资金省级收入 6.46 亿元；预算资金下达不及时，上年结转 7.19 亿元至 6 月底未下达，占比 15%，至 9 月底尚有 35.59 亿元未下达，占比 16%。（3）国有资产监管不到位。持有中联重科股份 12.53 亿股，市值 59.16 亿元，未纳入法定财务账套统一管理。

15. 广东省 2015 年度省级预算执行和其他财政收支的审计工作报告（摘录）

（1）一般公共预算管理方面，未将 5.52 亿元国有资本经营预算存量资金调入一般公共预算核算就直接安排使用，3173.84 万股权分红及其利息收入资金未纳入国有资本经营预算管理；保障性安居工程的部分新增债券转贷资金 11953.2 万元资金闲置，4377 万元变更用途。（2）预算执行方面，171.35 亿元财政转移支付资金下达不及时，财政专项资金 62.58 亿元资金闲置，7 项受托管理的政策性基金管理存在问题。（3）部门预算执行方面，未经审批出租资产或者报废资产 3916.85 万元，资产出租和报废收入未上缴省财政 1606.15 万元，账实不符 27.06 亿元，未实行政府采购 2902.39 万元。（4）国有企业方面，工程项目违规转分包 7.6 亿元，采购项目未按规定招标 4.2 亿元，对外投资、股权收购和转让事项未进行资产评估或评估程序不合规 9.7 亿元。（5）税收征管审计情况，应征未征税费 8.62 亿元，违规征税 1.72 亿元，缓征耕地占用税、契税等税款 3.11 亿元。

16. 广西 2015 年度自治区本级预算执行和其他财政收支的审计工作报告（摘录）

（1）追加其他项目预算 4.61 亿元；2.2 亿元预算收入未足额收缴；超预算支出 9054.09 万元；易地扶贫搬迁工程项目资本金 10 亿元未及时使

用，1534项未按期完成项目验收达72.0%，5.25亿元。（2）部门预算资金结转结余6357.60万元，无预算或超预算支出1504.01万元，未履行政府采购程序5847.11万元，往来款未及时清理2.61亿元。（3）重大项目进度缓慢；专项资金违规发放等问题34个，问题金额3.33亿元。（4）国企违规设立、收购和并购公司，涉及金额13.81亿元；挪用财政专项资金、骗取银行贷款，涉及金额990万元；未按权责发生制核算收支2.53亿元；擅自计提企业年金2591.78万元。

17. 海南省2015年度省本级预算执行和其他财政收支的审计工作报告（摘录）

审计发现主要问题：（1）截留省级国有土地出让金收入17.89亿元，未在规定时间内完成财政资金分配或收回总预算统筹240.7亿元，全省财政存量资金规模较大，国库现金管理不规范。（2）部门预算执行方面，省林科所、省人力资源培训中心弄虚做假套取资金2000.3万元；6部门违规转移财政资金；13部门4822.93万元超标支出、发放津贴等；5部门政府采购问题金额2254.31万元。（3）地方税收征管方面，193户纳税人少缴税款1.06亿元。

18. 重庆市2015年度市级预算执行和其他财政收支审计情况的公告（摘录）

发现的主要问题包括：（1）预算编制及批复不规范，包括代编预算、部门结余资金82.4%、二次分配金额93.2亿元。（2）14个单位结余2698万元未上缴财政，3157万元未统筹资金，政府性基金超收收入14.6亿元未结转下年，国有资本经营预算中安排部门经费1545万元。（3）预算执行中，12月支出占全年的15.7%，52个单位预算执行率低于50%，206个单位378个项目未执行。（4）15个单位在决算中多列支1.1亿元。（5）部门预算执行中，30单位超预算支出993万元，14个单位藏匿转移结余资金4514万元，16个单位未执行政府采购23296万元。

19. 贵州省2014年度省级预算执行和其他财政收支的审计工作报告（摘录）

发现的主要问题包括：（1）省级财政管理方面，部分一般公共预算支出预算下达时间较晚；财政存量资金有待进一步盘活，11个省级部门本级财政拨款结余结转资金超过1亿元；2015年初预留的2392万元国有企业脱困和发展资金未被使用；省发展改革委管理的2015年度省级财政投资年初预算到位率仍较低且2.26亿元财政专项资金12月才下达投资预算。（2）省级部门预算执行方面，部分单位预算编制仍不够完整和细化；预算执行不到位，13部门结余结转资金19.7亿元，其中可盘活统筹使用的财政存量资金为5.7亿元；2部门非税收入1482.71万元上缴省财政。

20. 云南省2015年度省级预算执行和其他财政收支审计结果公告（摘录）

发现的主要问题包括：（1）决算草案编制方面，4个一级预算单位的年度决算报表中未包括9个下属自收自支事业单位的经营收支情况；16个部门决算草案编报和会计核算不准确，涉及金额36.29亿元。（2）预算执行方面，社保基金管理费沉淀资金2.05亿元；未经评审直接下达彩票公益金9794万元；未按规定批复国有资本经营收支预算，又超比例安排费用性支出313万元；未按规定将公开发行的置换债券资金16.88亿元直接支付债权人。（3）税收征管方面，一是漏征漏管部分单位房租收入应缴税款3791万元，部分税款超期入库。（4）省级部门预算执行方面，“三公”经费、会议费等管理使用违反财经纪律；部分单位违规挤占挪用、转移财政资金；对外投资、转让股权、出借资金未报财政部门审批；少数单位无依据收费、向下属单位摊派费用；项目审批不严、预算未细化、专项资金使用效果不理想。

21. 甘肃省2015年度省级预算执行和其他财政收支审计结果公告（摘录）

（1）省财政厅组织省级预算执行情况，发现的主要问题：一是预算执行方面，9个部门及所属单位国库集中支付额度结转14.46亿元，应征未征社会保险费6.07亿元，欠缴国有资本经营收益2.87亿元。二是预算管理方面，10所院违规举债10.81亿元，1亿元省级旅游产业投资引导资金滞留省财政，125家单位向非定点的车辆维修企业、保险机构、印刷企业支付维修费等1695万元，政府采购管理不够到位。（2）省地税局税收征管情况，一是应征未征价格调节基金1.19亿元，二是预算编报中将项目支出3737万元编报为基本支出。（3）省级部门预算执行方面，少编报收入预算2.15亿元，超预算支出2274万元，滞拨专项资金1.48亿元，专项资金921万元用于弥补公用经费等支出，未执行政府采购5749万元，未清理前期费和往来款3.31亿元。

三、前景展望

从审计内容来说，本级预算执行审计正朝着财政审计大格局的方向发展，审计覆盖率越来越广泛，政府性基金、国有资本经营预算，正在进入本级预算执行审计的范围；从审计方法来说，数据式审计、大数据审计成为主流方法，一些省市甚至实现了联网审计；同级人大在预算执行审计发现问题的整改中发挥越来越大的作用；从本级预算执行审计与其他类型审计的协调来看，将主要领导干部经济责任审计特别是任中经济责任审计与本级预算执行审计一同实施的越来越多，尤其是在地市级以下的政府组织中。

同时，我们也应该清楚地看到，本级预算执行审计还存在较大的潜力，不少的方面还可以继续改进：第一，本级预算执行审计主要关注预算执行的合规性，一定程度上涉及预算管理相关制度的健全性，但是，对于本级预算目标的达成程度，也就是预算资金的绩效未涉及；第二，对于发现的违规金额，缺乏统一的分类框架，同样的问题，在不同省市的分类不一；第三，缺乏违规程度的概念，没有将违规金额与审计金额相比较，以确定违规程度，从而也就是没有总体性的结论。

分报告 2：部门预算执行审计和部门决算审计发展状况与前景展望

本分报告聚焦部门预算执行审计和决算审计在 2016 年的发展状况，包括经验探索、制度构建和公告概览，在此基础上，对这两类审计的未来发展做一简要的前景展望。由于本年度相关制度公布较少，因此，将经验探索和制度建构合并。

一、经验探索和制度建构

审计的一些经验做法主要体现在审计范围、审计内容、审计类型、审计方法、审计作用方面。在审计范围的拓展方面，主要是实施部门审计全覆盖，将部门实施横向和纵向审计延伸；在审计内容方面，主要是加强预算绩效审计、开展部门预算资金项目的中期评估，开展部门预算审计与经济责任审计的一同实施；在审计方法方面，主要是运用大数据实施审计。

（一）北京：部门预算执行审计工作实现“三创新、两提升”

北京市审计局在 2015 年度市级部门预算执行和决算草案审计工作中，采取“一线审计与后台数据分析一体化，现场审计与非现场审计相结合”的组织模式，全面试行“系统研究、总体分析、锁定疑点、分散核查”的数字化审计方式，市级部门预算执行工作实现了新的跨越和突破，实现了“三个创新、两个提升”。从以往的部门定期轮审、周期内抽审，转变为对实行预算公开的市重点工作部门、派出机构、司法机构、议事协调机构的办事机构实施审计全覆盖。（2）整合审计资源，统筹 5 个处室的审计力量，组建了 70 余人的数据集中分析和业务执行专业审计团队，对 60 个部门单位集中作业，统一实施非现场审计；在审计重要环节和工作节点实行“统一工作部署、统一实施方案、统一研究分析、统一取证核查、统一问题定性、统一处理处罚、统一审计报告、统一督促整改”八个统一管理。（3）将审计工作分为数据采集整理、数据集中分析、现场审计核实三个阶段，审计以非现场总体分析、关联分析财政预算管理数据和被审计部门单位财务核算等相关数据为基础，以现场核实为辅助（佚名）。

（二）山东：审计助推公立医院综合改革

《关于进一步深化医药卫生体制改革的实施意见》，要求 2016 年上半年，所有城市（含省属）公立医院全面启动综合改革，包括完善公立医院法人治理结构、推进公立医院去行政化、鼓励公立医院以多种形式引入社会资本、取消药品加成等 10 项措施。

2012 年 12 月和 2014 年 8 月，山东省先期分两批选定 84 个县（市、区）、186 家县级公立医院实施综合改革试点，推动公立医院回归公益性质。为摸清改革试点推进情况，2015 年，山东省审计厅组织对 84 个试点县公立医院改革情况进行了审计，延伸检查了 186 家省选定的试点医院和 23 家市选定的试点医院，客观反映了改革进度、执行效果以及改革过程中出现的新情况，揭示了药品采购改革未达到“招采合一、量价挂钩”的总体要求，部分试点医院未按规定调整医疗服务价格，政府投入或补偿不足，资金保障不到位等问题，围绕医疗费用快速增长与医保支付改革、医体制机制创新与现行政策、分级诊疗制度与医疗资源配置、补偿机制与政府投入等矛盾深入分析了原因，建议全面改革公立医院法人治理结构、落实政府投入责任和机制、改进药品集中采购、加快医院信息化建设和信息资源整合步伐。（刘振锋 郑茂霞）

（三）湖北省审计厅实现省级部门预算执行审计三级单位全覆盖

省审计厅在开展省级部门预算执行审计中，采集大量数据信息，运用集中分析、重点核查的数字化审计模式，在去年对省直 106 个一级预算单位实施预算执行审计全覆盖的基础上，组织对省直 110 个一级部门及所属 687 个二、三级单位进行审计，实现了对全部一级预算单位和重点二、三级预算单位预算执行审计的全覆盖。一是夯实数据基础，完善审计数据系统。该厅从不同系统和渠道广泛采集预算指标、部门预算编制、国库集中支付、会计核算、部门年度决算及相关数据信息，形成了全过程完整的数据链，可实现对部门预算从编制到执行结果的全流程监督。二是强化数据分析，锁定审计疑点。以“预算执行总体情况、揭示发现违纪违规线索”为主线开展数据分析，融合审计经验与数据分析技术，充分挖掘和利用数据，初步形成了一套较为完整的数据分析思路和方法，将近几年审计发现省直部门存在的突出问题进行一一梳理，建立了32个分析模型，共提出2万余条疑点问题记录线索，已分发到各核查组逐一进行查证落实。三是实行分类审计。根据现有审计力量，针对审计对象特点，分类实行现场审计与集中审计、重点核查两种审计作业方式。对组织财政收入、分配财政资金数额较大、履行经济和社会管理、调控和监督职能的部门，以及有经济责任审计任务的16个部门及所属单位，实行现场审计，制定现场审计实施方案，下发审计通知书，独立出具审计报告；对其他94个部门及所属单位二、三级预算单位，利用厅数据分析平台进行集中审计，针对数据分析形成的总体情况及发现的疑点问题，派出核查小组，下达审计调查通知书，赴被审计单位进行核实和取证，需要做出审计处理处罚或责令整改的单位，出具相应审计文书。（财政处）

（四）重庆市审计局完成部门2015年度预算执行和其他财政财务收支审计项目

重庆市审计局积极探索创新组织管理方式，继续运用大数据分析技术，对65个市级部门（单位）2015年度预算执行和其他财政财务收支情况开展了同步审计。（1）组织构架“1＋5”。探索扁平化管理模式，成立部门预算执行审计领导小组，由分管副局长任组长，牵头处室处长任副组长。领导小组下设综合协调组、数据分析组、审理审核组、现场核查组、技术保障组共5个组。（2）组织方式“八统一”。一是统一定期采集数据。发文要求全市170个一级预算单位及学校、医院等65个重点二级预算单位自2016年开始，定期报送财务数据、履行职责的管理数据和相关文档。二是统一制发审计通知书。三是统一审计实施方案。四是统一项目进点。五是统一定性及处理（处罚）原则。六是统一审计结果通知书格式。七是统一汇总报告。八是统一通报审计结果。（3）项目推进采取“大兵团作战＋小分队实施”。整合业务处室、综合处室、抽调的内审人员等审计力量，实行“大兵团”作战，做到统一行动指挥、分段实施。数据分析组根据审计重点确定 49 个数据分析模型，集中对 65 个单位的财务、业务数据以及财政、工商等部门的相关外部数据进行比对分析，将疑点下发给现场核查组，由其结合被审计单位实际进行分散核实取证。（4）审计结果表格化。（5）审理审核动态化。采取分散复核审理与集中交叉复核审理相结合的方式，强化审计质量控制。（6）现场工作日差异化。根据被审计单位资金量大小，首次探索将现场工作日分为 4 个档次，每个项目严格控制现场核查时间，严格按照规定的进度完成现场核查工作。（7）审计成效个体化。审计人员实绩考核，首先按照工作任务完成质量及时效性、疑点核查情况计算审计项目得分，再按照各审计人员参与项目的平均分、促进增收节支、减少损失浪费、疑点外拓展核查等情况计算审计人员工作成效得分，将审计成效落实到每一位审计人员，并计入其所在处室的年终考核。（冉晓艳）

（五）郑州市审计局利用数据综合分析技术在医院审计中取得明显成效

郑州市审计局首次采用数据分析团队对五家医院的业务数据和财务数据进行综合分析。根据五家医院业务系统繁杂且数据量多达 12T 的现实情况，市审计局组建了数据综合分析团队，通过统一归集五家医院财务数据和 HIS 系统的业务数据，建立整体数据模型，充分利用审计数据综合分析系统、数据挖掘系统、智能信息处理等先进技术查找问题、发现疑点，实现对审计数据的趋势分析和关联分析。其优势，一是实现了审计资源最佳配置：以往审计五家医院至少需要配备 40 名审计人员，本次仅配备了 28 名人员；二是快速地筛查出审计疑点：通过数据分析与处理，在较短的时间内筛查出过渡治疗、过渡检查、乱收费、违反限定就医方式、使用非基本医疗保险目录药品、违反限定性别使用药品、和药品出入库管理等审计疑点多达 300 多万条记录，大力提升了审计工作效率。（时占停）

（六）青岛构建大数据平台实现行政事业审计新突破

青岛市审计局率先创建基于大数据关联分析的预算执行联动审计模式，创新行政事业单位的预算执行审计。一是完善审计大数据中心，实现审计数据的“全覆盖”。通过联网审计、单独获取、项目采集等方式，将财政、社保、地税、公积金、投资、工商等联网审计行业数据以及分散在各业务处室的各行政事业单位历年来的财务、业务数据全面归集到审计数据中心。二是强化数据分析运用。以审计数据中心为基础构建审计对象数据库，建设重要行业联网审计模型700多个，搭建数据分析模型176个和辅助分析模型27个。三是强化大数据关联分析的联动审计分析运用，实现了联动审计新格局。在审计广度上，实现对财政资金总体绩效情况和对普遍性、倾向性问题的集中整体揭示；在审计深度上，通过多行业数据横向和纵向关联分析，沿着资金走向追踪至资金的具体用款项目单位或受补助个人，在节约审计资源、提高审计效率和质量方面发挥了重要作用；在审计水平均衡化上，实现对区（市）两级财政数字化联动审计的组织和管理能力，实现预算执行审计新突破。（李 晨 杨 杰）

（七）青田：采纳审计意见，首次开展部门预算项目资金中期评估工作

青田县审计局此次中期评估是因为在财政同级审中发现单位预算执行率低，存在大量专项资金结余，为此提出开展预算绩效评估，加快部门预算执行进度，强化资金使用效益的审计建议。此次中期评估工作的范围是2016年度一般公共预算支出项目资金执行情况，历年结余的一般公共预算支出项目资金消化使用情况和上级历年各专项资金执行情况。评估时间是2016年9—10月，包括评估工作分部门自评、评估分析、沟通交流和完善预算等四个工作阶段。（郭丹丽）

（八）黄冈：对18家预算执行单位实行“打包”审计

黄冈市审计局创新部门预算执行审计组织方式，将市政府机关事务管理局及其代理记账的17家预算单位捆绑起来“打包”进行审计。市人民政府机关事务管理局作为一级预算单位，集中核算管理31家预算单位财政收支。这31家预算单位编制一本预算，分单位单独建账核算。其中17家预算单位近几年没有安排审计。为此，该局将这17家单位与机关事务管理局捆绑，以“一拖N”方式进行“打包”审计。

该局将18家单位作为一个审计项目，制发一份审计通知书，由一个审计组进行审计。审计通知书主送市政府机关事务管理局，抄送其他17家预算单位。审计文书送达回证、审计承诺书、审计报告征求意见等，均按规定程序分别进行，整理一本审计档案。根据审计发现问题性质，分别出具审计结论性文书。对审计通知书主送单位发现的问题和抄送单位性质比较严重的问题，按正常审计程序和规定，出具在同一个审计报告和审计决定

中。对抄送单位的账务处理错误等问题，以审计发现问题征求意见书的形式征求相关单位意见，以审计发现问题整改书的形式，责令相关单位进行整改并反馈意见。（周敦超 舒丹）

（九）昆明：将公务卡管理情况列入财政审计重要内容

云南省昆明市审计局将财政部门公务卡管理情况作为财政审计的一个新重点。该局通过对财政一体化电子数据进行分析比对，着重关注四个方面的内容：一是公务卡系统的建立情况。根据相关文件对建立规范的公务卡管理系统的规定，对昆明市公务卡管理系统的建立情况进行全方面调查审计；二是公务卡强制结算目录使用情况。审查所有实行公务卡的预算单位，是否严格执行云南省省级预算单位公务卡强制结算目录，凡目录规定的公务支出项目，是否按规定使用公务卡结算，原则上不再使用现金结算；三是公务卡使用的规范性。审查预算单位填写用于公务卡还款的财政授权支付凭证和“还款明细表”时，是否按照国库集中支付制度的规定，规范完整地填列相关要素；四是执行财政部门的现金管理制度情况。利用财政部门提供的国库授权支付数据，统计每个预算单位在一个财政年度内提取的备用金总额，根据该指标确定提取备用金较大的单位，作为部门预算审计的重点。（李玥帆）

（十）苏州：部门预算执行审计突出“三大转变”

苏州市审计局紧紧围绕预算制度改革和审计全覆盖工作意见的要求，在 2016 年对市级部门预算执行审计中突出“三大转变”：（1）一是贴近改革，审计重点更突出。围绕预算制度改革、八项规定执行、政府职能转变以及财政部资产清查等要求，着重突出部门预算收支执行情况、公务支出公款消费情况、政府购买服务管理情况、市级行政事业单位房产管理和使用情况等四个方面，对市级所有纳入国库集中支付的部门进行全面审计分析；（2）二是挖掘疑点，审计对象更广泛。紧紧依托审计数据分析平台，结合财政决算系统、政府采购系统以及行政事业单位固定资产管理系统等数据，通过建立多维分析模型，深入挖掘审计疑点，进行针对性的数据分析，筛选疑点。以疑点为导向来确定审计延伸对象；（3）三是转变方式，审计工作更高效。今年延伸单位数量大幅增加的情况，采取送达审计与现场延伸审计相结合，如果单位涉及 3 个以上疑点问题，则派审计组进行现场延伸审计；如果单位仅存在个别疑点，由该单位直接将问题涉及的会计凭证和原始资料进行送达审计。通过送达审计与现场延伸审计的结合，极大提高了审计效率。（姚东香 赵飞）

（十一）武汉：突出“五个立足”积极推进市直部门预算执行审计全覆盖

2016 年以来，武汉市审计局围绕重点部门、重点领域、重大资金、项目绩效，突出“五个立足”，积极推进全部 95 家一级市直部门预算执行审计对象和审计内容的全覆盖。（1）立足突出重点，加强对重大资金的审计监督。重点抽取市司法局、市公安局交通管理局、市住房保障和房屋管理局、市水务局、市城乡建设委员会等 20 个资金量较大、业务较多的部门开展预算执行审计；（2）立足下沉一级，加强对二级单位的审计监督。针对各部门下属单位较多，加大对 20 个重点部门下属 125 个二级预算单位的审查力度；（3）立足预算源头，加强对部门预算编制、批复调整情况的审计监督；（4）立足绩效分析，加强对部门预算执行结果的审计监督。要求每个审计组要从各部门抽取 3－4 个项目进行重点解剖，探索对项目绩效情况开展效率性、效果性分析；（5）立足问题导向，加强对以往审计发现问题落实整改的审计监督。（吴震雄）

（十二）天津依托联网审计实现一级预算单位审计全覆盖

2016 年上半年，天津市审计局全面深化联网实时审计，首次实现了对所有市一级预算单位 2015 年度预算执行情况的全覆盖审计，形成了以“联网”和“非现场”为主要特征的审计全覆盖模式。该局依托联网实时审计模式，采用非现场审计为主、结合现场核实的方式，用时 100 天，通过跨部门、跨行业、跨年度财务数据与业务数据的批量分析、交叉比对，对预算执行率、项目资金使用、“三公经费”及培训费、会议费使用、公务卡结算、收支两条线执行情况等 12 方面内容进行了批量审计，实现了对全部一级预算单位的审计全覆盖。在审计中，该局以项目资金为主线，利用财政部门提供的预算指标系统、国库集中支付系统、非税收入、政府采购系统等 15 类财务和业务联网数据，创建了 19 大类 55 个子模型，验证或优化了已有 74 个审计模型，运用模型达到了“一键审全部”的效果。（佚名）

（十三）长宁区审计局四项举措推动部门预算执行审计创新发展

长宁区审计局以信息化为抓手，采取四项举措，积极推动部门预算执行审计创新发展。

一是拓展审计覆盖范围。突出全口径，将“三本预算”全部纳入审计范围，加大审计力度，对区所有街镇、卫计委、绿化市容局等部门及下属全部单位和国有资本经营预算收益收缴情况进行审计及审计调查。二是创新审计组织方式。整合政府审计、内部审计、社会审计资源，统筹协调，把握进度，设立四个审计小组分别负责具体审计事项落实推进。三是充分利用信息化手段。运用数据式审计平台分析系统，对全区财政财务数据和业务数据进行全方位分析，建立 SQL 语句搜索引擎，提前明确重点审计方向和关键环节，提高审计效率。四是把握审计重点内容。实现财政审计、经济责任审计、审计调查项目的全景式融合审计，揭示公共财政预算执行、存量资金盘活化解以及预算编制调整等情况，增强审计监督的整体性、全局性、建设性，推动提高财政预算执行效果。（佚名）

（十四）审计促思明区全面推进事业单位内部控制建设

厦门市思明区财政局联合该区审计局出台了《关于全面推进行政事业单位内部控制建设的实施意见》，要求内部控制尚未建立或内部控制制度不健全的行政事业单位，必须于 2016 年底前完成内部控制的建立和实施工作，到 2020 年，基本建成与国家治理体系和治理能力现代化相适应的，权责一致、制衡有效、运行顺畅、执行有力、管理科学的内部控制体系。

该意见明确提出健全内部控制体系，强化内部流程控制；加强内部权力制衡，规范内部权力运行；建立内控报告制度，促进内控信息公开；加强监督检查工作，加大考评问责力度四项主要任务；要求该区财政、审计等部门要加强工作会商和信息共享，协调联动，建立联合工作机制，开展监督检查，形成监督合力，共同推动内部控制建设和有效实施。（陈华强）

（十五）青岛审计局加强行政事业单位预算绩效审计促进单位绩效管理

青岛市审计局加强行政事业单位预算绩效审计，扩展审计目标、审计范围，促进行政事业单位加强财政资金绩效管理。一是在审计目标上，求

“广”。对行政事业单位的审计目标，由评价、反映工作绩效为主，扩大到帮助被审计单位寻找管理漏洞、防止损失浪费、挖掘工作潜力、改进管理等方面。同时重点揭露和查处铺张浪费、重大资源毁损及效益低下等问题。二是在审计范围上，求“全”。对行政事业单位的审计对象，从审计重点资金、重点项目的管理部门扩大到各级各类行政事业单位；从审计单一的财务收支扩大到所有经济活动及其相关业务活动；从采集数据范围仅限于市本级扩大到全面涵盖区（市）两级财政，并涵盖纳入市级国库集中支付的400多家一、二级预算单位。三是在审计层次上，求“效”。从对个别行政事业单位的微观审计，扩大促进某个地区、某个部门的中观审计和全地区、各行业的持续协调发展。四是在审计效能上，求“果”。为保障市民的知情权和监督权，将年度预算执行审计结果向市人大常委会全面报告，通过网络“直播”方式向社会发布，市人大常委会通过公报予以公开。（谷俊萍　李晨）

（十六）陕西省铜川市审计局积极推进部门预算执行审计与经济责任审计相结合

铜川市审计局积极推进预算执行审计与经济责任审计相结合的审计模式，每年在安排年度审计项目计划时，注重把经济责任审计与预算执行审计相结合，在项目安排和审计内容上做到相互补充、互为支撑，使审计工作成效明显。一是增强了审计时效。在开展部门预算执行审计的同时，对部门领导开展任期经济责任审计，将审计监督关口前移。二是节约了审计资源。同步进行领导干部经济责任审计和所在单位预算执行审计，由同一个审计组实施，发一份审计通知书，列明需要提供的审计资料清单，两个审计项目一次进点。三是提高了审计效能。通过预算执行审计与经济责任审计相结合，在开展预算执行审计时，注意收集与经济责任审计相关的资料，在开展经济责任审计时又把审计对象所在单位预算执行情况纳入审计范围，做到了资源共享，信息共享。同时充分利用以前年度该单位的预算执行审计结果，对已经进行过预算执行审计的年度，只进行必要的补充审计与取证，不再重复审计。（佚名）

二、公告概览

（一）中央部门单位 2015 年度预算执行情况审计结果

审计了 42 个中央部门及 241 家所属单位，审计财政支出预算 1891.62 亿元、占这些部门支出预算总额的 36%。首次公布了中央纪委机关、中央组织部、中央宣传部的预算执行审计情况。

基本情况：除了人民银行总部、公安部、中央纪委机关、中央组织部、中央宣传部等几个没有公布财政预算支出的部门之外，剩余的 31 个部门的预算执行审计情况如表 1。其中，问题影响数指的是实际预算执行中多列支出金额（以负数表示）或者少列支出金额（以正数表示）。

给定审计率的前提下，负问题影响数最大的依次是：交通运输部、外交部、中国科协、海关总署、民政部、卫生计生委、社保基金会、科技部、教育部、工业信息化部。

表1：中央部门预算执行审计情况表

部门	预算数	执行数	差异数	预算执行差异率（%）	被审计金额（万元）	审计率（%）	问题影响数
外交部	1269726.67	1212804.3	56922.37	4.48	748389.83	58.94	-3721.29
发改委	131961.73	103611.11	28350.62	21.48	97362.22	73.78	0
教育部	13009464.2	12506423.7	503040.5	3.87	1576212.84	12.12	-800
科技部	3532995.48	3257300.38	275695.1	7.80	2888263.23	81.75	-809.6
工业信息化部	2666206.72	2266501.63	399705.09	14.99	850334.13	31.89	-655.04
国家民委	511307.65	467349.5	43958.15	8.60	128745.25	25.18	0
民政部	209530.45	155949.31	53581.14	25.57	137752.78	65.74	-1323.53
财政部	1318299.39	1274787.06	43512.33	3.30	1180160.15	89.52	0
人社部	409423.33	323465.44	85957.89	20.99	181108.65	44.24	-148.82
国土资源部	1224538.41	1006948.21	217590.2	17.77	628530.95	51.33	18.86
环保部	930913.58	810498.48	120415.1	12.94	862815.22	92.68	0
住建部	119854.03	90213.19	29640.84	24.73	77696.74	65.00	0
交通运输部	2444450.39	2308670.12	135780.27	5.55	267447.24	10.94	-5878.14
水利部	1220254.63	1077280.8	142973.83	11.72	536731.07	43.99	115838.24
农业部	2815817.7	2371946.82	443870.88	15.76	635521.89	22.57	-41.85
商务部	2945182.12	1818369.63	1126812.5	38.26	2197450.97	74.61	-100.91
文化部	809648.34	560947.82	248700.52	30.72	330037.39	40.76	-1288
卫生计生委	1607091.29	1468508.26	138583.03	8.62	236020.82	14.69	-1130.2
国资委	323154.24	284966.39	38187.85	11.82	100355.92	31.06	-20
海关总署	2159401.45	1849938.58	309462.87	14.33	958342.27	44.38	-2775.41
税务总局	7423786.42	6373362.44	1050424	14.15	402899.42	5.43	985
广电总局	1091749.98	952917.23	138832.75	12.72	938805.89	85.99	0
新办	285406.7	258597.71	26808.99	9.39	48905.17	17.14	-73.75
扶贫办	9875.16	9496.1	379.06	3.84	9875.16	100.00	-3.55
银监会	523279.67	515783.45	7496.22	1.43	42354.89	8.09	-810
证监会	119124.09	111093.17	8030.92	6.74	49976.12	41.95	0
保监会	114273.34	90855.08	23418.26	20.49	26882.57	23.52	0
社保基金会	16236.64	12983.86	3252.78	20.03	16236.64	100.00	-842.63
共青团中央	72718.98	64642.39	8076.59	11.11	70720.09	97.25	0
全国妇联	57354.54	45888.04	11466.5	19.99	57354.54	100.00	0
中国科协	178195.44	176191.64	2003.8	1.12	167850.35	94.19	-3033.37
合计	49551222.76	43828291.8	5722930.9	11.55	16451140.4	33.20	93386.01

审计发现的主要问题：（1）违规套取和使用资金：司法部和国土资源部环境监测院、核与辐射安全中心等 6 家所属单位通过重复申报项目或多报人数等方式取得财政资金 6694.59 万元；教育部、发展改革委、人民银行等 7 个部门和中国水利水电科学研究院、中国国际电子商务中心等 37 家所属单位有 9.24 亿元未纳入部门预算管理，如昆明海关将走私物品处置收入 1197.95 万元存放账外，用于业务经费、发放福利等。此外，还发现未及时办理竣工决算、政府采购不规范等问题，涉及金额 61.33 亿元；（2）事业单位预算保障办法不够明确，主要是基本支出挤占项目支出、人员经费挤占公用经费：19 家事业单位，挤占项目支出和公用经费等 2.36 亿元补充人员经费；（3）利用部门权力或影响力取得收入：3 个部门和 17 家单位取得评比和咨询等服务收入 6.09 亿元；（5）执行“三公”经费和会议费等管理制度未完全到位。

审计发现的主要问题在各部门中的具体表现见表 2。

表 2　审计发现的主要问题

部门	主要问题
外交部	未列入预算 3721.29 万元，未上缴政府性收入 2134.31 万元，结存资金 1101.29 万元，未执行政府采购 4104.45 万元，未按项目进度拨款 1254.91 万元
发改委	委托咨询评估费支出 8415 万元未纳入预算，未严格执行招投标规定 583.72 万元，未实行政府采购 530 万元，未经报批工程 626.64 万元，账外核算 136.5 万元
教育部	28752.74 万元未按纳入预算，未申请项目 5830 万元，未执行政府采购 445.89 万元，下属企业列支财政专项导致决算支出多计 800 万元
科技部	支出不实 812.43 万元，违规发放职工福利费 159.58 万元，违规项目招标 3149.8 万元，使用 2188.65 万元财政资金租用 8712.72 平方米办公用房
工业信息化部	从零余额账户向所属单位实有资金账户划转资金 14 641.44 万元，项目未招标 138 万元，未执行政府采购 98.92 万元，多列支搬迁费 655.04 万元
国家民委	中央民族大学违规将资金存放在酒店用于餐饮支出 3.7 万元，未及时上缴资产处置收入 34.79 万元，虚列宣传片制作费 7.3 万元，330.64 万元项目建设损失

续表

部门	主要问题
公安部	11178.79 万元收入未纳入预算，未执行政府采购 884.47 万元，代地方采购 783.37 万元，未收回收入 2245 万元，违规发放职工津补贴 77.50 万元，项目超概算 5935.31 万元
民政部	预算编报不完整 1595.11 万元，未公开招标 446.57 万元，未办理竣工决算 27074.5 万元，委托下级列支 1704.42 万元，违规收费 1480 万元，未经批准成立公司 1000 万元
司法部	项目预算资金 450 万元重复，外事经费 70 万元未入预算，未执行政府采购 100 万元，未按规定支出印刷费 78.89 万元，未及时缴纳考试费 51.87 万元
财政部	未执行政府采购 1904.19 万元，存量资金 1777.53 万元未清理上缴，3500 万元账外固定资产，未纳入固定资产核算 39174.14 万元，11871 万元资产委托经营
人社部	25.69 万元虚假或不合规发票报销，未执行政府采购支出 740.22 万元，在专项资金中垫付其他费用 148.62 万元，决算编报不实 943.4 万元
国土资源部	未按规定上报结余资金 1753.99 万元，未审批项目 1310 万，违规拨付项目建设费 24 516 万元，违规会议费 134.18 万元，597.97 万元设备闲置，未办理竣工决算 3408 万元
环保部	多申领预算资金 1560 万元，发放节日补助 13.8 万元，232 万元收入长期挂账，违规会议费 153.17 万元，未竣工决算 2.54 亿元，内部收费 1.85 亿元，培训收费 4641.26 万元
住建部	发放补贴 82.70 万元，虚增事业支出 420.2 万元，划转财政资金 913.12 万元，违规收费 4416.92 万元，兼职取酬 244.51 万元，员工开设公司获利 1035 万元，虚列费用 957.46 万元
交通运输部	2820.49 万元资金长期闲置，自行收费 25184.31 万元，违规经营收入 16884.7 万元，政府采购 10112.9 万元未纳入预算，违规会议费 478.44 万元，2 家单位未纳入预决算
水利部	提前支付工程款 287.19 万元，超预算接待费 250.65 万元，未执行政府采购 344.93 万元，少计收入 834.5 万元，728.93 万元购置资产闲置

续表

部门	主要问题
农业部	2058万元资金未及时细化预算，24.46万元境外住宿费无对应票，预算外会议费支出218.7万元，服务收入224.26万元未统一核算
商务部	重复申报项目预算4510万元，结余资金4120.51万元，账外核算和往来科目核算收入12387.31万元、支出9922.86万元，违规多获取专项资金114.21万元
文化部	以前年度项目结转资金3207.81万元，申请8亿元的项目当年预算执行率仅32.8%，1项专项资金2000万元全部结存，决算支出多计1288.09万元，3296.14万元未上缴财政
卫生计生委	未编报政府采购预算5677.38万元，未经审批项目5850万元，结余资金1182.95万元，未公开招标516389.16万元，管理费等收入7160.75万元，未考核发放21.15亿元专项资金
人民银行	多计支出2084.25万元、少计收入1217.68万元、长期未清理3707.94万元，会议费管理、所属企事业单位薪酬管理和资产管理不合规4亿多元
国资委	14.76亿元结存未使用，3亿元违规买理财产品，违规收费1.01亿元，未执行政府采购2637.73万元，虚列支出20万元，议费超预算支出854.35万元，1174.1万元未清理
海关总署	34282.58万元结余资金，超标津贴等4110.09万元，账外收入1197.95万元，挪用专项业务经费3713.32万元，48029.71万元非税收入未上缴财政，工程、租金、建房上亿元
税务总局	挪用专项经费中列支486.62万元用于人员支出、租宽带242.98万元，专项资金未动用且继续申请资金7000万元，报销以前年度费用547.45万元，房产闲置、装修超标
广电总局	提前安排专项资金23652.5万元，提前支付合同款655.05万元，违规划转资金39686.67万元，发放过节费23.1万元，
侨办	755.92万元未编制政府采购预算，未严格执行政府采购961.72万元，节日补贴763.95万元，少计投资651万元，少计收入93.6万元

续表

部门	主要问题
扶贫办	节日补助 74.62 万元，编撰费结余 63.55 万元，违规收费 27 万元，多收取出国培训费 89.61 万元
银监会	计划外津补贴 9909.03 万元，超预算列支出国费用 114.07 万元，1387.82 万元未纳入决算，多列支支出 822.37 万元，兼职取酬 56.44 万元
证监会	违规列支职工费用 1470.94 万元，违规发放购物卡 181.36 万元，专项资金结余 13 393.21 万元，违规置办用房 5473.59 万元，购置高档轿车 96.08 万元
保监会	超标列支培训费 119.6 万元，违规发放 338.36 万元奖金，超标飞机费 11.5 万元，无公函招待费 23.22 万元
社保基金会	专项业务费 808.39 万元未独立建账，为个人支付车位租赁费 56.44 万元，多支付交易佣金 52.82 万元，长期股权投资多计 2471.28 万元
中央纪委机关	资产处置收入 42.02 万元未上缴财政，未严格执行政府采购 29.12 万元，出借资金 1100 万元中有 600 万元仍未收回
中央组织部	681.91 万元结余未上缴，房产出租收入 411.75 万元未上缴财政
中央宣传部	71647.85 万元沉淀在执行单位，1388.77 万元专项资金用于日常支出
中央统战部	未严格执行政府 373.40 万元，350 万元未纳入收入预算，未公开招投标合同金额 3654.50 万元
对外联络部	多计事业支出 2050 万元，在其他科目列支培训费 30.61 万元，发放编辑劳务费 20 万元，16245.99 万元基建未入固定资产账，未经批准的房产出租获取收入 449.22 万元
全国总工会	未执行政府采购 61.68 万元，所属单位少计收入 2944.43 万元、虚增净利润 648.91 万元、账实不符 302.36 万元、出借资金 261.47 万元

续表

部门	主要问题
共青团中央	未执行政府采购 640.50 万元，未公开招标 346 万元，少计其他收入 536.22 万元，固定资产台账多计 4727.14 万元，房产租金收入 2515 万元，240.9 万元投资长期挂账
全国妇联	超预算支出 222.66 万元，无预算支出 30.72 万元，未公开招标支付费用 1232.18 万元、项目 432.63 万元，1651.02 万元未计入固定资产账，少计长期股权投资 208 万元
中国科协	未执行政府采购 11336.31 万元，结余资金 1220.36 万元（占 51.54%），提前支付合同尾款 1859.97 万元，期挂账余额 1337.57 万元
最高法院	存量资金 7066.48 万元未上报，会议费 155.65 万元，挪用经费 844.59 万元，房屋出租收入 200 万元未上缴财政，收入 1234.96 万元、支出 1215.47 万元未入预算
最高检察院	会议费 101.84 万元，房租收入 1445.48 万元未上缴财政，未公开招合同金额 248 万元，多计决算支出 146.51 万元，3560 万元资产未入固定资产账核算

（二）北京市部门单位 2015 年度预算执行情况和其他财政收支情况审计结果

审计结果表明，部门单位预算收支执行基本符合规定，内部控制基本有效。

审计发现的主要问题有：（1）预算编制方面。一是预算收入不完整，出现：未将主管部门补贴款编入收入预算，实有资金账户财政资金结余未如实申报，各项开支而未申报，非税收入未编制收入计划。二是预算编制不够细化和准确，未按编制内实有人数申报基本经费，多申领财政资金。（2）预算执行不够规范。部门扩大预算开支范围，超预算额度支出，虚列支出，无依据支付项目资金，项目之间相互调剂使用资金。（3）决算草案编报不够真实。固定资产账实不符，未按规定将对外投资计入账内，往来款项未及时清理，当年及以前年度收到的其他单位拨款未纳入收支决算。（4）财政专项管理制度执行不到位，未按规定履行政府采购程序、非税收入未按规定上缴财政。（5）部分预算资金使用绩效不高，项目预算执行率低，部分项目未完成约定工作，部门个别合同付款与项目进度脱节。(6)其他问题：违规出借房屋资产，会议费报销手续不齐全。

各部门单位的决算支出金额和审计发现的主要问题见表3。

表3 北京市部门预算执行审计与预算审计情况

单位：万元

部门	决算支出	审计发现主要问题：金额及其他问题
市青年宫	6490.06	非税收入376.95万元未上缴财政，经营收入449.17万元计入预收账款，固定资产购置支出6.97万元未经批准
中国人民抗日战争纪念馆	41816.41	少编收入预算1926.7万元，提前支付项目资金1020.66万元，多领经费114.39万元，17047.01万元项目内容不具体，提前支付合同1020.66万元
市福利中心	92289.28	少编收入预算263.48万元，未纳入收支决算208.89万元，闲置资产573.53万元，未入账资产613.42万元，扩大开支范围18.33万元
无线电管理局	12223.79	调减预算58.59万元，提前支付项目资金1251.49万元，304.09万元在往来款科目挂账
市气象局	26348.02	少收入预算30万元，未编制政府采购预算2552.5万元，未履行政府采购程序1852万元，超预算收入109.23万元未报批
市地震局	8040.99	少遍收入预算42.24万元，设备闲置16.78万元，未将超预算收入报市财政
市红十字会	8496.39	少编收入预算62.48万元，超预算收入154.72万元未报市财政，未编制政府采购预算133.28万元，提前支付合同52.9万元
市高级法院	129799.99	超预算收入未报批400.92万元，项目扩大开支范围1367.78万元，收入20.8万元在往来款核算，固定资产未入账1952.06万元，项目不具体4760.52万元
市检察院	53934.1	超预算收入未报批382.5万元，项目扩大开支范围30.67万元，3个项目257万元未明确具体内容或完成时间
中关村管委会	301313.64	少编收入预算108.71万元，项目扩大开支范围4316.66万元，支出预算编制不准确造成资金闲置66.65万元，项目进展缓慢800万元

续表

部门	决算支出	审计发现主要问题：金额及其他问题
西站管委会	28847.38	未编制政府采购预算1266.75万元，项目不具体1821万元，未履行政府采购程序252.8万元，项目扩大开支范围7.67万元，支出无依据6.31万元
天安门管委会	43739.93	少编收入预算12.96万元，预算编制不准确150万元，超预算收入未报批82.46万元，项目扩大开支范围57.59万元
市重大项目办	2194.36	未编制政府采购预算51.5万元，提前支付项目17.62万元，经费未按规定使用17.73万元，假发票报销0.36万元
市南水北调办	116646.48	招标文件不规范175万元，培训项目9.8万元拨付但未实施培训，项目扩大开支范围16.24万元，不符合规定发票入账5.05万元
文化执法总队	4938.74	少编收入预算111.64万元，提前支付项目资金40.79万元，未编制政府采购预算17.22万元，未履行政府采购程序6.88万元
市城管执法局	14013.96	未编制政府采购预算497.8万元，未履行政府采购程序18.8万元，收入2.35万元在往来款核算，往来款清理不及时599.76万元，项目扩大开支范围27.88万元
市医管局	3994019.55	未编制政府采购预算36.97万元，未签订培训合同81.26万元，报销资料不完2.85万元
市中医局	12066.22	少编收入预算681.76万元，未编制政府采购预算207.2万元，超预算收入未报批1352.58万元，预算分类不合规1829.75万元
市粮食局	12858.38	少编收入预算44.32万元，坐支房屋出租收入144万元，收入50.57万元在往来款核算，未在政府采购定点单位购置26.66万元，提前支付项目款488.07万元
市农业局	116081.5	少编收入预算8051.19万元，预算调减720.64万元，项目不具体2297.18万元，预算分类不合规1803.87万元，收入235万元在往来款核算，提前支付385.88万元

续表

部门	决算支出	审计发现主要问题：金额及其他问题
市政府侨办	4687.98	未编制政府采购预算 244.69 万元，项目扩大开支范围 165.41 万元，未在会议定点单位召开 61.98 万元
市知识产权局	43070.8	预算分类不合规 76.6 万元
市金融局	5696.23	政府采购程序不规范 236.8 万元，收入 34.76 万元在往来科目核算，固定资产未及时登记入账 560.63 万
首绿办	7245.05	项目不具体具体 3150 万元，预算分类不合规 4834.54 万元，超收收入未报批 21.34 万元
市园林绿化局	143431.21	少编收入预算 600.19 万元，未编制政府采购预算 94.15 万元，项目不具体 6000 万元，提前支付项目资金 1418.49 万元，扩大开支范围 57.07 万元
市统计局	27076.1	少编收入预算 97.3 万元，资金结余 8566.5 万元，项目不具体 611.51 万元，扩大开支范围 199.41 万元，政府采购围边预算或未履行程序 603.21 万元
市体育局	167413.16	少编收入预算 66.02 万元，未编制政府采购预算 244.34 万元，挪用经费 1654.62 万元，代编预算 1435.32 万元，预算分类不合规 565.92 万元
市文物局	101266.68	多申领经费 59.36 万元，未编制政府采购预算 617.93 万元，突击支付项目 3681.13 万元，虚列支出 1058.03 万元，结余资金 940 万元，往来款未清理 1089.19 万元
市新闻出版广电局	104887.31	项目不具体 4211.64 万元，未编制政府采购预算 168.71 万元，往来款长期挂账 277.3 万元，项目进展缓慢 1344.12 万元
市文资办	341920.79	少编收入预算 2.75 万元，调减预算 347.25 万元，提前支付项目 29.88 万元，扩大项目开支范围 24.89 万元
市食品药品监管局	152048.28	少编收入预算 256.83 万元，未编制政府采购预算 4642.21 万元，项目不具体 1079.97 万元，预算调减 348 万元，项目扩大开支范围 39.9 万元

续表

部门	决算支出	审计发现主要问题：金额及其他问题
市安全监管局	17106.03	项目不具体99万元，未编制政府采购预算65.83万元，代编预算460万元，提前支付项目224.75万元，收入142.5万元在往来款核算，扩大开支范围151.8万元
市质监局	103533.63	未编制政府采购预算230.16万元，预算调减810.97万元，提前支付项目336.25万元，收入未编入预算计划316.44万元
市工商局	151396.04	少编收入预算244.63万元，未编制政府采购预算421.66万元，项目不具体660万元，多领经费83.76万元，提前支付331.01万元，扩大开支范围132.07万元
市地税局	71065.94	少编收入预算1972.91万元，调减预算2599.9万元，未编制政府采购预算金4998.2万元，扩大开支范围772.55万元，项目不具体5319.7万元
市国资委	16850.3	少编收入预算162.83万元，预算核减21.32万元，项目不具体1064.66万元，收入346.85万元在往来款核算，虚列支出68.5万元，提前支付229.60万元
市外办	6545.32	少编收入预算322.92万元
市卫生计生委	400829.13	项目不具体11215.69万元，扩大开支范围112.9万元，收入50.59万元与支出49.91万元在往来款核算，未编制政府采购预算80.14万元，提前支付30万元
市文化局	133763.1	少编收入预算1339.6万元，代编预算1300万元，扩大开支范围96.9万元，
市旅游委	59415.1	少编收入预算17.99万元，未编制政府采购预算128.67万元，项目不具体1139.15万元，项目结余1721.14万元，收入371.96万元坐支，收入40.51万元挂往来款
口岸办	4142.96	未编制政府采购预算163.71万元，项目不具体25万元
市商务委	274736.24	往来款和投资未清理7159.21万元，少编收入预算3.66万元，未编制政府采购预算38万元
市水务局	447517.01	少编收入预算35.83万元，1409.45万元收入未上缴并坐支，固定资产未入账66.42万，虚列支出593.12万元，扩大开支范围13.54万元，项目结余33.98万元

续表

部门	决算支出	审计发现主要问题：金额及其他问题
市交通委	2097891.86	少编收入预算 195.16 万元，未编制政府采购预算 148.49 万元，项目不具体 82295.26 万元，调整预算 93088.08 万元，预算编制不细化 20000 万元
原市市政市容委	220548.9	往来款未清理 1180 万元，项目不具体 1027.8 万元，列支以前年度已完成项目经费 138.21 万元，固定资产闲置 40.08 万元
市住房城乡建设委	53346.32	少编收入预算 20.5 万元，往来款未清理 1097.34 万元
原市规划委	106349.42	多计经费支出 8.74 万元，办公用设备闲置 26.5 万元
市环保局	153176.84	未编制政府采购预算 600.49 万元，代编预算 1384.14 万元，预算调减 1922.96 万元，提前支付 1118.57 万元，多领费用 62.52 万元
原市国土局	3195619.51	少编收入预算 5029.21 万元，未编制政府采购预算 10619.07 万元，超预算收入未报批 15588.63 万元，收入未上缴财政 6548.54 万元，固定资产未入账 561.43 万元
市人力社保局	204095.15	未编制政府采购预算 98.17 万元，代编预算 3658.03 万元，项目不具体 709.13 万元，预算调减 30 万元，收入 253.3 万元及支出 238.3 万元在往来款核算
市财政局	30072.86	少编收入预算 51.45 万元，项目预算不细 656 万元，提前支付 53 万元
市司法局	13663.89	未执行政府采购程序 202.67 万元，往来款挂账收入 54 万元，扩大开支范围 8.53 万元
市民政局	379066.93	少编收入预算 218.8 万元，未编制政府采购预算 2208.95 万元，多领经费 199.97 万元，代编预算 753.6 万元，提前支付 196.22 万元，扩大开支范围 189.49 万元
市公安局	558152.66	预算编制不细化 718.76 万元，276.4 万元收入挂往来科目，101.24 万元未入决算
市民委	5919.6	未履行政府采购程序 72.57 万元，固定资产未记入账 4.5 万元

续表

部门	决算支出	审计发现主要问题：金额及其他问题
市经济信息化委	395189.79	往来款长期挂账800万元，福利费管理使用不规范88.27万元
市科委	464771.5	奖金125万元在推荐单位滞留
市教委	2483635.61	项目预算不具体5414.5万元，多领经费17.3万元，未执行政府采购107.02万元，250万元收入挂往来科目，1022.34万元往来款长期挂账
市发展改革委	136421.03	无征收计划收入90550.1万元，未编制政府采购预算827.06万元，项目不具体233.31万元，滞留259万元，扩大开支范围146.78万元，提前支付45万元
市编办	2758.43	公务用车购置和运行费实际支出超出预算1.34万元
市审计局	16999.39	预算编制不准确302.2万元，6.61万元固定资产未及时办理入库

（三）山西省部门单位2015年度预算执行情况和其他财政收支情况审计结果

经过对16个部门以及133个预算单位的317.06亿元预算资金的审计表明，部门单位预算收支执行基本符合规定。审计发现的主要问题有：（1）未上缴存量资金，省财政厅、省经信委、省质监局等16个部门单位未将1.55亿元的结余资金上缴省财政；（2）违规发放奖金，在核定的绩效工资总量之外发放课时费、加班补助等567.75万元、11个单位发放奖金补助等366.83万元；（3）虚列支出，11个部门单位虚列支出440.02万元；（4）“三公”经费和会议费、培训费管理不严格，超预算支出公车运行维护费324.75万元、会议费122.85万元、培训费889.01万元、未制订培训计划支出培训费263.38万元；（5）财务管理不规范，5个部门单位未将经营收入等7354.94万元纳入单位财务、8个单位不合规票据支出505.41万元、7个部门单位账实不符7亿元、等26个部门单位往来款项2.81亿元长期未清理。

各部门单位的决算支出金额和审计发现的主要问题见表4。

表4　　山西省部门预算执行审计发现问题　　单位：万元

部门	审计发现问题及金额					
	应征未征非税收入	滞留非税收入	坐支非税收入	未上缴存量资金	违规发放奖金补助	虚列支出
省财政厅	2321140	671562.63		10116.68	125.36	99.36
省国土资源厅	695.23			788.76		
省中小企业局	138.54	122.09				
省科技厅	91.15	50.91	50.91	189.6		
省经信委	61.4	47.22	43.79	2193.19	527.46	
省交通厅		3315.44			57.25	
省质监局		431.36	431.36	538		139.05
省发改委		1982.67		839.83	40.29	
省地税局		884.05				
省水利厅		432.04	432.04		128.63	
省民政厅		225.63		157.99		173.61
省地勘局		70.34			55.59	
省统计局		37.07	37.07			
省食药局						28

（四）浙江省发展和改革委员会2015年度财政收支决算审签审计结果

1. 发展和改革委员会2015年度财政收支决算审签审计结果

审计结果表明：省发改委重视健全重大事项决策和资金财务管理制度，会计报表真实反映财务收支情况，内部控制制度基本健全有效。

审计发现的主要问题在援藏、援疆账套、基建账套等资产资金清理、下属单位财务管理及核算等方面。（1）专项资金未按规定及时下达，下达专项资金时间最早为2015年4月15日，最迟为2015年12月17日。（2）基建专户往来款长期挂账，除一项外，其他基建账户账龄均为3年以上。（3）省援藏办、援疆办专户未及时清理，截至2015年底，省援藏办援藏资金来源银行存款余额690.67万元，省援疆办专户资金来源银行存款结余900.53万元。（4）浙江省经济信息中心及下属全资子公司浙江省经济信息发展有限公司实行人、财、物一体化的运作与管理，两个单位收入、成本与费用未明确区分。具体表现在：一是部分合同作为共同受托方签订，责任主体不明；二是中心在经信公司列支部分费用。

2. 质量技术监督局2015年度财政收支决算审签结果

审计结果表明，省质监局重视预算执行管理，会计报表真实反映财务收支情况，内部控制制度基本健全有效，能及时、足额拨付专项资金。

审计发现的主要问题在驾驶员费用支出、国有资产管理及收益归属、下属单位预算编制、人员支出和政府采购等方面。（1）局本级驾驶员费用49.81万元由下属浙江省质量技术监督局机关服务中心列支；（2）局本级房租收入27.5万元作为局机关服务中心物业费收入；（3）浙江省质量检测科学研究院预算编制不完整，决算收入比预算增长99.13%；（4）浙江省质量技术审查评价中心无预算列支人员工资等费用27.54万元；（5）省质检院213万元电子显微镜政府采购项目招标流程不规范。

3. 环境保护厅2014年度预算执行情况审计结果

审计结果表明，省质监局重视预算执行管理，会计报表真实反映财务收支情况，内部控制制度基本健全有效。

审计发现的主要问题在项目预算编制、政府采购、行政审批程序和下属单位管理等方面。（1）“省级生态市创建工作技术核查”项目经费预算测算和编制与实际支出需求差距较大；（2）“楠溪江流域和临安昌化溪生态健康评估”项目采用单一来源采购方式，在申报材料中虚构了业绩，使其获得项目承接资格；（3）辐射环境管理处未按规定推荐初级辐射安全培训单位；（4）省辐射防护协会内控制度存在缺陷，协会副秘书长同时兼任出纳，承担费用报销的审批、签字等职责；（5）舟山海洋生态环境监测站存在房产和船舶出租未履行审批手续，技术服务项目未进行政府采购等问题。

（五）广西壮族自治区部门单位2014年度预算执行情况审计结果

审计结果表明，部门单位预算收支执行基本符合规定，内部控制基本有效。

审计发现的主要问题在预算收入、预算支出、预算执行、专项资金等方面。具体到部门单位，情况如下：

1. 财政厅

（1）代编预算比例偏高，代编预算267767.18万元，占当年安排支出总额的26.59％，比上年增加10.62个百分点；未编入部门预算140912.76万元；预算绩效管理试点项目绩效目标填报不完整、不具体。（2）预算收入方面，应缴未缴耕地占用税2405.69万元；应缴未缴国有资本经营收益678.30万元。（3）预算支出方面，未在规定时间内将中央转移支付资金拨付1111589万元；公职人员违规办企业并领取财政补助资金202.68万元；“三公”经费超预算支出5778.14万元；会议费、培训费等超预算支出30127.26万元；在其他经济科目列支“三公”经费3116.62万元。（4）存量资金管理方面，部门结转结余未收回财政91054.05万元；对外借款未清理95503.70万元。

2. 高级法院

未经批准调剂使用项目资金381.10万元；固定资产总账余额与明细账余额相差2588.36万元；往来账长期挂账2413.78万元；非税收入未上缴财政198.48万；未按规定进行政府采购110.09万元。

3. 司法厅

将历年项目专款27.50万元转为基本支出结余；超预算支出117.59万元；往来账项长期挂账415.21万元；无发票列支28.31万元。

4. 社区服务机构

4个城区截留、挪用专项补助资金1298万元，8个城区滞留2963万元；51个中心结余财政补助资金4507万元；2个城区551万元专项资金分配不符合规定；15个标准化建设项目的资金少配套1249万元；122个中心实有设备只占应配备的41.39%；46个公立医院举办的社区卫生服务中心未独立核算。

5. 物价局

项目未实施16322.90万元；与项目无关的支出85.27万元；项目资金用于办公经费支出119.26万元；原始凭证不合规117.03万元；超限额使用现金120.09万元。

6. 农业厅

项目支出超预算2400.11万元；结余资金1436.55万元；无预算支出188.97万元；挤占项目经费36.94万元；预算编制不完整388.28万元；虚列支出55.96万元；以拨代支74.07万元；长期沉淀资金264.18万元；违规账户转款97.09万元；限额以上工程设计、监理服务未进行招标。

7. 侨务办

未编入预算4175.78万元；支出超预算607.75万元，无预算支出227.87万元；往来账长期挂账855.38万元；未经批准出租资产111.40万元，未入固定资产账1065.08万元；未执行政府采购180万元；违规开设银行账户额675.22万元；未执行公务卡制度75.25万元。

8. 机关事务局

非税收入2 024.63万元未上缴财政；未经批准挪用预算资金146.05万元；银行账户管理不规范；收入核算不规范；往来款项长期挂账；所属4个幼儿园未按标准发放绩效工资；所属4个幼儿园收入核算不规范。

9. 二轻联社

下属学校未清理三年以上的往来款项86.31万元。

10. 广西体育高等专科学校

未经批准调剂使用专项资金112.23万元；未使用公务卡结算24.89万元；无形资产计入固定资产65.85万元；超预算支出482.53万元；原始凭证不合规153.93万元；收入长期挂往来账92万元，其他应付款长期挂账112.88万元；固定资产未计提折旧。

11. 广西教育学院

专项经费违规列支综合使用费85.63万元，挪用专项经费支付人员薪酬1.19万元；未按规定计提学生资助经费46.61万元；未列收入6.92万元；学校食堂发包及物业管理服务未经公开招投标；账务处理不规范400万元；工程长期未办理竣工结算。

四、前景展望

（一）发展潜力

从审计经验中可以看出，在审计方法运用“大数据”开展部门预算执行审计，并对横向和纵向的部门和单位进行了延伸，实施全覆盖审计取得很大进步。从审计报告中可以看出，预决算审计在取得进步的同时，也存在着一些基本的问题，这些方面有着发展潜力。首先是预算编制方面，预算收入编制、预算支出编制和决算支出编制存在不完整、不细化。预决算差异额较大，有些部门累积金额也不纳入预算收入。编制依据未清楚地说明。其次是预算执行方面，预算编制计划得不到有效执行，应收未收资金、改变资金用途、乱收费、无预算超预算支出、不同性质的财政资金相互混用等现象没有杜绝。政府采购制度没有被严格执行。财务收支科目核算未严格按照会计标准执行，长期挂账、资金结余、坐支现象还是存在。内部控制制度没有被严格执行。

（二）未来趋势

趋势之一，在审计技术方法方面，采用大数据审计方法已经是趋势。在将各部门单位及其各层级之间的数据进行连接和比较，形成大数据，并进行纵向和横向的审计延伸已经普遍展开。趋势之二，内部控制审计会得到加强。审计中发现预算执行偏差、执行不合规、财务收支不规范现象也是比较普遍。为实现公共部门反腐败模式下对政府权力运行的制衡，审计机关在推动部门单位内部控制制度走向完善的过程中有着得天独厚的天然优势。预计未来，审计机关会进一步加强内部控制审计，促进内部控制制度的改善和提升内部控制执行的有效性。趋势之三，审计类型将走向预算绩效审计。在预算制度强化执行和内部控制制度走向有效的条件下，预算执行审计将走向预算绩效审计，重点关注预算资金使用过程的合规性及其绩效目标的达成。趋势之四，预决算执行审计将与领导经济责任审计一同实施的趋势会加强。在一定的审计区域内，为节省审计力量和审计成本，提升审计效率，预算执行审计与相关领导的经济责任审计一同实施将会是未来的趋势。

分报告3：经济责任审计发展状况与前景展望

本分报告聚焦经济责任审计，关注各级审计机关在经济责任审计方面的经验探索、制度建构和公告概览，在此基础上，对经济责任审计的前景做一简要展望。

一、经验探索

2016年，各级审计机关继续探索经济责任审计的优化，涉及的内容包括：审计范围、经济责任审计整改、审计方法、经济责任审计与其他类型审计的融合。在审计范围方面，主要是经济责任审计全覆盖的实施和乡镇村居审计；在审计方法方面，主要是采用异地交叉审计、分行业审计、函询的方法并实施大数据分析技术；在与其他类型审计的融合方面，主要是乡镇审计与经济责任审计一同实施、党政经济责任审计一同实施、预算执行审计与领导经济责任审计一同实施。

（一）重庆：加强自主创新 积极攻克非结构化数据分析难关

重庆市审计局针对会议纪要、行政公文、数据报表等非结构化数据文档只能靠人工逐份审阅这一难关，立足经济责任审计工作的特点，从公文信息分类提取、关键词组检索、追踪筛查入手，成功开发了“非结构化数据分析软件”，基本满足了经济责任审计中海量非结构化数据快速分类检索、重点事项决策过程梳理、非结构化数据与结构化数据关联查询、疑点线索关键信息检索等需求，极大地提高了审计工作质量和效率。（彭祎）

（二）广东推进县级地方党委政府主要领导干部异地交叉审计全覆盖

为落实 2014 年制定的《县级地方党委政府主要领导干部经济责任异地同步审计办法》，实现统一组织对县委书记和县长同步进行经济责任异地交叉审计的目标，从 2015 年 8 月起，省审计厅在省市县三级审计机关抽调了 360 余人，对全省 22 个县级地方党委政府主要领导干部集中开展经济责任异地交叉同步审计。这是首次全面铺开异地交叉审计。这次异地交叉审计工作，在充分总结吸收试点审计经验的基础上，在审计组织、审计管理、审计思路、审计方法、审计重点、审计质量、审计报告、审计成果开发等 8 个方面作了一系列探索和创新，有效地推动了县级地方党委政府主要领导干部经济责任审计全覆盖。审计充分揭示了县级地方党委政府在落实上级政策目标、推动县域经济发展、重要经济事项决策、重大财政资金使用、重点投资项目建设、自然资源资产利用保护、机构设置编制管理等方面存在的问题，为加强干部管理监督，促进县域政治、经济、社会、文化、生态的健康发展，提供了有力保障。（李坤）

（三）浙江：面对面汇报领导干部经济责任审计情况 推进审计结果利用

浙江省审计厅向省委组织部面对面汇报了 2015 年 59 名省管领导干部经济责任审计的情况，为组织部门综合考核评价省管领导班子、领导干部权力运行和职责履行情况提供了重要参考。这是该厅和省委组织部推进审计成果转化运用创新建立的一项工作机制。受省委组织部委托，该厅对 59 名省管领导干部进行了经济责任审计，包括 5 名省直单位领导干部、19 名市县党政领导干部、2 名设区市公检法系统领导干部、26 名高校党政领导干部和 7 名国有企业领导人员，是该厅开展该项审计以来人数最多的一年。2015 年，为贯彻落实十八届三中全会和生态文明体制改革精神，该厅还在磐安县开展了党政领导干部自然资源资产审计试点，探索构建水、土地和森林等自然资源资产审计的评价指标体系。通过对 956 个单位 1185 名领导干部进行了经济责任审计，共查出违规金额 7.33 亿元，损失浪费问题金额 5.11 亿元，移送司法机关 4 人，移送纪检监察机关 41 人。（王家华、何刘坚）

（四）万州："五结合"提高乡镇经济责任审计工作效能

重庆市万州区审计局针对乡镇经济责任审计项目多、审计力量不足的实际，采取"五结合"工作方式，着力提高审计工作效能。(1) 统一进点与统一方案相结合：在收到区委组织部发出的委托审计通知后，组织召开了8个乡镇及7个部门单位23名领导干部的审计统一进点会，区委领导及经济责任审计领导小组成员单位负责人到会作要求部署；(2) 优化人选与审前培训相结合：选配工作经验丰富、思维技术创新、熟悉审计业务的人员组成审计组，并在审计项目实施前开展法律法规、规章制度、会计制度、审计技巧等方面知识的集中学习培训；(3) 大数据审计与现场核查相结合：从财政、社保、卫生计生等部门收集外围业务数据，统一筛选审计疑点，审计人员根据要求深入乡镇、村居核查审计疑点，锁定审计证据；(4) 提升质量与防控风险相结合：通过开展随时随地的审计情况沟通交流，确保审计判断的准确性和严谨性，并采取调查询问、当面核实、及时取证等措施，确保审计质量；(5) 经责审计与其他审计相结合：将乡镇经济责任审计与财政决算及专项资金审计（调查）相结合，重点是揭示财政决算及专项资金使用管理中存在的问题，提出审计意见和建议。(李华)

（五）荆州：深化经济责任审计结果运用　着力规范权力运行

荆州市审计机关采取措施，推动了经济责任审计结果运用与加强领导干部监督管理和选拔任用、促进领导干部依法行政、履职尽责，以及促进党风廉政建设和反腐败斗争的有机结合。一是强化综合分析，促进干部监督管理与选拔任用。今年6月，市出台《干部监督工作联席会议制度实施意见》、《干部监督信息沟通办法》，规定市审计局及时报告市管干部经济责任审计结果报告、专项审计结果报告、审计情况分析简要报告、市管干部经济责任审计结果登记表、审计发现县处级以上干部选人用人问题线索情况等，并明确要求进一步强化经济责任审计结果运用。二是强化结果通报，促进领导干部履职尽责。全市各级经济责任审计工作领导小组每年召开会议，专题研究对经济责任审计查出问题责任人的处理意见，并根据审计发现的问题，将问责逐条逐项落实到人。(王攀 姚庆华)

（六）南京：从四个方面开展经济责任审计整改督查工作

根据《南京市市管单位主要负责人任期经济责任审计整改工作暂行办

法》和《南京市领导干部经济责任审计综合评议和整改责任追究暂行办法》，南京市近期将从四个方面对全市 23 家单位的 27 名领导经济责任审计整改情况进行全面督查：一是限期整改反馈，即被审计领导及其所在单位在规定期限内对审计决定和审计报告执行及整改落实情况，提供自查资料反映落实情况；二是清单逐项销号，即对审计报告反映的问题，被审计部门建立台账、列出清单、采取挂牌销号的方式逐项整改；三是责任跟踪落地，即针对被督查单位自身的问题，通过反馈督查结果，责令被督查单位后续整改，对审计机关要求自行纠正事项采取的措施，根据审计建议完善的相关制度，对有关责任部门和责任人的责任追究处理情况等；四是协同问题解决，即针对涉及体制机制层面需与其他部门协同解决的问题，市经济责任审计领导小组办公室将共同商议，推动健全完善相关制度。

（七）龙岩：领导干部经济责任审计采用分行业审计模式效果好

福建省龙岩市审计局采取系统（行业）审计模式实施领导干部经济责任审计：积极与组织部门沟通和协商，除个别特殊对象外，年度经济责任审计项目都以系统（行业）来安排，每年审计一个系统（行业），采取统一审计方案、统一时间范围、统一处理口径、统一后续跟踪督查的方式。这种方法取得较好审计效果：如 2014 年对辖区内六个县（市、区）公安局长同时实施任中（或离任）审计，六份《审计报告》共反映 124 个问题，除个别特殊情况外，其余问题都得到了整改，审计建议 20 条都得到了不同程度的采纳；同时，审计问题整改期间六个单位共出台 12 个（项）相关的内部管理或控制制度。（李文瑛）

（八）海宁：审计力推农村集体经济加强监管

浙江省海宁市审计局多管齐下，立清单、强指导、提建议，助推集体资产资金资源管理规范化。一是重点关注，出台操作指南。在对乡镇领导干部经责审计中，将农村集体经济监管作为重点关注内容，梳理出村级经济的“问题清单”和村干部的“风险清单”，出台《乡镇（街道）内管干部经济责任审计操作手册》；二是试点立项，加强指导配合。2015 年该局对 3 个村（社区）的 5 名党组织书记、村民委（居委会）主任开展了同步经济责任审计，并指导各镇（街道）开展对村（社区）主要负责人的任期经济责任内部审计；三是总结提炼，提出合理建议，下发了《关于积极推进村（社区）负责人经济责任内部审计工作的实施意见》，促进了《关于进一步加强农村集体“三资”监督体系建设的实施方案》的出台。（王 晓）

（九）武汉洪山、重庆合川：以“六责六力”为核心实现经济责任审计监督全覆盖

武汉市洪山区审计局紧扣领导干部经济责任内容，紧盯权力运行轨迹，紧贴职能责任履行，重点对领导干部六大类责任、六项执行力进行审计监督、评价和鉴证，实现对领导干部经济责任审计内容的全覆盖。一是监督履行经济社会发展责任，评价科学发展力；二是监督履行国家政策法律法规执行责任，评价依法执政力；三是监督履行重大经济决策责任，评价民主决策力；四是监督履行经济管理责任，评价创新管理力；五是监督履行经济监督责任，评价经济监督力；六是监督履行廉政建设责任，评价廉洁自律力。（杨安瑞 李明）

（十）竹溪：“一引三联”破解经济责任审计难题

湖北省竹溪县推出“一引三联”的新机制，破解领导干部经济责任审计中工作任务重与审计力量不足、问题定性处理难、审计整改落实难、审计成果运用难等难题。（1）引入中介化解力量不足：将中介机构人员编入审计组，与审计干部同要求、同管理、同监督，严格执行审计纪律和保密纪律，具体做好财政、财务审计等基础性工作；（2）联合进点夯实审计基础：一是实行经济责任审计项目报备制，二是由县纪律、县委组织部、县审计局到被审计单位联合召开审计进点会，三是联合调查问卷；（3）联席分析把准定性尺子：在审计项目实施中，根据实际需要，不定期召开审计案例分析会，请县纪委领导参加审计业务分析会，对审计中发现的问题依法依规进行定量、定性分析；（4）联动整改促进成果运用：一是改进和完善领导干部经济责任审计领导小组联席会议机制，二是改进和完善审纪联动机制，三是改进和完善审组联动机制。（程度平）

（十一）洪江：注重创新领导干部经责审计函询办法

在审计中发现凡是有倾向性、苗头性问题，但又构不上违纪违法的领导干部，审计局便将这一问题线索移交给市纪委，由市纪委向当事人发出《函询通知书》。具体的做法是：（1）建立分析研判机制：重点关注领导干

部权力运行和责任履行情况，对在审计发现有苗头性、倾向性问题和轻微违纪的一般性问题采取谈话方式，由局长和审计组长一起找审计对象进行提醒、警示教育；对存在问题较多，指向性明确，或者可能有违纪行为，采取函询的方式，给被审计的领导干部一个说明情况的机会。（2）建立联动协调机制：在函询方式上，审计局对发现的问题进行集中梳理、分析，从中挖掘出函询问题线索，经请示市委市政府领导后，由审计局提出需要函询问题，并制作《函询问题移交书》；市纪委收到市审计局提交过来的《函询问题移交书》后，正式向审计对象下发《函询通知书》，并要求所函询的问题必经由本人如实说明，在规定的时间内形成书面材料并附相关证据材料。（3）建立函询问题整改通报制度：被审计对象有关问题函询，纳入审计整改工作；每次召开联席会议，市纪委、市审计局要将函询问题的整改情况进行汇报；对所函询问题整改到位，实行逐条销号。（向拥军）

（十二）日照市探索乡镇党政“一把手”同步经济责任审计新模式

日照市审计局在离任审计中实行了上下联动、联合编组、成果共享的同步审计方式。一是统一编组，联合进点 。实行“四个统一（即统一计划、统一方案、统一组织、统一实施），由市局牵头组织市、区两级审计机关共同组成审计组，共同制定审计计划，分别下达审计通知书，共同编组、一次进点。在此基础上分别下达审计通知书，联合召开审计进点会，按要求分别出具审计报告。二是同步审计，明晰责任 。按照“谁主管谁负责，谁决定谁负责，谁主持谁负责，谁签批谁负责，谁授意谁负责”的五个责任界定原则，从源头上区分责任。审计组通过查阅会议纪要、座谈了解等方式，对街道党政一把手的责任进行明确划分。从决策制度、基础账务、查看现场三个方面入手对领导干部履职情况进行审计。这一新模式实现了经济责任审计“全覆盖”，明确区分了责任，在审计内容范围内对乡镇党政“一把手”功过得失作出比较全面、客观的评价。（滕仲明）

（十三）重庆市审计局集中同步实施区县党政主要领导干部经济责任审计工作

为提升经济责任审计工作的深度和广度，重庆市审计局今年首次采取“大兵团作战”、大数据审计模式集中同步实施 6 个区县党政主要领导干部的经济责任审计工作，将被审计领导干部放到同一“标尺”下考量，确保经济责任审计结果的可信、可靠。为切实改进以往各处室单兵作战、项目分散实施带来的审计重点不统一、审计定性和业绩评价标准不一致、审计结果利用有差异等问题，该局决定打破专业和处室限制，将6个区县12名党政主要领导干部经济责任审计作为一个整体，集中同步推进，通过同类事项的审计思路、方法、定性处理的统一和与各区县间横向的对比研判，精准揭示其共性和个性问题。审计实施中立足责任主体和6个区县不同的功能区域定位的实际，确立了重大经济决策、重大政策执行、政府债务管理、生态环保及民生改善等8方面16项审计共性重点，并根据各自特点分层次明确了差异化重点，提出了相应的审计建议。（彭祎）

（十四）临沂村居干部经济责任审计凸显四大成效

自2014年5月开展村居干部经济责任审计工作以来截至去年底，全市总计完成6775个村居7726名村居干部经济责任审计，审计资金总额546.2亿元，查出各类问题资金109.3亿元，移送处理村居干部1287名，成功化解548起信访事件。一是村居干部审计实现第一轮全覆盖。全市3990个行政村居中需要审计的项目9116个，截至去年底已完成6775个，占74.3%。其中：2015年计划审计项目3872个，实际完成4167个，完成率107.6%。今年底实现对全市村居干部审计的第一轮全覆盖。二是加大违纪违规问题查纠力度，农村基层治理水平稳步提升。截至去年底，已完成的村居审计项目，共查出村级代管资金不到位、不合规发票入账、高息借款等各类问题金额109.3亿元，提出各类审计建议1.2万条，各县区、乡镇党委政府、各有关部门出台制度办法147项。三是加大违法违纪案件查处力度，农村党风廉政建设不断加强。截至去年底，共移送处理村居干部1287人，已有912人受到组织、纪检、司法机关处理。四是加大信访案件平息力度，农村社会稳定水平显著提高。用审计结果澄清群众的误解和偏见，成功化解多起信访案件，截至去年底，在审计的项目中，审计前有信访案件的项目669个，通过审计消除信访案件548个，息访率为81.9%，有效改善了党群干群关系。（孟凡春）

（十五）黄石市审计局实行预算执行审计与领导干部经济责任审计“一体化”管理

黄石市审计局将12个部门预算执行审计项目融入领导干部经济责任审

计项目中，实行预算执行审计和经济责任审计项目“一体化”的管理方式，着力提升审计工作效能。一是提前谋划，整合审计资源。该局针对当前审计力量不足与审计任务繁重矛盾突出的情况，在充分调研的基础上，结合全市领导干部任职情况和预算执行审计工作实际，在确定预算执行审计项目计划时，及时向市委组织部提交经济责任审计对象的建议函，同步确定年度经济责任审计计划，并由同一科室负责实施，实现经济责任审计与预算执行审计项目的有机结合。二是把握特点，强化审前培训。部门预算执行审计和经济责任审计各有侧重和特点，该局在结合上下功夫。年初集中时间组织开展年度预算执行和经济责任审计的审前培训工作。改变过去传统单一的授课模式，采取预算执行和经济责任审计“一体化”授课。分别制定解读 2016 年度预算执行和经济责任审计工作方案，明确审计目标和任务，细化审计内容和重点，实现部门预算执行审计和经济责任审计的对接融合。三是成果共享，增强审计实效。在进行领导干部经济责任审计时，把被审计对象所在部门预算执行审计情况纳入审计报告内容，突出领导干部履行部门预算执行责任，并充分利用以前年度的预算执行审计结果，对已进行过预算执行审计的年度，经济责任审计只进行必要的补充审计和取证，最大限度地实现成果共享。（汪小春）

二、制度建构

经济责任审计是各级审计机关的重要审计业务，所以，相关的制度建构一起是各级审计机关的工作重点。2016 年，各级审计机关继续亲自或推动经济责任审计相关的制度的建构，涉及的领域包括：村居干部经济责任审计、离任经济事项交接，经济责任年度报告、经济责任审计过程的规范化、经济责任审计谈话事项、联系制度、不作为清单制度、经济责任审计成果应用，等①。

（一）山东省审计厅出台《关于规范经济责任审计谈话相关事项通知》

《通知》对谈话方式、谈话对象、谈话程序等作出明确规定。引导被谈话对象以谈问题为主，做到“三个必谈”，即被审计对象履职存在的问

① 不包括领导干部资源环境责任审计的相关制度建构。

题必谈、被审计单位存在的突出问题必谈、廉洁勤政方面存在的问题必谈。采取进点初期常规性谈话与审计过程中有针对性谈话相结合的方式，进点初期常规性谈话主要听取对方的意见，谈话内容有总体情况，有具体的事实、问题。审计过程中可就发现的问题有针对性地进行谈话，由审计组视情况确定谈话人员、设定谈话内容。根据被审计对象的特征选定谈话对象，党政领导干部审计被谈话对象主要包括被审计对象、现任党政主要负责人、本级党委、政府、人大、政协有关领导班子成员、被审计对象分管部门主要负责人等。部门单位、高校、企业领导干部审计被谈话对象主要包括被审计对象、现任主要负责人、原领导班子主要成员、办公室主任和相关部门（中层）领导人员。谈话对象不仅包括尚留任的，可延伸到离退休、或调离岗位的人员，审计过程中针对问题谈话不限定被谈话人员范围。

由审计组组长组织谈话，确定参加谈话的人员和记录人员，必须 2 人以上参加谈话。以适当的方式将谈话时间、地点、参加人员和谈话涉及的主要内容告知被谈话对象。谈话结束后，审计组对谈话记录进行归纳整理，将有价值的信息内容整理记录成《谈话记录》，归入审计项目档案。对谈话反映的问题信息进行研判分析，讨论后确定核查重点，记入《审计组会议记录》，形成《谈话反映问题落实表》并作为审计工作底稿。（郑茂霞 陈妍）

（二）浙江出台《浙江省部门和单位内部管理领导干部经济责任审计办法（试行）》

为健全和完善经济责任审计制度，加强对部门、单位内部管理领导干部和领导人员的管理监督，规范经济责任审计行为，省八部门联合印发了《浙江省部门和单位内部管理领导干部经济责任审计办法（试行）》（以下简称《办法》）。《办法》共分 8 章 40 条。根据《办法》规定，按照干部管理权限由党政工作部门、审判机关、检察机关、事业单位、人民团体和国有及国有控股企业内部管理的，负有经济责任事项的下级单位的正职领导干部，或者主持工作一年以上的副职领导干部，由内部审计机构依据国家法律、法规和有关制度规定，对任职期间履行经济责任情况进行监督、评价和鉴证。《办法》明确了内管干部经济责任审计的内容、实施程序、评价、责任认定以及结果运用，并要求全省各级经济责任审计工作联席会议

及其办公室加强对此项工作的指导监督。(刘悦)

(三) 湖北省审计厅出台《省本级经济责任审计操作规程》

为指导和规范组织实施经济责任审计项目的操作行为，促进经济责任审计工作提质增效，湖北省审计厅近日制定出台《省本级经济责任审计操作规程》。《操作规程》共 11 章、67 条，从项目计划管理、审计准备、审计现场管理、重大审计事项处置、责任界定及问责建议提出、审计结论性文书处理、审计质量管理及整改督查、审计纪律和责任追究，审计档案管理等方面作了明确规定。

《操作规程》明确规定：厅经济责任审计局统一管理省本级经济责任审计项目，组织厅机关相关业务处室及全省审计力量共同实施；在会议规范方面，对包括审前培训、审计进点、审中碰头、审中督导、审中汇审、现场征求意见、被审对象反馈意见、审计业务暨审理等会议的议题、参加人员等内容进行了明确；在审计进度管理方面，对包括审计进点、审计组现场作业、当面征求意见、厅机关各处（局）内部审计复核、厅法规处审理、审计业务文书提出及办结，以及审计资料立卷归档等时间要求都作出统一规范；涉嫌严重违法违纪需移交纪检、司法机关处理的，以审计移送处理书形式移送；不以审计移送处理书形式移送的，要以审计结果重点提要、经济责任审计要情、审计专报等形式反馈；审计报告经审计组长审定同意后，发送给被审计领导干部及所在地方、部门、单位征求意见；关于审计廉政保密责任，经济责任审计项目审计组长统一由分管的厅（局）长担任，副组长由业务处（局）室副处级以上人员担任，审计组副组长或主审是审计现场廉政、保密工作的第一责任人；每个项目进点审计之前，审计组应按厅相关规定要求向被审计地方审计局发出《经济责任审计组廉洁纪律要求告知书》，分管厅（局）领导与审计组副组长或主审签订《廉洁审计责任状》，审计组副组长或主审与审计组成员签订《廉洁审计承诺书》；审计组严格按照规定办理审计纪律执行情况表的填写、签字、盖章、公示和收回事宜；同时，厅机关纪委应当在审计期间和结束后，按厅有关规定组织开展审中廉政抽查、审后廉政回访，充分利用电子监控系统加大廉政纪律执行情况监控。(陈忠玉)

(四) 合肥市出台《合肥市村居主要负责人经济责任审计暂行办法》

该《办法》对村居主要负责人遵守有关经济法律法规，贯彻执行国家和各级政府经济工作方针政策和决策部署情况、任期经济责任目标完成情况和村居社会事业发展情况、重大经济决策的制定和执行情况、财务收支及相关经济活动的真实合法效益情况、土地承包及集体资金、资产、资源管理使用情况、上级拨付或接受社会捐赠的涉农、扶贫、公共服务等资金，以及救助、救灾等物资的管理使用情况等11项内容实行审计监督。《办法》规定，此项工作由乡镇（街道）党委、政府领导，组织实施，对本行政区域内的村居主要负责人在任期内至少开展一次审计，检查结果分别纳入县（市）区和乡镇（街道）党委年度有关考核和相关人员述职评议中；《办法》要求建立健全经济责任审计情况通报、审计整改以及干部问责评价等结果运用制度。（吴婷婷）

（五）厦门市审计局制定系列规范提升经济责任审计水平

厦门市审计局制定了《厦门党政机关（部门、单位）经济责任审计的内容、方法和评价》、《厦门党政机关（部门、单位）经济责任审计报告格式（试行）》，修订了市管领导干部经济责任审计计划管理办法。一是明确党政机关领导干部经济责任审计重点。彻底打破了经济责任审计局限在财政财务收支领域的框框，突出强调了贯彻执行有关方针政策和决策部署情况、重大经济决策情况、民生改善情况等九项审计重点，分别从审计目标、审计内容、审计方法、审计评价四个方面作出了具体规定。二是规范党政机关领导干部经济责任审计报告。围绕九项审计重点，重新调整梳理审计报告和审计结果报告格式，使报告能更好地反映出领导干部任职情况、履责情况、工作成效和存在的问题。三是改进党政机关领导干部经济责任审计安排。审计项目计划由一次性下达，调整为分批次下达，确保随报随批、即调即审。严格审计时限，从计划下达到项目完成不超过半年；采取上下联动、项目融合、购买服务等方式。（蔡志群）

（六）昆山、无锡、常州：出台内设机构负责人经济责任审计办法

《昆山市各区镇、部门内设机构负责人经济责任审计办法（试行）》、《无锡市内部管理领导干部经济责任审计办法》、《常州市镇（街道）内部管理领导干部经济责任审计操作指南（试行）》对内管干部审计对象、审计内容、审计实施主体和程序、审计结果运用、审计业务指导等作出了规定，实行了对全市领导干部监督的全覆盖。（1）审计对象和时限：审计对

象为各区镇、各部门和单位内部管理的，负有经济责任事项的下属行政、事业单位正职领导干部，或主持工作的副职（含市管干部）；主管部门应当对内设机构负责人进行离任或任中经济责任审计，一般任职三年至少审计一次。（2）审计内容：为贯彻执行党和国家有关经济方针政策和决策部署，履行职责，推动本单位事业科学发展情况；遵守有关法律法规和财经纪律情况；有关目标责任制完成和重大经济决策情况；本单位预算执行和其他财政收支、财务收支的真实、合法和效益情况；重要项目的投资、建设和管理情况；有关财务管理、业务管理、内部审计等内部管理制度的制定和执行情况，以及厉行节约反对浪费情况等。（3）施主体和程序：主管部门应当成立由纪检监察、组织人事、内部审计等相关部门组成的组织领导机构，建立相应的工作协调机制，经济责任审计工作，由主管部门的内部审计机构具体组织实施，在实施审计前，由组织人事部门出具书面指令（或委托），指令的内容应当包括审计对象、范围、重点及有关事项。（4）业务指导部门：各主管部门在年初制定内管理干部经济责任审计计划，报市委组织部、市审计局备案；市委组织部定期听取经济责任审计工作开展情况汇报，研究、解决内设机构负责人经济责任审计工作中出现的问题；市审计局负责对内部审计机构组织实施的经济责任审计进行业务指导，对业务质量进行监督和检查，定期抽查审计结果等。（5）审计结果的运用：主管部门审定审计报告后，对被审计领导干部及其所在单位或原任职单位存在的问题，在部门职责范围内作出相应的处理，并督促整改；涉及违法、违纪问题的，应当移送相关部门依法处理；主管部门应当将审计报告及其对问题的处理意见存入被审计的内管干部人事档案；审计结果应当作为考核内管干部工作业绩和实施奖励、任免或者聘用的重要依据。（徐开盛 喻瑞红 钱军）

（七）常州审计联合市委农工办出台《关于进一步强化镇（街道）审计工作的意见》

《意见》强调，要高度重视镇（街道）审计工作，镇（街道）审计工作是集体资产和农村财务管理的延伸。

《意见》要求，要认真把握镇（街道）审计四个方面的重点：一是加强公共财政财务收支审计，要以资金管理安全、资产使用有效、资源配置协调与共享为目标，围绕本地区党委政府中心工作，紧贴群众关心的热点事项，通过专项资金审计、专项审计调查、重点单位财务收支审计、指标完成情况审核以及领导交办的其他审计事项等方式，开展以真实性和合法性为主、效益性为辅的财政、财务收支审计。二是做好“三农”政策执行情况审计。结合“三农”工作实际，认真把握各个层面的涉农政策，及时检查各项涉农政策的贯彻执行情况。三是要深化农村干部经济责任审计。主动对接组织人事部门，合理安排年度审计计划。四是强化基础设施建设情况审计。镇（街道）内审部门每年谋划、组织实施一批资源环境保护、民生、节能减排等重大项目的审计；镇（街道）农经站要组织落实好当年村级重大资金投资和重要资源发包等项目的审计监督，强化对项目实施的规范性以及绩效的监督评价。

《意见》明确，要建立健全审计整改工作机制。一是建立内审联席会议制度。由镇纪检监察、组织、财政、农经、信访等部门组成。二是建立审计整改督查制度。由镇纪检监察、组织人事、内审、农经等部门组成联合督查小组。三是实行审计整改结果公告。通过政务公开栏、工作会议等形式，对被审计单位审计整改情况进行公开。四是强化审计整改结果问责。实行审计整改问责制度，镇党委政府将审计整改结果纳入对各村、各部门年度目标责任制考核的重要内容，并将审计整改情况作为对干部考核的重要依据。

《意见》指出，要形成推进镇（街道）审计工作的合力。农经部门应与审计机关联合或在审计机关指导下开展审计工作，也可以委托审计机关对农村集体经济和村干部经济责任进行审计。审计和农经部门要与各级组织人事、纪检监察、财政等部门保持沟通与协调，取得相关部门理解、支持与帮助，有针对性地为相关部门提供管理和监督服务。市审计局和市委农工办要加强协作和工作指导，在各自职能范围内合力、平稳推进全市镇（街道）审计工作。（经审处）

（八）滨州：出台市管领导干部经济责任审计离任交接和年度报告办法

滨州市经市经济责任审计工作领导小组研究同意，正式印发《滨州市市管领导干部离任经济责任事项交接办法》及《滨州市市本级党政主要领导干部和国有企业领导人员经济责任年度报告办法》。《离任交接办法》是指领导干部因晋升、调任、转任、辞职、免职、退休、辞退等原因离任时，按规定办理离任经济责任事项交接手续的制度。《办法》对领导干部离任经济责任事项交接内容从 10 个方面做出了详细要求，对交接程序做出了规定，并要求领导干部做出书面承诺，对提供资料的真实性、完整性、合法性负责。交接报告及交接表作为划分离任领导干部与接任领导干部经济责任界限的重要依据。市委组织部将根据交接情况，对领导干部经济责任审计做出安排。《年度报告办法》是指领导干部任职期间，应当结合年度考核报告其履行经济责任情况，要求领导干部每年 1 月底前填制上年度《履行经济责任年度报告表》，报告其推进地方、部门单位或企业科学发展、重大经济决策事项、财政财务管理、廉洁从政等情况，并对填报内容的真实性、完整性负责。（刘国伟）

（九）慈溪：出台领导干部任期经济责任年度报告办法

浙江省慈溪市委办公室、市政府办公室联合印发《慈溪市党政主要领导干部和国有企业领导人员任期经济责任年度报告办法》，实现了领导干部履行经济责任任前告知与预警结合、任中监督与自查结合、离任审计与交接结合的全程跟踪监督新模式。

《办法》明确了报告对象、报告内容及报告方式，规定各报告对象按镇（街道）党政正职、机关部门党政正职、直属公司负责人三种类别填写《履行经济责任自检表》，于次年 2 月底前向市经济责任审计联席会议办公室报告年度经济责任履行情况，报告内容纳入领导班子和领导干部年度考核，同时列入审计和联合督查的范围。市审计局将在以后年度经济责任审计中对报告的真实性、完整性进行核实，在审计报告中反映重大不实情况，作定责处理；并将执行情况向市经济责任审计工作联席会议报告。市经责联席会议办对相关资料进行管理，根据需要向联席会议成员单位提供相关信息。（陈洁）

（十）宝应县出台《宝应县党政领导干部“三责联审”结果量化评定办法》

宝应县出台了《宝应县党政领导干部“三责联审”结果量化评定办法（试行）》（以下简称《办法》），就“三责联审”结果量化评定对象、评定标准、评定程序、结果的运用等作出具体规定。（1）《办法》将“三责联审”结果分为优秀、良好、一般、较差四个等级。等级评定坚持定性与定量相结合。(2)《办法》规定了计分方法，用人、用编、用财评分表均为百分制进行单项计分，单项计分后采取用人、用编、用财 3∶3∶4 的比例进行汇总计分。(3)《办法》规定了“三责联审”结果等级评定程序，强化了联审结果的运用。《办法》规定，联审结果报告将存入领导干部监督跟踪档案和干部档案，作为干部任用和管理的重要参考依据。联审结果等级评定为“优秀”的，联审对象年度考核优先定为“优秀”等次；联审结果等级评定为“一般”或“较差”的，根据情况对联审对象进行廉政谈话或诫勉谈话；问题严重的，根据有关规定进行组织处理或纪律处分，并作为下一年度“三责联审”复审对象。对违反国家财政财务收支行为负有直接责任的领导干部、会计人员及联审单位，按照《审计法》等规定，依照有关程序，依法给予相应处理。(王爱军)。

(十一) 海曙：编制《“不作为”负面清单》完善经责审计评价体系

海曙区审计局编制的《海曙区领导干部履职“不作为”负面清单》已由海曙区纪委、区委组织部、编委办、财政局、人社局、监察局和审计局 7 家单位联合下发实施。

海曙区审计局将以往审计中发现的 7 类 20 种“不作为”问题编制成《海曙区领导干部履职“不作为”负面清单》，并将这份清单作为海曙区领导干部经济责任规范化评价体系的一个附表。清单将采用“红黄牌”制度，如果发现出现 3 种以上 10 种以下（包括 10 种）情况，给出黄牌警告，出现 10 种以上情况，给出红牌警告。推出负面清单目的是为原有量化打分的审计结果规范化评价体系提供定性补充，使一些难以量化的懒政怠政行为也能得到体现，提高评价体系的完整性。(王芬娇)

(十二) 安徽省泾县出台《经济责任审计工作联席会议制度》

泾县出台《经济责任审计工作联席会议制度》，要求经济责任审计工作联席会议由县审计局召集，成员单位由县纪委（监察局）、县委组织部、县检察院、县编办、县财政局和县审计局组成。《制度》指出，经济责任审计工作联席会议的主要任务是指导、规划全县经济责任审计工作，研究制定经济责任审计工作制度，审定重大经济责任审计事项，听取经济责任审计情况和审计结果运用情况的通报，研究、协调解决经济责任审计工作中出现的重要问题。《制度》还规定了各成员单位主要职责。《制度》规定，经济责任审计工作联席会议原则上每年召开一次，于每年四季度召开。遇到重大审计情况，县审计局可以临时提议召开会议。县审计局负责做好会议记录，并整理形成会议纪要，经会议主持人审定、签发后，报送县委、县政府主要领导及有关单位。（董晓清）

（十三）安徽省淮南市出台《党政机关、事业单位和国有企业所属单位领导干部经济责任审计办法》

《办法》主要包括审计的目的和目标、组织协调、审计计划、审计的主体、审计程序、审计的主要内容、结果运用等。审计的对象为按照干部管理权限由党政工作部门、事业单位、人民团体和国有及国有控股企业内部管理的，负有经济责任事项的所属单位、内设机构和下属企业的正职领导干部，或者主持工作一年以上的副职领导干部。审计的主体为内部审计机构或承担内部审计职能的机构。审计的主要内容有贯彻执行党和国家有关经济方针政策和决策部署，履行本部门、单位有关职责，推动本部门、单位事业科学发展情况；遵守有关法律法规和财经纪律情况；有关目标责任制完成情况；重大经济决策情况；本部门、单位预算执行和其他财政收支、财务收支的真实、合法和效益情况；国有资产的采购、管理、使用和处置情况；重要项目的投资、建设和管理情况；有关财务管理、业务管理、内部审计等内部管理制度的制定和执行情况，以及厉行节约反对浪费情况；机构设置、编制使用以及有关规定的执行情况；对下属单位有关经济活动的管理和监督情况；本人遵守有关廉洁从政规定情况等。部门和单位内部管理领导干部经济责任审计结果作为考核内管干部工作业绩和实施奖惩、任免或者聘用的重要依据。（陶保华）

（十四）菏泽市出台加强村居干部经济责任审计工作的意见

为加强对全市村居干部经济责任审计工作指导，菏泽市委市政府联合印发了《关于加强村居干部经济责任审计工作的意见》，从审计范围、审计内容、审计实施、结果运用和组织领导等五个方面，对村居干部的经济责任审计工作进行规范和指导。

一是明确了审计范围，村居审计要实行有重点的全覆盖。全市范围内的行政村和社区居委会党支部（党委）书记、主任，包括主持工作一年以上的副职，在任期届满、离任、免职、辞职，以及村居撤并时，都应当接受经济责任审计，原则上对两者实行同步审计；负有经济财务管理职责的其他村居干部，根据需要也可以进行审计。对问题举报或群众反映经济问题强烈的，要安排实施村居干部的任中审计，或实施对被举报人或负有经济管理和财务管理职责的村居其他干部的经济责任审计。对经济总量较大及人口较多的重点村居干部，要求每三年安排审计一次。

二是突出了审计内容。实施村居干部经济责任审计，以村居干部守法、守纪、守规、尽责情况为重点，以任职期间所在村居财务收支以及有关经济活动的真实、合法和效益为基础，具体审计内容包括十五项，如执行上级经济政策和遵守国家财经纪律情况；重大事项的决策程序及结果情况；财务管理及各项内控制度建立和执行情况等。

三是规范了审计实施。县区审计机关根据县区党委、政府要求或工作需要，可直接审计部分重要村居干部；或实施乡镇审计时延伸部分村居干部；或抽调乡镇审计人员，统一组织、异地交叉实施相关审计项目。

四是强化了结果运用。要求县区和乡镇注意运用村居干部经济责任审计成果，在审计结果公开基础上，要其作为村居干部年度考核、奖惩、管理、监督、教育和届中调整、任免等的重要依据。同时，对乡镇实施村居审计情况，纳入乡镇党政主要领导干部经济责任审计范畴。

五是加强了组织领导。建立村居经济责任审计三级联动机制。县区党委政府加强对村居经济责任审计工作的组织领导、县区经济责任审计工作联席会议及其办公室加强对村居经济责任审计工作考核督查、市经济责任审计工作联席会议及其办公室加强对村居干部经济责任审计工作监督指导。（刘林）

三、公告概览

浙江省经济责任审计工作联席会议办公室关于15家省属企业领导人员经济责任审计情况的通报（摘要）

2011至2015年，根据省委组织部的委托，省审计厅有计划地审计了省国资委监管的14家省属国有企业以及省国资委受托监管的省二轻集团领导人员的经济责任履行情况，其中2015年对巨化集团、省机电集团、省旅游集团董事长、总经理履行经济责任情况进行了同步审计试点。

审计结果表明，国有企业经营绩效良好：保持了国有经济平稳增长态势，截至2014年底，省属企业总资产、净资产均为2010年底的1.5倍，全年实现的收入、净利润为2010年的1.6倍和1.3倍；2011至2014年，省属企业国有资产总量累计增加了668亿元，年均增值率为12.1%；2015年省属企业实现营业收入5966.1亿元，利润总额271.1亿元，年末资产总额约9172.7亿元；深入推进改革重组；加快实施资产证券化，2015年底省属国有资产证券化率达到45%以上；推进创新驱动战略，省属企业共有16家创新型示范和试点企业，5个国家级品牌，39个省级品牌，6家入选省“三名”培育试点企业。

审计发现的主要问题：(1) 部分企业领导人员经济责任意识不强，主要表现为有20.97亿元的项目投资或采购未按规定公开招标或招标程序不规范、发现违反规定发放薪酬福利1559万元；突出表现在通过债转股等方式掩盖经营风险，导致企业更加困难；42亿元贸易债权存在损失风险；集团对下属单位过度担保，担保暴露在风险敞口下，存在重大损失风险。(2) 企业内部控制制度建立和执行不力。内部控制制度不健全、执行不力、内部监督不够到位是省属企业发生重大经营风险或损失浪费的重要原因。一是关键领域和关键环节制度缺失和执行不到位并存，在大宗商品贸易领域表现尤为突出，擅自对外进行不付款放货，导致4.54亿元债权面临损失风险；未建立业务操作规程，未按制度规定成立风控机构、逐一审批开具的票据等，有7500万元预付款项存在全额收回风险；同一控制人企业之间开展融资性贸易，未按规定将4家单位授信合并管控，未按规定流程审批付款，有2521.55万元贸易款存在损失风险。二是“三重一大”制度执行不到位，主要表现为前期可行性研究不科学不充分、决策审批程序不到位、决策的责任追究机制不健全等方面，在省属企业中还比较普遍。改扩建项目决策时未采纳专业意见，提前停工造成至少900万元的经营损失；收购股权和收购后续经营管理不到位，造成投资损失2710万元；决策失误事项，均没有经过事后追责机制进行追责惩罚。三是内部审计监督不够有力。内部审计机构、人员数量与工作要求不匹配，内部审计监督的覆盖面还比较低，已经实施的内部审计项目的质量参差不齐，内部审计结果的运用存在不到位的现象。(3) 集团公司对所属公司的管控不到位，审计发现问题中的71%是下属子孙公司的问题。事中风险监控不到位、日常监管不到位、投资的后续监管不到位。(4) 会计核算和财务管理仍需完善，主要表现在账实不符、利润不实、资产不实等几个方面，具有一定的普遍性。

对审计发现的问题，省审计厅依法出具了审计报告、下达了审计决定书，各省属企业积极采取措施进行整改，大部分问题都在规定期限内整改完毕。审计中发现的涉嫌违法违规问题线索已按规定向有关部门移送 17 件。其中涉嫌犯罪线索 7 件，纪委、公安、检察等有关机关正在办理之中（佚名）。

四、前景展望

经济责任审计是审计署的重要审计业务，也是各级地方审计机关的核心审计业务，这种审计业务，在未来的发展中，可能呈现以下趋势：第一，经济责任审计已经在一些省份实行全覆盖，从省级到村居干部，这种趋势将会进一步发展；第二，经济责任审计的内容将更加全面，自然资源资产责任、环境责任、城市规划责任等将逐步进入经济责任审计内容；第三，经济责任审计与其他类型的审计项目，特别是与预算执行审计的融合将不断深化；第四，经济责任审计将越来越成为多部门配合的审计工作，并且，这种配合会越来越形成常态化、制度化，组织部门越来越成为经济责任审计的决定性力量；第五，审计方法也会逐步拓展，包括谈话、年度报告、不作为清单等。

但是，经济责任审计还存在许多需要继续完善之处，例如，第一，经济责任审计究竟审计什么，目前，还缺乏公认的框架；第二，经济责任审计中的责任指标，特别是其中的非财务指标，并没有得到可靠的鉴证，这些指标的真实性并没有可靠的保障，以此为基础的经济责任评价，其评价结果的可靠性令人担忧；第三，经济责任的评价标准是经济责任评价的基础，而评价标准需要得到组织部门、被审计对象及审计机关三方的认可才是可靠的标准，从现状来看，审计机关发挥主要作用，这些评价标准的可行性令人担忧；第四，经济责任审计结果很少的公开，其中有可以理解的原因，但是，领导干部本来就是为人民服务的，是人民的公仆，其职责履行结果以适当的方式予以公开，这应该是经济责任审计的应有之意。

分报告 4：金融审计发展现状与前景展望

本分报告聚焦金融审计在 2016 年的发展状况，包括经验探索、制度构建和公告概览，在此基础上，对金融审计的未来发展做一简要的前景展望。由于本年度相应的制度公布及经验探索都很少，因此将经验探索与制度建构合并。

一、经验探索和制度建构

金融审计的经验做法主要体现在特定风险方面和审计数据方法方面，前者主要进行融资性担保行业风险审计，后者主要是使用地方银行审计数据分析平台。

（一）山东首次集中对融资性担保公司开展专项审计

省审计厅印发《全省融资性担保公司经营管理情况专项审计调查工作方案》，对 51 户融资性担保公司 2014 年、2015 年度的经营管理情况进行专项审计调查。此次审计调查，旨在掌握全省融资性担保公司经营管理情况和整体运行状况，揭示融资性担保公司运行和发展过程中存在的困难、问题和隐患，提出防范系统性风险、突破行业发展瓶颈、提升发展层次的审计建议。

审计围绕银行与担保公司之间的合作，重点调查各合作银行与被审计公司风险分担机制建立情况、业务量增减情况等，查看本辖区所属城市商业银行对融资担保公司担保类贷款的态度等。围绕执行普惠金融政策和享受优惠政策，审查担保公司特别是国有或国有控股、参股设立的担保公司服务中小微企业和“三农”情况，调查担保公司享受中小企业信用担保资金奖励、税收减免等政策落实情况，揭示应享未享、骗取奖励资金和财政补贴等问题。审查担保公司向国家限制类行业融资提供担保服务的情况，重点揭示担保公司为“两高一剩”（高污染、高能耗、产能过剩）行业和房地产行业融资提供担保的问题。

审计还将重点关注担保公司经营管理情况，审查公司治理机制的规范性，所有权、经营权、监督权是否实现分离，反映和揭示以借贷资金入股、虚假出资或抽逃注册资本导致实际担保能力削弱等问题。审查担保公司客户保证金管理和使用情况、担保风险集中度情况，揭示发放贷款、受托发放贷款、受托投资、变相或超标准收取担保费等违规行为。审查制度建设和风险防控情况，是否坚持业务开展和审批相分离的原则，有无按规定向主管部门、债权人及其他利益相关者提供年度报告、重大事项。审查财务收支情况，收支是否全部纳入法定账簿核算，揭示少缴税款、人为调节损益偷逃税款等问题。（郑茂霞 王宇宙）

（二）重庆市地方银行审计数据分析平台建成并投入使用

2015年出台了《重庆市审计机关审计信息化建设三年行动计划（2015—2017年）》，并于2015年11月正式启动了三家地方银行审计数据分析平台建设，今年6月完成并正式启用，为重庆金融审计从重项目实施向重数据分析、重风险防控转变奠定了基础，标志着该局向数据采集自动化、分析运用智能化、审计监督动态化的“大数据”审计时代迈出了坚实的一步。

一是实现数据定期自动采集转换。数据分析平台分别采集了重庆农村商业银行、重庆银行和重庆三峡银行三家地方银行主要信息系统的电子数据，实现了按月对三家银行相关数据的全自动采集和转换功能。二是构建完善审计数据分析模型。该局加快构建并完善审计数据分析模型，通过跨行业、跨领域数据的关联分析，动态监控社会经济运行中的风险隐患，综合研判数据趋势及现象背后的问题和原因，及时作出风险预警。三是建立健全平台运行制度机制。今年8月，该局出台了《重庆地方银行审计数据分析平台运行管理办法》《关于建立重庆地方银行审计数据分析平台运行工作机制的实施意见》，提出了构建覆盖全面、信息融合、运转高效的地方银行审计数据分析系统，努力实现银行数据实时信息采集、动态分析跟进和实时成果利用的总体目标，明确了建立常规分析、专题分析、协同分析以及基础查询的业务运行机制。四是制定平台安全保障工作措施。将审计数据分析平台纳入银行统一的安全保障体系，平台数据采集、存储和分析使用的审计数据服务器及分析室均设置在三家地方银行内部。通过与地方三家银行签订《重庆地方银行审计数据分析平台运行管理合作协议》方式，明确双方合作原则、合作内容以及合作安排，确保平台运行安全。（市局计算机处、市局金融处）

二、公告概览

（一）中国太平保险集团有限责任公司2014年度资产负债损益审计结果

重点审计了太平集团本部及所属太平人寿保险有限公司、太平财产保险有限公司、太平资产管理有限公司、太平电子商务有限公司、太平养老保险股份有限公司等5家子公司。

2014年度合并财务报表显示，太平集团资产总额3531.44亿元，负债总额3139.45亿元，所有者权益391.99亿元；当年实现营业收入675.88亿元，净利润37.23亿元。

审计结果表明，太平集团突出发展核心主业，主要发展指标3年翻番增长，但在财务收支、业务经营、风险管控和廉洁从业方面存在薄弱环节。

财务收支方面：太平电商租赁的电话销售人员坐席闲置，租金损失浪费3361.9万元；太平财险违规使用工会经费发放职工福利235.84万元。

业务经营方面：虚列广告费、会议费等套取资金2.54亿元；给予投保人、被保险人和代理机构等业务合同约定之外的利益1.25亿元；将兼业保险代理机构自身投保的车险等直接业务作为代理业务核算，造成多支付代理手续费383.68万元；太平电商支付3723.61万元违规购买信息数据用于保险营销；太平人寿以电话银行业务为名，却组织人员直接进驻银行开展业务，并支付相关人员费用1.55亿元；老违反规定，未经被保险人父母许可，承保幼儿园为幼儿投保的人身保险，承保保额1.05亿元，收取保费12.01万元。

风险管控方面：51 笔共计 188.69 亿元的存款业务未执行询价规定；未按规定将委托人的团体医疗保险退保金 5281.04 万元退至委托人原保险产品缴费账户；未按规定严格审核委托人提供的设立养老保障管理计划所需履行决策程序的相关资料；网络安全存在隐患；信息管理系统存在流动性管理风险。

廉洁方面：四川分公司虚列支出套取资金 324.08 万元用于安排本公司职工及家属旅游；云南分公司 1 名领导人员开办企业，并与太平财险存在业务合作关系；太平人寿及其北京、深圳和广西 3 家省级分公司共价值 912 万元高尔夫球卡尚未完成清退。

（二）中国人寿保险（集团）公司 2014 年度资产负债损益审计结果

重点审计了国寿集团本部及中国人寿保险股份有限公司、中国人寿财产保险股份有限公司、中国人寿养老保险股份有限公司、中国人寿资产管理有限公司、国寿投资控股有限公司等 5 家子公司。

2014 年度合并财务报表显示，国寿集团 2014 年底资产总额 27 467.95 亿元，负债总额 25 602.58 亿元，所有者权益 1865.37 亿元；当年实现营业收入 5375.83 亿元，净利润 206.24 亿元。

审计结果表明，多项业务位居行业前列，但在财务收支、重大决策和执行、风险管控和廉洁从业方面存在薄弱环节。

财务收支方面：超国家规定的上限为职工缴存住房公积金共计 31 519.99 万元；在“福利费”科目中列支职工家庭财产险保费、物业费等 7462.84 万元；4 家省级分公司通过投保后退保的方式虚增保费收入 13.03 亿元；应分摊的广告费全部在当年列支，2014 年多计支出 3588.97 万元；支公司通过退保再投保的方式将应计入 2012 年保费收入的 632.47 万元计入 2013 年；购买商业保险违规为职工设立补充养老保险，累计支出 4833.87 万元

重大决策和执行方面：5 个债权计划未经过集体审议直接由相关领导审批通过；4 个信托计划投资未按规定流程审批，涉及出资 107.82 亿元；11 个单笔 100 万元以上的采购事项未履行规定的集体决策程序，涉及金额 2999.96 万元；部分重大投资项目存在前期调查未尽职、项目未按规定程序审议、投资款被借款单位挪作他用等问题，涉及金额 84.1 亿元。

业务经营方面：3 家中心支公司通过虚挂中介业务、虚列费用等方式

违规支付手续费2.33亿元；2家省级分公司存在代客户签字、未尽告知义务等销售行为，涉及保单477件；3家省级分公司部分员工通过个险、银保和电销渠道违规领取佣金845.98万元；8笔团体意外险中，有8634笔赔付对象不在承保名单内，涉及赔付金额564.65万元；虚列会议费176.19万元用于销售支出；国寿养老将2.39亿元企业年金投资于财务公司存款。

风险管控方面：尚未按照监管部门的要求及时建立健全保险资金风险容忍度、资产质量量化指标等风险管理措施；信息系统管理不能有效防范人为调节数据风险；。

廉洁方面：国寿养老将265平方米办公室改造为内部接待餐厅，总投资277.34万元；国寿财险在原青岛保监局局长退休后聘任其担任独立董事，并违规发放独立董事津贴。

（三）中国人民保险集团股份有限公司2014年度资产负债损益审计结果

重点审计了人保集团本部及所属中国人民财产保险股份有限公司、中国人民人寿保险股份有限公司、中国人民健康保险股份有限公司、人保资本投资管理有限公司、中盛国际保险经纪有限责任公司等7家子公司。

2014年度合并财务报表显示，资产总额7820.54亿元，负债总额6569.11亿元，所有者权益1251.43亿元；当年营业收入3485.46亿元，净利润182.81亿元。

审计发现的主要问题在财务收支、重大决策制定和执行、业务经营、风险管控等方面。

财务收支方面：多计提道路交通事故社会救助基金3.6亿元，且未及时上缴省级救助基金特设专户4.74亿元；未将税务部门返还的代扣代缴个人所得税手续费4.46亿元计列收入；6家所属公司超国家规定的上限为职工缴存住房公积金1.72亿元；应付职工福利费、高管退回的股票增值权计划等3.07亿元长期挂账；未经批准办理企业年金，至2014年底本金及收益形成结余6.87亿元。

重大决策执行方面：购置办公用房等事项存在未进行资产评估、未按规定报告和决策等问题，涉及金额10.47亿元；人保健康未按规定成立资产负债管理委员会。

业务经营方面：虚列中介业务手续费等方式套取资金 1.48 亿元，用于业务支出；为不符合条件的投保人承保、超监管规定支付利息和无资质承保等问题，涉及金额 8.6 亿元；为本单位职工投保团体意外伤害保险、医疗险和寿险 781.92 万元；以“捐赠款”等名义向教育部门等支付费用以获得学生平安保险业务；登录车险理赔系统获取车主信息等方式用于保险营销。

风险管控方面：人保集团未制定集中采购实施细则；人保健康未建立库存商品管理等制度；未结合事权核定下设 2 家驻外代表处的年度预算，也未制定海外机构工作人员的薪酬标准和考核办法；人保资本等公司对保险资金的实际投向监督不到位，致使借款企业未严格按合同约定用途使用资金 42.59 亿元。

廉洁方面：支付 307.08 万元购买高档车 6 辆；7 家公司支付 5381.3 万元定制金质、银质纪念章 96 956 枚，部分用于对外赠送和发放给员工；人保资本违反到风景名胜区开会的规定，共计支出 34.67 万元。

（四）中国光大集团股份公司 2014 年度资产负债损益审计结果

重点审计了光大集团本部以及所属中国光大银行股份有限公司、光大证券股份有限公司、光大永明人寿保险有限公司、中国光大集团有限公司、光大金控资产管理有限公司、光大兴陇信托有限责任公司、中国光大实业（集团）有限责任公司等 7 家子公司。

2014 年度合并财务报表显示，资产总额 29 575.65 亿元，负债总额 27 101.01 亿元，所有者权益 2474.64 亿元；当年实现营业收入 947.88 亿元，净利润 332.67 亿元。

审计发现的主要问题在财务收支、重大决策制定和执行、业务经营、风险管控等方面。

财务收支方面：3.52 亿元“应收款项类投资”列入其他科目；少计收入或多计支出调节损益 3911.57 万元；超标为职工多缴纳住房公积金共计 7662.86 万元；在工资总额外，为员工购买商业保险及发放就餐补助等共计 6355.67 万元。

重大决策执行方面：一级子公司未将 71 项重大事项上报集团研究；出席会议的董事未将以 10 亿元购置商业楼的决策上报集团；光大香港部分重大事项未以董事会会议方式决策，且重大事项均由各自董事会决策。

业务经营方面：6 家分支机构违规向不符合贷款条件的项目、企业及个人发放贷款，涉及金额 25.55 亿元；7 家分支机构违规办理无真实贸易背景的票据、信用证业务，涉及金额 26.62 亿元；将 13.81 亿元的非小微企业的贷款计入小微企业贷款；1.4 亿元小微企业贷款资金被大型企业套取；光大金控出资 1420 万元，通过控股子公司违规以普通合伙人身份成立合伙企业从事私募基金业务，并超出其经营范围发放贷款 1.5 亿元；光大信托违规使用自有资金垫付信托贷款客户的欠息并形成不良资产 2003.44 万元。

风险管控方面：未严格执行集中采购招标制度，涉及金额 3.93 亿元；28.15 亿元信贷资金被挪用；粤沪地区分支机构未有效控制钢贸等行业风险，处置不良贷款 45.22 亿元；3 家分行通过同业业务规避监管，金额 26 亿元；在 448 名客户所持信用卡已形成 1039.26 万元呆账并核销的情况下，未将其名下其他光大信用卡的 1608.48 万元消费及时转为不良；上海分行 2 名理财经理私自销售股权投资基金，1.54 亿元已无法兑付；违规从事高利放贷活动；经理个人违规对公授信客户借款 70 万元。

廉洁方面：超标准建设后台服务中心和装修办公楼，金额 7407.33 万元；购买高档汽车 1 辆，55.85 万元；违规报销费用共 216.89 万元。

（五）中国农业银行股份有限公司 2014 年度资产负债损益审计结果

重点审计了总行和上海、浙江、江苏、广东、山东、四川和香港等 7 家分行以及农银金融租赁有限公司等下属子公司。

2014 年度合并财务报表显示，资产总额 159 741.52 亿元，负债总额 149 415.33 亿元，所有者权益 10 326.19 亿元；当年实现营业收入 5208.58 亿元，净利润 1795.1 亿元。

审计发现的主要问题在财务收支、重大决策制定和执行、业务经营、风险管控和廉洁从业等方面。

财务收支方面：在工资总额外通过“职工福利费”、“劳动保护费”等科目列支伙食补贴、制装费等 5.55 亿元；超标为职工多缴纳住房公积金共计 1.58 亿元；四川分行在未向担保方进行追偿情况下转让不良资产 3.65 亿元；浙江和广东分行以低于抵质押物评估值的价格转让不良资产 32.04 亿元；4 家分行 2357.67 万元损益不实，3 家分行涉及 1.69 亿元的会计核算不准确；109 套住房、131 宗房产、1 处租赁用房、6799.5 万港元存款等长期闲置。

重大决策执行方面：未经董事会审批，向农银租赁增资 80 亿元、向农银人寿保险股份有限公司增资 35.7 亿元。

业务经营方面：将 367.14 亿元非涉农贷款按涉农贷款进行统计；“金穗惠农通”工程部分电子机具闲置；向境内企业融资 1420.3 亿元；向 33 户落后和过剩产能企业发放贷款 35.35 亿元；向限制性行业和领域的企业提供融资 87.55 亿元；将非小微企业的贷款计入小微企业贷款中，涉及金额 55.2 亿元；向融资客户收取未提供服务的咨询服务费 13.01 亿元；6 家分行向提供虚假资料、贸易背景不实等企业办理信贷类业务 182.32 亿元；4 家分行未经审批代销理财产品、为无国际结算需求的企业办理外汇掉期等中间业务，金额 110.66 亿元；29 家分支机构未经审批，违规为客户融资出具“抽屉协议”性质的担保及回购承诺，涉及金额 251.74 亿元；违规开展房地产售后回租业务 5.5 亿。

风险管控方面：未严格执行贷前审核或贷后检查不严，涉及贷款金额 187.38 亿元；非招标方式采购 169.83 亿元，向不符合条件的企业采购 16.81 亿元；总行 249 个出国团组中有 167 个未列入年初因公出国计划。

廉洁方面：四川分行租用成都双流机场头等舱休息室 119.25 平米，实际使用 8174 人次（含员工），支付租金 748.84 万元；山东分行部分分支机构以会议费、培训费等名义支出 397.98 万元，用于购买烟酒等。

三、前景展望

（一）发展潜力

金融审计主要以领导干部经济责任审计和预算执行审计为切入点，促进监管效率和效果、关注系统性和局部性金融风险以及金融企业的经营绩效、风险管控和廉洁等方面。实践取得良好进展，但是以下问题更需解决：在审计范围上，金融行业的信息系统审计尚处于初级阶段，难以了解金融业务中的重大风险；审计目标主要在合规性方面，对监管效率和效果没有更深入地探究；地方政府性债务及其融资平台的债务状况及成因、应对金融危机的能力等方面有待于加强审计。

（二）未来趋势

趋势之一，审计范围需要拓宽到各类金融机构，重点关注金融风险的发生及其应对。金融审计放在合规性上是最基本的要求，在新常态下，银行资产质量需要得到更多的重视。违规放贷、融资套利、决策失误、管理经营不善会加大不良资产的比例，会带来系统性金融风险。尤其需要关注是商业银行和地方政府融资平台。在制造业、房地产行业出现拐点的条件下，商业银行存在大量潜在的不良信贷，地方政府融资平台信用违约风险加大。需要持续关注政府负有直接偿还责任的显性债务、可能出现的或有债务以及地方政府性债务借贷的主体、借贷渠道、投资方向和偿还能力。针对银行资产质量、保险证券市场、国外资本流入和金融信用混乱所引起的不稳定，需要强化对金融产业的绩效审计力度，加大对保险、证券、新兴金融等行业的审计力度，加大对金融资产质量的审计力度；强化对金融监管部门的审计监督，强化对金融改革的专项审计调查。

趋势之二，需要金融审计制度方面的创新。开展金融监管的绩效审计、开展金融监管政策的评估、进行金融风险的审计调查、加强对信用评级的引导，并以大数据技术辅助审计，要有效整合资源，与工商、税务、交警、户籍等各个环节形成有效的联动机制，实施大数据审计。

分报告 5：企业审计发展状况与前景展望

深入推进新一轮国有企业改革和发展，是党的十八大和十八届三中全会作出的重大战略部署。一年来，在中办、国办关于国有企业审计相关意见的指导下，国家审计机关对国有企业审计全面加强，对于加强企业财务管理和会计核算、企业重大决策和管理，促进国有企业发展、企业管理者廉洁从业做出了贡献。

一、经验探索

从各地审计机关工作动态看，国有企业审计仍主要集中于央企层面，地方上仍以国企领导人的经济责任审计为主。从地方审计经验看，企业审计主要发挥了建设性作用和监督作用。

（一）青岛：经济责任审计和资产负债型审计相结合

2016 年，青岛市黄岛区审计局对某区属国有企业集团经济责任和资产负债结合型审计中，扎实开展审计，积极建言献策，针对企业管理体制机制及日常运营等方面问题提出了相关审计建议，引起区政府及被审计单位高度重视，相关单位采纳审计建议，多措并举，促进企业经营管理再上新台阶，审计“审、帮、促”效果显著。相关单位采纳审计建议的主要措施有：一是完善管理机制，理顺管理框架。以区政府名义出台整合方案，在该集团基础上对全区公益类企业进行重组整合，建立“总公司一板块公司一运营公司”的三级管理架构，服务新区社会经济发展需要。二是出台管理制度，规范企业管理。该单位先后印发和补充修订《集团干部管理试行办法》、《集团物资采购管理制度》等十余项管理制度，推动公司法人治理结构进一步完善，促进企业健康发展。三是整合集团资金，提高使用效率。该单位建立集团资金结算中心，统筹安排集团投融资和资金调配，挖掘企业资金潜能，提高资金的运营效率，避免资金沉淀和冗余，减轻集团整体财务负担。四是加强考核督查，促进履职尽责。该单位出台《年度绩效考核实施方案》，加强对集团本部及分公司生产经营指标、能耗指标等考核，确保各项目标任务顺利推进，促进企业承担的公益职责履行到位。通过上述举措，该单位在组织架构、日常管理、费用控制、职责履行等方面得到全面改观，企业的内部管理、经营效益和群众满意度稳步提升，充分展现了“审、帮、促”对国有企业发展的积极作用。(李明娇)

(二) 柯城：审计移送一起3000余万元小金库案4名人员被查处

柯城区人民法院以故意销毁会计凭证罪一审作出判决，判处柯城区中小企业信用担保有限公司原总经理章某有期徒刑二年六个月，并处罚金5万元；判处会计吴某有期徒刑一年六个月，并处罚金两万元。该公司主管单位柯城区经信局的两名主要领导也因监督责任落实不力，分别受到党内严重警告、党内警告处分。至此，由柯城区审计局移送的区中小企业担保公司小金库一案相关责任人均受到了刑事或党纪处理。2015年，该局在区担保公司经济责任审计中发现，章某在担任公司总经理期间，指使公司出纳以个人名义开立账户，私设小金库，将公司部分业务收入纳入小金库核算，并在小金库中列支烟酒、招待及部分营业费用，小金库持续长达4年零5个月之久，且小金库各项收支原始凭证已基本销毁。此外，审计还发现公司存在违规从事资金放贷业务、违规列支应由章某本人承担的车辆费用、公司内控缺失及管理混乱等问题，遂向区纪检、公安部门移送了案件线索。

经立案审查，公司原总经理章某为规避检查和监督，掩盖各项不合理和违规支出，多次指使会计吴某销毁“小金库”收支原始凭证，涉案金额达3183万元。截至目前，区担保公司已全面终止违规资金放贷业务，累计收回外借资金1489万元，通过提起诉讼追偿借款1153万元。(佚名)

(三) 厦门市审计局“三举措”抓好国有企业审计调查

厦门市审计局对该市属7家国有企业领导人员开展任期经济责任审计

调查。一是围绕深化国企改革，突出审计重点。全面检查核实市属国有企业在投资、重大资本运作中存在的体制性障碍、制度性缺陷和管理漏洞，对审计发现问题进行综合分析，研究提出对策措施。紧扣企业领导人员经济责任，以企业财务收支及其有关经济活动为基础，加强对大额资金、重大收购或转让项目、重要业务、关键环节的审计。二是优化整合资源，创新审计方式方法。制定统一工作方案，实现专业、技术、人员的跨处室统筹，推行“计算机技术＋审计经验”的工作模式，开展数据总体分析和分项核查，提高审计成效。三是规范审计行为，确保审计质量。坚持依法审计、文明审计、廉洁审计，严格遵守审计“八不准”工作纪律，加强审计的现场组织管理，注重审计取证规范，加强审计质量控制，落实审计责任。（佚名）

（四）福州审计助力国企提高运营能力

福州市审计局在对该市国有企业福州市水务集团经济责任审计中，对企业运营能力、成本效益进行指标量化分析，审计调查企业自来水供水总量与售水总量的产销差，管网漏损情况，并将其与同行业数据进行对比，发现其供水总量与售水总量的产销差较大、管网漏损偏高等问题，与行业目标值还有一定的差距；同时总的生产成本、单位成本也存在逐年上升趋势。福州市水务集团对审计提出的问题十分重视，与审计组共同分析存在问题的原因，探讨解决办法。针对存在问题，福州市审计局撰写审计要情上报该市政府，提出解决历史遗留问题的办法，寻求该市政主管部门和街道的配合，进一步推动城区“一户一表”的改造；该市水务集团则从企业内部挖掘各项潜能：如建立有效的监管体系和第三方考核机制，完善GIS管网资料，积极加强职能部门的专业技术力量，提升系统性快速分析和解决问题的能力等促进企业良性循环的激励机制。双方共同促进企业加强和改善管理，降低自来水产销差和管网漏损情况，提高国企效益。（刘琼供稿）

二、制度建构

企业审计受到重视的同时，企业审计的相关制度建设也开始加强。

（一）习近平主持召开深改组会议：深化国有资本审计监督 不能留死角

中共中央总书记、国家主席、中央军委主席、中央全面深化改革领导小组组长习近平12月5日下午主持召开中央全面深化改革领导小组第三十次会议并发表重要讲话。

会议审议通过了《关于深化国有企业和国有资本审计监督的若干意见》《国务院国资委以管资本为主推进职能转变方案》《关于健全国家自然资源资产管理体制试点方案》《关于开展知识产权综合管理改革试点总体方案》《关于加强乡镇政府服务能力建设的意见》《关于制定和实施老年人照顾服务项目的意见》《中央国有资本经营预算支出管理暂行办法》《关于加强耕地保护和改进占补平衡的意见》《大熊猫国家公园体制试点方案》《东北虎豹国家公园体制试点方案》《围填海管控办法》《关于加强“一带一路”软力量建设的指导意见》和《关于农村集体资产股份权能改革试点情况的报告》。

会议指出，深化国有企业和国有资本审计监督，要围绕国有企业、国有资本、境外投资以及企业领导人履行经济责任情况，做到应审尽审、有审必严。要健全完善相关审计制度，让制度管企业、管干部、管资本。国企国资走到哪里，审计监督就要跟进到哪里，不能留死角。审计机关要依法独立履行审计监督职责。

（二）《国务院办公厅关于加强和改进企业国有资产监督防止国有资产流失的意见》

关于健全国有企业审计监督体系，《国务院办公厅关于加强和改进企业国有资产监督防止国有资产流失的意见》提出要完善国有企业审计制度，进一步厘清政府部门公共审计、出资人审计和企业内部审计之间的职责分工，实现企业国有资产审计监督全覆盖。加大对国有企业领导人员履行经济责任情况的审计力度，坚持离任必审，完善任中审计，探索任期轮审，实现任期内至少审计一次。探索建立国有企业经常性审计制度，对国有企业重大财务异常、重大资产损失及风险隐患、国有企业境外资产等开展专项审计，对重大决策部署和投资项目、重要专项资金等开展跟踪审计。完善国有企业购买审计服务办法，扩大购买服务范围，推动审计监督职业化。

（三）舟山：采纳审计建议出台两项国企人员管理制度

3月3日，舟山市委市政府积极采纳审计建议，印发《关于明确市属国有企业领导人员管理事项的通知》和《关于进一步规范市属国有企业人员身份的工作方案》。两项制度规范市属国有企业人员身份，完善市属国有企业领导人员薪酬制度，建立有效激励、公正合理的考核评价机制，形成人员能进能出、职位能升能降、收入能增能减的国有企业人事管理制度，同时进一步加强和改进市属国有企业领导人员管理，建立适应现代企业制度和公司治理机制要求的国有企业领导人员管理制度。2015年9月，舟山市审计局在向市委市政府提交的舟山市本级国有企业发展状况审计调查报告中，提出引导企业依市场法则和效益原则按需招人，按才干和表现留人，更加注重人才引进和培养，树立精英治企的理念等审计建议，得到市委市政府高度重视。（佚名）

（四）审计促成苍南县政府出台《苍南县国有企业资金存放管理办法》

今年7月，苍南县政府针对该县公投集团等国有企业审计中，发现的银行账户过多、活期存款余额过高、企业资金调度随意等银行存款管理问题，积极采纳审计建议，起草了该办法。该《办法》对银行账户、资金存放、资金调借管理等方面作出具体规定：一是银行账户管理方面。规定国有企业不得在没有经营业务结算需要的银行开设账户；要定期开展账户清理，与企业经营业务结算关系已结束的银行账户应及时撤销关闭。二是资金存放管理方面。规定国有企业要结合单位实际制定资金存放计划，加强同银行协商谈判，采取集体决策或招投标方式确定资金存放银行；企业没有内部业务需要，不得随意在各银行账户间转存资金。三是资金调借管理方面。资金调借要着重资金安全，禁止将企业资金调借给非国有企业使用；国有企业之间资金调剂必须按照规定的程序报批。四是廉政风险防控方面。采取集体决策存放方式在决策时实行回避制度，企业资金存放实行内部公示制度，明确企业资金存放接受监察、财政、审计和国资部门监督检查。（佚名）

三、公告概览

（一）审计署发布的国有企业审计公告

1. 中国航空工业集团公司2014年度财务收支审计结果

根据《审计法》的规定，审计署2015年对中国航空工业集团公司（以下简称中航工业）2014年度财务收支情况进行了审计，重点审计了中航工业本部及中国航空技术国际控股有限公司（以下简称中航国际）等3家二级单位，并对有关事项进行了延伸和追溯。

审计署审计结果表明，中航工业按照加快航空产业基地建设和业务布局的发展战略，积极推动产业融合，构建现代企业制度和管理体系，完善法人治理结构，推进全面风险管理与内部控制体系建设。审计也发现，中航工业在财务管理和会计核算、企业重大决策和管理、廉洁从业、以前年度审计查出问题整改等方面存在一些问题。

——财务管理和会计核算方面。

中航工业2014年度合并财务报表时，因合并范围不完整、关联方交易数据不准确等，多计资产14.15亿元、负债14.15亿元，多计收入10.59亿元、成本10.59亿元。2008年至2015年5月，所属西安飞机工业（集团）有限责任公司（以下简称西飞集团）等2家企业超国家规定比例为职工缴存住房公积金9.11亿元，其中2014年多缴存1.68亿元。2014年，所属中航贵州飞机有限责任公司等7家企业因提前确认销售收入等，导致多计收入7.16亿元、成本费用6.43亿元。2014年底，所属中航特材工业（西安）有限公司在债务方已出现经营困难、资金链断裂、法院代管重整等情况下，仅计提坏账准备3426.51万元，少计提3.91亿元。所属原中国航空工业第二集团公司2005年未按规定将收到的3亿元拆迁补偿款入账核算，而是直接支出用于修建办公楼。该办公楼2010年4月达到预定的可使用状态后，形成的资产至2014年底仍未计入固定资产账。2014年，所属西安航空计算技术研究所将应冲减2012年至2013年费用的汇兑收益1.78亿元冲减当年费用，导致2012年和2013年多计费用1.78亿元，2014年少计费用1.78亿元。2009年至2014年，中航工业本部及所属中航国际等6家单位违规超工资总额在费用中列支工资性补贴1.2亿元，其中2014年

0.27 亿元。2014 年，所属西飞集团违规将研发支出形成的资产冲减负债，少计资产 1.11 亿元、负债 1.11 亿元。2014 年，所属西安飞行自动控制研究所未及时冲销已经预付的采购款，多计资产、负债各 7820.81 万元。2014 年，所属中航惠腾风电设备股份有限公司将 2011 年至 2012 年收到的 1134 万元土地补偿收入转作营业外收入，影响 2014 年经营业绩的真实性。

——企业重大决策和管理方面。

2008 年 6 月，中航工业未经批准，直接同意所属企业出资 3.36 亿元收购铁矿股权并追加建设投资，至 2014 年底累计投资 10.67 亿元。该项目因工程建设进度严重滞后等至今未投产，投资面临损失风险。2008 年 7 月，中航工业未严格执行内部集体决策程序，批准所属企业投资 9.61 亿元建设玻璃生产线项目。项目建成后累计亏损 1.95 亿元，其中 2014 年亏损 1.54 亿元。2011 年 11 月，中航工业未严格执行内部集体决策程序，批准所属企业出资 0.5 亿元对外收购股权。该被收购企业 2012 年至 2014 年累计亏损 6.31 亿元，其中 2014 年亏损 2.59 亿元。2010 年至 2014 年，所属中国民用飞机开发有限公司等 5 家企业开展了 181.82 亿元融资性贸易业务，未收回的 41.88 亿元资金存在损失风险。2010 年至 2015 年 4 月，所属中航国际等 6 家企业未经评估或未经集团审批对外收购企业股权等，涉及资金共计 150.79 亿元，其中 2014 年 54.78 亿元。2008 年至 2014 年，所属中航国际上海公司等 6 家企业违规向外部单位提供担保、借款、发放委托贷款等，涉及资金共计 116.23 亿元，其中 2014 年 68.87 亿元。至 2014 年底，以上业务有 12.92 亿元面临损失风险。2009 年 10 月，所属中航惠腾风电设备股份有限公司未经评估出资 1.01 亿元收购的境外公司 70%股权，因被收购方 2014 年 9 月进入破产清算程序，面临损失风险。2010 年至 2015 年 6 月，所属贵阳航空发动机产业基地项目存在以邀请招标替代公开招标等违规问题，涉及金额 21.9 亿元，其中 2014 年 15.42 亿元。2010 年至 2012 年 12 月，所属中航国际上海公司等 3 家企业未充分考虑中介机构风险提示，出资 5.04 亿元收购其他企业股权，形成严重亏损。2011 年 7 月至 2015 年 6 月，所属中航信托股份有限公司出资 8.07 亿元购买本公司已出现风险的信托受益权，以及融资人资金周转困难的信托计划，其中 6.7 亿元面临损失风险。2010 年，所属中航国际及其设立的项目公司在未按照合同约定取得高尔夫球场经营管理权的情况下，提前支付给对方企业资金补偿并完成球场改造。因对方企业拒不转让经营权，提前支付的补偿款及球场改造费用 1.51 亿元面临损失风险。至 2015 年 6 月，所属中航国际租赁有限公司未将因经营困难欠缴租金的 2 个融资租赁项目列入风险类资产管理，对未收回融资 3.96 亿元也未采取有效措施降低风险。

——廉洁从业方面。

2011 年至 2014 年，中航工业本部存在高管多领取工资性补贴，以及超标准报销出国费和会议费等问题，涉及金额共计 409.84 万元，其中 2014 年 201.63 万元。2014 年，所属中航国际航空发展公司因公临时出国费用超标准 235.51 万元。2012 年至 2014 年 9 月，所属中航国际等 2 家单位存在公款列支高尔夫消费、超标准购置轿车等问题，涉及金额 219.74 万元，其中 2014 年 3.19 万元。2014 年，所属中航国际北京公司 1 名高管违反规定，由公司承担其就读高级工商管理硕士个人应交费用 2.16 万元。

——以前年度审计查出问题整改情况。

审计署 2009 年审计中指出，中航工业所属陕西华燕航空仪表有限公司违规对外出借资金 6120 万元。至 2015 年 6 月，有 320 万元尚未收回。

（据国家审计署 2016 年第 12 号公告）

2. 中国电子科技集团公司 2014 年度财务收支审计结果

根据《审计法》的规定，审计署 2015 年对中国电子科技集团公司（以下简称中国电科）2014 年度财务收支情况进行了审计，重点审计了中国电科本部及中国电科第十四研究所、中国电科第三十八研究所（以下分别简称十四所、三十八所）等 24 家二级单位，并对有关事项进行了延伸和追溯。

审计署审计结果表明，中国电科围绕电子产业、科技创新、国际化经营、资产经营和资本运作五大主业架构，着力发展安全电子、软件与信息服务等主导产业，注重加强基础性、前瞻性技术研究，实施中长期发展规划和技术创新，提高电子信息装备研发制造能力，加强企业成本控制和经营管理。审计也发现，中国电科在财务管理和会计核算、企业重大决策和管理、发展潜力、廉洁从业、以前年度审计查出问题整改等方面存在一些问题。

——财务管理和会计核算方面。

中国电科 2014 年度合并财务报表时，因内部关联交易、内部往来抵销不充分，多计资产 7.34 亿元、负债 7.34 亿元，多计收入 21.73 亿元、成本费用 19.74 亿元，多计利润 1.99 亿元。2011 年至 2014 年，中国电科本部违规在管理费用中列支职工商业保险支出5053.55万元，其中2014年252.76万元。2011年至2014年，所属第四十八研究所等8家单位通过签订虚假交易合同等方式虚增收入20.41亿元、成本19.07亿元，其中2014年虚增收入5.79亿元、成本5.79亿元。2011年至2014年，所属三十八所等10家单位以餐费、节日补助等名义超工资总额在管理费用等科目中列支职工工资、奖金、补贴等共计4.94亿元，其中2014年0.87亿元。2014年，所属十四所等3家单位未按权责发生制及时确认收入及成本费用，造成少计收入3.2亿元、成本费用1.79亿元。2011年至2015年，中国电科本部及部分所属单位通过编造虚假业务等方式虚列支出，用于发放职工福利1920.83万元，其中2014年227.53万元。2012年至2014年，所属第十八研究所未及时办理在建工程转列固定资产，造成少计提折旧累计1246.19万元，其中2014年482.89万元。2012年5月，所属第十五研究所违规在科研成本中列支演出赞助费100万元。

——企业重大决策和管理方面。

2012年至2013年，中国电科未经可行性研究，先后批准所属单位建设厂房、收购土地，涉及投资总额23.19亿元，其中1.33亿元投资形成的资产闲置。2011年至2014年，所属中电海康集团有限公司等5家单位未按规定报经集团批准投资8个项目、总额16.96亿元，其中2014年0.42亿元。2011年至2013年，所属河北远东通信系统工程有限公司等2家单位未经集团批准，违规对外出借资金2.17亿元，其中1.09亿元面临损失风险。2011年至2012年，所属中电海康集团有限公司等2家单位未经资产评估或备案，实施收购股权等2个投资项目，涉及金额1.29亿元。至2014年底，所属第十三研究所等2家单位未及时收回为职工垫付的购房款7258.88万元；2011年至2014年，所属三十八所等3家单位违规为职工支付购房补贴共计6856.59万元，其中2014年5498.52万元。2011年至2014年，所属第十三研究所等3家单位未经资产评估向4家职工持股企业转让国有土地，造成损失314.52万元；未经招投标向职工持股企业发包业务9858.62万元；违规放弃对123.6万股（初始出资187.87万元）职工股权的优先受让权。2011年至2014年，所属第二十八研究所等5家单位存在串通投标、出借资质、多支付工程款等问题，涉及金额4071万元，其中2014年779.09万元。2015年2月至5月，所属第四十七研究所对不合规的业务招待费等票据进行更换，隐匿或销毁原发票，涉及金额32.25万元；

在完成结账后，修改2014年度财务系统中的记账凭证、重新编号且未保留修改痕迹，涉及记账凭证43张。2012年底，所属第十五研究所向外单位支付100万元购买的3份技术研发报告未在相关项目中利用，且报告大部分内容实际是从互联网下载的。至2014年底，中国电科未按规定设置物资集中采购业务的归口管理部门，未建立物资集中采购管理制度，也未建立健全投资项目后评价体系和投资项目后评价制度。中国电科在信息化建设中，存在未编制信息化中长期规划、财务一体化项目建设进度滞后等问题。

——发展潜力方面。

2009年至2010年，所属湖南红太阳新能源科技有限公司等2家单位未对购买方资信等情况进行调查、也未履行正常合同评审流程，即签订总额为6.6亿元的出口贸易协议；且在未收到货款、买方未全额提供担保的情况下，即先行供货，至2015年5月有3.71亿元货款未收回，面临损失风险。2011年至2015年，所属第五十四研究所等4家单位存在违规出借资金、代垫工程结算款、对外担保等问题，涉及8827.07万元，其中2014年4163.86万元。

——廉洁从业方面。

2011年至2015年，中国电科本部及部分所属单位采取虚列支出方式套取资金用于对外接待等，其中在中央八项规定出台之后发生7662.54万元。2011年至2014年，中国电科本部及部分所属单位6名中层以上领导人员违规领取异地交流干部购房补贴2809.31万元，其中2014年330.04万元。至2015年6月，所属第十三研究所等2家单位19名中层及以上领导人员未按规定清退所持下属公司股权，涉及金额4356.84万元。2011年至2014年，所属三十八所等3家单位存在3名领导人员违规兼职取酬、4人违规到考察计划外的境外城市游览等问题，涉及金额144.11万元，其中2014年19.94万元。

——以前年度审计查出问题整改情况。

审计署2011年审计中指出，所属第四十一研究所52名中层及以上领导人员违规持有4家下属公司股权242.43万元。至2015年6月尚未完成清退。

（据国家审计署2016年第13号公告）

3. 中国石油化工集团公司2014年度财务收支审计结果

根据《审计法》的规定，审计署2015年对中国石油化工集团公司（以下简称中国石化）2014年度财务收支情况进行了审计，重点审计了中国石化本部及中国石化集团国际石油勘探开发有限公司、中国石化集团石油商业储备有限公司（以下分别简称国勘公司、商业储备公司）等4家二级单位，并对有关事项进行了延伸和追溯。

审计署审计结果表明，中国石化按照资源、市场、一体化、国际化、差异化和绿色低碳六大发展战略积极推进结构调整，推动石油工程、炼化工程方面的公司进行重组上市，启动并完成油品销售业务的混合所有制改革，同时加强制度体系建设，完善招投标管理等方面规章制度，进一步健全法人治理结构。

审计也发现，中国石化在财务管理和会计核算、企业重大决策和管理、发展潜力、廉洁从业、以前年度审计查出问题整改等方面存在一些问题。

——财务管理和会计核算方面。

2011年至2014年，所属山东分公司等12家企业采取先销售给外部单位再回购但实物不转移等方式，虚构成品油购销业务，造成多计收入、成本各202.19亿元，其中2014年32.71亿元。2011年至2014年，中国石化本部及所属企业将应冲减以前年度损益的营业外支出在当期冲减、在会计报表合并过程中未按一贯性原则抵销内部销售利润，造成多计利润7.38亿元。2011年至2014年，所属中国石化炼油销售有限公司等2家企业存在超工资总额列支职工住房补贴等问题，造成多计费用1661.99万元，其中2014年1121.55万元。2011年至2014年，所属华中分公司将收到的地方政府奖励款202万元在账外直接发放给员工，其中2014年51万元。2011年至2014年，所属管道储运有限公司下辖项目部未经批准违规发放奖金859.99万元，其中2014年107.4万元。

——企业重大决策和管理方面。

2012年至2014年，中国石化违规向1家不符合条件的系统内小炼油厂分配原油指标267.63万吨。2012年7月，中国石化出资92.89亿元收购境外项目49%的股权，由于对项目风险因素估计不足，截至2014年底累计亏损12.95亿元。2012年12月，中国石化在未经合格中介机构进行资产评估的情况下，出资34.9亿元购置办公楼，截至2015年7月，已入驻办公。另外公司对下属企业管控方面也存在一些问题。

——发展潜力方面。

2011年至2014年，中国石化研发投入分别占主营业务收入的0.28%、0.29%、0.3%和0.3%，与监管部门要求的1.8%存在较大差距。2011年至2014年，中国石化原油年加工能力由2.43亿吨增至2.84亿吨，但实际原油加工量仅由2.2亿吨增至2.38亿吨，原油加工能力超出实际加工量的趋势上升。因对市场变化、新技术应用等风险预估不足，2011年至2014年，所属燕山石化等8家企业投资72.91亿元新建的14个化工项目，建成后未能正常投产导致资产闲置；燕山石化50万吨/年苯酚丙酮装置扩能改造等5个项目投入4.39亿元后即停建。截至2014年底，因土地规划变化、租赁合同到期等原因，中国石化还有停业需永久关闭的加油站1133座，存在较大处置压力；所属山东分公司等3个单位新收购或租赁的131座加油站中，有65座年销量未达预期。2011年至2014年，中国石化有29个境外项目的原油实际产量比可研产量低8992.34万吨，未达到预期目标。

——廉洁从业方面。

2013年和2014年，所属商业储备公司等5家企业存在违反中央八项规定精神购买烟酒礼品、公款接待等问题，涉及金额204.24万元。

——以前年度审计查出问题整改方面。

审计署2011年审计中指出，中国石化有25 827宗土地未取得土地使用权证。对此，中国石化组织进行了整改。但截至2015年底，仍有3202宗尚在办理土地使用权证。

（据国家审计署2016年第14号公告）

4. 中国海洋石油总公司2014年度财务收支审计结果

根据《审计法》的规定，审计署2015年对中国海洋石油总公司（以下简称中国海油）2014年度财务收支情况进行了审计，重点审计了中国海油本部及中国海洋石油有限公司、中海石油气电集团股份有限责任公司（以下分别简称海油有限公司、气电集团）等5家二级单位，并对有关事项进行了延伸和追溯。审计署审计结果表明，中国海油制定了“二次跨越”发展纲要，明确了“两步走”的奋斗目标、重点工作和措施，不断完善法人治理结构，建立以全面风险管理为重点的内部控制体系，逐步提高公司发展质量和效益。

审计也发现，中国海油在财务管理和会计核算、企业重大决策和管理、发展潜力、廉洁从业等方面存在一些问题。

——财务管理和会计核算方面。

2014 年，中国海油未将非正式员工薪酬 7.16 亿元纳入工资总额管理。2011 年至 2015 年 5 月，中国海油违规在工资总额外发放员工奖金 6086.72 万元。2011 年，中国海油本部多确认递延所得税资产 1.94 亿元。2010 年至 2014 年，中海油（青岛）重质油加工工程技术研究中心有限公司未按规定期限分摊递延收益，多计收入 2380.15 万元，其中 2014 年 476.81 万元。至 2014 年底，中海油能源发展股份有限公司工程技术分公司未将一家境外子公司纳入合并财务报表，涉及资产总额 1827.13 万元。至 2014 年底，中海油销售公司（以下简称销售公司）未及时清理相关费用结余，累计多计成本费用 1017.33 万元；未及时清理 2010 年以前发生的、没有明确支付对象的其他应付款，少计收入 535.07 万元。2011 年至 2013 年，中国海油本部用不合规发票报销礼品费用 504 万元。2011 年至 2014 年，气电集团超工资总额在成本费用中列支员工交通费，造成多计成本费用 165.99 万元，其中 2014 年 50.69 万元。

——企业重大决策和管理方面。

至 2014 年底，中国海油净利润、国内天然气产量、海外原油和天然气产量仅分别完成其“十二五”发展规划指标的 49.45%、59.87%、57.89%、52.43%。至 2015 年 6 月底，中国海油 4 个重大项目进展缓慢，计划总投资 77.49 亿元，实际完成投资仅 15.31 亿元。2013 年，海油有限公司未报发展改革委核准，即通过一个境外油田增产方案，至 2014 年底完成投资 44.48 亿元。至 2015 年 4 月，销售公司未经评估，签订收购加油站协议 72 份，合同金额 19.4 亿元，其中 2014 年 9.33 亿元。2011 年，海油有限公司未按规定报中国海油批准且未经评估，以 14.23 亿元出售一家境外公司。至 2014 年，海油有限公司 2011 年以 142.42 亿元并购的一家境外公司，由于前期论证不充分等原因发生亏损累计 6.21 亿元。2012 年，中国海油同意所属中海石油天野化工有限责任公司（以下简称天野公司）原料路线改造项目可行性研究报告；由于项目论证不充分，至 2014 年 6 月，该项目终止，实际完成投资 1.06 亿元，形成损失 8492 万元。2013 年，中海石油化学股份有限公司（以下简称中海化学）收购一家境外公司部分股权，但未对溢价等条款充分论证；至 2014 年，该项投资潜亏 2974.8 万元。中国海油在未对相关风险提示采取必要防控措施的情况下，于 2008 年批准所属中海油新能源投资有限责任公司（以下简称新能源公司）的一项生物柴油项目投资，2012年建成竣工后即亏损，至2015年转让形成损失3.9亿元。2012年，海油有限公司并购管理委员会在参会人数未达到规定的情况下，采取由未参会人员会后书面投票同意的方式，决定一项境外股权收购项目。中国海油投资审查决策委员会等3个决策机构只有会议纪要、没有会议记录，且对“有条件赞成票”如何处理无明确规定。此外公司还在工程项目管理、资产管理和采购管理中存在一些问题。

——发展潜力方面。

自主创新方面。2011年至2014年，中国海油科技投入占主营业务收入的比重在1.11%至1.27%之间，研发投入占主营业务收入的比重在0.36%至0.55%之间，与监管部门要求的2.5%、1.8%存在差距。同时，至2014年底，中国海油“十二五”规划计划攻关完成的关键核心技术中仍有11项未完全掌握。境外投资方面。2014年，中国海油境外资产和收入规模分别占总资产和营业收入的42.98%、54.85%，但盈利能力弱，境外利润总额仅占合并利润总额的14.12%；设立的85家境外经营公司中，有16家公司亏损，亏损金额8.89亿元，其中4家连续3年以上亏损，累计亏损16.74亿元。风险管控方面存在的主要问题：按中国海油统计口径，2011年至2014年发生生产安全事故1080起（其中按安全监管总局口径统计，一般生产安全事故18起），个别事故还少报损失金额；至2014年底，气电集团有56家下属独立法人单位亏损共计11.33亿元（亏损面60.87%），销售公司有32家下属独立法人单位亏损共计2.58亿元（亏损面34.78%），总资产45.22亿元的新能源公司2011年至2014年累计亏损5.15亿元；中国海油2008年批复天野公司6万吨聚甲醛项目，2011年项目建成后市场已产能过剩，产品生产成本高于售价，投运后持续亏损，至2014年底已计提减值准备14.82亿元；至2015年6月，中海化学投资6.78亿元的阳坡泉煤矿和煤化工项目，因井下涌水事故、股东间纠纷等停产，面临损失5.11亿元；2011年至2014年，中国海油共发生315件法律诉讼案件，其中涉案金额5000万元以上案件35件。

——廉洁从业方面。

2013年至2014年，所属上海北海船务有限公司违反中央八项规定精神，列支高尔夫球消费费用46.27万元。

（据国家审计署2016年第15号公告）

5. 中国电子信息产业集团有限公司2014年度财务收支审计结果

根据《审计法》的规定，审计署2015年对中国电子信息产业集团有限公司（以下简称中国电子）2014年度财务收支情况进行了审计，重点审计了中国电子本部及南京中电熊猫信息产业集团有限公司、中国中电国际信息服务有限公司（以下分别简称中电熊猫、中电信息）等7家二级单位，并对有关事项进行了延伸和追溯。审计署审计结果表明，中国电子通过调整战略规划，集中发展信息安全、新型显示等五大主业板块，逐步完善法人治理，规范内部管理，调整优化资产结构，推动优质资产和业务上市。

审计也发现，中国电子在财务管理和会计核算、企业重大决策和管理、发展潜力、廉洁从业等方面存在一些问题。

——财务管理和会计核算方面。

2014年，中国电子合并财务报表时，因范围不完整、内部关联交易抵销不正确等，造成少计资产2.86亿元、负债15.93亿元，多计所有者权益13.07亿元，多计收入0.47亿元，少计成本费用0.3亿元，多计利润0.77亿元。2012年，所属南京中电熊猫液晶显示科技有限公司将应由2013年及以后年度摊销的递延收益8.4亿元计入当年营业外收入，导致2013年和2014年少计营业外收入各0.84亿元。至2015年6月，所属中电熊猫用于下属3家子公司股权回购项目的专项资金2亿元，闲置超过2年。所属深圳中电投资股份有限公司将2011年商铺出售收入6809.87万元及相关成本费用2628.13万元推迟到2012年确认，导致跨年度收支和利润核算不实。2011年至2014年，中国电子本部和所属中国电子财务有限责任公司等3家企业超工资总额在管理费用等科目中列支职工过节费、奖金等工资性补贴，造成多计成本费用1675.93万元，其中2014年435.06万元。2011年至2014年，所属中电信息等3家企业未及时清理应收未收商铺租金等，导致少计收入957.13万元，其中2014年少计326.04万元。所属中国电子器材总公司2013年取得的抵偿欠付货款的30万股股票未入账核算，涉及金额423万元。2014年，所属中电信息违规列支应由职工缴纳的个人所得税，涉及金额100.12万元。2013年至2014年，所属武汉中元通信股份有限公司对销售费用报销审核不严，造成85.38万元假发票入账列支，其中2014年31万元。2014年，所属中电信息等2家企业未按权责发生制核算房屋租金、水电费收入，造成少计收入76.41万元。

——企业重大决策和管理方面。

至2015年6月，所属南京中电熊猫液晶显示科技有限公司等3家企业因无使用计划、未及时取得房地产开发资质等，取得的31.48公顷工业用地、29.53公顷住宅用地闲置。至2014年底，所属中国电子信息安全技术研究院有限公司计划投资15亿元的建设项目进展缓慢，到计划竣工期满仅完成投资3亿元。2014年1月，中国电子在未经充分论证、未明确增发债券融资具体用途的情况下，同意所属中国电子控股有限公司将发行债券金额由15亿元增至27.5亿元，至2015年5月，增发资金中的9.99亿元仍然闲置，多承担利息1380.98万元。2011年至2014年，所属南京中电熊猫液晶显示科技有限公司等6家企业的6个工程建设项目未按规定进行招标，涉及合同金额共计33.21亿元，其中2014年23.31亿元。2013年5月至2014年，所属中电基础产品装备公司等2家企业违规对外提供融资1.8亿元，其中2014年1.59亿元。所属南京熊猫信息产业有限公司2011年违反公司内控规定，在客户存在大量到期欠款、并且超过信用保险额度的情况下向其供货，部分货款无法收回形成损失6400.54万元。2011年至2012年，所属南京中电熊猫家电有限公司以签订虚假采购协议、支付预付款的方式违规对外出借资金、违规向2家非金融机构办理银行承兑汇票贴现业务，共计5920.88万元，其中1048.8万元面临损失风险。2011年至2014年，所属中国电子系统工程总公司违规对外出借施工资质，并从中收取管理费0.95亿元，其中2014年0.31亿元。2012年9月，所属中电信息在公开拍卖下属企业股权过程中，未充分披露有关租赁合同期限等经营信息导致拍卖纠纷，通过减免租金等方式补偿收购方2344.43万元。至2015年6月底，所属南京科瑞达电子装备有限责任公司对2008年到期的债权1000万元，一直未采取有效措施清收。2011年至2014年，所属中国振华电子集团公司在与集团外企业合作过程中，未按章程规定派驻财务负责人，造成3500万元投资失去监管，面临损失风险。至2014年底，中国电子未能按照信息化建设总体目标建成信息化管控平台，所属2家企业的会计核算软件数据接口设置不符合国家标准，19家企业未建立数据备份中心，15家企业未建立信息化考核机制。

——发展潜力方面。

2011年至2014年，中国电子科技投入占当年营业收入的比例未达到该集团“十二五规划”目标。所属中电熊猫投资建设的液晶显示器件项目因前期论证不充分，从建成至2014年底累计发生经营性亏损29.27亿元。所属上海中电振华晶体技术有限公司LED用蓝宝石晶体产业化技术研发项目未能实现预期目标，累计亏损 4378 万元。

——廉洁从业方面。

2011 年至 2014 年，中国电子本部及 2 家所属单位 26 名领导人员违规领取奖金补贴及实物 387.17 万元，其中 2014 年 204.69 万元。2013 年至 2014 年，所属中电熊猫等 4 家单位违反中央八项规定精神，超标准购车、公款旅游、公款支付高尔夫球消费等，涉及金额 240.85 万元，其中 2014 年 149.38 万元。至 2015 年 6 月，所属南京金宁电子集团有限公司等单位 5 名中层以上人员未按规定清退持有的下属公司股份，共计 230.99 万元。

（据国家审计署 2016 年第 16 号公告）

6. 中国铝业公司 2014 年度财务收支审计结果

根据《审计法》的规定，审计署 2015 年对中国铝业公司（以下简称中铝公司）2014 年度财务收支情况进行了审计，重点审计了中铝公司本部及中国铝业股份有限公司、云南铜业（集团）有限公司（以下分别简称中铝股份、云铜集团）等 4 家二级单位，并对有关事项进行了延伸和追溯。审计署审计结果表明，中铝公司从铝产品单一化公司向多金属综合性矿业公司转型，推行企业经营管理目标责任制、市场化改革和运营转型，探索完善法人治理结构，推动重点专业领域的管理提升。

审计也发现，中铝公司在财务管理和会计核算、企业重大决策和管理、发展潜力、廉洁从业等方面存在一些问题。

——财务管理和会计核算方面。

2014 年，中铝公司在合并财务报表时未充分抵销所属企业间的关联往来和关联交易，导致多计资产 9.24 亿元、负债 7.21 亿元、所有者权益 2.03 亿元，多计收入 1.51 亿元、成本 1.34 亿元、利润 1623.36 万元。2009 年 11 月至 12 月，中铝公司以循环购销等方式虚增当年收入及成本，造成货物购销差价等损失 4069.48 万元。2014 年，所属云铜集团为完成业务考核目标，通过虚构购销业务，虚增当年收入及成本 42.04 亿元，造成货物购销差价损失 47.53 万元。

——企业重大决策和管理方面。

2010 年，中铝公司未经评估、尽职调查和主管部门审批，违规批准所属山西铝厂等 2 家企业投资 5.42 亿元参股煤炭企业，并为其银行借款提供担保，因对方资金链面临断裂，形成 4.48 亿元连带偿债风险。2013 年，中铝公司未经主管部门批准，同意增加独立董事，降低派驻董事比例，放弃对外股权投资的实际控制权，引起会计核算方法改变，由此调增了所属企业利润 8.11 亿元。2010 年至 2012 年，中铝公司未经充分论证，批准投资内蒙古氧化铝等 2 个项目，后因经济性差等原因停建停产，造成损失和损失风险 11.46 亿元。2008 年，中铝公司贷款融资收购一家公司股权，至 2014 年底累计亏损 7.01 亿元。2010 年，中铝公司参与开发一宗铁矿项目，受合作方主导项目进展影响，未能掌控项目资源并形成有效制约，至 2014 年底被动承担项目延期而增加的利息费用 3.9 亿元。2006 年，中铝公司通过串通投标方式帮助合作方取得 989.8 亩土地，以 5670 万元价格购买了其中 226.8 亩，拟用于建设职工培训中心项目，2013 年退回上述土地并收回土地款和补偿金。此外中铝公司对下属企业和参股企业管控方面及信息化建设方面还存在一些问题。

——发展潜力方面。

2011 年至 2014 年，中铝公司科技投入比重分别为 1.56%、1.82%、1.31%、1.13%，研发投资比重分别为 1.33%、1.32%、0.76%、0.68%，与监管部门 2.5%、1.8%的要求均存在较大差距。至 2014 年 4 月，中铝公司有 972.35 亿元资产质量较差，包括连续 3 年亏损或资产负债率已超过 85%的企业资产、闲置 2 年以上的主业资产，以及待处置的停产或待清算资产等。

——廉洁从业方面。

2012 年和 2014 年，中铝公司本部及所属云铜集团等 2 家单位违规购买 14 辆高档公务车，共计 654.44 万元，其中中央八项规定出台后购买 1 辆、金额 38 万元。2013 年至 2014 年，所属中铝河南国际贸易有限公司等 4 家单位违规列支高档烟酒等费用 134.48 万元，其中 2014 年 19.32 万元。2009 年至 2011 年，所属云铜集团等 2 家企业及其下属企业违规发放领导班子薪酬 588.17 万元。2012 年至 2013 年，所属中铝国际贸易有限公司超标准召开会议 2 个，费用共计 576.23 万元。至 2015 年 6 月，所属贵阳铝镁设计研究院有限公司 47 名中层以上党员干部违规持有职工持股企业 257.82 万元的股份。2006 年，中铝公司未按要求对企业住房分配货币化改革情况进行清理整改并上报结果，抽查有 2 名公司领导人员违规获得住房补贴，共计 241.61 万元。

（据国家审计署 2016 年第 17 号公告）

7. 中国东方航空集团公司 2014 年度财务收支审计结果

根据《审计法》的规定，审计署2015年对中国东方航空集团公司（以下简称东航集团）2014年度财务收支情况进行了审计，重点审计了东航集团本部及中国东方航空股份有限公司、上海东航投资有限公司（以下分别简称东航股份、东航投资公司）等6家二级单位，并对有关事项进行了延伸和追溯。审计署审计结果表明，东航集团围绕“打造世界一流、建设幸福东航”的战略目标，加强航线枢纽网络建设，优化机队结构，推进业务整合和转型，改进内部管理，强化飞行安全保障。

审计也发现，东航集团在财务管理和会计核算、企业重大决策和管理、发展潜力、廉洁从业、以前年度审计查出问题整改等方面存在一些问题。

——财务管理和会计核算方面。

2009年至2014年，东航集团本部少计历史遗留债务产生的财务费用14.24亿元，其中2014年2.6亿元。2010年至2014年，所属上海营业部将应支付的机票销售代理费直接冲抵机票销售收入，导致少计营业收入和营业成本各7.38亿元，其中2014年1.53亿元。2014年，东航集团合并财务报表内部交易抵销不充分，导致多计资产2.26亿元，多计负债2.08亿元，多计收入1.11亿元，多计成本费用9295.95万元。所属东航股份未按规定及时收回保险资金，至2015年6月底少计营业外收入3205.27万元。至2015年6月底，东航集团未将2009年拨付下属单位的2800万元资本性补助确认为长期股权投资，而是作为往来款项核算，导致少计股权投资。2014年底，所属上海营业部多预提机票销售代理手续费，导致多计成本费用1495.28万元。2010年至2014年，所属东航投资公司等4家企业未将发放给职工的交通补贴等1075.23万元纳入工资总额管理，其中2014年356.17万元。2005年至2013年，所属东方航空进出口有限公司违规为员工购买商业保险815.55万元。2014年，所属北京分公司等4家企业代职工承担个人所得税，导致多计成本费用628.69万元。2013年至2014年，所属上海东方航空实业有限公司向其下属单位转嫁业务招待费189.02万元，其中2014年106.91万元。

——企业重大决策和管理方面。

2010年，所属云南航空房地产开发经营有限公司未按规定退出房地产业务，投资6.09亿元开发房地产项目，并在项目建设期间违规确定3个标段（合同金额5.99亿元）的中标单位。该项目因资金不足等原因停工，至

2014 年底已计提减值准备 1.21 亿元。2011 年至 2012 年，所属东航投资公司、东方航空传媒股份有限公司未经集团批准，违规将 1.91 亿元资金用于股指期货等高风险投资。2009 年至 2011 年，所属韩国营业部原负责人通过编造虚假支出合同等方式非法侵占公司资金 1.41 亿元，2013 年 7 月被韩国法院以受贿罪判处有期徒刑 6 年。至 2015 年 6 月底，上述资金仍未追回。2011 年至 2014 年，所属中国东方航空江苏有限公司将不符合公司制度规定的航线，经内部审批后对外承包经营，造成亏损 4311.06 万元。2012 年至 2014 年，所属上海营业部违规采取多支付奖励款或减免客票销售款等方式奖励 4 家机票代理机构 1037.57 万元，其中 2014 年 25.54 万元。2008 年 1 月至 2015 年 4 月，所属中国联合航空有限公司河北分公司等 3 家企业向“三产”企业派驻人员并承担其薪酬 7997.59 万元，还无偿提供部分房产和车辆供“三产”企业使用，其中 2014 年承担薪酬 972.18 万元。2009 年至 2014 年，所属东航投资公司等 3 家企业 20 个项目未按规定招标，涉及 63 份合同、金额 3.05 亿元，其中 2014 年 0.29 亿元。2011 年至 2014 年 8 月，所属上海东航置业有限公司对工程项目监管不到位，施工单位违规将工程项目转包给个人，涉及金额 5021.91 万元，并多结算工程款 1671.9 万元。2013 年，所属东航股份虹桥西区配餐楼项目因设计不合理而改变用途，造成损失 168.49 万元，另有总值 972.87 万元的设备闲置。2007 年，所属上海东方航空食品有限公司违规将不符合招标文件要求的企业确定为建设项目施工总承包商，并多结算工程款 8566 万元。所属上海东方航空食品有限公司未按规定招标，直接同上海东航伊人食品销售有限公司签订航空食品购货合同，2006 年至 2010 年累计购货 5.97 亿元。2011 年至 2014 年，所属东方航空技术有限公司在库存航材一直未领用的情况下，持续从 29 家供应商采购 572 种相同航材，涉及金额 2385.31 万元，其中 2014 年 113.9 万元。所属中国货运航空有限公司未及时处理闲置航材，航材贬值严重，至 2015 年 6 月底，除已计提存货跌价准备 1.7 亿元、固定资产减值准备 3795.45 万元外，账面净值 4237.16 万元的剩余航材面临损失风险。2013 年，所属东航旅业投资（集团）有限公司在原资产评估结果失效的情况下，未按规定重新评估，直接将 10 套房产作价 2531.98 万元对外转让。至 2015 年 6 月底，东航集团及所属单位 20.91 万平方米土地和房产未及时办理产权登记或变更手续。2008 年和 2010 年东航集团分别启动对所属西北公司、云南公司的清算，至 2015 年 6 月仍未完成，上述两家公司2014年底账面资产共计18.81亿元。东航集团在信息化建设中，存在信息系统异地灾备中心建设滞后、信息化产品整体国产化率较低以及部分信息系统设计不合理等问题。

——发展潜力方面。

2012年至2014年，东航集团科技投入分别为272万元、117万元和1925万元，分别占同期主营业务收入的0.003%、0.001%和0.023%，与监管部门要求的2.5%存在较大差距。东航集团航空运输主业受油价和汇率等市场因素影响较大，配套产业规模较小，应对市场波动风险能力偏弱。东航股份客票销售较为依赖代理商，2014年客票直销比例仅为23.2%，向代理商支付手续费25.2亿元。

——廉洁从业方面。

2012年，所属地面服务部下设的后勤保障部对参与保洁项目竞标的一家企业给予“关照”，至2015年6月，地面服务部累计支付服务费850.26万元，其中2014年283.96万元。2011年以来，所属上海东方福达运输服务有限公司与特定关系企业开展业务；至2015年6月底，尚有160.96万元货运收入无法收回。2009年至2015年6月底，所属东方航空云南有限公司等3家单位148名管理人员违规持有关联企业股份，取得分红35.56万元。2012年至2015年初，所属东方航空进出口有限公司副总经理公款报销11.17万元打高尔夫球费用，其中2014年4.5万元。

——以前年度审计查出问题整改方面。

审计署2009年对东航集团审计中指出，所属中国东方航空西北公司等2家企业1423.27万元往来款长期挂账，未及时清理。此问题至此次审计时尚未完全整改。

（据国家审计署2016年第18号公告）

8. 中国南方航空集团公司2014年度财务收支审计结果

根据《审计法》的规定，审计署2015年对中国南方航空集团公司（以下简称南航集团）2014年度财务收支情况进行了审计，重点审计了南航集团本部及中国南方航空股份有限公司（以下简称南航股份）等2家二级单位，并对有关事项进行了延伸和追溯。审计署审计结果表明，南航集团生产规模稳步增长，客运量、货邮载运量、飞行小时数均有所上升，不断改进内部管理，努力保证安全飞行等方面也取得一定成效。

审计也发现，南航集团在财务管理和会计核算、企业重大决策和管理、发展潜力、廉洁从业等方面存在一些问题。

——财务管理和会计核算方面。

2014 年，所属广州白云国际物流有限公司等 4 家企业对关联交易信息披露不准确，涉及金额 3.03 亿元。2010 年至 2012 年，所属南航股份超工资总额向员工发放安全管理奖，多计成本费用 1.17 亿元。2013 年，所属南航股份将以前年度的货运延伸服务收入延迟确认为当年其他业务收入，导致 2013 年多计收入 7746.82 万元。2009 年 11 月至 2014 年 6 月，所属中国南方航空河南航空有限公司（以下简称河南公司）飞行部空勤食堂，违规将公司财务部拨入的 1905.72 万元资金转入以职工个人名义开设的账户支用，其中以现金、购物卡等方式向空勤等人员发放各类补助 1076 万元，列支招待费及礼品费 66.43 万元。2009 年至 2013 年，所属河南公司列支员工服装款 404.17 万元，未纳入工资总额管理。

——企业重大决策和管理方面。

2013 年 1 月，南航股份未经总经理办公会集体决策，将 1 架 A321 飞机的采购付款方式由融资租赁变更为以自有资金支付，涉及金额 2.7 亿元。2011 年至 2012 年，所属广州南航建设有限公司对中国南方航空大厦项目工程的中标单位监管不严，中标单位违规层层转包给无资质的施工队，涉及金额 5.77 亿元。1998 年至 2014 年，所属沈阳维修基地在承担关联企业沈阳北方飞机维修有限公司维修业务中，少收人工等费用约 1.23 亿元。2010 年至 2015 年，所属建设开发有限公司 2 个房地产开发项目实际净利润 1.1 亿元，未达到预期收益目标。2009 年至 2014 年，所属河南公司在未按规定进行招标的情况下签订材料和服务采购合同 33 份，涉及金额 8122.88 万元，其中 2014 年 900 万元。2013 年 4 月，所属南航股份机务工程部在采购飞机座椅时，违规先与供应商进行实质性谈判，后再经邀请招标确定其为供货商，合同金额 3278 万元。2010 年 4 月，所属南航股份客舱部在事先与供应商签订供货合同后，再履行招标程序确定其中标，2012 年又未经公开招标确定其为供应商，至 2014 年底，累计接受供货额 2815.42 万元。2011 年 7 月，所属南航股份客舱部在机舱洋酒采购公开招标中，使不具备资质的供应商通过审查并中标。至 2014 年 10 月，累计接受供货额 1893.67 万元。2006 年至 2014 年，所属南阳姜营机场扩建工程建设指挥部在未按规定进行招标的情况下，签订工程建设和设备、服务采购等各类合同 7 份，涉及金额 827 万元。2014 年 2 月，所属沈阳维修基地及机库建设工程指挥部在未按规定进行招标的情况下签订 1 份施工协议，涉及金额 444.71 万元。2009 年至 2014 年，所属河南公司 11 个部门违规以部门名义对外签订 178 份合同，涉及金额 3413.65 万元，其中 2014 年 287.23 万元。2009 年至 2014 年，所属河南公司在未签订相关服务合同的情况下，向 7 家酒店支付延误航班等服务费 27.07 万元，其中 2014 年 12.95 万元。2009 年至 2014 年，所属河南公司未严格执行合同约定，对外多支付行李派送费 18.82 万元，其中 2014 年 4.77 万元。2009 年至 2013 年，所属南航股份客舱部与供应商签订合同，将商品销售折扣折让 1047.43 万元，转为由供应商代管的合作基金，之后以报销费用等形式从中列支本单位人员出国培训费等 390.94 万元。至 2015 年 6 月，结余 656.49 万元。2009 年 1 月，所属湖南分公司将机场出勤楼交由不具备资质的关联企业南天实业公司经营住宿业务。至 2014 年底，后者累计取得住宿收入 558.42 万元。2011 年，所属三亚南航房地产开发有限公司未按规定退出房地产业务，启动“三亚南方航空区域总部综合体项目”。该项目因资金紧张等原因停工，前期投入 297.96 万元形成损失。2012 年 8 月，南航集团将 3.29 万平方米土地无偿授权给关联企业河南航空实业发展有限公司经营管理，后者 2013 年和 2014 年从中取得收入 40.14 万元。2013 年 1 月，所属三亚南航房地产开发有限公司以会务费名义，向旅行社支付新春茶话暨答谢会费用 11.59 万元。2009 年至 2012 年，所属南航股份年度采购计划编制时间较晚、技术改造投资计划执行过程中调整变化大，计划指导性不强。所属南航股份在信息化建设中，存在部分系统开发未实现预期效果、部分信息系统国产化率低等问题。

——发展潜力方面。

2012 年至 2014 年，南航集团科技投入分别为 1.02 亿元、1.23 亿元、1.33 亿元，分别占同期主营业务收入的 0.10%、0.13%、0.12%，与监管部门要求的 2.5%存在较大差距。南航集团航空运输主业受油价和汇率等市场因素影响较大，配套产业规模较小，应对市场波动风险能力偏弱。所属南航股份客票销售较为依赖代理商，2014 年客票直销比例仅 18.88%，共向代理商支付手续费 32.52 亿元。所属南航股份 2011 年引进的 5 架空客 A380 飞机利用率低，运营持续亏损，加大了企业经营压力。

——廉洁从业方面。

2010 年至 2013 年，所属三亚南航房地产开发有限公司以公款支付高尔夫球消费94.5万元，其中中央八项规定出台后消费48次，支出19.37万元。2012年至2013年，所属湖南分公司在下属单位报销应由个人承担的餐费、会务费等支出24.58万元，其中中央八项规定出台后报销17.68万元。

（据国家审计署2016年第19号公告）

9. 招商局集团有限公司2014年度财务收支审计结果

审计署2015年对招商局集团有限公司（以下简称招商局集团）2014年度财务收支情况进行了审计，重点审计了招商局集团本部及所属招商局地产控股股份有限公司、招商局工业集团有限公司（以下分别简称招商地产、招商工业）等8家二级单位及其参股的招商银行股份有限公司（以下简称招商银行）总行，并对有关事项进行了延伸和追溯。

审计署审计结果表明，招商局集团不断完善战略管理体系，加强内部控制和成本管控，协调推动运输业整合重组，推进优化生产布局和工业区转型升级，促进产业转型和创新。审计也发现，招商局集团在财务管理和会计核算、企业重大决策和管理、发展潜力、廉洁从业、以前年度审计查出问题整改等方面存在一些问题。

——财务管理和会计核算方面。

2009年至2014年，招商局集团在合并财务报表时违规多计提坏账准备17.42亿元，其中2014年6.91亿元。2014年，所属招商局集团（香港）有限公司违规少计衍生金融负债公允价值变动产生的投资收益5.72亿元。2014年，所属招商局重工（江苏）有限公司在收购船厂过程中，有9400.44万元收入未按规定计入递延收益进行分摊，相应支出也未计入无形资产。2010年至2014年，所属招商证券股份有限公司超工资总额列支员工奖金等2.6亿元，其中2014年0.71亿元。2013年至2014年，招商银行违规将个人所得税代扣代缴手续费和国债发行手续费返还收入共计1.39亿元用于职工福利，其中2014年0.46亿元。2007年至2014年，所属招商地产向招商局集团10名高管及其亲属销售房产总额4568.44万元，对此未按规定在财务报告中披露，其中2014年2705.12万元。2012年，招商银行总行在公务用车改革尚未实施的情况下预提公务用车改革费用4000万元。至2015年5月，仍在往来科目挂账。2012年，招商局集团参股的中国南山开发（集团）股份有限公司（以下简称南山集团）及其下属华南建材（深圳）有限公司应收未收股利分红1650万元，未按规定计作投资收益。2007 年至 2015 年 5 月，南山集团等 2 家企业对高管薪酬中的 5311.6 万元未按规定代扣代缴个人所得税，其中 2014 年涉及金额 899.5 万元。2010 年至 2014 年，所属漳州招商局码头有限公司等 2 家企业违规列支职工旅游费等共计 647.73 万元，其中 2014 年 159.94 万元。2007 年至 2015 年 7 月，所属招商局重庆交通科研设计院有限公司（以下简称重庆交科院）等 3 家单位私设“小金库”551.28 万元，其中 2014 年 291.93 万元。至 2015 年 7 月，尚有余额 141.13 万元。

——企业重大决策和管理方面。

2010 年至 2014 年，招商局集团在漳州开发区开发管理中，存在部分地块未按规定报经当地政府批准或进行价值评估即实施收储，以及低于收储成本出让等问题，涉及金额共计 16.04 亿元，其中 2014 年 0.61 亿元。招商银行 2014 年新增小微企业贷款较上年下降 57.95%，不符合监管相关要求。2012 年至 2014 年，违规向办理贷款的小微企业收取中间业务费共计 631.57 万元，其中 2014 年 300.91 万元。2010 年至 2012 年，招商局集团未按规定报经批准即进行非主业投资，新建和改造 4 家酒店投资共计 27.21 亿元。招商局集团 2010 年在未按规定履行决策程序且未经评估的情况下，出资 4.93 亿元收购净资产 1.49 亿元的 3 家外资冷链项目公司，至 2014 年计提减值准备 1.72 亿元，3 家项目公司经营亏损 5255.43 万元。2010 年，招商局集团在项目所在地片区规划即将调整、项目规划设计方案未获得主管部门批准的情况下，违规批准所属单位开工建设一座仓库，因无法取得规划和施工许可于 2011 年 7 月停建，前期投入的 2081.02 万元面临损失风险。招商银行 2012 年违规出资 3.1 亿元购置高档会所，原拟用于产品推介、休闲、娱乐等高端商务活动，至 2015 年底仍未予处置或有效利用。2010 年至 2014 年，所属招商工业等 6 家单位存在设备材料和服务采购等未按规定招标等问题，涉及金额 599.66 亿元，其中 2014 年 170.98 亿元。2010 年至 2011 年，所属重庆交科院未按规定报招商局集团批准，投资建设 3 个市政 BT 项目，合同金额 27.1 亿元。2013 年，所属招商国际未按规定报招商局集团批准，对一个境外 BOT 项目追加投资 8400 万美元。2013 年，所属招商局蛇口工业区有限公司（以下简称蛇口工业区）在 3 个建设项目招标中，违规向定标委员会成员推荐中标候选人，所推荐的中标候选人进入摇号阶段并中标，涉及合同总额 8.59 亿元。2010 年，所属蛇口工业区在明知前海规划即将调整的情况下，批准下属深圳市南油（集团）有限公司物通大楼项目开工建设，规划调整后其投入的269.52万元面临损失风险。南山集团在未按规定报经董事会审批的情况下，2003年同意下属深圳市南山开发实业有限公司合作开发房地产项目，总投资7.83亿元；2010年同意下属雅致集成房屋股份有限公司将持有的一家公司股份按账面净值协议转让给个人。2010年8月至2014年4月，所属招商局物流集团有限公司以合作经营名义，向2家无公路运输资质的企业融资694.71万元供其购买营运车辆，并违规与其开展外协运输业务，支付运费3.2亿多元。目前，部分车辆因涉及营运安全事故被提起诉讼，存在一定法律风险。2012年，漳州开发区明知区内文化广场地下车位不能按期建设，仍安排所属公司出资9400万元向开发商购买其中部分车位，实际至2015年7月尚未开工；同年还向区内另一家企业多支付征地补偿款432.88万元，至2014年底仍未收回。2012年，所属中国投资管理有限公司作为基金管理人以3000万元增资一家企业，因前期调查论证不充分，未能达到预期收益，至2015年7月，有1127.5万元投资款及利息仍未收回。2012年至2014年6月，所属招商局资本投资有限责任公司董事会未按规定定期召开会议，仅在成立时召开过一次董事会。在信息化建设方面，至2014年底，招商局集团32个等级保护评定级别为二级以上的信息系统未按规定在当地公安机关备案；招商局集团使用的一款会计核算软件未参加数据接口产品认证，无年度产品认证监督确认书；招商地产企业资源计划系统（ERP）管理员账号开设审批程序不规范，存在业务信息泄露或被篡改的隐患。

——发展潜力方面。

2010年至2014年，招商局集团科技投入占主营业务收入的比重分别仅为0.37%、0.37%、0.26%、0.26%和0.28%，研发投入占主营业务收入的比重分别仅为0.29%、0.35%、0.20%、0.24%和0.27%，与监管部门要求的2.5%和1.8%存在较大差距。所属重庆交科院2010年至2014年承担的64项专项课题中有29项未按期完成，占45.31%；2012年获准建设、计划3年完成的公路隧道建设技术国家工程实验室项目，实施进度滞后，至2015年6月仅完成投资938.41万元，占总投资的12.53%。

——廉洁从业方面。

2013年至2014年，招商局集团本部违反中央八项规定精神购买购物卡6.03万元、列支高档酒水费用108.57万元，所属及参股单位购买购物卡、列支高档酒水费用共计3013万元，其中2014年2286.9万元。2013

年至2014年，招商局集团本部违反中央“八项规定”精神，支付高尔夫球卡管理、消费费用7.5万元，所属及参股单位支付670.2万元，其中2014年共计202.61万元。2010年至2014年，南山集团2名高管人员违规兼职取酬9.1万元，其中2014年3万元。2012年至2013年，南山集团超标准购买价值135.76万元和134.91万元的轿车各一辆，供公务使用。2013年，所属深圳招商房地产有限公司未按合同约定向招商地产1名高管收取购房延期付款违约金91.64万元。2008年至2009年，招商局集团3名高管在购买南山集团开发楼盘过程中，违规享受市场折扣之外的额外优惠，总计63.26万元。

——以前年度审计查出问题整改情况。

审计署2011年审计中指出，招商地产未经招标将工程项目直接委托给下属深圳市招商建设有限公司，后者又违规转包。对此，招商地产未有效堵塞管理漏洞，2013年仍违规直接委托这家下属企业建设2个项目，合同金额7.92亿元中有4.36亿元违规转包。审计署2011年审计中指出，招商工业下属友联船厂（蛇口）有限公司向员工发放“总经理奖励基金”时未按规定代扣代缴个人所得税。对此，招商工业未有效堵塞管理漏洞，2012年至2014年发放“总经理奖励基金”293万元时，仍未代扣代缴个人所得税。

（据国家审计署2016年第20号公告）

10. 香港中旅（集团）有限公司2014年度财务收支审计结果

根据《审计法》的规定，审计署2015年对香港中旅（集团）有限公司（以下简称港中旅集团）2014年度财务收支情况进行了审计，重点审计了港中旅集团本部及港中旅华贸国际物流股份有限公司（以下简称华贸公司）等5家二级单位，并对有关事项进行了延伸和追溯。

审计署审计结果表明，港中旅集团能够规划全局发展、细化商业计划，完善集团产业布局，强化主业支撑地位，优化法人治理结构，初步形成了重大事项董事会决策制度。审计也发现，港中旅集团在财务管理和会计核算、企业重大决策和管理、发展潜力、廉洁从业等方面存在一些问题。

——财务管理和会计核算方面。

2009年至2015年7月，港中旅集团本部及所属3家单位违规申报或使用专项资金20.84亿元，其中2014年将本应用于产业升级改造的3亿元主要购买了理财产品。2006年至2015年6月，所属陕西渭河发电有限公司等4家单位少计售电等收入0.83亿元，少计宣传推广费用等成本0.91亿元，多计住房公积金等成本1.66亿元，其中2014年少计收入0.79亿元，少计成本0.29亿元。2013年至2015年7月，所属中旅国际会议展览有限公司违规使用已废止的发票等报销机票费用6693.19万元，其中2014年2932.97万元；2012年至2014年47个已组织完成的旅行团，其收入753.11万元和支出485.43万元长期在往来款挂账，未及时清理并计入收入和支出。

——企业重大决策和管理方面。

2007年，港中旅集团未经集团董事会批准和发展改革委核准，违规建设计划总投资41.36亿元的青岛海泉湾度假区项目；并在土地竞买中，向竞争对手支付2000万元，使其退出竞买。至2014年底，该项目累计完成投资27.87亿元，因可行性研究不充分等造成亏损2亿元。2014年，所属华贸公司未取得规划、用地、施工许可等手续，违规租用82.44亩农用地建设仓储设施，涉及投资金额3575.51万元。2011年至2014年，港中旅集团未经董事会审批，对外发放委托贷款等合计264亿元，其中2014年70亿元。2010年，港中旅集团未经董事会批准，为解决珠海海泉湾度假区一期项目连年亏损的经营困难，部署推进二期项目建设。至2014年底，一、二期项目累计完成投资42.3亿元，亏损共计7.45亿元。2011年，所属港中旅（沈阳）置业有限公司未经资产评估，将2005年以3361.22万元摘牌取得的95.32亩土地置换给地方政府。2006年至2014年，所属港中旅（青岛）海泉湾有限公司等5家企业的216个工程建设项目未按规定公开招投标，涉及金额35.87亿元，其中2014年1.24亿元。至2014年底，港中旅集团投资8.65亿元建设的陕西咸阳海泉湾度假区项目因可行性研究不充分，累计亏损2.64亿元。2007年至2008年，所属港中旅（沈阳）置业有限公司“中旅国际小镇”项目中4389.72万元工程被违规转包；至2014年底，该项目因经营管理不善等，累计亏损1.3亿元。港中旅集团2014年制定的《集团项目招标管理办法》违反国家规定，将施工招标起始值由200万元提高至300万元。信息化建设方面，至2015年6月，港中旅集团本部及所属3家单位存在财务软件未建立国家标准数据接口、信息系统未建立异地数据备份等问题。

——发展潜力方面。

2006年至2014年，港中旅集团利润较为依赖钢铁业务；旅游主业产品创新不足，2012年至2014年旅游业务利润主要来自老景区和老牌酒店。2011年至2014年，港中旅集团科技投入比重分别为0.0038%、0.08%、0%、0.05%，研发投资比重分别为0.0038%、0.08%、0%、0.04%，与监管部门2.5%、1.8%的要求均存在较大差距。

——廉洁从业方面。

2013年至2015年5月，港中旅集团部分高管人员违规在所属高尔夫球会消费75.35万元。2006年至2014年，港中旅集团违规为高管人员发放服装津贴等1923.89万元，其中2014年418.86万元，中央八项规定出台后涉及集团领导班子成员的金额为142.85万元。2002年至2014年，所属华贸公司等2家企业违规购买高尔夫球卡、购物卡等793.1万元，其中2014年29.55万元，中央八项规定出台后涉及金额59.62万元。2013年至2014年，所属华贸公司超标准购车3辆，涉及金额181.46万元，其中2014年1辆，涉及金额45.67万元。

（据国家审计署2016年第21号公告）

（二）地方发布的国有企业审计报告

1. 桂林市地产公司2014年度财务收支情况审计结果

根据《审计法》的规定，2015年1月至3月，广西壮族自治区审计厅对桂林市地产公司2014年度财务收支情况进行了就地审计。

审计结果表明，桂林市地产公司基本能按相关的企业会计制度和会计准则对2014年度经营活动进行会计核算，除未反映大部分征地劳务费导致少计收入外，其余收入已纳入单位会计账内核算。2014年桂林市地产公司开展了用地报批服务工作，完成了土地开垦工作，推进了土地整治工作为满足桂林市对建设用地的需求、保障重大项目实施和完成桂林市土地整治作出了一定的贡献。

审计发现的主要问题：应缴未缴财政款项430万元，桂林市地产公司应于2004年底前向桂林市财政局上缴企业利润2800万元，截至审计时仍有430万元款项作为其他未交款挂账未上缴；向下属企业转移购置390万元房产，2001年11月，桂林市地产公司与自治区物价局签订《转让协议》，出资390万元购买了原桂林市中山南路41号（现为桂林市中山南路21—7号）办公楼。桂林市地产公司一直未将该办公楼作为公司固定资产

入账核算，而是将房产直接过户至其所属的桂林市宏桂物业管理有限公司。（佚名）

四、前景展望

（一）国企改革发展需要强化绩效审计

国有企业属于全民所有，是推进国家现代化、保障人民共同利益的重要力量，是我们党和国家事业发展的重要物质基础和政治基础。中共中央、国务院关于深化国有企业改革的指导意见明确提出推动以管资本为主推动国企制度建设、加强监管和其它各项改革。传统的对国企领导人的经济责任审计难以满足新形势下的新要求，管资本为主的国企改革新理念要求国企审计应重点关注国有资本的保值增值，更加注重绩效审计，只有这样才符合党和国家深化国企改革的战略目标。在国企绩效审计中，一是要注意国有企业的特殊性，二是要坚持问题导向。

1. 国有企业在市场主体性及战略定位都有其特殊性。国有企业虽是独立市场主体，但其所有者缺位问题严重。另外，国有企业还有不同于一般企业的战略定位，需要承担重大专项战略任务、保障民生、服务社会等特殊功能。这两个方面表明单纯抓好常规性的公司治理制度是不够的，还必须配套建立健全高效协同的外部监督机制。国家审计可以说是外部监督机制最重要的环节，其专业性、综合性、常规性的特点无可替代。

2. 从审计结果分析，国有企业的突出问题是管理层级过多、管理混乱、内部人控制、利益输送、国有资产流失等。这些问题是国有企业特性与外部监督制度不健全两个问题的综合反映，国有企业的改革正是要解决这些问题。

作为一种外部监督机制，国家审计不宜过度介入国有企业的运营管理，而是应代表国家审查国有企业是否较好履行其功能定位，国有企业的治理是否较好解决了其当前存在的突出问题，以绩效审计作为重点是必然选择。国有企业的改革主要举措包括建立完善以管资本为主的国有资产管理体制，建立国有企业的分类管理制度，其根本目的是提升国有企业的运营绩效。绩效审计的核心是以国有资产的运营绩效为审计评价的主要标准，这与当前国有企业的改革取向是一致的。

（二）强化维护国家经济安全的审查

国家审计是国家治理的基石和重要保障，其具体体现就是通过审计公共资金、国有资产、国有资源和领导干部履行经济责任情况实行审计全覆盖，保障国家重大决策部署贯彻落实、维护国家经济安全、推动深化改革、促进依法治国、推进廉政建设。依法对各类国有企业管理、使用和运营的境内外国有资产进行审计，正是国家审计履行其职能和定位的必然要求。

在当前实践中，与国有企业相关的审计有几类：一是国有企业作为正常市场主体接受的财务审计，其目的是满足外部利益相关者的需要，确保财务信息真实；二是国有企业领导干部需接受经济责任审计；三是对国有企业贯彻落实国家重大决策部署情况的跟踪审计、若干专项审计等；四是属于财政审计范畴的国有资本经营预算审计。

从国家审计的定位和功能角度看，最需强化对国有企业维护国家经济安全方面的审查。国家经济安全的核心是国有资产能否保值增值，国有资产的战略功能发挥得如何，具体衡量指标就是国有资产管理、使用和运营的绩效。不同类别的国有企业承担的战略功能有差别，对其绩效的衡量理应有所区分。因此，以分类绩效审计为重点建立经常性、全覆盖的国有企业国家审计制度，正是国家审计实现其功能定位的重要支撑。从另一个角度看，绩效审计是国家审计的改革方向，而以国有企业为重点推行绩效审计更易于入手。

（三）推进分类绩效审计的重点和难点

推进国有企业分类绩效审计，没有现成经验可借鉴，需要重点解决的问题有两点。

1. 要明确审计对象，应以国有资本投资、运营公司以及国资委直接监管的企业为主要审计对象，相对弱化对其下属二级、三级企业的直接审计。

2. 要明确区分三类国有企业，分别选择三类绩效指标为审计标准。按照中央国有企业改革文件精神，对主业处于充分竞争行业和领域的商业类国有企业，衡量其绩效的主要是经营业绩、国有资产保值增值和市场竞争能力。对主业处于重要行业和关键领域、主要承担重大专项任务的商业类国有企业，除一般性经营业绩之外，更要关注其服务国家战略、保障国家安全和国民经济运行、发展前瞻性战略性产业以及完成特殊任务等领域的绩效。对公益类国有企业，则应主要关注其成本控制、产品服务质量、营运效率和保障能力状况如何，还要关注其产品服务的社会评价。

推进国有企业分类绩效审计也存在诸多困难，例如：如何具体建立绩效指标？如何收集审计证据？如何审查分析？如何区分微观绩效和宏观绩效？当国有企业的战略功能与保值增值功能产生目标冲突时如何进行审计评价等问题都需要在实践中探索解决方案。

分报告6：固定资产投资审计发展状况与前景展望

一、经验探索

（一）审计模式创新经验

1. 磴口县审计局着力从三个方面提升投资审计

今年以来，磴口县审计局不断加大对政府投资项目的审计监督力度，着力从三个方面助推政府投资审计提质增效。

——定期通报审计情况。

该局通过每两周对政府投资项目审计工作进展情况以审计动态的形式向政府领导进行通报，进一步提高政府及建设单位的重视程度和审计工作效率。

——整合审计人力资源。

随着地方经济的发展，政府投资项目逐年加大，需要进行竣工决算审计的政府投资项目也在增多，为了缓减审计机关工程审计人员不足的矛盾，磴口县审计局采用公开招投标的方式，向社会聘请工程造价咨询企业，科学安排审计工作计划，充分调动中介机构积极性，由投资审计主审人员与中介机构人员协同审计，并做好协调、服务和监督工作。

——突出审计重点。

着力民生热点和政府关注焦点，将该县十个全覆盖工程项目、市政工程项目、新建磴口县医院工程项目作为审计重点，逐步实现对重点领域、

重大项目、重要资金审计监督全覆盖的要求。(陶静)

2. 普安县审计局创新政府投资建设重大项目审计服务方式

为做好普安县政府投资建设的布依生态小镇、世界茶源文化广场、国际山地自行车赛道三个重大项目资料规范等相关工作，为随后对三个重大项目进行审计奠定基础，8 月 19 日，普安县审计局主要领导率分管领导和两名业务人员，到江西坡工业园区召开三个重大项目建设单位负责人参加的座谈会，进行现场办公，做好指导和服务。一是详细介绍前置审计、决算审计的程序，应具备的资料等情况；二是认真听取建设单位在资料方面遇到的疑难问题；三是对建设单位遇到的难题，能现场答复的逐一答复，不能现场答复的，回单位研究后给予答复。这一走出办公室主动到现场进行审计服务的方式，为建设单位解决了疑难问题，收到了良好的效果，也是一种宣传审计工作的很好方式。(胡吉香)

3. 荆州市审计局五措并举促投资审计转型发展

——变被动为主动，突出重点。

该局对政府融资平台市城投公司，由工程结算审计全覆盖转变为仅对投资额 1 亿元以上的项目直接组织审计。从中小规模常规项目结算审计入手，探索结算复审及抽审的方式方法，逐步改变以审代结的模式，将结算审核工作向建设单位职能归位。

——工程财务结合，规范程序。

重点项目由结算审计向竣工决算审计转化，开展建设项目其他费用审计。改变由审计直接清理账目编制竣工决算的方式，要求建设单位自行编制竣工决算报表，在此基础上实施审计，进一步规范审计程序。

——严格资料送审，降低风险。

在资料送审程序上，要求建设单位对送审资料进行清理，落实被审计单位资料收集责任人责任；在送审资料内容上，实行清单化管理，分阶段逐步锁定送审资料及缺失资料，夯实审计工作基础。

——合理制定方案，强化指导。

在审计实施方案中合理划分各审计项目包含的审计内容，形成审计表格，对各事项实行表格化管理。将协审中介机构人员直接嵌入各审计项目，加强对协审中介人员的指导。

——实施过程审理，提高质量。

改变以往过程管理中将投资审计项目与其他审计项目区别对待的做

法，由法规科组织审理会议对项目实施方案及审计报告进行审理，增加投资审计透明度，提高审计质量。（蒋晓玲）

4. 汝城县审计局“创新驱动”强化政府投资跟踪审计

——在领导方式上创新。

经县政府批准同意，专门成立汝城县政府投资审计中心，明确一名专业、具有丰富实践经验的副科干部负责建设项目跟踪审计。明确跟踪审计责任，对每个项目实行“专人专职、责任到人、负责到底”的审计方式，解决了跟踪审计环节脱节、整体责任不明确的问题，畅通建设单位与审计部门的沟通协调固定联系通道，为提高跟踪审计效率提供了保障。

——在跟踪取证上创新。

对现有已跟踪的审计项目建立跟踪审计台账，及时记载、反映项目建设情况和问题，并实行不定时、不定点随机抽样取证，对重点部位、关键环节，制好样版及清单并采取照相、录像方式取证，为工程结算审计提供直观、真实的现场施工情况资料，为事后竣工结算审计提供有力依据，提升了审计效能。

——在督促整改上创新。

要求发现问题与督促整改同步，对发现的问题督促被审计单位边审边改。在跟踪审计过程中，及时向建设单位提交审计督促整改通知书，要求建设单位及时整改并通知审计组现场核实，审计人员做好审计证据和审计记录。（佚名）

5. 淮南市审计局创新投资项目跟踪审计模式效果明显

今年以来，淮南市审计局创新投资项目跟踪审计模式，探索采用跟踪审计建议函的形式，通过“及时发现”“及时提出”“及时反馈”等方式，加强对跟踪项目工程的全过程控制，努力实现政府性投资审计项目投资控制、质量控制、进度控制最优化。截至6月底，已对7个正在跟踪的政府性投资审计项目下达了10个跟踪审计建议函，指出在跟踪审计中发现的部分项目存在工程质量不达标、偷工减料、项目管理不足、安全文明措施不到位等问题，要求建设单位、监理单位和施工单位限期整改，相关单位高度重视审计建议，审计整改效果明显。

——财政资金增效。

如发现某区安置房建设项目设计图纸设计要求安置房“外墙采用高级进口外墙真石漆涂料”，审计组从节约财政资金的角度，建议采用“中档优质外墙真石漆涂料”代替“高级进口外墙真石漆涂料”，既节约了政府资金又满足了建设使用及规划要求，建设单位采纳了审计建议，为国家节约近千万资金。

——工程质量提升。

如审计组在某棚户区改造项目中，现场查看以及实际测量发现，外墙保温和抗裂砂浆厚度未按照图纸施工，厚度不足。为了确保工程质量，建议施工单位严格按照施工图纸进行施工，否则将不批复工程进度款，施工单位积极采纳审计建议，对外墙进行了加厚处理。

——施工进度加快。

如某棚户区改造项目开工至今已长达 10 个月，基础桩还未施工完成，土方施工总体完成仅 20%左右。对此，我们建议施工单位科学合理地制订施工进度计划，安排技术人员统一指挥协调施工，投入高效的施工机械，同时保证材料的及时供应和投入保证工程进展的必要资金，并帮助施工企业分析工程中存在的技术难题，把新工艺、新设备、新技术、新材料应用到工程中去，建立健全工期进度管理体制。施工单位采纳审计建议，加快进行“五通一平”工作并完善了总进度计划、月进度计划和周进度计划，施工进度明显加快。(佚名)

6. 如皋市审计局建立咨询专家库助力政府投资审计提质增效

7 月 21—22 日，如皋市审计局邀请 9 名审计咨询专家经过集体研究，该局正在实施审计中的如皋港闸拆除工程、如皋高新区安置小区绿化工程等 5 个因种种争议长期无法审结的项目终于有了定论。这是该局利用外聘咨询专家成功化解工程审计争议的首次实践。相关施工、建设单位纷纷表示，这种争议解决方式科学合理，让人心服口服。审核中心的高级工程师杨锦梅也表示，通过与专家们共同讨论，不仅增长了知识，启发了思路，而且对类似工程审计可起到举一反三的作用，同时咨询专家的参与还增强了审计人员依法依规大胆审计的底气和勇气。

为有效解决工程结算审计中经常遇到的“公说公有理，婆说婆有理”的各类争议，今年如皋市审计局选聘了 11 名具有丰富实践经验，在相关领域享有较高声誉的专业人士组成投资审计咨询专家库，由相关专业的专家对审计过程中遇到的相关争议问题进行研判，提出专家意见，供审计人员参考。

根据该局出台的《如皋市审计局政府投资工程审计咨询专家库管理办

法》，专家库成员既包括住建、建工、公管办、代建中心等政府部门的领导和专家，也包括律师、建造师等社会中介机构人员，他们除常年接受审计部门的业务咨询外，还可参与审计项目的实施、出席相关审计业务会议，为该市政府投资审计提供有力的技术支撑。（许强）

（二）加强审计管理经验

1. 察右前旗审计局不断加强自身建设 强化政府投资项目审计力度

随着察右前旗经济建设的快速发展，政府财政收入也在快速增长，可用财力大幅增加，政府对保障和改善民生的一些公共基础设施、社会公益事业的投入随之大幅增加。同时，察右前旗审计局不断加强自身建设，强化政府投资项目监管力度，切实使政府投资项目发挥了最大使用效益。

在近年来的工程审计实践中，察右前旗审计局发现不少固定资产投资审计项目仍缺乏审计力度，主要表现如下：一是对工程施工过程中存在的签证及变更、进度款收支及存在的问题等未能进行翔实审计，跟踪审计未能发挥十分显著的应有的效果；二是部分审计人员对工程签证单缺乏分析能力，对其中存在的“水分”未能有效过滤，造成结算审计结果真实度打上了折扣的后果，影响了审计结果的权威性；三是审计人员专业单一导致对审计所涉及的电力、水利、土地、园林等工程审计缺乏应有的深度；四是对工程效益未能进行深入细致的剖析，使效益审计缺乏深入性。

针对自身存在的问题，察右前旗审计局不断加强自身建设、多措并举、强化政府投资项目审计力度：一是请“审计能手”对重要投资项目的审计过程深入讲解、剖析，以拓展审计思路；二是要求参与上级审计项目的外出审计人员就审计中所学到、看到、听到或捕捉到的审计技能、经验与单位全体审计人员共享，从而积累知识、扩大视角；三是对跟踪审计项目要阶段性地写跟踪审计报告，并形成跟踪审计档案，避免跟踪审计走过场；四是制定激励机制，鼓励审计人员通过参与造价师考试、工程相关培训等快速提升自身业务水平。（冯启升）

2. 贵定县审计局完成投资审计项目库更库工作

近日，贵定县审计局组织召开由县检察院、县财政局、县住建局、县发改局代表组成的投资审计项目库更库谈判组进行竞争性谈判会。投资造价咨询公司甲级、乙级资质代表近 30 家参与了竞争谈判。为确保更库质量，局党组反复多次会议研究讨论，确定招标方案，并报请县人民政府批准。9月底通过政府网面向社会公开发布招标公告，同时向省审计厅、州审计局及周边县市审计局取经，请他们帮助推荐优秀的中介机构参与报名。谈判会在县审计局如期举行。评标组严格根据政府采购法及招投标相关程序规定，对每家中介机构代表进行了资格审查认定，按照“公开、公平、公正”的原则进行认真评审，以确保候选入库中介机构业务质量、审计成效为前提，通过对中介机构的报价、业绩、综合实力等指标综合评比，进行得分排序，确定22家甲级资质造价咨询公司、3家乙级资质造价咨询公司作为候选入库单位。同时先由县检察院和住建局对候选中介机构行贿犯罪记录以及造价行业信誉记录作查询，对查询无不良记录的候选单位在人民政府网站进行为期七天的公示，公示无异议后发出入库通知单，入库单位在规定时间内缴纳质量保证金并签订入库合同，再完善其他相关手续。（王雪）

3. 余庆县审计局“三关”措施切实抓好保障性安居工程跟踪审计整改

——加强领导责任关。

该局对整改工作高度重视，成立以分管领导为组长、审计组人员为成员的审计整改检查小组，由分管领导带队并负责，深入各相关单位，再次认真检查2015年保障性安居工程跟踪审计发现问题的整改情况，随后将督察情况梳理汇总并上报。

——形成联动合力关。

针对审计发现问题，该局及时向县政府报告，组织县住建局等有关部门召开专题会议，安排部署审计整改工作。县住建局等相关部门对审计发现的问题，认真分析了原因，研究制订了整改方案，并逐一分类整改，在整改问题时始终坚持实事求是，所有整改证明材料都充分可靠。

——从严把好审核关。

该局对被审计单位报送的整改情况进行逐一审核，重点审核审计发现问题的整改范围、整改情况及整改数据等，发现被审计单位存在对已整改到位问题按未整改情况报送、未整改问题当已整改情况报送，以及整改数据之间存在矛盾等情况，并予以指出要求及时改正。（杨胜英）

4. 册亨县审计局严把“三关”强化政府投资项目审计管理

——严把资料审核关。

业主单位送审项目前，审计组先告知其需要准备的项目资料清单，待业主单位送达时，审计项目组严格审查项目立项批复、设计图纸及预算等资料是否齐全完整，经审查具备送审条件后方可受理。

——严把中介机构选择关。

受理审计项目后，审计组采用竞争性谈判、随机选择等方式，从黔西南州审计局的中介审计机构备选库中选聘实力雄厚、业务精湛、诚实守信的中介审计机构报局长办公会，局长办公会经研究后再选择中介机构进行委托审计，确保中介机构的选择过程公开、透明、廉洁。

——严把审计结果复核关。

聘请中介审计机构审计结束后，再将该项目的审计资料及初审结论送另一家中介审计机构进行复审。通过复审，如两次审计结论在允许的误差范围内，审计组进行再次复核，并出具审计征求意见书。如初审、复审误差较大，审计组采取召开协调会、重新委托审计等形式，确保审计结论可靠。

今年1月至8月，该局共完成政府性投资建设项目审计42个，其中：政府性投资建设项目前置审计14个，送审金额19122.35万元，审定金额17001.88万元，审减金额2120.47万元，审减率11.09%；竣工结算审计项目28个，送审金额13048.67万元，审定金额12662.33万元，审减金额386.34万元，审减率2.96%，为政府投资建设节约资金2506.81万元。有力地控制了项目在建设过程中弄虚作假、高估冒算等行为，促进了项目的规范管理，提高了资金的使用效益。（赵永祥　张贞美）

5. 肥城审计局重点“四个关注”加强政府投资建设资金审计

——关注工程进度款的拨付。

建设单位是否按规定及合同约定拨付工程款，拨付的依据是否充分，是否存在欠拨工程款的行为；是否超合同约定、合同额拨付建设资金；建设单位对工程质保金的预留和管理是否符合规定。

——关注工程勘察、设计、监理费的拨付。

建设单位与勘察、设计、监理单位是否按照国家相关收费标准文件确定勘察、设计、监理费用，是否签订服务合同。是否按照合同文件支付服务费，有无超付、预付行为。

——关注工程建设成本的归集情况。

建设单位是否正确归集建设成本；是否存在挤列、虚列建设成本的行为，是否将招待费、福利费等和工程不相关费用列入建设成本。建设单位管理费的支出是否超预算。

——关注工程隐蔽、变更工程造价。

对隐蔽工程记录进行严格的审核，审核所有隐蔽工程验收记录是否及时、真实，是否符合设计和规范要求。设计变更需要有变更通知单，需要设计、建设、监理、施工各方的认可。为了保证设计变更的真实性，审计人员在必要时需进行现场测量与核对。(魏敏敏)

6. 韶山市审计局多项举措提升政府投资审计水平

——狠抓业务培训，提升素质。

通过参加省造价站“新定额发布”现场培训，邀请造价软件、算量软件专家教授上门解答，网络联系在线问答等多种形式，及时掌握政策法规和前沿技术的更新，做到与时俱进，坚决不让业务问题留下死角。如今年“营改增”税收政策改革，韶山市审计局第一时间参与培训，升级软件，做到政策更新先掌握。

——配强配优软件设施，以高科技提升审计能力。

紧紧围绕“科技、创新”的主题推动审计技术不断升级进步，以科技引领发展，以知识武装头脑，以提高审计能力和审计效能为突破，配齐了建筑工程类的智多星、科迪瑞特造价审核、广联达图形算量软件，购买了公路交通类的同望造价审核软件。

——强化审计知识与计算机联合运用能力，不断提高审计效率。

参与了各种关于工程造价的政策法规更新知识的培训和计算机运用能力学习，大大加强了计算机审计的应用能力，提高了审计效率，把结算审核由人工审核推进到计算机审核，使审计的效率性、准确性提高到了一个全新的高度。(胡杰)

7. 亳州市谯城区审计局“四项措施”加强投资审计管理

——完善投资审计制度。

该局通过对几年来投资审计进行经验总结，及时修订和完善了《谯城区政府性投资建设项目审计暂行办法》，促进了政府投资审计工作制度化、规范化。

——规范中介机构管理。

该局制定了中介机构参与政府投资审计项目管理办法，对中介机构参与审计的范围、内容、程序，以及协审过程中对中介机构的监督管理和相应责任的追究、处罚等内容进行了详尽的规定。

——严格审计质量管理。

该局坚持把审计质量作为审计工作的生命线，专门聘请了资深造价人员对中介机构参与审计的所有项目进行审理和复核，并出具书面复核意见。

——强化廉政风险控制。

将投资审计岗位作为廉政风险防范的重点，强化经常性教育和监督，认真查找廉政风险点，严格监督审计纪律落实情况，督促审计人员坚持依法廉洁从审。（佚名）

8. 扬州邗江区强化政府投资审计节资 2.98 亿元

今年以来，扬州邗江区审计局结合“两学一做”学习教育，认真履职尽责，通过全面揭示工程价款结算中多计、错计、重计工程量以及定额错套、高套等突出问题，充分发挥审计监督服务职能。截至 9 月下旬，共实施审计项目近百个，节约财政建设资金 2.98 亿元。

——围绕加强源头控制，对 20 个重大民生项目的招标控制价进行了审计，累计送审金额 10.29 亿元，发现问题金额 4656.54 万元，直接在源头上节约财政建设资金 3902.8 万元。

——围绕落实全程监督，对 611 省道邗江段、甘泉新苑农民集中安置区二期工程等 17 个总投资达 32.88 亿元的区内重点项目实施了跟踪审计，共发出审计意见单 97 份，提出审计意见和建议并被采纳 222 条。

——围绕强化项目结算，对 242 个大小合同工程进行了结算审计，累计送审金额为 18.52 亿元，审定金额 15.96 亿元，直接节约建设资金 2.55 亿元。

——围绕促进项目管理，对美琪学校食堂综合楼工程竣工决算等项目实施了审计，针对项目在工程管理、财务管理及内控制度等方面存在的问题，提出了审计意见和建议并被采纳 6 条，节约工程建设资金 380.89 万元。（吴姗姗、乔伟）

9. 常州市审计局启动政府投资项目复审

为提高政府投资项目审计工作质量，防范审计风险，7 月 25 日，常州政府投资项目复审工作正式启动。本次复审包括常州报业传媒大厦装饰及智能化工程、常州现代传媒大厦装饰工程、常州青洋路高架北延工程、常州东坡公园敞开改造工程、常州澡港河综合整治Ⅳ标段工程、常州市运北片防洪节点南运河枢纽工程等 6 个工程项目，复审内容涵盖了土建、安装、园林、水利等多个专业，总复审金额 4.3 亿元。此次复审共聘请中介机构专家 19 人，均为从业十年以上的资深造价师。复审工作预计十月底结束，复审结果将作为常州市审计局年度考核的重要依据。(韩江波)

10. 鄞州：狠抓投资审计廉政建设

宁波市鄞州区政府投资项目面广量大，审计任务繁重。今年上半年，鄞州区审计局完成政府投资项目竣工决（结）算审计 53 个，核减工程造价 9100 万元，在审跟踪项目 54 个，挽回财政资金损失 3691 万元。投资审计的结果直接关系到施工单位的利益，是审计机关的廉政建设重点，鄞州区审计局始终把廉政建设作为投资审计工作的生命线来抓。

——严格执行上级规定。

把中央八项规定、省委六条禁令和审计工作“八不准”纪律作为投资审计的“铁律”。针对个别审计人员配偶在造价审核中介单位，要求其严格执行回避制度。开展审计人员资质出借清理，杜绝其与中介机构的利益往来。

——加强廉政宣传教育。

审计机关内部层层签订廉政责任状，审计机关与协审单位签订廉政协议，把廉政建设作为考核的重要内容，实行“一票否决”。把廉政制度汇编成册，下发给审计人员及协审单位、协审人员和被审计单位。要求每个审计项目的审计组与被审计单位签订廉洁从审双向承诺书，审计实施时，张贴审计纪律规定，公布举报电话，使审计工作开展到哪里，廉政监督跟进到哪里。

——完善风险防控机制。

建立廉政风险防控责任机制，按照分层管理、分级负责的原则，实行主要负责人、分管负责人、审计组长、审计人员及协审人员的终身廉政责任。(佚名)

11. 慈溪：精准施策提升政府投资建设项目审计绩效

今年以来，慈溪市审计局找准“短板”、精准发力，多措并举加大对政府投资建设项目的审计监督力度，切实提升审计效益。第一季度该局完成政府投资建设项目审计 215 项，涉及审计总金额 18.39 亿元，累计核减工程价款 6785 万元。

——提供一次性告知“清单”服务。

完善竣工结算送审登记表，结合结算审计过程中遇到的问题，重新制定送审资料清单，以书面形式一次性告知建设单位，并“跟踪”指导，由建设单位确认无误后送达，为提升审计时效提供了比较完善的基础资料。

——细化规程优化审计行为。

为加快推进项目审计进度，重新修订《政府投建项目审计操作规程》，优化送审项目内部报批程序，增加了审计复核成果运用等方面的规程，为提高审计质量奠定了良好的基础。

——加大审计信息化力度。

建立经济指标数据库及政府投建项目审计文书模块；购置投资审计系统专用服务器和工程预决算造价审核软件，并开展专题培训。切实提升计算机审计在政府投资审计中的应用水平。

——健全交流沟通和疑难处理机制。

定期召开投资审计业务会议，对在审项目进行梳理，了解项目进展情况，重点关注工程建设项目管理中的程序、质量、资金等方面内容，有针对性地提出对策建议；对审计发现的疑难杂症不定期组织召开专家审理会，有效提高审计质量，降低审计风险。（佚名）

（三）“审计全覆盖”经验

1. 杭锦后旗审计局打好“四张牌”切实做好“十个全覆盖”工程跟踪审计

——打好审前调查牌

。审计组主要成员通过走访调查，听取群众和包联干部对工程建设中存在问题的反映，借鉴人大、政府专项督察的反馈意见，查看信访部门接访记录，认真确定审计重点，确保审计工作思路清晰，重点明确。

——打好项目组织牌。

打破股室界限，采取大兵团作战方式，抽调全局26名一线骨干组成审计组，参审人员占一线干部总数78.8%。审计组下分五个小组，每个小组由工程和财务审计人员组成，确保审计工作全线拉开，全面推进。

——打好工作推进牌。

审计组每两周召开一次审计工作推进会，及时了解各小组工作进度，交流工作经验，会诊发现的疑难问题，统一下一步工作口径，确保各小组审计工作步调不乱，目标不偏，进度不慢。

——打好审计成果转化利用牌。

鉴于本旗“十个全覆盖”工程仍有不少村组还在施工建设中的实际，

该局创新工作方法，强化审计成果的快速转化和利用，边审计、边整改，充分发挥审计专报的快捷优势，将审计中发现的好做法和典型性、普遍性问题及时报送到旗委、政府，以便及时推广、及时整改，凸显审计在重大民生项目上的保障和建设性作用。(许雁)

2. 桃源县探索推进政府投资审计全覆盖

近期，桃源县审计局全面加强政府投资审计，推进政府投资审计全覆盖。

——实施全项目审计。

实行建设项目“必审制”，根据《桃源县政府投资项目审计监督办法》“凡投资额在 30 万元以上（含 30 万元）的政府投资项目和政府认定需要审计的建设项目，必须进行预算审计、工程结算或竣工决算审计”的规定，对投资额在 30 万元以上的建设项目开展审计。

——实施全过程跟踪审计。

对工程进行预算审计和结算审计的同时，重点关注前期勘察设计、施工预算编制等方面的情况；审查施工过程中工程变更、工程质量等，重点了解施工方有无通过工程变更等方式在隐蔽工程上做文章等。全面实行事前、事中、事后全过程跟踪审计。

——实施投资绩效审计。

审计中重点了解政府投资效果、预期效益、投入与产出的比例、对环境的影响等情况，了解民众对政府投资的满意度。通过开展政府投资绩效审计，揭示投资建设过程中存在的问题，对比分析建成项目实际效益与预期效益差距产生的原因，提出审计意见和建议，促进政府不断完善投资体制机制。(邹竞天)

二、制度建构

(一)《广西壮族自治区审计厅关于规范全区政府投资审计工作的指导意见》

为进一步加强投资审计业务建设，规范审计行为，提高质量，防范风险，广西壮族自治区审计厅出台了《广西壮族自治区审计厅关于规范全区政府投资审计工作的指导意见》。广西一些地市据此制定完善了相关制度。

1. 苍梧县规范政府投资项目审计工作

近日，苍梧县人民政府正式出台《规范苍梧县政府投资审计工作的指导意见》（以下简称《意见》）。《意见》进一步规范了该县政府投资项目审计行为，有效防控政府投资项目审计风险，并切实提高政府资金使用效益。《意见》主要规范了两个方面的内容：一是厘清法律关系，依法重申审计职责权限。结合《审计法》及《中华人民共和国审计法实施条例》等法律法规的规定，以及自治区审计厅《关于规范全区政府投资审计工作的指导意见》（桂审法〔2016〕108号）的要求，进一步重申了审计权限法定划分和界定，确保审计机关审计监督职能到位，防止错位、越位。二是明确投资项目审计标准，提高项目审计质量。以项目的送审金额为基础，对项目审计范围进行了划分，对送审造价在200万元以上的项目由审计机关进行审计；对200万元以下的项目由建设单位自行委托经政府采购程序确定的工程造价咨询机构进行结算审计，审计机关对审计报告按一定的比例进行抽查、检查，实施法定监督。（佚名）

2. 北海市认真贯彻执行全区政府投资审计工作的指导意见

《广西壮族自治区审计厅关于规范全区政府投资审计工作的指导意见》（以下简称《指导意见》）下发后，北海市政府高度重视，市政府主要领导同志作出重要批示，要求市审计局认真研究，结合本市实际情况，贯彻落实到位。北海市审计局根据批示，迅速组织学习领会，认真对照检查，积极抓好贯彻执行工作。

——认真学习，明确审计方向。

结合《全区审计机关政府投资建设项目工程结（决）算审计复核暂行办法》的规定和精神，把《指导意见》统筹起来进行综合学习，采取个人自学、集体讨论等多种形式，逐条逐项地学习领会，明确今后政府投资项目审计工作方向，确保审计监督到位不越位。

——对照检查，清理工作规范。

对照检查当前政府投资审计工作各个事项和流程，发现了参与项目招标、监标及项目竣工验收等10种不符合《指导意见》的行为，并向市政府起草提交了《关于贯彻落实〈规范全区政府投资审计工作的指导意见〉工作的意见》，以供决策参考。经市委、市政府批准，还清理了与审计法定职责无关的、可能影响依法独立进行审计监督的议事机构或工作，进一步规范了政府投资审计工作。

——完善机制，确保审计质量。

健全完善内部监督机制，结合《指导意见》精神，并进一步贯彻落实《全区审计机关政府投资建设项目工程结（决）算审计复核暂行办法》，及时组织重新编制政府投资工程预（结）算审计审核、复核相关工作文本，明确审计责任，减少审计偏差，降低审计风险，确保审计政府投资审计工作质量。（佚名）

（二）《贵州省政府投资建设项目审计监督条例》

《贵州省政府投资建设项目审计监督条例》经2015年9月25日贵州省十二届人大常委会第17次会议通过，自2016年1月1日起施行。贵州省一些市、县据此制定完善了审计监督办法。

1. 凤冈县完善国有投资建设项目审计监督制度

为了贯彻落实好审计法、贵州省政府投资建设项目审计监督条例、遵义市政府投资项目审计办法等法规，凤冈县审计局与县住建部门配合，进一步完善了国有投资建设项目审计监督制度。

——审计部门不再进行预算、招标控制价审计，仅开展预算执行情况即竣工结算、决算审计。

若有关建设单位需要进行预算、招标控制价审计，必须经县政府主要领导批准同意。县审计局组织或开展竣工结（决）算审计时，要将建设项目的预算、最高招标控制价等纳入审计范围。发现建设项目的预算、最高招标控制价存在不真实、不合法、不合理情形的，须提出调整建议。

——建设、施工单位承担完善送审资料的责任。

建设单位或者施工单位送审的资料，应当记录内容真实清楚、签署意见明确具体、各方印章加盖齐全。竣工结（决）算书，须由编制人员签名盖章，建设单位要在竣工结（决）算书上签署意见。

——强化责任追究。

规定了追究和问责情形，如：受委托的社会中介机构为了承揽业务，而故意压价、恶意竞争的；净审减率超过10%以上的部分，追加审计费用由施工单位承担；建设单位送审的工程决（结）算造价超过审计审定造价20%的；设计变更和现场签证未按照规定程序进行或虚假签证的；对社会中介机构审核的结果进行复核，核减或核增8%以上且金额达到30万元以上，责任属社会中介机构的相关规定。（钟德江）

2. 黔东南州强化投资审计制度建设

黔东南州通过近几年投资审计经验总结和新出台的《贵州省政府投资建设项目审计监督条例》，结合实际及时修订和完善《黔东南州政府投资建设项目概预算评审办法》，促进了政府投资审计工作制度化、规范化。今年1—10月，全州审计机关完成预算审查808项，审核金额773068万元，核减金额108863万元；完成决（结）算审计1549项，审核金额577668万元，核减金额61272万元。累计为政府节约投资170135万元。（姜文大）

3. 贵定县出台《贵定县政府投资项目预算评审及结（决）算审计实施办法》

贵州省审计厅《关于依法开展政府投资建设项目审计的通知》出台后，贵定县审计局认真学习领会，进一步明晰自身工作职责，为规避投资审计存在监守自盗和既是裁判员又当运动员之嫌疑给审计带来的风险，做到到位不越位，尽职不越权，提高投资效益。县审计局上半年分别向县委、人大、政府专题报告，提出依法依规退出政府投资建设项目的预算审计，并根据县政府要求同政府办、发改、财政等涉及部门多次商讨后，代拟了《贵定县政府投资项目预算评审及结（决）算审计实施办法》（以下简称《办法》）。

《办法》对政府投资项目定义、部门的职责、项目预算评审、项目结（决）算审计、中介机构管理和法律责任等六个方面进行了规范完善。重点对预算评审环节进行了明确，县级财政投资项目由县发改局项目管理中心负责预算评审的把关，中央省州专项资金项目由县项目主管局按上级规定办理。同时对政府投资项目预算评审的方法、工作流程、主要职责、工作要求、委托中介评审方式及注意事项、所需资料及评审范围、完成时限、法律责任等进行了细化明确；对结（决）算审计计划编制及计划外项目结算办理、审计范围和重点等以及中介机构管理也作了明确要求。《办法》还明确了50万元以下的结（决）算项目由项目主管局自行负责完成，财政、审计、监察等部门可根据需要进行抽查。（唐志鹏）

（三）东营市东营区出台《东营区政府投资项目管理暂行办法》

近日，东营市东营区政府采纳审计建议，修订出台了《东营区政府投资项目管理暂行办法》（以下简称《办法》），对政府投资项目计划管理、审批管理、建设管理、责任追究等方面做出了详细规定，进一步规范政府投资项目管理，提高政府资金使用效益。

《办法》规定，进一步加强政府投资项目计划管理。对已经列入年度政府投资计划的项目确需变更调整的，单项估算投资调整额度在100万元（不含）以内的，由区政府分管领导审定；调整额度100万元（含）以上、1000万元（不含）以下的，由区政府常务会议审定；单项估算投资调整额度1000万元（含）以上的，由区政府常务会议、区委常委会议共同审定，其中5000万元（含）以上的项目报区人大审议，增强政府投资项目计划的严肃性和执行力。

《办法》要求，进一步加强项目审批管理工作。项目总投资200万元（不含）以下的项目，审批项目简介；项目总投资200万元（含）以上的项目，审批项目可行性研究报告。实行并联审批制度，在审核可行性研究报告（项目简介）时，同时审核城乡规划部门规划选址意见、国土资源部门用地预审意见、环保部门环境影响评价审批意见、节能管理部门节能审查意见，提高政府投资项目的科学性和准确性。

《办法》指出，要进一步规范工程变更签证监督管理。项目单项工程变更在10万元（不含）以下或累计工程变更签证不超过合同价5%的，由区政府分管领导审批；项目单项工程签证在10万元（含）以上或累计工程变更超过合同价5%的，由区政府主要领导审批，工程变更签证需同时到财政、审计、发展和改革部门备案，保证政府投资项目的工程进度和质量安全。

《办法》强调，审计机关要加大政府投资项目审计力度。要求审计机关要依法对政府投资项目招标控制价、工程预算和决算情况进行审计监督。特别是对政府投资的重点工程，审计监督要覆盖工程项目各项手续审批、工程项目建设过程、工程项目资金和财物管理、工程项目竣工验收及移交等全过程，规范政府投资行为，提高政府资金使用效益。（王泽民 周云霞）

（四）乐陵市出台《乐陵市政府投资建设项目审计监督办法》

为加强对政府投资项目的审计监督，促进政府投资项目的规范管理，提高投资效益，近日，乐陵市人民政府印发了《乐陵市政府投资建设项目审计监督管理办法》（以下简称《办法》），把所有政府投资和以政府投资为主的建设项目纳入审计范畴。

《办法》规定，市审计局是政府投资建设项目审计监督的主管部门，负责本行政区域内审计管辖范围的政府投资建设项目审计监督工作。

《办法》要求，审计机关对政府投资项目的总预算或者概算的执行情况、年度预算的执行情况和年度决算、单项工程结算、项目竣工决算，依法进行审计监督；涉及政府重大投资项目，实施跟踪审计，可由财政和审计部门共同委托第三方办理，实现成果共享；规定了被审计单位及其有关人员在政府投资建设项目应当移送有关部门处理的情形。

《办法》强调，任何单位和个人，未经审计机关委托，不得参与政府投资建设项目的审计；审计机关应按法定程序出具审计报告，在法定职权范围内作出审计决定，提出处理、处罚意见；有关单位在办理政府投资项目竣工财务决算和办理国有资产移交时，应当将审计报告、审计决定作为办理依据。（罗殿军 杨超）

（五）鹤峰审计促推该县出台三项制度织密投资项目监管“笼子”

近年来，鹤峰县审计局在开展政府投资建设项目审计中，发现工程中随意超投资的现象时有发生，严重影响了建设工程项目的投资效益，致使工程造价难以控制。对此，该局积极向县政府提出建议，促使出台三个办法，织密制度“笼子”，不断加强和规范政府投资监督，预防和遏制投资领域腐败问题，取得了良好效果。

——在工程概（预）算阶段，织密防突破概（预）算的制度“笼子”。

该县出台了《鹤峰县财政投资评审管理暂行办法》，要求凡是政府投资额达到30万元以上的工程，必须经过财政部门投资评审中心评审，评审结果作为工程招标控制价的依据，审计部门对投资额超1000万元的工程抽审，办法还对资金来源、计价方式、合同内容等方面做了严格规定，从源头上将招标价进行锁定，防止建设单位虚报预算工程量，高套定额，突破概（预）算，擅自提高招标控制价，筑牢工程概（预）算的笼子。

——在工程实施阶段，织密防范随意变更超投资的制度“笼子”。

制定出台了《鹤峰县政府投资建设项目工程变更和增量工程投资管理暂行办法》，对工程变更审批作了严格规定，凡是工程变更额超过30万元的必须经过投资评审中心评审后方可实施；工程变更额超合同50万元以上的，需相关部门及县领导审定；超过概（预）算10%以上的，还需报政府常务会研究同意后，按规定调整投资概算计划。该办法从根本上遏制了部分建设单位随便增加投资，报小做大，结算价严重超合同价的现象。

——在工程结算阶段，织密防虚报冒顶规避法纪等行为的制度“笼子”。

出台了《鹤峰县政府投资建设项目审计监督管理办法》，规定投资额 200 万元以上的政府投资项目必须报送审计局进行结算审计，审计局对 200 万元以下的工程进行抽查审计。该办法还明确了建设单位、施工单位、监理单位等项目参与各方的问责情形，如审减额达到 15%，则将对有关人员进行追责。该办法从制度上把审计结果的运用与执纪问责相结合，使工程结算造价趋于合理，将审计监督的成效凸显出来。（张国辉、吉隽）

（六）湖北省审计厅出台《湖北省政府投资审计实施办法》

为进一步加强和改进全省政府投资建设项目审计工作，湖北省审计厅近期印发《湖北省政府投资审计实施办法》（以下简称《办法》），对各级审计机关政府投资审计工作作出明确规定，促使进一步规范投资审计行为，提高审计质量，防范审计风险。

《办法》要求，政府投资审计要建立权利清单、责任清单和负面清单，定期开展监督检查。其中，“权利清单”明确了政府投资审计的范围、内容和对象，划定了投资审计的权利边界；“责任清单”规定了投资审计计划编制、审计实施和社会审计力量参与审计过程中，相关单位和人员的责任划分和具体操作事项。《办法》列明 5 类政府投资审计不得参与审计活动的“负面清单”，为基层投资审计部门严格依法开展审计监督工作，全面退出各类与审计法定职责无关的、可能影响依法独立进行审计监督的议事协调机构或工作提供了依据。

《办法》明确提出实行政府投资项目分类分层审计管理。各地审计机关要对本地政府投资项目，按建设行业、建设性质、建设规模等要素进行分类审计，充分发挥各种审计资源对各类投资项目的监督效能，积极稳妥地推进有深度、有重点、有步骤、有成效的政府投资项目审计全覆盖。其中，重大项目主要由审计机关依照法定程序直接组织实施审计；一般项目由建设单位内部审计部门或自行聘请社会中介机构进行审计，审计机关视情况进行重点抽审。

《办法》明确规定，要加强投资审计项目计划管理、过程管理以及聘请社会审计力量的管理。在审计项目计划管理上，明确了年度审计计划制订依据及上报时间，首次提出上级审计机关对下级审计机关调整新增的投资审计项目，可视情采取“上审下”“交叉审”“联合审”等方式组织审计；在审计过程管理上，对审计通知书下达、方案编制、到现场管理、证据采用、审计评价等全过程重要事项提出了具体要求，严格控制审计质量。在聘请社会管理上，要求建立购买社会服务信用评定制度，切实规范社会中介机构及人员参与政府投资审计行为。（湖北省审计厅投资处）

（七）湘西州审计局制定《聘请中介机构政府投资审计工作规程》

为了加强政府投资建设项目的审计监督，整合审计资源，规范投资项目管理和社会中介机构参与政府投资建设项目审计的执业行为，保证审计质量，提高投资效益，防范审计风险，湘西州审计局近期出台了《聘请中介参与政府投资审计工作规程》（以下简称《工作规程》）。

《工作规程》对中介机构参与政府投资审计的基本工作程序和廉洁纪律作出了具体要求，对每个项目的初步审计阶段、复审定案阶段的相关程序以及工作业绩考核作出了规定。

《工作规程》规定了统一的审计方案表、审计中心专职资料员移交资料并签收流转表、现场勘察表、初步审核说明，严格要求每个项目中介机构首次参与对审人员需核对身份后方可进行对审；规定定案后，中介机构出具的5份咨询报告（一正四副）的相关内容；规定了每个审计项目电子光盘存档的格式和内容；规定了审计人员需遵守的7条廉洁自律规定，要求每个审计项目审计组需上交州审计局审计组执行审计纪律报告单。

《工作规程》规定实行业绩考核。规定每个审计项目由州政府投资审计项目主管根据中介公司工作情况，从团队管理能力、质量、进度、服务与执行力、配合度五个方面进行履约评价，每半年进行一次综合评价，评价结果将作为下一次中介结构参与政府投资审计的重要参考。

据悉，10月12日，湘西州审计局正式和湖南永信工程项目管理有限公司等10家中标的社会中介机构签订服务合同。州审计局和10家中标中介结构将严格按照《聘请中介机构政府投资审计工作规程》开展相关工作。（张月月）

（八）郴州市审计局出台办法加强政府投资审计项目考核

近日，郴州市审计局出台了《郴州市审计局政府投资结算审计项目考核办法（试行）》（以下简称《办法》），进一步明确了审计机关工作人员及协审人员的工作职责和任务，着力加强审计流程中各个环节的考核，全面提高政府投资结算审计项目质量和审计效率。

近年来，随着郴州市城市建设的步伐加快，政府投资结算审计项目日益增多，对投资审计的质量和效率要求也越来越高。为督促投资审计工作人员及协审机构认真履行职责，全面提高审计质量和效率，市审计局出台了本考核办法。《办法》针对影响审计质量和效率的关键环节，从审计质量和效率两个方面，提出了具体的要求和考核标准，且明确责任到人。《办法》对协审机构实行量化考核，各审计项目考核的基准分为100分，考核时在此基础上加减分；对完成项目初审的时间及提请审计业务会议的时间均作了具体的规定，对超时情况作扣分处理，并将考核最终得分与被考核项目的协审费挂钩。此外，《办法》还明确了审计机关工作人员在审计项目的资料接收、公文流转、造价复核、督促回复、现场核实等各个审计环节的时间要求，如：业主单位收到审计报告（征求意见稿）10个工作日内没有对其进行回复的，审计组须及时电话催办，催办后5个工作日内仍未回复的，向领导汇报。（段小卿）

（九）乌鲁木齐市《水磨沟区政府投资建设项目审计监督管理办法（试行）》出台

为进一步规范政府投资建设项目审计工作，乌鲁木齐市水磨沟区审计局起草的《水磨沟区政府投资建设项目审计监督管理办法（试行）》（以下简称《办法》），通过多渠道征求意见及召开专题会议研究讨论后，经水磨沟区委、区政府批示，在本区印发执行。

《办法》包括审计范围、审计内容、被审计单位的责任、对投资审计中介管理及责任追究等二十八条内容。一是明确了政府投资建设项目的审计范围及方式，确定审计机关对重大工程项目、重点财政资金项目开展跟踪审计；二是明确了审计的重点和内容。要求审计机关开展政府投资审计时，必须对履行基本建设程序情况、投资控制和资金管理使用情况、项目建设管理情况、有关政策措施执行和规划实施情况、工程造价和投资绩效情况等内容进行重点审计；三是明确了审计机关对政府投资建设项目存在问题的处理措施，并强调加强部门间的协作配合等。该办法的实施将为进一步提升政府投资项目审计质量提供制度保障。（唐杰）

（十）铜陵市出台国家建设项目审计监督办法

随着政府性投资建设项目的不断增加，投资审计的监督内容、审计方式、审计时限、审计要求、经费保障等均需要作出相应调整，为进一步加强对国家建设项目的监管力度，规范国家建设项目的管理，近日，铜陵市政府出台了《铜陵市国家建设项目审计监督办法》。该办法突出了以下内容：

——扩大了监督范围。

除政府性投资建设项目外，还包含了国有投资项目，接受、使用社会捐赠，包括接受外商或者私人捐赠并委托政府部门实施管理的公益性项目；产权归政府所有的重点基础设施和社会公共工程项目；以及政府性投资比例50%以上的建设项目均为国家建设项目监督范围。

——加强计划管理。

一是细化了应审计项目的审计申报时限。主要针对审计中经常出现工程竣工验收后迟迟不报送审计资料，导致审计时可能出现建设内容与现场已发生很大变化，很多建设内容审计已无法核实。二是提出实行年度计划管理。为了增强投资项目审计的规范性和计划性，实行年度计划管理，对未纳入年度计划的国家建设项目的审计方式和审计质量监督内容，由建设单位或者其主管部门依照本办法组织内部审计机构或者委托社会中介机构进行审计，审计报告报送审计机关。审计机关应每年对其审计结果进行质量检查或抽审。

——坚持严格依法审计原则。

为了坚持依法审计，体现审计结果客观公正，办法明确了几项不予审计内容，即对应当招标未招标的、不符合该市工程变更办法中规定的设计变更和现场签证的、工程实体遭到重大破坏导致现场无法分辨的、已委托中介机构进行造价审核的几种情形不予审计。

——明晰了各建设主体的审计内容。

一是明确了对施工、设计、监理、采购和与国家建设项目有关的其他单位的审计监督内容。二是明确了工程结算审计资料报送要求。避免部分建设单位在建设过程中不按照规定及时办理变更签证等相关手续，后期补报资料的真实性难以分辨，影响审计结果准确性。三是明确了跟踪审计资料报送要求。要求建设单位及时向审计组提供项目相关资料，保证事中监督取得实效。（佚名）

（十一）明光市审计局实行审计组廉政监督员制度

明光市审计局实行审计组廉政监督员制度。每个审计组都确定一名能够充分履行职责的人员作为派出审计组廉政监督员，全程参与项目审计过程，对审计组成员贯彻落实中央“八项规定”、审计工作“八不准”等廉洁自律情况进行全程监督，做到审计监督权力运行到哪里，制度约束就到哪里，将党风廉政建设推进到审计工作最前线，确保审计人员严格践行廉洁自律各项规定，使审计监督权力在“阳光”下运行。（华宗巧）

（十二）《马鞍山市政府投资建设项目审计监督办法》

针对近年来政府投资建设项目行业监管和项目主管部门管理职能未能充分发挥，审计监督责任体系未能有效形成；审计机关审计监督方式主要是对委托社会中介机构实施的单项工程价款结算审计进行再复核本应加强的竣工决算审计和再监督职能弱化等问题，马鞍山市政府按照“放、管、服”的改革方向，改革投资审计监督体制，印发了《马鞍山市政府投资建设项目审计监督办法》（以下简称《办法》）。

——建立分层次明确以审计责任主体为核心的审计监督新体系和工作新机制。

《办法》确定构建由审计机关主导、主管部门和建设单位协同、社会审计参与的政府投资建设项目审计监督体系，建立项目建设单位及其主管部门加强内部审计、政府行业管理部门加强行业监管、审计机关重点审计和面上抽审的分工协作、功能互补的审计监督覆盖工作机制，要求各相关建设行业管理部门要充分运用审计成果，强化政府投资建设项目的建设程序、招投标、合同、安全质量、工程造价等方面的有效监管。

——根据投资财政隶属关系、投资规模重新划分竣工决算审计主体。

《办法》强调建设管理主体责任，明确实行一级财政管理的市属各开发园区和江东控股集团等单位实施的政府投资建设项目主要由其自行组织实施审计；明确市本级较大规模项目竣工决算审计由市审计机关实施，一般项目竣工决算审计由项目主管部门（立项单位）实施，项目内所有单项工程价款结算审计由项目主管部门（立项单位）组织社会中介机构实施。

——按照监督与服务并重原则，调整强化审计机关审计监督和服务职能。

针对重新划分审计主体后，审计机关的审计监督方式主要由单项工程价款结算审计复核制调整为重点项目竣工决算审计和项目抽审（再监督），《办法》要求加强内部审计工作，明确提出市审计机关负责指导和监督本行政区域内的内部审计工作，建立备案登记制度和抽审机制，对项目主管部门（立项单位）组织的竣工决算审计、委托社会中介机构实施的单项工程价款结算审计项目管理情况开展专项审计，并制定业务管理规范（包括竣工决算、单项工程价款结算、项目跟踪和土地征收安置等）和协审机构管理办法，有效监督和服务各审计主体规范审计行为。（佚名）

（十三）衢江出台《政府投资项目审计现场踏勘管理办法》

日前，衢州市衢江区审计局出台《政府投资项目审计现场踏勘管理办法》（以下简称《办法》）。

《办法》规范了工作流程。规定踏勘现场前，协审单位应对审计项目资料进行必要的审阅，填写现场踏勘重点，及时向审计组长提请现场踏勘要求，协审单位提请现场踏勘要求 5 天内，由审计组长及时安排现场踏勘的时间、人员及车辆，并通知相关单位、人员进行工程现场踏勘。《办法》明确了人员相关职责。要求现场踏勘时协审单位人员不得少于 2 人，投资审计科安排 2 名及以上审计人员一同参与。同时，要求建设单位、施工单位、监理单位派熟悉情况的人员参加，并填写《工程项目造价审计现场核对记录单》。由所有参加踏勘人员当场签字确认，碰到竣工图与实际竣工情况不一致的，通过拍照、丈量、记录等方式取证。《办法》明确了重点内容。要求现场踏勘重点内容、节点环节实行分类管理。根据各类项目特征和实际确定踏勘重点内容、节点环节。现场踏勘与查验的结果，经整理、汇总后编制现场审计签证单。另外，审计人员在踏勘工作中遇到困难、发现问题的，及时向投资审计科反映，并通过查询单等程序进行审核批准后实施。（周渝）

（十四）嵊泗出台《嵊泗县审计局政府投资项目结算审计限时制度》

近期，嵊泗县审计局出台《嵊泗县审计局政府投资项目结算审计限时制度》（以下简称《制度》），以进一步加强审计监督，规范审计行为，提高审计效率，促进政府投资项目建设单位强化过程管理。

《制度》规定政府投资项目列入年度审计项目计划的，审计机关应当自计划确定之日起7日内告知建设单位。建设单位应当在工程交工验收或竣工验收后60日内提请竣工结算审计，结算审计完成后及时进行财务决算审计。《制度》强调审计机关应当自收到完整的送审材料之日起2个工作日内，向协审单位发出协审任务通知书。协审单位应当自签收协审任务书5日内编制完成项目审计实施计划，提交审计机关审核；80日内出具审计报告初稿，报审计机关终审；90日内向建设单位和承接项目的单位出具审计报告。因特殊情况需要延长审计期限的，延期申请一次为30天。协审单位应在出具初稿前3个工作日以书面形式报审计机关，经审计人员报请审计机关负责人同意后方为有效。审计实施期间每月5日之前，协审单位须向审计机关报送月进度情况。（方雷）

（十五）海曙出台投资项目跟踪审计操作办法

近日，宁波市海曙区审计局出台了《海曙区政府投资项目跟踪审计操作办法》（以下简称《办法》），进一步转变跟踪审计模式，明确跟踪审计实施方法。

《办法》规定跟踪审计采用协审单位日常跟踪审计、审计组阶段审计、审计机关年度考核的方式实施，并明确了具体的审计内容和方法。特别是把建设工程类项目分为开工前、开工至主体中间结构验收、中间结构验收至综合验收3个阶段，征收类项目分签约时限届满前、签约时限届满至搬迁期时限届满2个阶段，规定在阶段完成后3个月内，审计组组长组织审计人员对项目阶段实施情况进行集中审计，对协审单位日常审计质量进行全面复核。将以往的全程跟踪审计转变为阶段的事后审计，既保证了跟踪审计效果，缓解了审计力量不足与任务繁重的矛盾，同时减少了审计机关审计人员日常跟踪审计的工作量，提高了审计质量，保证了审计独立性，降低了审计风险。

《办法》明确规定跟踪审计通过海曙区政府投资项目管理系统进行管理。被审计单位资料送达、文书往来以及协审单位的日常审计情况均须通过系统报送和管理。同时，系统对各类事项的审计业务流程和审计文书格式作了固定，并对中介机构的协助审计工作时效和质量进行实时管理和考核，对审计发现问题和成果进行实时汇总分析，进一步提高了跟踪审计的质量和效率。（徐恒宝 王芬娇）

（十六）吴兴：“六项制度”创新政府投资审计管理新模式

——协审选择竞争制。

2015年，吴兴区审计局结算及跟踪审计项目合计金额达55.31亿元，为充实审计力量，缓解审计人员少任务重的矛盾，审计中心通过公开招标，充分引入竞争机制，公开、公平、公正地选取工程造价咨询资质等级较高、内控制度较健全，信誉良好的10家中介机构组成协审团队，参与政府投资项目的结算及跟踪审计协审工作。

——项目分配公开制。

吴兴区审计局出台《吴兴区审计局政府投资项目组织审计业务分配办法》《结算审计业务抽签分配方案》，创新采取大项目分配的优中抽签法和小项目分配的流程固化法，确保审计业务分配的公平、公正、高效，项目分配全程接受局纪检组和社会监督，做到权力运行的公开透明。

——初审报告检查制。

审计质量始终是投资审计管理的重点，主动抓住初审报告这个关键环节，实现审计质量控制的“关口前移”。协审单位在接到协审任务后，对资料的完整性进行检查并提出补充意见，资料完整后，协审单位在规定时间内出具初审报告并报审计组初步检查后，方可进行下一阶段的协审工作，初审结果与终审结果有较大出入的，应说明原因，初审报告的质量纳入考核范围。

——过程控制签证制。

投资审计一般时间长、交互多，审计过程中的记录签证是保证审计质量必不可少的环节，吴兴区审计局要求协审单位在项目实施过程中做好相关签证记录，如审计项目现场踏勘时必要的结论性成果，对账时核对成果形成的书面记录，各种协调会议的会议纪要等，都需要相关方确认签证后作为审计依据。

——百分百终稿复核制。

协审任务完成后，协审单位在“吴兴区政府投资项目审计管理系统”中申报协审成果，接受审计机关复核，审计机关复核由审计组复核和审计中心复核两部分组成，首先审计组长一周内组织人员对协审成果进行复核，并形成复核记录，复核结果反馈给协审单位修改调整并作为协审工作考核依据；然后是复核调整后的成果交审计中心复核，通过复核的项目才可以出具最终协审报告。终稿复核作为审计质量管理的最终环节，必须做到对结算复核的百分百全覆盖。

——协审工作考评制。

吴兴区审计局每半年对协审工作情况进行一次量化考核，考核内容包括协审单位的审计配合情况、审计进度、审计质量、审计纪律、审计效率等，考核结果包括协审单位排名及优秀协审单位确定，并在系统内公开，作为下一考核期协审任务分配的主要依据。(佚名)

(十七) 萧山：完善政府投资项目结算审计“四项制度”

——审前疑点制度。

该局专门制作了格式统一的项目审前疑点表，要求项目审计工作人员在工程现场踏勘前，必须对工程结算资料进行全面的梳理和分析，对有疑点的数据进行汇总并向项目审计组组长提交项目审前疑点表，明确审计重点与方法，从而提高工程现场踏勘工作的针对性与有效性。

——踏勘记录制度。

为规范工程现场踏勘工作，该局专门制作了格式统一的现场审计踏勘情况记录表，要求项目协审单位在踏勘工程现场时，对前期提交的审前疑点表中记录的审前疑点数据逐一进行测量、复核，并做好拍照取证等工作。同时，对现场测量的数据进行记录，并由建设单位、施工单位代表现场签证，为工程结算提供重要依据。

——对账会议制度。

协审单位出具工程结算审计报告初稿后，由审计组召集建设单位、施工单位相关工作人员进行三方对账，并根据会议统一意见，形成项目对账会议纪要，由协审单位根据对账会议商定的原则和计价口径，形成审计报告送审稿，提交审计组和复核人员审核。

——问题会商制度。

对于工程结算审计发现的难以判断或协调有难度的问题，由审计组提交科室会议或专家组会议进行会商。对于特别重大的事项，则邀请分管局长参加会议会商，并将形成的初步意见后报局主要领导或审计业务会议决策。(佚名)

(十八) 江西省南城县委县政府联合出台政府投资项目监管办法

近日，南城县委、县政府联合出台《政府投资项目监督管理办法》，要求对政府投资项目全程监督，实现无缝对接。该办法规定：凡是政府投资50万元以上的项目必须经过县重点办审核后交县审计局审计，对投资项目的可行性报告、审批流程、投资预算和资金流向情况进行全方位审计监督，从源头上规范投资项目运行。项目实施过程中，县审计局、县监察局派人长驻县重点办对项目合同执行情况实行跟踪监督，现场拍照、取样、核查，搞好项目预算执行审计，对现场审计发现的问题，及时下达整改建议书，督促项目依法依规实施。项目管理单位对已完工项目必须及时组织竣工验收，审计机关对已完工项目送审造价和资金使用情况实行投资结算审计，并对1000万元以上投资项目实施绩效审计。（刘聪）

（十九）巴彦淖尔市政府投资审计方面两个规范性文件由市政府办公厅印发并正式实施

近日，巴彦淖尔市审计局修订了《巴彦淖尔市政府投资项目审计监督办法》和《巴彦淖尔市政府重大投资建设项目跟踪审计实施办法》。修订后的《巴彦淖尔市政府投资项目审计监督办法》针对当前投资项目总体上呈规模和资金需求大、涉及面广、管理复杂的趋势和特点，制定了切实可行的措施和流程。对审计管辖范围、项目定义、项目规模划分、审计监督范围、审计内容、审计处理（处罚）以及审计纪律等方面，都做出了明确的规定，具有较强的指导性和操作性。《政府重大投资建设项目跟踪审计实施办法》侧重于项目审计关口前移，堵塞项目实施和管理漏洞，及时发现问题并及时纠正和促进整改。在项目的顺利推进、避免和减少损失、优化建设实施方案、规范建设项目实施、节约建设资金、促进提高资金使用效益、保障发展和保护干部方面发挥审计监督作用。《办法》在审计管理、各个审计阶段审计内容和重点、审计配合机制、审计整改、审计移送、审计机关聘用社会中介以及专业人员参与工作、审计纪律等都做了明确规定，在实际工作中具有很强的操作性。（佚名）

（二十）襄阳市三项举措加强和规范政府投资审计

——完善审计监督方式方法，强化政府投资综合监督机制。

针对政府投资建设项目审计范围和审计程序需要进一步规范，相关部门职能作用和社会中介机构力量发挥还需进一步加强的情况，2015年11月，该市市政府出台了《关于加强和规范政府投资审计工作的通知》，要求综合运用各种监督资源，充分发挥城区政府、行政审批、审计、财政和建设行政主管部门，以及社会中介机构的作用，实现全覆盖监督和提升审计效率并举。明确市政府投资审计局只审计招标限额以上项目跟踪、结（决）算和征收补偿资金的管理、使用情况，征收补偿预算由各城区政府负责审核，预算控制价由财政部门审核，招标限额以下项目的跟踪、结（决）算审计，一律通过政府购买服务方式，选聘社会中介机构实施。

——健全审计风险防控机制，规范政府投资审计权力运行。

该市审计部门紧抓审计质量和廉洁从审两条“生命线”，置政府投资审计权力于“笼子中”运行，将风险防控贯穿于政府投资审计全过程。一是通过建立健全岗位分离、实质性复核、内部争议会审、部门争议会商、业务会议审定等审计质量控制机制，提高审计透明度，保证审计结果的客观公正。二是通过建立廉审承诺、廉审台账管理、廉审情况回访和评价、审计全程电子监察等廉洁从审内控机制，规范政府投资审计行为，严防滋生审计腐败。三是通过向社会公开审计纪律、公开举报投诉电话、公示各环节审计进展情况和建立纪检监察机关专项检查制度等廉政风险外部监控机制，主动接受监督，严控审计风险。

——改进审计力量配置方式，规范政府购买社会服务行为。

为有效解决政府投资审计部门专业能力不足的问题，加大政府购买社会服务力度，出台相关管理办法，保证社会服务质量和工作效率。今年 4 月，该市审计局、财政局、行政审批局联合出台了《襄阳市聘用社会中介机构参与政府投资工程建设项目审计工作管理办法（试行）》《襄阳市购买社会服务承办政府投资项目结（决）算审计工作流程（试行）》，对项目审计提交申请、选定项目审计服务机构、签订服务合同、实施审计、结果报送及档案保管、监督及支付费用等做出了明确规定。目前，已有 9 家中介机构从 50 家社会中介备选库中随机选取参与政府投资项目的结算审计工作。（于赞军）

三、公告概览

（一）审计署发布的公告

审计署 2016 年 28 号公告发布了 2016 年第二季度国家重大政策措施贯

彻落实跟踪审计结果，其中披露了一些国家重大建设项目存在的问题。

1. 茂名博贺 2×100 万千瓦超超临界燃煤发电工程项目未经核准开工建设

目前，我国对煤电项目实行国家控制规模、地方政府优选确定项目并在国家依据总量控制制定的建设规划内核准的管理办法。2011 年 12 月至 2013 年 5 月，广东省发展改革委向国家能源局 3 次申请茂名博贺 2×100 万千瓦超超临界燃煤发电工程项目均未获批。2014 年 2 月，广东粤电博贺煤电有限公司未经核准开工建设该项目，截至 2016 年 6 月，已累计完成投资 32.73 亿元。

2. 昆明城市轨道交通 6 号线一期工程开通后运行效能低下

2009 年 9 月，昆明轨道交通集团有限公司未经批准启动 6 号线一期工程，并于 2012 年 6 月建成试运营。后经云南省发展改革委批复后，二期工程于 2014 年 7 月开工。截至 2016 年 6 月底，二期工程尚未建成，导致一期工程不能从机场直达城区、旅客换乘不便，客流持续减少，直至 2016 年 3 月停运，试运营期间累计亏损 4.61 亿元。

3. 福州可门港铁路支线项目逾期 4 年未完工

福建福州可门港铁路支线项目投资总额 13.64 亿元，计划于 2011 年 10 月完工。截至 2016 年 6 月，因原计划开挖的土石方处理方案无法实施，导致该项目龟山段 3.2 公里线路尚未开工，可门港铁路支线项目逾期 4 年未完工。

4. 京杭运河微山南至峄城段复线船闸工程因未供地无法开工

京杭运河微山南至峄城段复线船闸工程分为韩庄复线船闸和万年复线船闸两项工程，于 2014 年 11 月获国家发展改革委批准，投资概算 12.17 亿元，应于 2015 年开工。截至 2016 年 5 月末，负责项目供地的山东省济宁市、枣庄市两地人民政府应落实的征地拆迁资金 1.09 亿元、1.73 亿元均未落实，无法按期向项目供地，造成工程未按时开工。

（二）北京市发布的公告

2016 年第 8 号：北京市审计局关于本市轨道交通建设资金管理使用情况的审计结果

根据《审计法》《北京市审计条例》的规定，2015 年 4 月至 7 月，北京市审计局对本市轨道交通建设资金管理使用情况进行了专项审计。审计主要涉及北京市基础设施投资有限公司（以下简称“京投公司”），延伸调查了 9 个与轨道交通规划、建设、管理和运营事务相关的部门单位。

审计调查结果表明，在“十二五”期间，本市轨道交通建设得到了极大的发展，轨道交通建设为缓解交通拥堵、方便市民出行做出了重要贡献。截至 2014 年底，轨道交通运营里程达到 528.2 公里，比 2010 年底的 336 公里增加了 57.2%；2014 年运送客流 33.9 亿人次，比 2010 年的 18.5 亿人次增加了 83.2%；市民各种交通方式出行构成中，轨道交通出行的比例达到 22.4%，比 2010 年的 12.6%提高了近 10 个百分点。轨道交通的发展大大缓解了地面交通的压力，体现了对城市交通体系的支撑，方便了市民出行，推动了轨道交通沿线的社会经济发展，促进了城郊之间人口和资源的流动，为节能减排、建设“绿色北京”起到了有力的推动作用。从审计情况来看，未来几年轨道交通建设财政投入缺口较大，亟待引入社会资本。按照《北京市城市轨道交通建设规划（2014－2020）》所列的建设计划、建设规模，以及截至审计时实际投资完成的进度测算，未来 8 年轨道交通建设在财政投入上平均每年面临超过 200 亿元的资金缺口。

审计发现的主要问题包括：

——部分轨道交通线路拆迁结余资金未及时退回。

2011 年以来，地铁 4 号线、5 号线、10 号线一期、10 号线二期、15 号线一期东段、大兴线、亦庄线、昌平线一期、房山线等 9 条线路拆迁结余资金 14.26 亿元，在相关区财政局、建设主管部门滞留，尚未退回京投公司，增加了轨道交通建设资金利息负担。

——4 号线、8 号线（奥运支线）和 10 号线一期 3 条线路已建成通车，但 3 条线路有 4 个股东资本金尚未实缴到位，涉及资金 6.86 亿元。

——部分已通车的线路存在未实施的尾工。

“十二五”期间投入运营的 6 号线、7 号线、8 号线（含昌八联络线）、10 号线二期、14 号线、15 号线共 6 条线路，均有尾工尚未实施，共计 321 项，其中 249 项尾工对运营效率有所影响。

——部分线路调整建设内容，个别已投入运营线路车站出入口建成后拆除，导致投资增加。

（三）青海省发布的公告

1. 西宁火车站站改（征地拆迁）和综合改造项目专项审计调查结果

根据《审计法》（以下简称《审计法》）的规定，2015 年，青海省审计厅对西宁市人民政府（以下简称《西宁市政府》）、西宁市城市交通投资建设有限公司（以下简称《市交通投资公司》）负责实施的西宁火车站站改（征地拆迁）和综合改造项目进行了审计调查。

审计调查结果表明，西宁火车站站改项目征地拆迁基本完成，该项目为国家和省重点建设项目的顺利实施创造了条件，为促进青海省经济快速发展发挥了一定的经济和社会效益。西宁火车站综合改造项目基本按照批复的建设内容、规模和标准建设，工程质量和建设工期等主要建设指标基本符合要求，初步达到了预期的建设目标，项目的实施对改善西宁火车站周边公共环境、完善城市基础设施、提高公共服务水平创造了条件。

审计发现的主要问题包括：

——西宁火车站站改征地拆迁项目。

省土地统征整理中心多计提工作经费 535.42 万元。西宁博森房地产评估有限责任公司多计算评估费 150.97 万元。市国土资源局未追回青藏铁路公司未实施项目的拆迁安置补偿款 197.74 万元。自筹资金 1164.62 万元未到位。惠东公司挪用资金 760.77 万元。惠东公司无依据支付城东区委宣传部征地拆迁工作经费 20 万元。

——西宁火车站综合改造项目。

部分道路质量存在问题。站西巷、站东巷、滨河南路等道路工程沥青混凝土路面面层出现大面积破损、坑槽、脱落及沥青混凝土集料松散脱落等质量问题。评估公司多计算评估费 193.4 万元。市交通投资公司未缴纳印花税 153.74 万元。市交通投资公司建设单位管理费超支 341.74 万元。市交通投资公司未在规定时间内开工建设 376 套廉租住房。针对存在的问题，交通投资公司已与房地产开发企业签订符合廉租房标准的房屋购置合同，抓紧交付房屋。市交通投资公司超批复内容购置公交车辆 62 辆。市交通投资公司违规发放工资 226.94 万元。

2. 西宁市 2014 年市政基础设施建设项目审计调查结果

根据《审计法》的规定，2015 年青海省审计厅对西宁市 2014 年市政基础设施重点项目进行了专项审计调查。调查涉及市政道路、桥梁、供水排水管网、供热节能改造、畅通工程等多个行业和专业的共计 43 个大项 265 个子项工程。

审计调查结果表明，西宁市 2014 年市政基础设施重点项目会计核算基本合规，资金使用效益较好。各项目基本按照批复的建设内容、规模和标准建设，工程质量和建设工期等主要建设指标基本符合要求，初步达到了预期建设目标。市政基础设施建设项目的实施对增强西宁市城市功能、提升城市品位、改善人居环境条件、完善城市基础设施、提高公共服务水平创造了条件。

审计也发现了一些项目建设存在的问题。

——项目规划执行中存在的问题。

互助路部分路段自 2013 年 8 月至 2014 年底因排水、供水、天然气管网改造和实施道路综合整治工程，影响了该路段车辆正常通行，给公众造成了“拉链路”的负面印象。

——履行基本建设程序中存在的问题。

6 家单位以串通投标的方式取得 6 个标段的中标资格，涉及金额共计 4719.83 万元；贵南路（桥）等 18 个子项工程未按规定进行招标；部分项目招投标过程中评标专家未公正履行职责。南川工业园区滨河路等 34 个子项工程建设前期审批程序不完善；2013 年至 2014 年，西宁市发展和改革委员会超越权限批复 7 个项目概算。

——项目建设及管理中存在的问题。

西宁市建筑节能与墙体材料革新办公室履职不到位，项目补助资金 44.07 万元被冒领。祁连路两侧人行道隔离护栏建设单位擅自提高建设标准，较立项批复增加投资 118.14 万元；永久性水厕建设项目 9 个标段工程结算未据实核减未实际发生的不可预见费用 100.73 万元。南川西路地下公共停车库项目超批复规模建设，南川工业园区滨河路供水工程项目和大美青海玉文化产业园 B 片区道路工程建设项目中标价超备案总投资。个别项目存在前期设计调研不深入及施工图设计深度不够等问题，导致工程发生大量变更，部分项目进度滞后。青海强院建设工程检测中心为南川工业园区滨河路工程二标段出具虚假质量检测报告。

——征地拆迁中存在的问题。

沈家寨片区征地拆迁存在违规指定房地产评估机构，征地拆迁评估档案不够完整规范，征拆资金到位不及时，拆迁工作经费未据实列支，协议约定征地工作经费虚高及农村集体土地管理不规范等问题。

——建设资金管理使用中存在的问题。

西宁市政工程管理处私设“小金库”364.03 万元，公款私存 67.02 万元。部分单位项目会计核算不规范，存在项目未按规定单独建账、单独核算，项目建管费超支，中央贴息资金核算不规范等问题。西宁市城北区实施的二十里铺河东路畅通工程剩余资金850万元未能及时到位，尚未编制竣工财务决算。

——其他问题。

西宁市人民政府遴选的西宁市基础设施建设BT项目承包单位太平洋建设集团存在诸多问题，项目难以继续实施。

（四）浙江省发布的公告

1. 曹娥江至慈溪引水工程（上虞段）竣工财务决算审计结果公告

根据《审计法》第二十二条规定，2016年4月至5月，浙江省审计厅组织对曹娥江至慈溪引水工程（上虞段）项目竣工财务决算草案进行了审计。

审计结果表明，该项目的建成有效缓解了绍兴市上虞区、余姚市和慈溪市的工、农业用水紧张状况，改善了下游河道的水质和生态环境。绍兴市上虞区人民政府为保证该项目建设的顺利进行，抽调了相关人员，成立了工程建设领导小组。上虞区曹娥江至慈溪引水工程建设办公室建立财务管理制度、质量管理制度、安全管理制度等内控制度，基本完善了项目管理体系，项目前期审批工作较为到位。但审计也发现，该项目存在前期论证不够充分、政策处理滞缓、组织施工欠合理、后期养护管理不到位等问题。

——财务竣工决算草案多列投资7198.66万元。

对财务竣工决算草案列示的已完成投资45512.84万元，经审计核实后，调减7198.66万元，调整后的投资为38314.18万元。主要为待摊投资调减7198.66万元，占决算草案列示该项投资21662.64万元的33.23%。具体包括：多计耕地占用税、耕地开垦费6876.45万元。多计土地征用补偿费295.73万元。多计临时占用土地补助费26.48万元。

——前期论证有缺陷，后期管理不到位。

根据地质资料，沿线为粉土及粉质黏土，设计采用干砌石挡墙，挡墙背部未采取土工布过滤等措施，运行3年来，淤积厚度已达30～1125px。河道跨河桥不满足通航标准，增加后期清淤难度。沿河环境对水质存在污染风险。绿化工程后期管理不到位。

——基本建设程序和管理不到位。

未办理项目建设用地规划许可证。部分工程招投标程序不规范，涉及合同金额 323.94 万元。未办理竣工验收手续。

（五）海南省发布的公告

1. 海南华侨中学教学综合楼工程项目结算审计

根据《审计法》第二十二条规定和海口市教育局《关于申请对海南华侨中学教学综合楼工程项目进行结算审计的函》（海教函〔2015〕207 号）的要求，海口市审计局派出审计组，自 2015 年 8 月 5 日至 2016 年 2 月 16 日，对海南华侨中学教学综合楼工程项目竣工结算进行了送达审计。

该项目送审造价为 11561008.88 元（不含审核费），经查证，审核结果为 8738953.05 元（不含审核费），核减造价 2822055.83 元，核减率约为 24.41％。

审计发现的主要问题：

——多计工程造价 2822055.83 元。

多计工程量，核减造价 795813.61 元。错套定额，核减造价 25071.74 元。虚列定额子目，核减造价 412917.43 元。高套定额子目，核减造价 28376.08 元。高计主材单价，核减造价 52984.14 元。多计独立费、安装费用 105351.89 元。计措施费、规费、价差、税金 1334321.08 元。按合同下浮率 0.76％，核减造价 67219.86 元。

——审定结算超概算 63.95 万元。

该工程审核造价 873.89 万元，比市发改委批复的建筑工程费和工程预备费合计 809.94 万元超出 63.95 万元，超出约 7.32％。超概算的主要原因是：结算人工费为 63.82 元/工・日，较原概算人工费 56.03 元/工・日增加了 7.79 元/工・日；铝合金 推拉窗不锈钢防盗网、踢脚、扶手栏杆、化粪池等内容漏项；商品混凝土、砌体工程、卫生间墙裙、天棚抹灰面油漆乳胶漆二遍等工程量原概算少计；中砂、商品混凝土、乳胶漆等材料较原概算单价高。

——工程招标操作不规范。

工程招标不符合规定。招标内容与投标实际操作不符。实际合同与招标文件中规定的合同范本不符。

2. 海口市秀英区廉租房项目（福秀小区）三期建安工程竣工结算

根据《审计法》第二十二条规定和海口市城市建设投资有限公司（以下简称“市城投公司”）《关于申报海口市秀英区廉租住房项目（福秀小区）三期建安工程结算的请示》（市城投［2014］434号）的要求，海口市审计局派出审计人员，自2015年1月15日至11月18日，对海口市秀英区廉租住房项目（福秀小区）三期建安工程项目竣工结算进行了送达审计。该项目送审工程结算金额为53221191.71元，经查证，审核结果为44690754.32元，核减金额8530437.39元，核减率约为16.03%。审计发现主要问题：

——主体工程多计造价7862477.85元。

其中多计工程量、虚列定额子目等，核减造价4866340.10元。高计主材单价，核减造价2508828.75元。多计规费、措施费及税金，核减造价487309.00元。

——室外工程（一、二、三期）共多计2095260.47元。

多计工程量、虚列定额子目等，核减造价1381741.3元。高计主材单价，核减造价313880.99元。多计规费、措施费及税金，核减造价392763.36元。围墙垃圾站工程核减造价6874.82元。DN100水表及管道安装工程造价672564.9元应计入工程建设其他费用，本次结算不计。

——工程勘察、设计未招标。

3. 海口市秀英区廉租房项目（福秀小区）二期建安工程竣工结算审计

根据《审计法》第二十二条规定和海口市城市建设投资有限公司（以下简称“市城投公司”）《关于申报海口市秀英区廉租住房项目（福秀小区）二期建安工程结算的请示》（市城投［2014］433号）的要求，海口市审计局派出审计人员，自2015年1月15日至11月18日，对海口市秀英区廉租住房项目（福秀小区）二期建安工程项目竣工结算进行了送达审计。该项目送审工程结算金额为79334988.91元，经查证，审核结果为65871650.28元，核减金额13463338.63元，核减率约为16.97%。审计发现主要问题包括：

——主体工程多计造价12355367.17元。

多计工程量、虚列定额子目等，核减造价6417180.15元。高计主材单价，核减造价3708619.06元。多计规费、措施费及税金，核减造价2229567.96元。

——室外工程（一、二、三期）共多计2095260.47元。

多计工程量、虚列定额子目等，核减造价 1381741.3 元。高计主材单价，核减造价 313880.99 元。多计规费、措施费及税金，核减造价 392763.36 元。围墙垃圾站工程核减造价 6874.82 元。DN100 水表及管道安装工程造价 672564.9 元应计入工程建设其他费用，本次结算不计。

——工程勘察、设计未招标。

4. 海口市秀英区廉租房项目（福秀小区）一期建安工程竣工结算审计

根据《审计法》第二十二条规定和海口市城市建设投资有限公司（以下简称“市城投公司”）《关于申报海口市秀英区廉租住房项目（福秀小区）一期建安工程结算的请示》（市城投〔2014〕432 号）的要求，海口市审计局派出审计人员，自 2015 年 1 月 15 日至 11 月 18 日，对海口市秀英区廉租住房项目（福秀小区）一期建安工程项目竣工结算进行了送达审计。该项目送审工程结算金额为 99921960.41 元，经查证，审核结果为 78580621.55 元，核减金额 21341338.86 元，核减率约为 21.36%。审计发现主要问题包括：

——主体工程多计造价 19835606.53 元。

多计工程量、虚列定额子目等，核减造价 10056227.5 元。高计主材单价，核减造价 6203744.71 元。多计规费、措施费及税金，核减造价 3575634.32 元。

——室外工程（一、二、三期）共多计 2095260.47 元。

多计工程量、虚列定额子目等，核减造价 1381741.3 元。高计主材单价，核减造价 313880.99 元。多计规费、措施费及税金，核减造价 392763.36 元。围墙垃圾站工程核减造价 6874.82 元。DN100 水表及管道安装工程造价 672564.9 元应计入工程建设其他费用，本次结算不计。

——工程勘察、设计未招标。

（六）河南省发布的公告

1. 洛阳至南阳高速公路大安至寄料段建设项目竣工财务决算审计结果公告

根据《审计法》的规定，河南省审计厅派出审计组于 2015 年 9 月 17 日至 11 月 7 日，对洛阳至南阳高速公路大安至寄料段建设项目（以下简称“洛南高速大安至寄料段项目”）竣工财务决算进行了审计。

审计结果表明，汝鑫公司基本能按规定履行基本建设程序，较好地执行并落实了项目法人、资本金、招投标、工程监理、合同管理等制度，建立了较为规范的建设管理机制和质量保证体系，内控制度和计量支付审查制度基本健全有效。同时，积极筹措资金，通过奖罚机制等措施，激励各参建单位建设积极性，对项目按计划实施建设并投入运营起到了较好作用。

但是，审计中也发现该项目在财务管理与会计核算、工程管理、造价控制等方面存在一些问题，需加以纠正和改进。

——决算多计投资2720.47万元。

多计项目建设成本171.49万元。多计结算工程价款1512.74万元。主要是由于工程量计量不实，多计工程结算所致。多计待摊投资1036.24万元。

——汝鑫公司代扣代缴施工单位所得税等有关税费750.23万元未解缴。

——汝鑫公司洛南高速大安至寄料段项目竣工财务决算报表编制不规范。

——个别施工单位涉嫌违法转包工程问题。

2. 郑州黄河公铁两用桥公路分建段建设项目竣工财务决算审计结果公告

根据《审计法》的规定，2015年8月24日至10月18日，河南省审计厅对郑州黄河公铁两用桥公路分建段建设项目（以下简称“公路分建段项目”）竣工财务决算进行了审计，重点检查了项目概算执行、投资控制和工程建设管理等情况。

审计结果表明，公路分建段项目业主能够按照批复的可行性研究报告和初步设计要求完成各项建设内容，工程建设和资金管理总体较为规范，较好地控制了工程投资，竣工决算草案编制基本真实合规，项目运行和维护管理总体较好。

但是，审计中也发现该项目在财务管理与会计核算、工程价款结算等方面存在一些问题，需加以纠正和改进。

——决算报告中多列尾工工程投资和待摊投资等2054.28万元。

——单位职工借款长期未清理20.26万元。

——多向有关承包商计量结算工程价款510.49万元。

（七）广西壮族自治区发布的公告

1.2015年桂林市防洪及漓江补水枢纽工程项目跟踪审计结果根据《审计法》的规定，2015年6月8日至7月17日，自治区审计厅对桂林市防洪及漓江补水枢纽工程2014年6月至2015年6月建设资金使用情况和项目建设情况进行了跟踪审计。

审计结果表明，项目业主单位能认真贯彻落实自治区党委、政府和桂林市委、政府作出的有关桂林市防洪补水工程建设的决策和工作部署，认真做好组织协调和管理工作，保证了工程项目建设各方面工作有序开展，财务收支情况基本真实、合法、合规。

审计发现的主要问题包括斧子口水利枢纽淹没县道改线复建工程三标段多计工程进度款1019501.45元；斧子口水利枢纽工程淹没县道改线复建工程多计工程进度款150486元；斧子口淹没省道202改线复建程施工合同工程量清单部分子目与招标文件、投标文件不一致；小溶江水利枢纽工程施工合同材料价格调整条款与招标文件实质性内容不符。

2. 柳江航道整治工程项目2015年度跟踪审计结果

根据《审计法》的规定，2015年3月至5月和9月至10月，自治区审计厅对柳江航道整治工程2011年3月17日至2015年10月工程建设和财务收支情况进行了跟踪审计。

审计结果表明，柳江航道建设办的财务核算基本符合《国有建设单位会计制度》和《基本建设财务管理规定》的规定，所提供的相关会计资料基本真实、完整地反映了该项目实际完成的投资情况。项目建设过程中，柳江航道建设办能较好地遵守基本建设程序，内部控制制度基本健全，执行基本有效。工程进度、质量、安全得到了较好的控制。在对施工单位和监理单位进行现场检查中，未发现重大问题，现场检查情况总体良好。

审计发现的主要问题：

在柳江航道建设办相关账务中部分报销票据不规范，涉及金额508.31万元；批复概算和施工图预算多列投资219.35万元；业务接待费超支38.02万元；工程完工前据自治区港航局《柳江航道整治工程交通基本建设项目竣工决算报表》反映，柳江航道建设办计划将按工程基建结余1875.80万元中的30%即562.74万元作留成收入处理。

3. 百色水利枢纽工程建设广西库区征地补偿及移民安置项目资金使用

管理情况审计结果

根据《审计法》的规定和自治区人民政府办公厅将百色水利枢纽工程建设征地安置项目资金审计项目追加列入2015年全区统一组织实施审计项目计划的批示，2015年7月至10月，自治区审计厅对自治区水库移民工作管理局（以下简称“自治区移民局”）根据自治区人民政府授权实施的百色水利枢纽工程广西库区征地补偿及移民安置项目资金使用管理情况进行了审计。

审计结果表明，自治区移民局及项目市、县（区）移民部门、右江公司等部门和单位，能认真贯彻落实中央和自治区有关百色水利枢纽工程项目建设的决策部署和政策措施，制定了相应的管理规章制度，积极采取措施推进移民安置各项工作。至审计时，广西库区移民安置、水库淹没影响的专项设施恢复改建、城（集）镇迁建等任务基本完成，基本达到“搬得出、安得下、能稳定、有发展”的目标。审计发现的主要问题：

——百色水利枢纽工程项目资本金未到位6270万元（其中：广西水利电业有限公司未到位5000万元，百色水电投资有限责任公司未到位1270万元）。

——右江区百色水利枢纽移民安置生产安置用地17984.79亩未办理土地权属变更手续和发放土地证。

——右江区发放移民补偿未按规定签订补偿协议。

——右江区的移民补偿手册编制和移民补偿费发放记录不符合规定要求。

——右江区建设的5个移民安置点被废弃，造成投资损失356.45万元。

——右江区者仙交通桥工程项目施工合同执行不严格，造成项目建设增加投资948.33万元。

——右江区部分移民安置点基础设施工程建设项目没有按规定签订施工合同。

——右江区移民局支出的森林植被恢复费174.15万元与其承担的移民安置任务不符。

——右江区移民局多拨付右江区交通局项目征地费12.44万元。（十）右江区移民局坝区征地经费账支付阳圩镇平圩上屯一组征地青苗补偿费77.87万元，有2.79万元没有领款人签名。

——右江区移民局未按规定实行县级报账制。

——其他管理方面的问题：右江区一些工程项目竣工结算，无应有的相关工程变更和现场签证资料；右江区签订的一些工程项目施工合同，乙方当事人与实际施工承包当事人不相符；右江区一些移民工程项目档案资料不齐全，缺失严重；右江区一些移民工程项目未按规定招标；右江区者仙交通桥工程项目招标对投标人资格审查不严格，导致假冒中国航空港建设总公司投标代理人中标签订项目施工合同。

4. 河池至都安高速公路建设项目 2015 年度跟踪审计结果

根据《审计法》的规定，2015 年 4 月至 5 月和 10 月至 12 月，自治区审计厅对河池至都安高速公路（以下简称"河都路"）2014 年 11 月至 2015 年 8 月工程建设和财务收支情况进行了跟踪审计。

审计结果表明，桂山公司的财务核算基本符合《企业会计准则》和《基本建设财务管理规定》的规定，所提供的 2014 年 11 月至 2015 年 8 月《企业财务报告》及其相关会计资料基本真实、完整地反映了该项目实际完成的投资情况。项目建设过程中，桂山公司能较好地遵守基本建设程序，内部控制制度基本健全，执行基本有效。工程进度、质量、安全得到了较好的控制。对桂山公司计量支付、工程设计变更、设计图纸等与工程建设相关资料和会计报表、账簿、凭证以及有关经济活动的合同、文件等资料的检查中，未发现重大问题，情况总体良好。

审计发现的主要问题：部分线外水系路系损坏项目和都安县养护工区征地等收尾工作未完成；收到通行费 986.10 万元未作收入处理；应计未计收入 901.37 万元；部分收支未按规定核算；部分工程项目未按规定公开招标；未按规定设立奖励基金；水淹赔偿费和房屋鉴定受损赔偿费用 51.17 万元应由施工单位支付；应缴未缴代扣个人所得税 2.83 万元；用违法发票入账；固定资产未计提折旧；未按规定进行征地拆迁造成超支合计 4.26 万元。

四、前景展望

近年来，各级政府加大财政投入，加强基础设施建设，保障国民经济持续快速健康发展。如何加强政府投资项目的管理和监督，确保建设资金的有效使用，消除项目建设中的腐败行为，是各级党委、人大和政府关注的问题，人民群众也很关心。结合一些地方的做法，从各地经验探索和公告结果分析，固定资产投资审计应做好以下几个方面。

（一）设立专门审计监督机构，创新政府投资项目监管体制。一些地方的做法收到了良好的效果。深圳市成立“深圳市审计局政府投资审计专业局”，主要职责是对所有政府投资项目的施工图预算、决算、招投标和工程竣工后的国有资产移交等事项进行审计监督。类似做法将原来分散于市计划局、财政局和建设局的一部分监督职能集中统一到审计专业局，由其独立行使对政府投资项目的监督权，实现了项目决策、管理与监督的分离，强调了审计机关在政府投资项目监督工作中的主导地位和权威性。

（二）建设一支高素质的投资审计专业队伍。比如为解决投资审计人员不足和日常繁重的审计任务间的矛盾，可以根据投资审计业务需要扩充了投资审计队伍规模，使审计人员基本涵盖投资项目审计所需的各种专业人员，如工业与民用建筑、暖通、道桥、给排水、计算机等专业。培养政治觉悟高、理论功底扎实、实践能力强的复合型人才，可以保障审计工作的顺利开展。

（三）及时出台法规规章，为政府投资项目审计监督提供法律保障。比如深圳市政府于1998年6月颁布了国内首个对政府投资项目审计行为进行规范的政府令《深圳市政府投资项目审计监管暂行规定》，对投资审计职能、审计内容、审计监督程序及审计人员的权利义务和投资项目法人违纪违规行为应负法律责任等作出了明确的规定。2001年2月，深圳市人大常委会又通过了《深圳经济特区审计监督条例》，明确规定了审计机关对政府投资项目竣工决算出具的审计意见书和作出的审计决定，应当作为项目竣工后财务结算和国有资产移交的依据，并对建设、设计和施工单位均具有约束力，进一步强化了审计监督的作用。

（四）创新政府投资项目审计监督方式，实施全过程跟踪审计。比如审计专业局对深圳市所有政府建设项目实行了从施工图预算到竣工决算全过程的跟踪审计，通过对施工图预算、工程量变更、工程决算、建设项目招投标及项目竣工后的国有资产移交工作的审计监督，拓展了政府投资审计的领域，改变了以往审计机关侧重于事后监督的做法，将事前、事中和事后监督有机结合起来，做到“关口”前置，把节约投资和规范政府投资行为的工作做在项目开始之初，贯穿于项目建设的全过程，最后把住决算审计关，提高了审计监督效果。

分报告 7：资源环境审计发展状况与前景展望

一、经验探索

（一）自然资源资产审计经验探索

1. 察右中旗审计局“四抓”自然资源资产审计

——抓审计统筹，确保审计计划稳步推进；

——抓部门协调，确保自然资源审计合理推进；

——抓夯实基础、全面摸底，确保审计工作重点突出；“四抓”现场调查，确保自然资源审计成果全面、准确。

——通过了解土地、林木和水资源等重要自然生态资源的分布情况，探索审计评价、责任鉴定和结果运用机制，促进自然资源资产节约集约利用和生态环境安全。（马慧娟）

2. 巴彦淖尔市积极推进自然资源资产试点审计

——先行先试，积极试点。自治区党委、政府要求，审计机关主要开展土地资源、矿产资源、森林资源、草原资源、水资源、大气污染防治等六个方面自然资源资产的审计。

2014 年，自治区审计厅确定巴彦淖尔市审计局开展矿产资源资产离任审计试点工作，为全区审计机关开展领导干部自然资源资产离任审计提供借鉴和指导。2014 年、2015 年，市审计局结合乌拉特后旗、乌拉特前旗书记、旗长经济责任审计，将矿产资源资产作为重要审计内容进行了试点审计，审计结果受到了各级领导的充分肯定。为进一步推动全市自然资源资产责任审计工作全面开展，2016年，市审计局结合乌拉特中旗书记、旗长经济责任审计，仍将矿产资源资产列为试点审计，并印发了关于开展领导干部自然资源资产离任审计的通知，统一部署了各旗县区自然资源资产审计试点工作，要求每年各旗县区审计局选择性开展自然资源资产审计试点。

——克服畏难情绪，积极协调解决审计困难和问题。

在自然源资产试点审计中涉及相关单位多，遇到的困难和问题较多，各旗县区审计局都能克服畏难情绪，加强组织领导，加强相关政策法规学习研究，依托当地党委政府深化改革领导小组积极协调解决审计试点的范围、对象等困难和问题，根据本地实际及时调整审计试点内容，确保今年走出审计试点这一步。目前，3个旗已研究确定审计对象，临河、磴口因资源管理权限等问题还在研究确定审计对象，乌拉特中旗正配合市审计局开展中旗矿产资源资产审计，五原县结合水务局原局长经济责任审计对该县的水资源做了一个初步的了解，因缺少自然资源知识的审计人员，急需对现有业务人员或招聘的专业人员开展专业培训。

——加强组织领导，坚持“开门”搞审计。

市局和各旗县区审计局领导担任试点审计组长，靠前指挥，根据审计现场工作需求适时修正工作重点和方案。各审计组广泛收集资料，邀请国土、统计、水务、草原、环保等相关部门领导和业务人员有针对性地进行讲解相关知识，确保每位参审人员带着行业背景知识进点，带着方向和思路进点。市局资源环境科通过各种方式及时全面地为旗县区的试点审计进行服务和指导。

——结合试点实际，积极交流研讨。

市局要求各旗县审计局2016年必须选择一个方面内容开展自然资源资产审计试点，试点审计结束后，各旗县区审计局要出具正式审计报告，2016年年底前上报市局一篇论文，届时市局将召开自然资源资产审计座谈会进行交流研讨，讨论工作中存在的问题，总结交流经验、做法，提出意见建议。（佚名）

3. 鄂托克旗审计局试点对某苏木开展草原资源资产离任审计

为深入贯彻落实党的十八届三中全会关于领导干部实行自然资源资产离任审计的精神，根据《内蒙古自治区党委办公厅、自治区人民政府办公厅关于印发〈开展领导干部自然资源资产离任审计试点实施方案〉的通知》鄂旗审计局确定派出审计组于 2016 年 10 月起，在某苏木开展草原资源资产离任试点，对原党委书记、原政府苏木达任职期间草原资源资产责任情况进行审计。目前，试点审计工作正从如下两个方面顺利推进：

——积极开展工作，开展对领导干部草原资源资产离任审计工作在鄂旗审计局也是首次进行，没有成熟的经验可以借鉴。

审计人员深入学习中办、国办印发的《开展领导干部自然资源资产离任审计试点方案》、审计署《关于进一步加大审计力度促进加快推进生态文明建设的实施意见》，参加审计署自然资源资产审计视频培训会。通过学习并结合鄂旗的自然资源秉赋特点，选准审计试点的突破口，对自然资源资产审计方式、审计内容、审计评价、责任界定、审计结果运用等方面进行了探讨和交流，制订出了切实可行的试点审计实施方案。

——深入调研，真正摸清被审区域内的草原资源资产现状

。实行领导干部草原资源资产离任审计，是所有审计机关在新形势下面临的一项新课题和新挑战，审计内容由传统的项目资金转变为多维的地理空间信息数据，由原来简单的点、线、面转换为时间、位置的立体空间，没有现成的模式可以遵循，没有现成的经验可学，也没有现成的数据可用。审计组克服资料不全、数据不准、技术手段缺乏等诸多不利因素，迎难而上，积极探索，先行先试。为全面了解某苏木草原资源资产现状，顺利实施审计项目，审计组深入国土、林业、农牧业、草监、财政等部门单位查阅相关资料，收集数据资料，摸清底数，进行实地勘查，详细调查、了解各类自然资源资产的现状，为草原资源资产审计试点工作顺利推进创造了前提条件和可靠保证。

针对自然资源资产审计的特点，审计中将重点关注领导干部任职前后自然资源资产实物量与生态环境质量变化情况、自然资源保护和管理及利用情况，采取定性与定量相结合的方式，对领导干部履行自然资源资产管理责任情况作出审慎合理评价。（马格斯尔）

4. 鄂尔多斯市审计局继续探索开展领导干部自然资源资产离任审计试点工作

近期，鄂尔多斯市审计局派出审计组，开展对乌审旗领导干部草原资源资产责任审计，这是继 2015 年完成鄂托克旗草原资源资产试点审计后，进一步对我市领导干部自然资源资产离任审计工作的探索。

——审计调查，为开展草原资产离任审计做好前期准备。

提前安排审计人员，通过咨询和走访专家等方式，确定以乌审旗旗委、政府和该旗财政局、农牧业局、林业局、国土局、草原监督管理局、草原工作站、森林草原防火办公室等部门为草原资源资产审计的重点，并延伸审计相关苏木镇。通过审计调查基本掌握了解了乌审旗草原资源资产建设、利用和管理的基本情况，制订出了乌审旗草原资源资产责任审计（试点）实施方案。

——精心部署，强化离任审计组织领导。

成立了由副局长任审计组长，经济责任审计办公室主任任副组长的审计工作组，按照“四统一”“三结合”的原则组织实施，即统一方案、统一实施、统一上报、统一处理，结合领导干部任期经济责任审计和财政决算审计，全面开展草原资源资产离任审计试点工作。

——改进方法，提高离任审计工作效率。

针对草原资源资产离任审计涉及地域广、难度大、任务重的特点，注重利用新技术手段，改进审计方法，结合地理信息审计（GIS）、卫星定位技术（GPS）和SQL数据分析等多种先进的审计方法，分析草原管理和国土等部门数据，如国土二调小班图、遥感图、财政各类补贴资金到户情况数据等，全面系统分析、仔细审核、发现疑点，提高草原资源资产离任审计的工作效率。

——强化问责，增强草原资源资产离任审计成效。

明确以揭示草原资源资产管理建设、利用和保护中存在的突出问题，以及影响草原资源资产和生态环境安全的风险隐患为抓手，从领导任职期间草原资源资产状况变化情况、草畜平衡制度及实施状况、执行草原管护相关政策制度情况、推进草原“双权一制”工作情况、草原保护与监督检查情况和草原项目管理情况等多项内容分析领导任职前后区域内草原资源资产实物量变动的主、客观原因。对因人为因素造成数量减少、质量下降、环境恶化、污染比较严重等问题，实事求是地界定领导干部责任。（潘磊）

5. 胶州市深入推进自然资源资产审计

为了进一步深化自然资源资产离任审计试点工作，近日，胶州市审计局开展了李哥庄镇自然资源资产审计，这是自2015年6月以来的第5个自然资源资产审计项目。

本次审计，分为小城市建设、大沽河湿地、水资源、土地资源四个专题，重点关注小城市建设过程中是否重视生态文明建设，关注大沽河湿地、水资源、土地资源的现状及管理保护情况。重点查处小城市建设过程中生态文明建设相关政策、制度落实不到位、不顾环境承载能力胡拆乱建、违规使用相关资金等问题；查处违规占用湿地、违规抽取地下水、违规占用土地资源等问题，促进加强生态文明建设，还百姓“绿水青山”。（王福祥）

6. 潜江市启动区（镇、处）领导干部自然资源资产离任审计试点

为深入贯彻审计署和省厅《关于在全省全面推开领导干部自然资源资产离任审计的实施方案》精神，日前，潜江市审计局正式启动了对全市各区（镇、处）领导干部自然资源资产离任审计试点工作。

此次审计试点，按照先简单后繁杂、先易后难、由表及里、分类分片开展区（镇、处）领导干部自然资源资产离任审计的原则，选择了市经济开发区、后湖管理区两个区开展试点，抽调了国土、林业、水务、环保部门专业人员共同开展。审计将从摸清两个区镇处自然资源资产现状、底数、质量等基础情况入手，全面掌握土地、矿产、森林、河流等自然资源资产的现状。在内容和重点确定上，主要围绕自然资源资产管理和生态环境保护目标责任落实情况展开，重点关注自然资源资产实物量和质量、“红线”指标实际执行情况、生态环境保护重大项目建设情况、上级督办案件和群众举报问题的查处整改销号情况等内容。通过审计，促进区镇处领导干部树立正确的政绩观，切实履行自然资源资产管理和生态环境保护责任，促进自然资源资产节约集约利用和生态环境安全，同时，也为下一步全面实施打好基础。（陈艳、张慧兰）

7. 十堰自然资源资产离任审计凸显三大效果

今年，十堰市审计局按照全省推进重大改革事项的统一部署，采取深层试点和全面铺开相结合，扎实完成了全市自然资源资产离任审计任务，实现了摸清绿色家底、增强生态责任意识和促进自然资源资产保护机制建立三大成效，助推了十堰生态文明建设和绿色发展。

——摸清了全市自然资源资产绿色家底。

在开展项目审计中，该局先后深入各地县委、政府“两办”和国土局、水务局、林业局、环保局等 76 个部门，走访了 9 个工业园、4 个林场、7 个湿地和自然保护区、3 个开发区、21 个企业以及 55 个乡（镇、办

事处）的175个村组（居委会、社区），实地踏勘核查了120宗土地、102宗林地、32条河流、43座水库、20个干渠支渠、60个采矿点、38个采砂点、78个排污口、57家环境污染企业或单位、42个污水处理厂、25个垃圾处理填埋设施，较好摸清了全市自然资源资产的绿色家底，为完善全市自然资源资产负债表奠定了坚实的基础。

——增强了领导干部生态文明责任意识。

审计中，以自然资源资产管理和生态环境保护责任为主线，牢牢盯住实物形态、“红线”指标、责任落实等关键事项，重点关注自然资源资产管理和生态环境保护责任制的落实情况和实际效果。通过审计发现和揭露自然资源资产管理、开发利用和生态环境保护中存在的突出问题以及影响自然资源和生态环境安全的风险隐患，客观评价领导干部履行自然资源资产管理责任情况，依法界定领导干部应当承担的责任，形成责任落实的闭环效应，树立和强化绿色发展的鲜明导向，有效增强了领导干部生态文明责任意识。

——促进了生态文明机制体制的完善。

强化自然资源资产改革和审计试点成果运用，探索并逐步完善适合全市生态特点的领导干部自然资源资产离任审计。并针对审计发现的问题和结果，提出了针对性建议。目前，经市委常委会议研究，建立自然资源资产离任审计联系会议制度；设立生态保护奖励基金，对环境保护中做出突出贡献的个人和组织进行奖励；编制《十堰市领导干部自然资源与环境保护风险警示手册》，正发放到市、各县市区、乡镇（街道）班子成员，为各级领导干部决策和正确履行环保责任提供参考。同时，将自然资源资产离任审计结果纳入对县市区领导干部年度考核内容，进一步增强各级领导干部的“绿色”发展理念。（刘斌、李永）

8. 仙桃市重视自然资源资产离任审计整改掀起“环保风暴”

今年，省审计厅开展对仙桃市领导干部自然资源资产离任审计后，针对审计发现的问题，仙桃市委、市政府高度重视，及时部署并落实审计整改工作，在全市掀起了一场“环保风暴”。

——召开“一个会议”，认真部署突出环境问题整治工作。

审计结束后，该市立即召开突出环境问题整治工作动员会，将审计整改工作落到实处。会议指出，仙桃的生态环境正面临着不可承受的污染之重，要全面动员，凝聚力量，真正推动生态环境彻底改善；要切实担当保护绿色家园的责任，树立绿色发展理念，不要污染的 GDP，不要祸害子孙的政绩，不要逆势而为；要坚持绿色生产标准，倡导绿色环保文化，让环保理念和意识在全社会入脑入心。会议要求全市上下做到“四个坚持”，强化“三种意识”，掀起“环保风暴”，以战斗姿态向突出问题宣战，以铁匠作风抓好环境污染整治，大力推进绿色发展，努力改善环境质量。

——加强“三方联动”，全面提高社会各界环保责任意识。

强化政府主导力度，落实领导包保责任、部门监管责任和督促检查责任，建立建全了问责追责机制，使政府在环境整治工作中有所作为。强化企业主体责任，通过加强环保宣传和环境监察，努力提升企业家的社会责任和百姓情怀，使他们提高环保意识，认真防污治污，尽好自身之责。强化群众主人意识，通过设立举报电话，在报纸、电视台等媒体上公布问题和整改情况，充分发动群众关心、支持、参与环境整治工作，打一场环境保护的“人民战争”。

——开展“五大宣战”，着力加大环境污染查处打击力度。

一向工业污染宣战，坚决不招污染企业，高挺环保“铁门槛”；坚决关停整改不达标的企业，祸害生态环境的企业该关就关，不留情面；坚决要求企业达标排放，严格环保执法。二向畜禽养殖污染宣战，坚决关停取缔“致富一人、祸害一方”的小养殖场。三向水污染宣战，持之以恒地实施“千河保护”计划，保水源、治水污、美水景，做到水清水满水生态；加快推进截流截污，用好市场化手段提升污水处理城乡一体化水平。四向大气污染宣战，扎实推进燃煤锅炉淘汰、黄标车老旧车淘汰、建筑扬尘污染治理、秸秆禁烧等工作。五向不作为、乱作为者宣战，该通报就通报，该约谈就约谈，该问责就问责，毫不留情，毫不手软。（杨盛）

（二）水污染防治审计

1. 巴彦淖尔市审计局采取五项措施全面部署水污染防治资金审计工作

为了贯彻落实审计厅《全区水污染防治资金审计工作方案》的精神，巴彦淖尔市审计局召开党组会议专题研究部署，采取五项措施，扎实推进我市水污染防治资金审计工作。

——加强组织领导。

市审计局成立了以“一把手”为组长的水污染防治资金审计领导小组，领导小组下设办公室具体指导、协调、汇总水污染防治资金审计工作。实行“五统一”，即统一工作方案、统一审计进点、统一时间要求、统一定性处理、统一报告格式，力争高质量地完成此项工作。

——做好审前培训。

培训会上水污染防治资金审计办公室就审计工作方案和相关的政策法规做了认真细致地解读，聘请水利专家介绍了巴彦淖尔市水资源费征收、管理和使用情况，聘请环保专家讲解了我市“十二五”水污染治理目标完成情况和水污染防治存在的重大风险隐患，让审计人员提前掌握相关的业务知识。

——审计方式上，采取“同级审”和“上审下”相结合。

市审计局组织12名审计人员，分成2个审计组，分别对市本级和临河区2011年至2015年水污染防治资金的管理使用情况进行审计。

——改进审计方法。

采取审计与调查相结合、抽查与延伸调查相结合的方法，通过抽查重点项目，检查其建成、投运和实际形成的污染物减排效果；延伸调查污水处理设施，检查其污水收集是否达到项目申报量；现场检查要求建设的设施是否建成，是否达到设计标准，是否运行，运行是否正常等。

——密切配合，信息共享。

市审计局加强协调和指导，要求各审计组加强联系与沟通，及时解决工作中遇到的困难问题，及时反映审计中发现的普遍性、倾向性、典型性的问题，及时总结好经验、好做法，通过信息、专报等形式相互交流反映。（佚名）

2. 西乡县审计局开展水污染防治资金审计工作

近日，西乡县审计局根据审计署部署和省审计厅2016年审计计划项目安排，按照市审计局下发的水污染防治资金审计工作方案，结合本县实际情况，认真制订水污染防治资金审计实施方案，成立审计组，及时进点，扎实有序开展全县水污染防治专项资金审计工作。

审计组成员认真学习水污染防治资金审计工作方案以及与此项目有关的法规、政策，明确审计指导思想和审计目标、审计范围和对象、审计内容和重点，制订了《西乡县审计局关于2016年度水污染防治资金审计实施方案》，集中时间，集中人力，对县财政局、发改局、住建局、水利局、环保局等12个单位、部门“十二五”期间各级财政投入水污染防治资金管理使用情况开展全面审计，按照审计实施方案，并对审计工作时限和审计深度做出了具体要求。

审计组沿着资金主线，采取听取汇报、查阅账簿、查阅项目实施资料，进入项目实施地点实际核查等方式，把资金与项目结合、财务收支与效益审计结合，全面摸清水污染防治资金投入使用情况，重点对水污染防治资金的投入、拨付、使用、分配、管理、绩效、项目实施进度、重点控制断面和饮用水水源地水质变化、主要污染物减排等各环节进行了全面审计，关注是否有挤占、挪用、截留、虚列支出、套取骗取资金、谋取私利、失职渎职等问题，以及在资金使用中的重大违纪违法、不作为、慢作为、乱作为等问题，把生态环保与经济 效益结合起来，客观评价水污染防治资金的使用成效，揭示水污染防治资金管理和项目实施中存在的重大问题和风险隐患，针对存在的问题和风险，从体制、机制、制度层面分析问题产生的原因，为县委、县政府提出加强和改进水污染防治工作合理化建议，推动相关政策措施完善，提高水污染专项资金使用效益，确保水污染防治资金发挥更大作用，有力保障全县水环境安全。(张伟)

3. 鸡西市审计局对全市水污染防治资金进行审计

根据国家审计署2016年审计工作计划，黑龙江省审计厅组织相关处室及3个市地审计机关对牡丹江市、鸡西市、鹤岗市、伊春市和黑河市国家“十二五”期间财政投入水污染防治资金管理使用情况进行审计。

近日，鸡西市审计局成立4个审计组，开始对市本级及六区、鸡东县、密山市和虎林市水污染防治资金进行审计。本次审计的目标是，摸清被审计地区财政投入水污染防治资金、项目实施、重点控制断面和饮用水水源地水质变化、主要污染物减排等情况，揭示水污染防治资金管理和项目实施中存在的重大问题和风险隐患，促进水污染资金整合盘活和效益发挥，推进重点项目建设，从体制、机制、制度层面分析问题产生的原因，提出加强和改进水污染防治工作的建议，推动相关政策措施完善，保障国家水环境安全。(佚名)

4. 巴中市审计局全面启动水污染防治专项资金审计

按照审计署统一部署和四川省审计厅工作安排，巴中市审计局于7月下旬全面启动全市“十二五”期间水污染防治专项资金审计工作。

为扎实做好本次审计工作，巴中市审计局统筹审计力量，统一审计方法，统一技术培训，组建6个工作组对市本级和各县区2011—2015年财政投入水污染防治资金管理使用情况实行同步审计监督。本次审计旨在摸清我市各级财政投入水污染防治资金、项目实施、通河巴河流域重点控制断面和饮用水水源地水质变化、主要污染排放等情况，揭示水污染防治资金管理和项目实施中存在的重大问题和风险隐患，促进水污染防治资金整合盘活和效益发挥，推进重点项目建设，保障渠江流域上游水环境安全。（张尧）

5. 武汉市汉阳区区长现场办公推进水环境保护绩效审计整改工作

近日，针对武汉市审计局关于汉阳区城市水环境保护绩效情况审计调查报告中提出的问题，该区区长盛继亮组织召开整改工作专题调度会，现场办公，就审计提出的城市规划、项目建设管理、项目运行、项目资金管理、水环境保护监管五个方面存在的问题逐条落实责任单位，逐项提出整改意见，并对下一阶段整改工作提出四项具体要求：

——高度重视问题，积极落实整改。

盛继亮指出，强化水环境保护是贯彻落实“十八大”关于推进生态文明建设精神的重要课题。加强汉阳地区四大湖泊的保护和综合治理，提升区域水环境质量，也是践行“创新、协调、绿色、开放、共享”发展理念的切实要求。全区各部门对此次查出的问题要高度重视，要有主动意识和担当精神，报告中提出的问题暴露了汉阳区在水环境保护方面存在的薄弱环节，各部门务必采取切实有力措施，举一反三，整改落实到位。

——要树立“以人为本”理念，推进城市排水防涝设施规划建设管理。

鉴于本次审计中发现的四台工业园污染严重事件，在市政府尚未出台该地区污水收集与处理规划的条件下，由市统筹公司和区规划分局积极与市相关部门沟通协调，统筹制定永丰西部地区“城中村”道路规划和污水管网规划，避免生态控制底线内区域环境持续恶化。在“城中村”改造目前还不具备启动条件的情况下，采取架设临时泵站抽到黄金口污水处理厂等有效手段解决近期污染源问题。同时近期召开专题会，尽快启动四台工业园的整体搬迁工作。

——要强化规划实施，发挥财政资金使用效益。

对审计调查报告中指出的污水和排水设施项目进展缓慢的问题，区建设局、水务局要按照市、区城建项目计划，细化分解目标任务，加快区内尚未开工的建设项目落地速度，以积极应对暴雨内涝对城市的破坏和生命财产的威胁。对选址困难的琴断口疏浚污泥处理站由区城管委配合落实十亩开工地点。对闲置的市级财政资金近期要召开专题会议，督促未开工和完工项目尽快启动前期工作，使财政资金充分发挥应有的效益。

——要坚持问题导向，加大综合整治力度。

对龙阳湖的 22 个排污口要逐个排查，加大整治力度，三年内不能拆迁的要采取分片收集、集中处理方式减少污染程度。对墨水湖湖心岛不能拆除的有证房屋要强化监管，不改建、不扩建，进行美化，不允许对湖泊进行污染。对闲置废弃的龙阳湖磨山节制闸，区水务局要和市排水公司取得联系，分清管辖权，争取尽快发挥作用。抓污染源头管理，加强对排污企业夜间排污的突击检查。近期将走访调查污染排放企业，对有设备不运行、无证排污、偷排和超标排放的，要加大执法和问责力度，确保水环境安全和稳定。(郭纹)

6. 余杭：借力信息技术助推环资审计

今年 4 月开始，全省同步组织开展的饮用水水源保护情况和医疗废物处置管理情况两个专项审计调查中，余杭区审计局充分运用图斑信息、网络图库、监控数据等信息技术，有效解决人手少、时间紧、任务重、内容新等实际困难，在提升工作效率的同时取得了较大审计成效。

——利用图斑信息快速核查重要疑点。在饮用水水源保护调查项目中，该局通过使用地理信息系统 ArcGIS 软件，快速准确地对省厅前期下发的县级以上饮用水水源保护区“红线”内的各类设施进行全面核查，对形成的疑点及时与环保部门进行沟通，实现精确到点的现场察看，并很快确认了仍然存在的部分违规设施。通过利用上述技术手段不仅切实加快了审计进度，而且提高了发现问题的效率和准确性。

——利用网络图库全面核查动态变化信息。同样在饮用水水源保护调查项目中，该局通过使用“谷歌地球”软件的历史图库功能，对饮用水水源地保护区进行时间维度的纵向变化分析，动态观察水源保护区范围内的土地利用状况变化及各类设施的历史演变情况，快速直观地对照检查相关饮用水水源地保护工作的落实情况。通过该方法，该局发现了多处疑点，并通过现场核查予以查实，极大地提高了审计发现问题的效率和审计分析问题的深度。

——利用监控数据精确锁定违规行为。

针对医疗机构收集—转运—暂存医疗废物等重点环节动态操作难以核查取证的困难，该局在了解到卫生部门已在部分医院安装了实时监控系统加强医废管理的情况下，充分利用已有监控设备数据对相关医疗机构的操作过程进行为期一周的实时审查，并对出现的违规行为及时截图取证。通过这一方式，审计已发现了多家区属医院存在各类违规操作行为，并引起了卫生监督部门的重视，相关整改工作也得到了同步跟进。（佚名）

（三）生态环保审计

1. 全国首个生态县绿色发展新突破　浙江安吉深化乡镇生态责任审计

11 月 23 日上午，浙江安吉县审计局两个审计小组分别进驻孝丰镇、溪龙乡，拉开了为期一个月的党政主要领导干部生态责任审计的序幕。由此，安吉乡镇主要领导干部生态责任审计，从早前的 4 个山区乡镇拓展至工业乡镇。

2015 年，安吉在全省率先对生态环境较好的 4 个山区乡镇主要领导干部开展生态责任审计，及时发现和制止以牺牲环境为代价的发展问题。县审计局局长沈卫江说，由于乡镇生态责任审计在省内乃至全国尚无先例可循，仅确定审计指标这一项，他们就调研了两个月。记者看到，这份来之不易的审计清单，包括森林资源保护与建设、基本农田保护等 14 项指标，涵盖领导干部生态决策、生态管理、生态政策执行等三方面。

今年 9 月，刚从鄣吴镇党委书记转任省级中心镇——梅溪镇党委书记的陈小龙说，针对涉林案件，鄣吴专门制定网络化管理办法，将生态林保护责任进一步落实到护林员和协管员队伍。

审时度势，安吉县委、县政府决定将生态责任审计覆盖到面临环境容量压力的工业乡镇，致力绿色崛起，发展美丽经济。如今，安吉人越来越品尝到绿色发展的甜头。今年 1 月至 10 月，安吉县财政收入和旅游收入同比分别增长 10.2％、32.3％。（郭扬、翁迪凯）

2. 宁波：审计持续关注生态环境保护政策落实

2016 年以来，浙江省宁波市审计局持续关注生态环境保护政策落实，助力“建设美丽浙江、创造美好生活”建设取得明显成效。

——为供给侧改革建言献策。

今年 3 月宁波市审计局对市林业局原局长实施经济责任审计期间，对市供给侧改革项目进行了延伸审计调查，发现四明山区域森林生态修复供给侧存在“两头堵”问题：一个是四明山区域森林生态修复供给侧资金形成“涌堵”，地方投入不足且市级补助资金使用率低；另一个是四明山区域森林生态修复供给侧源头形成“反堵”，现行运作模式下林农积极性不高，改革措施执行不到位。市审计局向市委市政府提交专题报告，得到市领导批示，为解决四明山区域森林生态修复供给侧结构性矛盾提供了建设性方案。

——促进水资源高效利用。

2016年4月至7月，宁波市两级审计机关共派出10个审计组，对2014年以来宁波市饮用水水源保护情况进行了专项审计调查。通过重点抽查，审计发现市饮用水水源保护情况在饮用水水源保护规划与制度建设、饮用水水源保护区污染治理与安全保障、饮用水水源保护监测与应急管理、全区域水污染治理，严控污染物排放总量和排放标准五个方面不容乐观。宁波市审计部门及时与相关业务主管部门和责任单位沟通，认真查找、分析原因，提出三条有针对性的建议，并向市委市政府报告，有力地促进了宁波水资源的高效利用。

——力推医废收集体系整合提升。

为了配合2016年浙江省“五水共治”政策落实情况跟踪专项审计调查，2016年4月至7月，宁波市两级审计机关重点调查了政府部门、医疗机构、医疗废物处置企业等共计103个单位。审计发现市政府安排项目资金2000万元，要求于2015年度实施完成的“医疗废物收集体系整合提升项目”尚未实质性启动，全市医疗废物收集仍维持在2012年底初步形成的状态，且存在诸多问题。审计提出现阶段推行综合性医疗机构与各类专科医疗机构分类收取处置费的模式，待条件成熟后，逐步过渡到按重量计费；加快建立部门间协作机制，从块状管理向链条管理转变；进一步规范管理，促进医疗机构对医疗废物实现精细化管理；进一步提升医疗废水处置能力；合理布局，提升医疗废物收集企业的服务等五条合理化建议，力推宁波医废收集体系整合提升，得到各方认可。(彭俊)

3. 高密市审计局“三落实”加强生态项目审计

近年来，高密市审计局围绕落实新发展理念，努力推进审计全覆盖，确立了“三落实”加强生态项目审计、助推生态文明高密建设的思路举措。

——落实生态项目专题审计调研。

该局主动组织开展城乡绿化美化、环境卫生、污染治理、能源开发等涉及生态文明领域的专题调研，以摸清上述领域基本情况，分析影响和制约生态文明建设的薄弱环节和问题，多渠道听取群众、村居、社区、学校及企事业单位的呼声和建议，为有的放矢开展工作，有效发挥审计监督作用掌握第一手资料。

——落实审计监督重点。

在深入调研的基础上，有针对性地对生态林场建设、环境卫生保护、城乡重点部位绿化美化、垃圾及污水处理等项目进行专项审计或审计调查，掌握国家有关政策落实动态，审查财政资金投向、管理和使用情况，分析项目的生态效益、社会效益和经济效益，针对发现的问题“对症下药”，促进整改，推动生态文明建设项目上水平。

——落实高起点、高水平服务。

在市委、市政府制定生态文明建设总体规划过程中，根据审计了解掌握的情况，立足当前、着眼长远，从规划框架、工作格局、资金投入规模、投向及使用效益等方面，深入分析研究，积极建言献策，高起点、高水平服务领导决策。（田晋名）

4. 加强资源环保审计　助力生态文明建设

为深入推进生态文明建设，辽阳市审计局采取三项措施有力推动全市资源环保审计工作开展。

明确本地区资源环保审计工作重点。市审计局紧密结合全市实际，坚持遵循“循序渐进、因地制宜”原则，大力推进资源环境审计。市审计局紧紧抓住资源环境领域里的重点项目、重点部门、重点资金和重点工作，陆续组织开展了农村安全饮水工程，“宜居乡村”、“美丽乡村”示范村建设，新能源公交车更新，污水处理厂和市净水厂运营情况跟踪等审计工作，在肯定成绩、揭示问题、提出建议的基础上，注重对环境保护审计工作实践总结与理论研究，取得较好效果。

构建资源环境审计整体工作格局。市审计局积极推进资源环境审计与其他专业审计相结合，依托审计全覆盖，在各专业审计中密切关注资源环境审计内容，形成合力。在经济责任审计中，市审计局注重关注领导干部履行资源管理和生态环境保护职责、节能减排目标完成情况以及土地及水资源管理和开发利用情况；在财政审计和专项资金审计中，市审计局着重关注各级政府和机关部门关于环保相关政策落实执行情况以及建设项目的立项、审批、规划布局及环境影响评价情况。

不断加强资源环境审计队伍建设。市审计局成立专门科室负责审计市自然资源资产、生态环境保护情况，对土地资源、水环境进行审计，对森林资源、矿产资源、大气污染防治、生态环境、土壤污染、固体废弃物、生态多样性等开展资源环保审计。在日常审计工作中，市审计局注重引导审计人员相互学习交流、共同提高，全面优化审计队伍素质，提高环境保护审计工作的能力，切实发挥资源环保审计的实效。（佚名）

5. 南通坚持“三个原则”推进自然资源资产利用和环境保护责任审计

8 月起，南通市审计局做实审计实施方案，坚持“三个原则”，对所属海门市、如东县两个县（市）党政主要领导干部开展自然资源资产利用和环境保护责任审计。本次审计是对地方党政主要领导干部自然资源资产利用和环境保护责任审计的全面推进。

——坚持“因地制宜”的原则，根据当地主体功能区定位以及自然资源资产特点和生态环境保护工作重点，确定审计内容和重点。

本次审计围绕南通滨江临海、拥有“黄金海岸”与“黄金水道”的区位特点，在突出对土地、水等自然资源开发利用与保护情况审计的基础上，加大对海洋、滩涂、岸线等资源审计的探索力度；根据地方产业结构和布局的特点，重点关注化工园区整治等生态环境治理情况，从资源节约高效利用、陆海统筹、环境保护等政策执行方面进行关注。

——坚持“重在责任”的原则，结合领导干部的岗位职责特点，以干部履职为主线，确定审计内容和重点，有针对性地组织实施。

全面审计领导干部任职期间主要资源使用、消耗情况以及环境损害、保护情况等，主要围绕被审计领导干部任职期间履行自然资源资产管理和生态环境保护责任情况进行客观评价，界定领导干部应承担的责任。

——坚持“积极完善”的原则，结合率先开展领导干部自然资源资产离任审计的先行经验，在审计内容、审计评价、技术方法、审计责任界定、审计结果运用等方面积极探索。

加强经验总结，完善评价指标体系，逐步形成操作指南，积极完善“联合审计”的模式，科学谋划，顶层设计，推进环保、国土、水利、农业、海洋渔业等资源环境管理职能部门全力配合，确保领导干部自然资源资产离任审计工作深入开展。（黄山杉）

（四）大气污染防治审计

1. 武汉市岸区审计局“四关注”探索开展大气污染防治绩效审计

今年来，武汉市江岸区审计局积极探索实施自然资源资产审计的新思路、新方法，做到“四个关注”，开展全区改善空气质量专项资金绩效审计调查，对专项资金闲置、扩大支出范围、项目建设管理推进缓慢、部分污染现象屡禁不止等问题，提出有针对性的审计意见建议，并取得了良好成效。（佚名）

2. 北京将收回虚报多领大气污染防治资金近 2000 万元

北京市审计局局长吴素芳在北京市十四届人大常委会第三十一次会议会议上通报了北京市 2015 年市级预算执行和其他财政收支审计查出问题整改情况。针对个别单位虚报多领大气污染防治资金的问题，北京市财政局要求职能部门加强项目和资金管理。截至 9 月底，北京市财政局已通知相关单位上缴市级财政专项资金 1908 万元。

北京市 2015 年市级预算执行和其他财政收支审计工作报告指出，北京燃煤锅炉管理措施不够衔接。如 3 台改造拆除并已经领取了财政补贴的燃煤锅炉，又在其他区办理了登记并安装使用。目前，这 3 台锅炉正在实施拆除，企业重复领取的 55 万元燃煤锅炉改造补助资金已经收回上缴财政部门。为预防类似问题，北京市环保局和质监局联合印发了《关于进一步加强锅炉改造相关工作的通知》，建立全市燃煤锅炉改造对接协调机制，加强联合监管力度。（佚名）

3. 审计署太原办关注大气污染防治项目情况

近日，审计署驻太原特派员办事处在贯彻落实国家重大政策措施情况跟踪审计中，积极关注大气污染防治项目情况。审计组深入一线车间、仓库，实地调研，深入了解生物质能发电厂的实际运行情况。（郭伟娜）

二、制度建构

（一）寿光市建立领导干部自然资源资产离任审计试点工作联席会议制度

近日，寿光市政府常务会议决定建立领导干部自然资源资产离任审计试点工作联席会议制度，该市为进一步加强对领导干部自然资源资产离任审计试点工作的领导及统筹协调工作，充分发挥各职能部门的专业优势，明确各职能部门之间的权利、责任与义务，共同研究解决审计遇到的困难，建立了寿光市领导干部自然资源资产离任审计试点工作联席会议制度，切实为审计创造良好环境，形成协调统一的联动工作机制。联席会议成员单位包括市委组织部、监察局、人社局、财政局、国土局、环保局、农业局、林业局、水利局、海洋与渔业局、统计局、审计局等部门，市长担任联席会议总召集人。联席会议的主要职责是研究制定有关自然资源资产审计试点的政策和制度，监督、检查、交流、通报领导干部自然资源资产离任审计试点工作开展情况及审计结果利用情况，研究解决工作中出现的问题。（张红霞　刘欣　程龙）

（二）秭归审计助推该县强化三峡坝区环境保护制度建设

近日，秭归县委书记卢辉就该县审计局提交的《审计要情》和自然资源资产离任审计报告作出批示，要求各地各部门高度重视审计反映的问题，举一反三，强力整改，切实维护好三峡库区生态环境安全。

近年来，该县审计局充分发挥审计在推动完善国家治理中的作用。县政府一是制定了《秭归县乡镇集镇环境卫生和污水、垃圾处理设施运行维护考核办法》《秭归县农村垃圾无害化处理操作指南（试行）》和《秭归县开展农村垃圾治理创建“美丽家园、清洁乡村”活动实施方案》；二是紧抓三峡库区及其上游水污染防治和三峡工程后续工作项目建设机遇，整合移民、环保、水利、农业等部门项目资金近亿元，建成乡镇垃圾填埋场厂 8 个，集镇场镇集中处理点 20 个，村级垃圾简易填埋点 150 个；配备各类垃圾收集设备（桶、池、房、箱）4 万个；购置垃圾清运车 200 台，日处理垃圾能力达 480 吨；三是开展流域综合治理，完成兰陵溪、香溪河流域流域生态环境示范工程建设，启动茅坪河、兰陵溪、九畹溪三大流域的综合环境整治；四是每年出动清漂船只3000多船次进行库区清漂，打捞漂浮物10000立方米。投资4633万元建成200吨/日的漂浮物综合利用无害化处置项目，对打捞上岸的漂浮物进行综合利用安全处置，确保江面清、库岸洁和三峡大坝运行安全。（付新、黄兴艳）

（三）咸丰审计促推该县出台生态环境保护两个文件

近日，中共咸丰县委、咸丰县人民政府印发《关于推进生态文明、建设美丽咸丰的意见》（以下简称《意见》）及《咸丰县环境保护“一票否决”制度实施办法（试行）》（以下简称《办法》）。作为该县加快转变发展方式，保护和改善生态环境的指导性文件，两个文件标志着该县生态环境保护向纵深迈进，也是该县审计部门发挥“免疫系统”功能，认真开展领导干部自然资源离任审计取得的最新成效。

今年，该县审计局组织开展了领导干部自然资源资产离任审计，审计揭示和反映了违规占用林地、河道，违规使用土地和环境保护方面存在的问题，提出了建立和完善联席会议制度、加强对自然资源监督管理、加强开发利用行政许可管理和加强开发利用行政确权管理等审计建议，引起县委、县政府的高度重视。县委、县政府先后召集国土、水利、林业、环保等部门研究相关措施，经过酝酿，制定出台了上述《意见》和《办法》。

《意见》以强化污染治理、改善生态环境为核心，提出到2020年，以生态文明建设走在全州前列，建成生态良好的“美丽咸丰”为目标，以发展绿色循环经济、全面优化生态环境、建设生态宜居家园、大力弘扬生态文化等为重点，以完善机制体制、培育生态文化为保障，全力建设发展优级质、生态优良、环境优美、人与自然和谐相处的美丽咸丰。

《办法》将该县环境保护相关责任落实到县行政区域内的相关部门、乡镇（区）、工业园区和企事业单位及其主要负责人、分管负责人、直接责任人，推动环境保护与各级党委、政府及有关部门的评优、表彰奖励、干部选拔任用同步进行，对出现《办法》所列“一票否决”事项的，取消该单位当年参与综合性表彰奖励资格，取消相关责任人当年参与表彰奖励和职务晋升、晋级资格；连续两年被“一票否决”的，视情节轻重，给予组织处理或党纪政纪处分。（朱世洪）

(四) 新化县政府采纳审计建议出台《新化县落实〈水污染防治行动计划〉实施方案（2016－2020 年)》

近日，新化县政府采纳审计建议，出台了《新化县落实〈水污染防治行动计划〉实施方案（2016－2020 年)》。该方案从推进水污染防治、推动经济结构转型升级、节约保护水资源、保障水生态环境安全、严格环境执法监管、增强市场机制作用、强化科技支撑、加强水环境管理和考核、强化公众参与和社会监督等九个方面做出明确的规定，提出“到 2020 年，全县水环境质量明显改善，资江流域水质优良比例达 90％以上，污染严重水体及中心城区建成区黑臭水体控制在 10％以内，县城区集中式饮用水水源水质达到Ⅲ类比例达 100％”的总体目标，并明确把落实环保监管情况纳入政府综合考核的内容之一，打破了生态防治建设由少数部门单位单打独斗的局面，形成了由各级人民政府主导、多部门单位联动的新格局。

据悉，该县审计局在此前实施城镇污水处理设施建设和资金使用管理情况的审计过程中，针对污水处理和开发利用的政策、措施及其执行情况，专项资金管理、使用存在的不足，向县委县政府报送专题报告，引起县委县政府领导高度重视，并召开专题会议进行研究，为方案的出台提供了强有力的保障。（邹旻珈　陈楚云）

(五) 滁州市印发《关于开展领导干部自然资源资产离任审计试点工作的实施意

根据安徽省审计厅的统一部署和市委全面深化改革领导小组 2016 年改革任务要求，滁州市审计局近日组织实施了全椒县原县委书记自然资源资产离任审计试点工作。滁州市委办、市政府办印发了《关于开展领导干部自然资源资产离任审计试点工作的实施意见》（滁办字［2016］86 号），为本市扎实开展自然资源资产离任审计提供了制度保障。（佚名）

三、公告概览

(一) 审计署关于 883 个水污染防治项目审计结果

根据《审计法》的规定，2015 年 10 月至 2016 年 1 月，审计署对北京、天津、山西、辽宁、吉林、黑龙江、上海、江苏、山东、河南、湖北、湖南、广东、重庆、四川、云南、陕西、甘肃等18个省、直辖市（以下统称“省”）的883个水污染防治项目进行了审计，并检查了这些地方水污染防治相关资金管理使用情况。从审计情况来看，18个省采取积极措施推动水污染防治工作，落实主要污染物减排责任，加大资金投入，水污染防治取得了积极成效。环保部门监测数据显示，18个省涉及的484个重点国控和省控断面中，2015年水质达标的有389个（占80%），其中Ⅲ类及以上水质的断面数量从2011年的242个增加至322个，增加了33%；Ⅴ类和劣Ⅴ类水质的断面数量从2011年的133个减少至77个，减少了42%。审计发现的主要问题：

——区域性水环境保护压力较大。

审计抽查长江经济带沿江区域的23个市县，城市生活污水有12%（年均4亿吨）未经处理直排长江；沿江373个港口中，有359个（占96%）未配备船舶垃圾接收点，260个（占70%）未配备污染应急处理设施。抽检89个市县的231个城乡集中式饮用水源地中，有124个（占53%）水质监测指标不达标；72个地下饮用水水源中有27个（占37%）存在超采现象。

——预算分配与专项规划衔接不够。

审计抽查18个省实施“十二五”水污染防治相关规划情况发现，9个省纳入规划的项目中有1684个（占44%）未得到中央相关补助，而7个省获得补助的2135个项目（相当于其规划项目的63%）不属于规划范围。这种状况，在一定程度上影响到规划项目的顺利推进。

——有397个水污染防治项目没有达到预期效果。

至2015年底，有276个（占31%）项目因前期准备不充分、配套设施不完善、资金支持不到位等未按期开（完）工；有121个（占13%）已完工项目因市场变化、论证不充分等未能及时发挥效益。

——有176.21亿元财政资金未能有效使用。

至2015年底，中央财政下达18个省的水污染防治相关资金中，有143.59亿元结存在地方各级财政部门，未及时拨付到项目单位，其中4.22亿元滞留超过2年；12个省的地方主管部门和项目单位闲置资金29.28亿元，其中9.4亿元闲置3年以上；5个省由于前期准备不充分、决策不当等造成水污染防治相关资金损失浪费2.69亿元；6个省的9个项目单位通过编造虚假申报资料、报大建小等方式违规套取资金6531.57万元。

——一些地区环保相关执法不严格。

审计的18个省中，有3个省的53家企业偷排偷放、超标排放甚至直接向河道排放污水；4 个省的 16 个农村环境整治项目设施损毁或管理不善；3 个省的 1782 户畜禽（水产）养殖户污染整治不彻底。

（二）北京市公告

1. 北京市审计局关于本市水污染防治专项资金管理和使用情况的审计结果

根据《审计法》《北京市审计条例》的规定，2016 年 3 月至 4 月，北京市审计局对本市水污染防治专项资金管理使用情况进行了专项审计。审计主要涉及市水务局等 4 个有关主管部门，延伸调查了 4 个区的相关主管部门和相关单位，审计涉及资金共计 17.24 亿元。

审计结果表明，水环境治理取得了积极成效。2015 年，全市用水总量 38.2 亿立方米，水资源开发利用和用水效率阶段性目标基本实现。截至 2015 年末，全市污水年处理量和日处理能力分别较 2012 年增长了 12.33％和 14.91％；污水排放执法监察和处罚力度不断加强，2013 年至 2015 年，排污费收缴金额由 924.6 万元增加到 14478.19 万元，审计的市和 4 个区环保局、水务局 2015 年处理处罚违规行为共 434 起，较 2013 年增长了 55％。

审计发现的主要问题：

——一些污水、污泥处理设施建设未达到序时进度。

截至 2016 年 4 月，由于前期审批时间长、配套设施未建成、拆迁难度比较大等，顺义区污泥无害化处理工程、昌平区沙河再生水厂二期、通州区碧水污水处理厂升级改造等 10 个污水污泥处理设施建设项目未达到序时进度要求。

——部分建成设施运行效能不高。

由于配套管网建设滞后等原因，已完工的房山区琉璃河镇污水处理工程、经济技术开发区路南区污水处理厂和北京经济技术开发区污泥无害化处理建设项目 3 个污水、污泥处理设施闲置，28 个污水处理设施日污水处理率不足 50％。其中 9 个污水处理设施日污水处理率不足 25％。

——区级排污费使用率低，结存较大。

2013 年至 2015 年，房山、昌平、朝阳 3 个区收缴排污费共计 11016.19 万元，但排污费安排使用不充分，结存量较大，3 个区排污费结存 10206.90 万元，占收缴额的 92.65％。排污费结存较大的原因，一是在年度预算编制过程中，对排污费年度征收额预测不准；二是在安排年度治污项目资金时，未对上年结存的排污费安排使用。

2. 北京市审计局关于 2015 年本市城市环境综合整治专项资金管理使用情

况的审计结果

根据《审计法》《北京市审计条例》的规定，2016年2月至5月，北京市审计局对本市2015年城市环境综合整治专项资金管理使用情况进行了专项审计。审计主要涉及原北京市市政市容管理委员会（以下简称“原市市政市容委”）等3个市级有关部门，延伸抽查了53个区主管部门和相关单位，审计涉及环境专项资金10亿元。

审计结果表明，原市市政市容委和市财政局制定了《城市环境综合整治专项资金管理暂行办法》和《首都环境建设市级重点项目财政补助资金管理办法》，对环境专项资金支持重点范围、资金使用方式、监督检查等做出明确规定。2015年环境综合整治专项资金支持的项目，提升了城市环境质量，基本实现了项目预期效果。完成52条市属道路架空线入地掘路修复工程，提高了设施服务水平，改善了城市环境面貌；组织实施西站地区环境建设项目，改善了站区环境质量；组织实施45个环境建设项目，改善重点街巷、商业区周边环境，改进了区域综合环境质量。

审计发现的主要问题

——部分城市环境综合整治大额专项资金安排用于密云区中小河道治理等水务建设，以及丰台区园博会宣传布置，平谷区建设农村医务室和活动站等，超出了规定使用范围，涉及资金5479.07万元。

——朝阳、石景山和大兴3个区3个环境整治项目未实施，2157.48万元资金闲置在相关主管部门。

——部分项目未严格执行政府采购规定。

京平高速沿线环境治理等7个环境建设项目的10个工程和购买服务事项未实行政府采购或未按规定方式采购，涉及环境专项资金3858.58万元。

——审计抽查环境整治日常管护情况，部分环境公共设施损毁，特别是跨区域交通路网沿线环境管护问题较突出，京沪铁路沿线环境整治等14个项目整治后均出现不同程度的环境问题。

——部分项目审核监督程序未严格落实。

有的项目科研报告和实施方案审核不全面，有的项目实施过程中的变化和完成情况未能得以全面监管和及时掌控。

3. 北京市审计局关于本市大气污染防治专项资金管理和使用情况的审计结果

根据《审计法》《北京市审计条例》的规定，2015年10月至11月，北京市审计局对本市大气污染防治专项资金管理使用情况进行了专项审计。审计主要涉及市环境保护局等8个有关主管部门，延伸调查了13个区的相关主管部门和104个项目承担单位，审计涉及资金共计74.66亿元。

审计结果表明，审计抽查的《清洁空气行动计划》相关任务得到全面落实，并产生了积极效果，全市超额完成工业燃煤锅炉改造任务，实现326家污染企业退出，3家水泥生产企业实施关停，完成了压减水泥产能任务，东北热点中心3条配套管网建设进度符合计划要求。全市大气质量同比呈改善趋势，截至2015年11月末，空气质量达标天数较2015年同期增加26天，空气重度污染天数较2014年同期减少12天，PM2.5累计浓度同比下降幅度16.6%，二氧化硫、二氧化氮和PM10累计浓度同比分别下降38.9%、16.2%和18.3%。

审计发现的主要问题包括：

——燃煤锅炉管理措施不够衔接、燃气管网建设滞后影响改造任务推进。

目前全市范围内不再新建燃煤锅炉，但是燃煤锅炉改造同时，未停止办理燃煤锅炉报装和登记。审计发现，丰台区企业改造拆除并领取财政补助的3台燃煤锅炉，在其他区办理了登记并安装使用。由于缺少配套燃气管网，大兴区、怀柔区、密云区等3个区有316台燃煤锅炉，尚不具备清洁能源改造的条件，影响到相关区域压减燃煤工作的持续推进。

——大气污染防治资金投入形成的资产管理不到位。

审计抽查大兴区等5个区发现，投入1.6亿元购建的公共自行车及配套设施，90%以上尚未落实产权单位，未纳入资产管理。

——个别单位多领大气污染防治资金。

北京市市政路桥集团有限公司、怀柔区北京雁栖诚泰热力中心和密云区北京温塔热力公司3个单位采用多报或多头申报方式，多获取燃煤锅炉改造补助资金1963万元。

（三）广西壮族自治区发布的公告

1. 2015年粤桂九洲江流域水污染治理项目跟踪审计结果

根据《审计法》的规定，2015年7月14日至9月28日，自治区审计厅对2015年粤桂九洲江流域水污染治理项目进行跟踪审计。

审计结果表明，博白和陆川县政府高度重视九洲江流域水污染治理工作，认真落实自治区党委、自治区人民政府的决策部署，分别成立了九洲江流域生态环境治理工作领导小组和办公室，明确各部门工作职责分工，积极筹集资金，采取有力措施，配合自治区有关主管部门，认真执行《玉林市人民政府关于印发2015年九洲江流域水环境综合整治工作计划的通知》，基本完成了九洲江禁养区猪场的拆迁和补偿工作；10个镇污水垃圾处理及配套管网建设接近完工；农村连片整治完成50%；九洲江流域水环境综合整治工作正在稳步推进。

审计发现的主要问题：部分项目资金未到位3250.85万元。截至2015年7月底，博白县资金实际到位18686.15万元，比预算21937万元少3250.85万元，其中中央农村连片整治资金695万元；广西九洲江流域专项资金2350万元；自治区配套资金0.5万元；县配套资金205.35万元。

四、前景展望

环境与发展是密不可分的。近年来，世界上的许多国家都十分重视资源环境审计工作的发展。而环境的污染与资源的浪费一直是人们亟待解决的重要事项之一。环境的破坏威胁着我们的身体健康，而资源的浪费不断地阻碍着经济的发展。党的十八届三中全会，审议通过了《中共中央关于全面深化改革若干重大问题的决定》（简称《决定》），开启了我国全面深化改革的新征程，《决定》中多次谈到了“生态文明建设”，对建立系统完整的生态文明制度体系提出了明确要求。

（一）资源环境审计发展现状及存在的问题

1. 资源环境审计制度建设有待进一步加强。现行审计法规中缺少资源环境审计的相关内容和具体实施办法，使得环境审计实施没有法律支撑。虽然已制定了一些环境保护与审计相关的法律法规，为环境审计提供了一定的参考依据，但对环境审计新的内容未做职责上的规定，使一部分环境审计无法可依，与发达国家相比还存在一定的差距，如环境会计规章制度、环境审计制度等还是空白。另外，一些地方对环境保护的认识不够，执行力度不到位，有的地方存在重开发、轻保护，先污染、后治理的观念。

2. 资源环境审计理论体系不完善。大气污染防治审计、水污染防治审计、自然资源资产审计、生态保护审计等领域都有其特殊性和专业性，需要开展大量的基础研究以完善其理论体系。

3. 资源环境审计内容方法落后。资源环境审计包括了财务、合规性和绩效审计三个方面，我国进行的资源环境审计主要是从保护环保、生态建设财政资金安全这一角度出发，而从技术的角度解剖资源环境的破坏、污染程度方面做得还不够。另外，审计技术方法较落后，审计人员在实务工作中主要依靠财务审计积累的经验，采用的技术和方法也局限于传统的财务审计技术和方法，制约了资源环境审计的发展。

4. 资源环境审计人员素质不高。资源环境审计对专业要求高，涉及面广，涉及了环境经济学、环境工程学、环境法学等多种学科知识，资源环境审计的广度和难度也对审计人员的素质提出了挑战。目前，我国审计人员绝大多数是财会、审计或经济类专业，审计人员的知识结构和素质还远远达不到资源环境审计的要求，这自然会影响资源环境审计实施的实效。

（二）未来资源环境审计发展前瞻

1. 健全资源环境审计法律法规。健全资源环境审计法律法规，是实施资源环境审计的根本保证。一是修订目前的法律法规，明确赋予国家审计机关环境审计的权力和责任。修订审计法，进一步明确资源环境审计的内容、依据、程序和审计人员的责任。修计相关的环境法，明确审计人员在环境保护、生态文明建设中的责任。二是建立国家环境审计准则，用来指导政府的资源环境审计工作，保证环境审计工作的规范性、准确性。通过以上方法，促进资源环境法律法规与国际接轨，促使资源环境审计工作逐步走上规范化、制度化、法制化的轨道。

2. 完善资源环境审计理论体系。在推进资源环境审计实践中，加大科学理论研究力度，完善资源环境审计理论体系，是资源环境审计事业发展的智力保障。一是加强资源环境审计理论的研究，加强基本知识的普及，解决好资源环境审计“是什么”和“为什么”的问题。二是建立资源环境审计操作指南，完善资源环境审计理论框架，解决好“审什么”、“怎么审”的问题。三是抓好资源环境审计理论研究的组织工作，加强与高等院校、科研机构及环境保护主管部门的合作与交流，丰富和完善资源环境审计理论。

3. 深化资源环境审计内容方法。张雷书记重要讲话中谈到了我市生态文明建设的重要内容，资源环境审计工作要围绕我市生态文明建设重要内容开展工作，实行多种审计类型相结合。

分报告8：外资运用审计发展状况与前景展望

一、经验探索

（一）外资审计要把握“六个不局限”

——不局限于外资。

外资审计要从根本上转变“内外有别、就外资审外资”的观念，坚持“外资进来就是内资，外资内资一起审”的原则，在审计过程中既要关注世亚行等国际组织贷援款使用和管理是否符合相关国家政府及组织的要求，又关注是否存在“用国外的费用，从而忽视国内的相关支出规定”的现象，同时还要关注国内配套资金的到位、使用情况。

——不局限于资金。

外资项目财务收支不能等同于外资审计。除了关注资金的管理使用，审计过程中还应更多地关注项目方面的问题，揭示项目执行中存在的制度缺陷和管理漏洞，以及利用外资相关政策措施贯彻落实存在的问题。

——不局限于现状。

外资项目具有连续性的特点，从跟踪审计的项目特点出发，始终着眼于项目的阶段目标和最终目标，通过审计的事前介入、事中跟踪，从项目建设初期就及时发现和督促解决项目运行中存在的突出问题，从而推进外资项目开展。

——不局限于合规性方面。

外资审计要坚持以问题为导向，强化责任追究。审计过程中应加大审计监督力度，揭示利用外资领域的突出矛盾和风险隐患，特别是发现和揭露“五个重大”问题，维护国家经济安全。

——不局限于报表。

外资审计要履行审计鉴证职能，认真核实支撑报表的数据，但不能拘泥于报表，要跳出报表看问题。要从单纯的审查提款报账资料，转向对项目论证立项、工程设计、施工管理、竣工验收、交付使用全过程的审查，拓宽审计领域，深化审计内容，从而确保公证审计质量。

——不局限于个体。

在外资审计过程中，要避免“就项目论项目，就问题论问题”，应注重将同一领域的不同问题，或者不同领域存在的问题联系起来，在综合分析的基础上，从调整外资利用结构、改进外资利用策略、完善外资管理机制、健全外资利用法律法规等方面提出意见和建议。（袁恺）

二、公告概览

（一）北京市的外资运用审计公告

1. 世界银行贷款北京市节能减排示范项目审计公告

审计师意见：我们审计了世界银行贷款北京市节能减排示范项目 2015 年 12 月 31 日的资金平衡表及截至该日同年度的项目进度表、贷款协定执行情况表和专用账户报表等特定目的财务报表及财务报表附注（第 3 页至第 13 页）。

我们认为，第一段所列财务报表在所有重大方面按照中国的会计准则、会计制度和本项目贷款协定的要求编制，公允地反映了世界银行贷款北京市节能减排示范项目 2015 年 12 月 31 日的财务状况及截至该日同年度的财务收支、项目执行和专用账户收支情况。

审计发现的问题：

——项目未按计划进度推进。

按照《项目可行性研究报告》的计划进度，2012 年完成约 5 兆瓦光伏设备采购与安装，2013 年完成约 30 兆瓦光伏设备采购与安装，2014 年完成约 40 兆瓦光伏设备采购与安装，2015 年完成约 15 兆瓦光伏设备采购与安装，至 2015 年底你公司应完成总工程量的 90%。2015 年你公司制订的年度计划为完成 20 兆瓦光伏设备采购与安装，而实际完成 7.35 兆瓦光伏设备采购与安装。截至 2015 年底你公司实际完成约 23.35 兆瓦光伏设备采购与安装，只完成总工程量的 25.95%。2015 年项目计划投资人民币 282008000 元，实际投资人民币 79638213.88 元，占计划投资的 28.24%。建议你公司加强与相关部门的协调，提高项目计划管理水平与执行力度，保证项目顺利实施。你公司已接受审计建议。

——项目实现电费收入远未达到预期收益。

截至 2015 年 12 月 31 日，该项目建设完成 236 所学校。一期 5 兆瓦 91 所学校中有 43 所学校已经完成并网，有 48 所学校收取电费。二期 95 兆瓦已建设完成 175 所学校：有 66 所学校已完成并网，有 15 所学校收取电费。2015 年该项目理论电费收入人民币 3062659.24 元，当年实际电费收入为人民币 1682087.70 元，占理论收入的 54.92%；其中学校实际缴纳电费人民币 1536236.93 元，国家电网北京市电力公司实际缴纳电费人民币 145850.77 元。截至 2015 年底，该项目累计电费理论收入人民币 7041428.52 元，累计实际收入人民币 3203072.83 元，占理论收入的 45.49%，远未达到预期收益。建议你公司加强电费收费管理与执行力度，保证项目顺利实施。你公司已接受审计建议。

——光伏太阳能板缺少维护，部分设备闲置。

审计重点核查了 2015 年初交付给人大附小京西分校、苹果园中学 2 所学校的使用资产的交付手续。抽盘了其中光伏发电组件、逆变器、显示器等设备实物，涉及人民币 860436.00 元。发现上述 2 所学校屋顶装置价值人民币 591800.00 元的 440 块光伏太阳能板上均覆盖有尘土，这将造成发电效率下降。同时发现 1 台工控机，2 台显示器（实时显示光伏电站发电信息和节能减排信息）处于未使用状态，涉及人民币 14500.00 元。建议你公司定期对太阳能板进行维护，清洗太阳能板表面灰尘，避免影响发电效率，采取有效措施，使设备充分发挥作用。你公司已接受审计建议。

——违规利用财政资金理财，获得收益 15052991.67 元。

截至 2015 年 12 月 30 日，源深公司将中央财政补助资金在京能集团财务有限公司存为定期存款，存款的主要品种为 1.8 亿元的 7 天通知存款和 1.3 亿元的 3 个月定期存款。截至 2015 年底，共取得定期存款收益 15052991.67 元。该做法违反了《人民币单位存款管理办法》（银发 1997［485］号）第一章第七条“财政拨款、预算内资金及银行贷款不得作为单位定期存款存入金融机构”的规定。建议你公司依据财政部、科技部、国家能源局、住建部联合下发的《关于金太阳和太阳能光电建筑应用示范项目资金清算的补充通知》（财办建［2015］113 号）的相关规定进行清算的同时，在清算报告中如实反映利用中央财政补助资金取得理财收益的情况，并按照财政部门的要求处理收益资金。你公司已接受审计建议。

——会计核算不规范，涉及人民币 1129.44 元 。

截至 2015 年底，专用账户存款利息在“净资产调整”科目核算，涉及 181.63 美元，折合人民币 1129.44 元。建议调整至往来科目“暂存款”核算。专用账户管理单位北京市财政局已接受审计建议。

——上一年度审计发现问题未整改到位。

审计发现，上一年度审计报告中披露的 6 个问题中，项目未按计划进度推进、项目实现电费收入远未达到预期收益，显示器闲置等 3 个问题，本年度仍然存在。建议你公司应切实制定和落实整改措施，完善制度，加强沟通协调力度，提高项目管理水平，促进项目顺利实施。你公司已接受审计建议。

2. 全球环境基金赠款中国城市建筑节能和可再生能源应用项目审计公告

审计师意见：我们审计了全球环境基金（GEF）赠款中国城市建筑节能和可再生能源应用项目 2015 年 12 月 31 日的资金平衡表及截至该日同年度的项目进度表、赠款协定执行情况表和专用账户报表等特定目的财务报表及财务报表附注（第 3 页至第 11 页）。我们认为，第一段所列财务报表在所有重大方面按照中国的会计准则、会计制度和本项目赠款协定的要求编制，公允地反映了 GEF 赠款中国城市建筑节能和可再生能源应用项目 2015 年 12 月 31 日的财务状况及截至该日同年度的财务收支、项目执行和专用账户收支情况。

审计发现的问题：截至 2015 年 12 月 31 日，项目已执行两年，其中扩大商业可行的屋顶太阳能光伏系统应用规模子项目累计支取赠款 302450.57 美元，占协议金额 200 万美元的 15.12%。在已支取赠款中，在线监测系统子项目支付 298376.98 美元，占其核定赠款额 30 万美元的 99.46%，独立监测与评价子项目支付 4073.59 美元，占其核定赠款额 40 万美元 1.02%，其余三个子项目均未发生赠款支付。项目支付慢的原因是：本项目围绕北京源深节能技术有限责任公司负责的世行贷款北京“阳光校园”屋顶太阳能光伏扩大示范项目开展工作，主要是在“阳光校园”

建成工程中选择 20 个左右学校安装检测设备和开展相关示范教育，选点工作需要在“阳光校园”工程进展到一定规模后开展，受“阳光校园”项目进度影响，本项目进展较慢，进而影响到赠款支付进度。建议你局督促项目单位提高工作效率，抓紧项目实施，充分利用赠款资金。你局已接受审计建议。

3. 中德财政合作“京北风沙危害区植被恢复与水源保护林可持续经营”项目审计报告

审计师意见：我们审计了中德财政合作京北风沙危害区植被恢复与水源保护林可持续经营项目 2015 年 12 月 31 日的资产负债表及截至该日同年度的项目资金支出情况表和财政协议执行情况表等特定目的财务报表及财务报表附注（第 3 页至第 8 页）。我们认为，第一段所列财务报表在所有重大方面按照中国的会计准则、会计制度和本项目贷款和财政协议的要求编制，公允地反映了中德财政合作京北风沙危害区植被恢复与水源保护林可持续经营项目 2015 年 12 月 31 日的财务状况及截至该日同年度的财务收支和项目执行情况。

审计发现的问题：2016 年 3 月，审计组现场检查河北丰宁满族自治县中德合作造林项目办公室水体建设工程，发现以前年度施工的漫水路，路面水泥剥落严重，影响使用，涉及投资额 84152 元。建议你局督促丰宁项目办按时保质做好道路的重建工作。你局已接受审计建议。

（二）江苏省的外资运用审计公告

1. 世行贷款江苏省供水及环境综合治理项目 2015 年度财务收支和项目执行情况审计结果

根据《审计法》和审计署授权，2016 年 3 月 14 日至 4 月 29 日，江苏省审计厅对江苏省建设厅区域供水世行贷款项目管理办公室（以下简称“省项目办”）组织实施的世界银行贷款江苏省供水及环境综合治理项目 2015 年度财务收支和项目执行情况进行了审计。审计师意见：

本次审计了世界银行贷款江苏省供水及环境综合治理项目 2015 年 12 月 31 日的资金平衡表及截至该日同年度的项目进度表、贷款协定执行情况表和专用账户报表等特定目的财务报表及财务报表附注。

审计认为，第一段所列财务报表在所有重大方面按照中国的会计准则、会计制度和本项目贷款协定的要求编制，公允反映了世界银行贷款江苏省供水及环境综合治理项目 2015 年 12 月 31 日的财务状况及截至该日同年度的财务收支、项目执行和专用账户收支情况（详见附件）。同时，审查了本期内报送给世界银行的第16—20号提款申请书及所附资料。审计认为，这些资料均符合贷款协议的要求，可以作为申请提款的依据。

审计发现的问题：

——违反国家法规或贷款协定的问题

部分项目未按规定招投标。2009年5月至2015年6月，南京公用水务有限公司未履行招投标程序，直接将跨越铁路的18个项目委托给南京铁路工务工程公司等4家铁路单位代建，合同总价15315.41万元。上述行为违反了《江苏省政府关于印发江苏省工程建设项目招标范围和规模标准规定的通知》（苏政发［2004］48号）相关规定。对此，审计要求省项目办责成南京公用水务有限公司查明原因，严肃处理。

——项目管理方面存在的问题。

个别项目招标代理、设计、监理工作不到位。少数项目工程尾款及质保金未严格履约。泰兴乡镇管线工程项目未按规定申请调整概算。南京龙潭项目前期准备不充分导致工期延误。个别项目财务管理不规范。

——上年度审计发现问题未整改到位情况。

上年度审计报告中披露南京污水项目前期建设手续不全问题已部分整改到位。截至2016年4月底，省项目办已取得3条路段岩土审查报告、2条路段规划许可证、9个路段施工许可证、2个路段施工图图审，但仍有10条路段无地勘报告、13条路段无岩土审查报告、16条路段规划许可证未办或过期、17个路段施工许可证未办、15个路段施工图未经审核批准；龙潭项目深基坑支护设计应招标未招标问题未报建设行政主管部门处理；南京项目工程结算进展缓慢问题尚未整改到位。截至2016年4月底，南京桥北、铁北及城北项目31个主体工程合同包中仅13个完成结算审计，18个已送审但未完成结算审计，严重地影响了工程款结算、支付。对此，审计要求省项目办切实加强审计意见的整改落实。

2. 世界银行贷款江苏省淮河流域重点平原洼地治理项目2015年度财务收支和项目执行情况审计结果

审计师意见：本次审计了世界银行贷款江苏省淮河流域重点平原洼地治理项目2015年12月31日的资金平衡表，以及截至该日同年度的项目进度表、贷款协定执行情况表和专用账户报表等特定目的的财务报表及财务报表附注。

审计认为，第一段所列财务报表在所有重大方面按照中国的会计准则、会计制度和本项目贷款协定的要求编制，公允地反映了世界银行贷款江苏省淮河流域重点平原洼地治理项目2015年12月31日的财务状况及截至该日同年度的财务收支、项目执行和专用账户收支情况（附件）。同时，审查了本期内报送给世界银行的第11、12、13、14号提款申请书及所附资料。审计认为，这些资料均符合贷款协议的要求，可以作为申请提款的依据。

审计发现的问题：

——违反国家法规或贷款协定的问题。

市县配套资金未足额到位。根据项目资金计划，市县配套资金应到位32977万元。截至2015年末，实际到位29297.16万元，剔除徐州市超计划到位的266.36万元后，尚有3946.2万元未到位；其中：盐城市903.00万元，东台市938.00万元，姜堰区1072.2万元，兴化市1033万元。经审计督促后，相关市县又到位3010.2万元，截至2016年4月末仍有936.00万元配套资金未到位；其中：盐城市903.00万元，兴化市33.00万元。对此，审计要求省项目办督促盐城、兴化两市尽快拨付936.00万元配套资金。

——项目管理方面存在的问题。

泰东河项目个别施工、监理、检测工作不规范。

——项目绩效方面存在的问题。

个别项目工程进展缓慢。截至审计时，因土地征迁矛盾及设计变更等原因，泰东河土建10包未能按合同约定于2013年2月底完工，实际已完成工程投资3439.59万元占合同总价的65.63%；泰州市里下河土建6包、9包和10包未能按合同约定分别于2013年9月1日、2016年3月16日和5月15日完工，实际已完成工程投资1241.55万元、34.02万元和69.8万元，分别占合同总价的76%、32%和8.3%。项目提款报账进度较慢。根据项目贷款协定约定，项目于2016年12月31日关账，本项目9000万美元贷款提款额中，工程类提款比例为81%。但截至2015年12月31日，项目实际累计提款7，860.53万美元中，提款比例87.37%，其中工程类累计提款6819.66万美元，提款比例77.41%。

——上一年度审计发现问题未整改情况。

审计发现，虽然省项目办已对上一年度审计报告中披露的个别项目在设计、施工、监理等方面的问题进行了相应整改，但本年度审计抽查的项目仍存在上述问题。对此，审计要求省项目办切实制定和落实整改措施，完善项目管理制度，加强施工现场管理，促进项目顺利实施。

3. 全球环境基金中国缓解大城市拥堵和减少碳排放项目（苏州）2015年财务收支和项目执行情况审计结果

审计师意见：

本次审计了苏州市全球环境基金缓解大城市拥堵和减少碳排放项目2015年12月31日的资金平衡表及截至该日同年度的项目进度表等特定目的财务报表及财务报表附注。

审计认为，第一段所列财务报表在所有重大方面按照中国的会计准则、会计制度和本项目赠款协定的要求编制，公允地反映了苏州市全球环境基金缓解大城市拥堵和减少碳排放项目2015年12月31日财务状况及截至该日同年度的财务收支、项目执行情况。

审计发现的问题：

审计发现7个地方配套项目中，以下2个项目实施进度滞后于计划：

——苏州市公安局交通巡逻警察支队负责的“建立城市交通运行评价指标体系”项目。

项目资金计划31万美元（折合人民币201.16万元），因项目单位未将配套资金纳入预算，导致配套资金未落实，目前仍处于前期调研阶段。

——苏州市环境监测中心负责的“苏州市交通碳排放监测知识库”项目。

2015年签定了总价374.49万元的3台设备采购合同。目前，总价268.49万元的2台设备已供货安装，另外1台由于厂家无法提供与招标要求相符的设备，正准备重新招标。

4. 亚洲开发银行贷款江苏盐城湿地保护项目2015年度财务收支和项目执行情况的审计结果

审计师意见：本次审计了亚洲开发银行贷款江苏盐城湿地保护项目2015年12月31日的资金平衡表，以及截至该日同年度的项目进度表、贷款协定执行情况表和专用账户报表等特定项目的财务报表及财务报表附注。

审计认为，第一段所列财务报表在所有重大方面按照中国的会计准则、会计制度和本项目贷款协定的要求编制，公允地反映了亚洲开发银行贷款江苏盐城湿地保护项目 2015 年 12 月 31 日的财务状况及截至该日同年度的财务收支、项目执行和专用账户收支情况。同时，还审查了本期内由省财政厅报送给亚洲开发银行第 6、7、8 号提款申请书及所附资料。我们认为，这些资料均符合贷款协议的要求，可以作为申请提款的依据。

审计发现的问题：

——截至 2015 年末，珍禽和麋鹿项目办因未收到相关资料，少计亚行贷款利息、承诺费支出，累计 115.19 万元。

上述做法不符合财政部《关于印发世界银行贷款项目会计核算办法的通知》（财际字〔2000〕13 号）“……待摊投资包括以下内容：……17. 国外贷款利息及承诺费……”的规定。至审计报告时，珍禽和麋鹿项目办已补记相关账务。

——珍禽项目办超标准支付人员工资 10.22 万元。2015 年，珍禽项目办列支聘用 4 位人员工资合计 28.22 万元，比相关文件规定最高标准计算的 18 万元高出 10.22 万元。

上述做法不符合《江苏省亚行贷款盐城湿地保护项目财务管理实施办法》（苏亚办〔2013〕13 号）第十六条“……项目实施单位招聘采用劳务派遣方式。其基本工资、各项补贴、奖金、福利费等全年报酬控制必须在肆万伍仟元以内。珍禽保护区可聘用 4 人……”的规定。审计要求省项目办督促珍禽项目办收回超额支付款项，并调整有关账目。

——项目财务进度远落后于工程形象进度。

根据省项目办提供资料反映，截至 2015 年底，该项目形象进度完成率达 56%，但同期财务报表反映项目累计支出占计划总额仅 16.38%。审计要求省项目办和相关单位加强计划管理，加快工程审核进度，及时进行会计核算及报账工作。

——个别工程报账迟缓、变更不及时。

珍禽项目办实施的 ZQCW－01 项目包已于 2015 年 9 月完工，合同价 2880 万元，施工期间发生合同变更造价 332.97 万元，至审计时尚未完成整个项目的报账及相关变更程序；ZQCW－03 项目包涉及合同变更造价 694.6 万元，占合同价 3671 万元的 18.92%，超过相关文件要求的 15%上限，至审计时未按规定报省项目办审核。

上述做法不符合《江苏省亚行贷款盐城湿地保护项目工程建设管理办法》（苏亚办〔2014〕16 号）第十条“省项目办对本项目各子项目实施过

程中的工程变更进行全程有效地监控”、《江苏省亚行贷款盐城湿地保护项目工程变更管理细则》第六条“凡工程变更造价在15%以内时，需向省（市）项目办进行备案”和第七条“凡工程变更超出15%以外（含15%）时，首先向省（市）项目办提供工程变更现场签证的内容、数量及单价，征得省（市）项目办审核同意后，方可进行相应的工程变更项目的实施”的规定。审计要求省项目办督促珍禽项目办尽快整理完善ZQCW－01和ZQCW－03两个项目包变更资料，并及时上报审核。

——个别工程未办理消防、竣工验收手续。

珍禽项目办“科普教育中心”配套安装工程ZQCW－01项目包由本项目资金支持，该中心2015年10月1日投入使用，一直未办理消防、竣工验收手续。

上述做法不符合《中华人民共和国消防法》第十三条“……依法应当进行消防验收的建设工程，未经消防验收或者消防验收不合格的，禁止投入使用……”、国务院《建设工程质量管理条例》第十六条“……建设工程经验收合格的，方可交付使用”的规定。审计要求省项目办督促珍禽项目办尽快办理消防和竣工验收手续。

——珍禽项目办2015年利用亚行贷款采购消防车1辆，该车辆未存放在项目现场，而一直存放在距项目现场54公里的盐城市亭湖区消防大队。审计要求省项目办督促珍禽项目办尽快采取有效措施，完善运营管理机制，保证上述设备有效发挥应急作用。

——至审计时，上一年度审计报告披露的“工程现场施工情况与设计资料存在差异”“工程变更无相关手续”问题，尚未整改到位。

（三）浙江省的外资运用审计公告

1. 世行贷款浙江农村生活污水处理系统及饮水工程建设项目2014年至2015年财务收支和项目执行情况审计结果

审计评价：世行贷款浙江农村生活污水处理系统及饮水工程建设项目2014年、2015年财务报表基本符合中国的会计准则、会计制度和本项目贷款协议的要求，公允地反映了该项目2015年12月31日的财务状况、2014和2015年度项目资金收支情况以及2015年末专用账户余额。

审计发现的问题：

——违反国家法规或贷款协定的问题。

未按规定执行政府投资项目基本建设程序。新增项目建设内容未按规定报批，而作为变更处理。项目涉及部分用地未办理相关手续。项目招标未按规定备案。

——项目管理存在的问题。

项目进度偏慢。污水管网与终端污水处理系统未配套实施，从而使污水管网无法及时有效地发挥作用。项目施工变更管理不到位。项目招投标文件档案管理不规范。

2. 世界银行贷款浙江省钱塘江流域小城镇环境综合治理项目审计报告

审计师意见：

我们审计了世界银行贷款浙江省钱塘江流域小城镇环境综合治理项目 2015 年 12 月 31 日的资金平衡表及截至该日同年度的项目进度表、贷款协定执行情况表和专用账户报表等特定目的财务报表及财务报表附注（第 8 页至第 24 页）。

我们认为，第一段所列财务报表在所有重大方面按照中国的会计准则、会计制度和本项目贷款协定的要求编制，公允地反映了世界银行贷款浙江省钱塘江流域小城镇环境综合治理项目 2015 年 12 月 31 日的财务状况及截至该日同年度的财务收支、项目执行和专用账户收支情况。

审计发现的问题：

——违反国家法规或贷款协定的问题。

兰溪市游埠镇子项工程完工没有及时送审。建德市梅城子项会计核算不正确，涉及资金平衡表金额 20271965.45 元。

——内部控制方面存在的的问题。

建德市新安江污水处理厂子项财务人员力量薄弱，一笔世行提款报账资金未入账，涉及金额 2593262.08 元。

——项目管理方面存在的问题。

建德市新安江污水处理厂子项移民安置进度相对滞后。审计发现，新安江污水处理厂二期土建工程于 2014 年 10 月 1 日开工建设，2014 年由下涯镇人民政府与拆迁户签订共计签订房屋拆迁补偿协议 14 户，同期拆迁安置款支付到位。由于需拆迁房屋在建设区外，目前返租给拆迁户作为过渡使用，待安置房分配后予以拆除。截至 2015 年 12 月底安置房尚在建设过程中，未分配入住，滞后于移民安置计划。项目单位应加快安置房建设进度，确保移民安置尽快实施完成。建德市项目办已接受审计建议。

——项目绩效方面存在的问题。

兰溪市游埠镇子项污水处理量未达设计标准，污水处理收费工作有待加强。污水处理厂运行资料反映，2016 年 1—3 月，共处理污水 300300 吨，即实际 3300 吨/日，低于原设计标准 5000 吨/日，主要原因是部分原生活污水管网尚未完成改造，没有接入总管网。项目建成后计划在 2015 年收费，实际于 2016 年 2 月才开始收费。按照计划污水处理成本 1.25 元/吨测算，2 月成本 12.38 万元，但当月收费仅为 1.76 万元，收支比只有 14.22%，主要原因是兰溪市居民污水尚未开始收费。项目单位应加快部分原污水管网的改造，及时接入总管网，并加快污水处理费征收管理办法的制定，尽早开征居民污水处理费。兰溪市项目办已接受审计建议。

——上一年审计发现问题未整改情况。

审计发现，上一年度审计报告披露的问题中，建德市梅城子项拆迁工作已全部完成，29 户已全部完成拆迁，但移民安置工作进展缓慢的问题本年度仍然存在，安置尚在实施中，目前仅安置住房 5 套。建议项目单位应继续督促抓好跟踪落实，确保移民安置尽快完成。建德市项目办已接受审计建议。

3. 浙江省世界银行贷款林业综合开发项目

审计师意见：

我们审计了浙江省世界银行贷款林业综合发展项目 2015 年 12 月 31 日的资金平衡表及截至该日同年度的项目进度表、贷款协定执行情况表和专用账户报表等特定目的财务报表及财务报表附注（第 6 页至第 28 页）。

我们认为，第一段所列财务报表在所有重大方面按照中国的会计准则、会计制度和本项目贷款协定的要求编制，公允地反映了浙江省世界银行贷款林业综合发展项目 2015 年 12 月 31 日的财务状况及截至该日同年度的财务收支、项目执行和专用账户收支情况。

审计发现的问题：

——个别小班造林质量存在问题。

由于 2015 年冬季出现极低气温，德清县筏头乡兰树坑村皇坟坞 66 小班，80 亩林地补种的浙江楠树种，大部分苗木已死亡；临安市於潜镇堰口村玉帝小 16 小班 161 亩补植造林项目中，存活树木出指可数。省项目办已要求相关项目执行单位进行了补植。

——个别小班未按设计进行造林。

临安市於潜镇百园村金阳坞造林小班号为上骆 38－45（除小班号 44

外）396 亩补植造林项目，设计要求其栽植树种为毛竹、檫木、枫香，平均种植密度为 30 株/亩，星状混交方式。检查发现有 2～3 个小班号所在地，未见栽植设计树种。已种植部分较多集中于小班号 38、39、45 所在林地的中下部。小班号 38、39 所在林地种植较多檫木，林地上部可见零星的毛竹，未见设计所要求的枫香；而在小班号 45 所在地，种植较多枫香，且没有抚育痕迹。临安市於潜镇自由村鹤山小班号“石佛 9”项目林面积 289 亩，设计要求其栽植树种为檫木、枫香、木荷，检查发现，除林地靠外空地有零星存活的木荷之外，林地往深处，能够见到的栽植树种十分稀少，现场有大片的密集的杉木林，没有混交林的迹象。省项目办已责成相关项目执行单位进行了补植。

——项目后期管理不到位。

临安市於潜镇绍鲁村黄牛坞 32、33、34 等三块小班补植的区域杂草较多，抚育工作不到位。临安市天目山镇对石村松塘坞底 42/44 小班 234 亩林地中有 100 亩已经于 2013 年被整体砍伐改造，砍掉了项目原有杉木、浙江楠、枫香，变为全部种植香榧，目前林区植被覆盖情况和水土保持能力均较差。省项目办应督促临安市项目执行单位加强抚育工作，责成相关项目执行单位适时进行整改，恢复多树种林木混交。

（四）江西省的外资运用审计公告

1. 世界银行贷款江西南昌轨道交通 2 号线一期工程项目审计结果

审计师意见：我们审计了世界银行贷款江西南昌轨道交通 2 号线一期工程项目 2015 年 12 月 31 日的资金平衡表及截至该日同年度的项目进度表、贷款协定执行情况表和专用账户报表等特定目的财务报表及财务报表附注（第 5 页至第 17 页）。

我们认为，第一段所列财务报表在所有重大方面按照中国的会计准则、会计制度和本项目贷款协定的要求编制，公允地反映了世行贷款江西南昌轨道交通 2 号线一期工程项目 2015 年 12 月 31 日的财务状况及截至该日同年度的财务收支、项目执行和专用账户收支情况。

审计发现的问题：

——违反国家法规或贷款协定的问题。

待摊投资 9798.71 万元会计处理不当。多计经营收入 218.32 万元。

——内部控制方面存在的问题。

施工单位在土建 1—4 标段有 5 个专业分包合同未向业主报备，合同金额共计 1492.32 万元。

——项目管理方面存在的问题。

南昌轨道交通集团公司以会议纪要形式更改施工合同材料采购支付模式。

2. 全球环境基金赠款省级能源效率推广项目（江西）审计结果

审计师意见：我们审计了全球环境基金赠款省级能源效率推广项目（江西）2015 年 12 月 31 日的资金平衡表及截至该日同年度的赠款协定执行情况明细表和指定账户报表等特定目的财务报表及财务报表附注（第 5 页至第 15 页）。

我们认为，第一段所列财务报表在所有重大方面按照中国的会计准则、会计制度和本项目赠款协定的要求编制，公允地反映了全球环境基金赠款省级能源效率推广项目（江西）2015 年 12 月 31 日的财务状况及截至该日同年度的财务收支、项目执行和指定账户收支情况。

审计发现的问题：

按照世行要求，我们对 6 个合同开展了采购检查，合同金额合计 827892.08 美元，分别占应检查合同数和应检查合同金额的 100%和 100%（详见附表 2）。应检查合同数为前次检查至本次检查期间签订的后审合同数，应检查后审合同数的统计期间是 2015 年 1 月 1 日至 2015 年 12 月 31 日，检查中我们关注了采购过程、合同管理和治理情况，发现采购过程存在如下问题（详见附表 1）：咨询服务采购过程不规范。6 个咨询服务项目（采购方式为 CQS，即基于咨询顾问资历的选择）中有 2 个项目采购过程不规范，评标过程中只有一家至两家单位符合征询意见公告中的资历要求，未达到至少三家有相关经验的合格公司参与评标的条件，其中：TA _ C46 的三家投标单位有一家投标单位课题组成员为 3 名硕士、1 名本科生，不符合至少 5 名人员组成且最低学历必须为硕士的要求；TA _ C47 的三家投标单位有两家投标单位课题组长不符合最低学历必须为博士的要求。上述情况不符合世行《选择和聘请咨询顾问指南》3.7 条“从尽可能多的公司中获得至少三家有相关经验的合格公司的意向书。对具备与咨询任务相关的经验和能力的公司进行评估和比较，选出最有资质和经验的公司”的规定，审计建议你办在工作中严格遵守世行的采购规定，关注投标单位的合格性，确保项目质量。

3. 世界银行贷款江西省上饶三清山机场项目审计结果

审计师意见：我们审计了世界银行贷款上饶三清山机场项目 2015 年 12 月 31 日的资金平衡表及截至该日同年度的项目进度表、贷款协定执行情况表和专用账户报表等特定目的财务报表及财务报表附注（第 6 页至第 19 页）。

我们认为，第一段所列财务报表在所有重大方面按照中国的会计准则、会计制度和本项目贷款协定的要求编制，公允地反映了世行贷款上饶三清山机场建设项目 2015 年 12 月 31 日的财务状况及截至该日同年度的财务收支、项目执行和专用账户收支情况。

审计发现的问题：

——违反国家法规或贷款协定的问题。

部分工程暂估价项目未按规定进行招标。

——项目管理方面存在的问题。

施工单位违规分包工程给个人。部分乡村道路改造工程未按要求进行竣工验收。投标项目经理资格不满足招标文件要求，违规使用征迁工作经费，违规支付工程款，大额现金支付工程款。

——绩效方面存在的问题。

部分项目招标文件中设置的暂估价和暂列金额比例过高，后续投资控制难度加大。

——上一年度审计发现问题未整改情况。

审计发现，上一年度审计报告披露的问题中，工程款直接支付到个人账户的问题本年度依然存在。建议你公司切实制定和落实整改措施，完善财务制定，确保财政资金的安全。

4. 亚洲开发银行贷款江西抚州城市基础设施综合改善项目审计结果

审计师意见：我们审计了亚洲开发银行贷款江西省抚州城市基础设施综合改善项目 2015 年 12 月 31 日的资金平衡表及截至该日同年度的项目进度表、贷款协定执行情况表和专用账户报表等特定目的的财务报表及财务报表附注（第 5 页至第 15 页）。

我们认为，第一段所列财务报表在所有重大方面按照中国的会计准则、会计制度和本项目贷款协定的要求编制，公允地反映了亚洲开发银行贷款江西省抚州城市基础设施综合改善项目 2015 年 12 月 31 日的财务状况及截至该日同年度的财务收支、项目执行和专用账户收支情况。

审计发现的问题：

——违反国家法规或贷款协定的问题。

增加工程量签订施工合同补充协议，未按招投标文件中下浮比例进行下浮。

——项目管理方面的问题。

监理单位履职不到位。监理公司未经业主同意，擅自变更并减少监理人员。承包商未经批准，擅自变更关键人员，且在岗率低，合同签订时间滞后，未及时办理工程竣工验收备案，承包单位违规分包工程给个人，会计核算不规范。

——项目绩效方面存在的问题。

项目进度未及时跟进，滞后于《项目管理手册》约定的进度。截至2015年12月31日，连接道路土建工程中的C1.2、C1.3、C1.4、C1.5和C1.6等五个标段均未完工，进度缓慢。以上行为违反了《亚行贷款江西抚州城市基础设施项目综合改善项目管理手册》项目整体实施计划中列出的“截止到2015年第四季度，抚州市投资发展（集团）有限公司应完工以上五个标段的土建工程”。建议你公司加快项目进度，确保工程按进度顺利完工。你公司已经接受审计建议。

——上一年度审计发现问题未整改情况。

审计发现，上年度审计报告中披露的问题中，监理单位未经批准擅自更换监理人员，且到岗率严重不足的问题本年度依然存在。建议你公司切实制定和落实整改措施，加强项目管理，确保工程质量。

5. 亚洲开发银行贷款、GEF赠款、CEF赠款农村能源生态建设二期项目审计结果

审计师意见：我们审计了亚行贷款、GEF赠款、CEF赠款江西省农村能源生态建设二期项目2015年12月31日的资金平衡表及截至该日同年度的项目进度表、贷款和赠款协定执行情况表和专用账户报表等特定目的财务报表及财务报表附注（第5页至第22页）。

我们认为，第一段所列财务报表在所有重大方面按照中国的会计准则、会计制度和本项目贷款协定的要求编制，公允地反映了亚行贷款、GEF赠款、CEF赠款江西省农村能源生态建设二期项目2015年12月31日的财务状况及截至该日同年度的财务收支、项目执行和专用账户收支情况。

审计发现的问题：

——项目管理方面存在的问题。

个别项目企业未按期归还贷款71238.91元。个别项目生态农业建设内容未达到规定要求。虚增“在建工程”款1431710元。

——项目绩效方面存在的问题。

该项目原计划竣工日为2015年12月31日，关账日为2016年6月30日。经亚行同意，竣工日期延长至2017年6月30日，关账日延长至2017年12月31日。截至2015年12月31日，投资额仅完成计划投资的33.47%。建议省项目办积极推进项目建设。安义县畜牧良种场子项目因城乡规划调整等原因中断执行，建议省项目办督促有关单位及时调整，保证亚行贷款资金的有效利用。

——上一年度审计发现问题未整改情况。

审计发现，上一年度审计报告中披露的问题中，项目进展缓慢问题未得到整改，本年度仍然存在。建议你办督促相关单位积极推进项目建设。

6. 世界银行贷款江西省浯溪口水利枢纽工程项目

审计师意见：我们审计了世界银行贷款江西省浯溪口水利枢纽工程项目2015年12月31日的资金平衡表及截至该日同年度的项目进度表、贷款协定执行情况表等特定目的财务报表及财务报表附注（第5页至第18页）。

我们认为，第一段所列财务报表在所有重大方面按照中国的会计准则、会计制度和本项目贷款协定的要求编制，公允地反映了世界银行贷款江西省浯溪口水利枢纽工程项目2015年12月31日的财务状况及截至该日同年度的财务收支、项目执行和专用账户收支情况。

审计发现的问题：

——违反国家法规或贷款协定的问题。

截至2015年末，浯溪口水利枢纽移民安置指挥部挪用市级配套资金500万元，用于支付应由浮梁县配套资金支付的自谋职业移民购房补贴。

——内部控制方面存在的问题。

审计抽查发现，2015年度浯溪口水利枢纽工程库周公路建设项目管理部共发放土地的征收补偿款1018873.93元，其中469677.83元未签订土地征收协议。

——项目绩效方面存在的问题。

移民安置工作未按移民安置规划执行。铁路恢复改建工程仍未开工。

——上一年度审计发现问题未整改情况。

审计发现，上一年度审计报告中披露的问题中，挪用项目资金、未签协议支付补偿款等 2 个问题本年度仍有发在。

7. 世界银行贷款江西鄱阳湖生态经济区及流域城镇发展示范项目

审计师意见：我们审计了世界银行贷款江西鄱阳湖生态经济区及流域城镇发展示范项目 2015 年 12 月 31 日的资金平衡表及截至该日同年度的项目进度表、贷款协定执行情况表和专用账户报表等特定目的的财务报表及财务报表附注（第 5 页至第 21 页）。

我们认为，第一段所列财务报表在所有重大方面按照中国的会计准则、会计制度和本项目贷款协定的要求编制，公允地反映了世界银行贷款江西鄱阳湖生态经济区及流域城镇发展示范项目 2015 年 12 月 31 日的财务状况及截至该日同年度的财务收支、项目执行情况。

审计发现的问题：

——违反国家法规或贷款协定的问题。

进贤县子项目未按规定公开招标。九江县子项目未进行公开招标。赣县财政局未及时拨付报账资金。

——项目管理方面存在的问题。

赣县子项目配套资金未及时足额落实。进贤县子项目配套资金未按承诺列入财政预算。宜丰县子项目中标人未提交有效的保函。中煤科工集团重庆设计研究院有限公司中标宜丰县城西主干道路工程规划设计项目（中标价 963900 元）、宜丰县南屏大桥至竹乡大道及连接线道路工程规划设计项目（中标价 788800 元），中标人未履行变更程序，将投标文件中承诺的项目负责人、项目总工等专业负责人全部更换，更换后人员无相应合同约定相应资质（一级注册建筑师、注册城市规划师）。个别子项目参建单位人员缺岗：监理单位人员缺岗，施工单位人员缺岗。

8. 亚洲开发银行贷款、气候环境变化基金赠款江西林业发展项目审计结果

审计师意见：我们审计了亚洲开发银行贷款、气候环境变化基金赠款江西林业发展项目 2015 年 12 月 31 日的资金平衡表及截至该日同年度的项目进度表、贷款和赠款协定执行情况表和专用账户报表等特定目的的财务报表及财务报表附注（第 5 页至第 21 页）。

我们认为，第一段所列财务报表在所有重大方面按照中国的会计准则、会计制度和本项目贷、赠款协定的要求编制，公允地反映了亚洲开发

银行贷款、气候环境变化基金赠款江西林业发展项目 2015 年 12 月 31 日的财务状况及截至该日同年度的财务收支、项目执行和专用账户收支情况。

审计发现的问题：

——违反国家法规或贷款协定方面的问题。

部分项目市、县财政局和林业局滞拨亚行贷款资金，涉及人民币 1687.13 万元，其中于都县财政局滞拨时间最长达 9 个月。吉水县违规提取还贷准备金 24.02 万元。

——项目管理不规范。

广丰区政府将项目实施户天马果业发展有限公司变更为马家柚基地建设指挥部，未向亚行和省项目办申报备案，且财务上未分账核算亚行项目。

——内部控制方面存在的问题。

井冈山市黄洋界林场苗木采购程序不规范，涉及资金 26.61 万元。

——上年度审计发现问题未整改情况。

滞留的回补资金 91.35 万元未整改到位，其中瑞金市 74.44 万元、于都县 16.91 万元；违规提取的还贷准备金 131.78 万元未整改到位，其中：瑞金市 43.53 万元，吉水县 77.06 万元，修水县 11.19 万元。

9. 亚洲开发银行贷款江西省吉安城市交通项目

审计师意见：我们审计了亚洲开发银行贷款江西省吉安城市交通项目 2015 年 12 月 31 日的资金平衡表及截至该日同年度的项目进度表、贷款协定执行情况表和专用账户报表等特定目的财务报表及财务报表附注（第 5 页至第 13 页）。

我们认为，第一段所列财务报表在所有重大方面按照中国的会计准则、会计制度和本项目贷款协定的要求编制，公允地反映了亚洲开发银行贷款江西吉安城市交通项目 2015 年 12 月 31 日的财务状况及截至该日同年度的财务收支、项目执行和专用账户收支情况。

审计发现的问题：

——违反国家法规或贷款协定的问题。

项目资本金未一次认缴。部分项目未按规定履行招标程序和存在违规招标的现象。

——项目管理方面的问题。

票据报账不规范，涉及金额 1.3 万元。存在大额现金支付现象，涉及金额 5.13 万元。多计在建工程 1515.71 万元。

——项目绩效方面存在的问题。

项目进度未及时跟进，与《项目管理手册》约定的进度明显滞后。耕地占补平衡工作进度滞后，未完成占补平衡耕地面积 15.8671 公顷。

（五）河南省的外资运用审计公告

1. 世界银行贷款/英国赠款中国农村卫生发展项目审计结果公告

审计师意见：我们审计了世界银行贷款/英国政府赠款中国农村卫生发展项目 2015 年 4 月 30 日的资金平衡表及项目进度表、贷款协定执行情况表和专用账户报表等特定目的财务报表及财务报表附注（第 5 页至第 17 页）。

我们认为，第一段所列财务报表在所有重大方面按照中国的会计准则、会计制度和本项目贷款协定的要求编制，公允地反映了世界银行贷款/英国政府赠款中国农村卫生发展项目 2015 年 4 月 30 日的财务状况及财务收支、项目执行和专用账户收支情况。

审计发现的问题：

——不合规发票列支费用人民币 9700.00 元。

武陟县卫生局 2014 年拨付西陶乡卫生院“健康村创建和健康促进”活动经费人民币 15000.00 元，用于宣传材料费等各种费用，其中人民币 9700.00 元的发票为假发票。

——超限额使用现金。

清丰县卫生局 2014 年至 2015 年 4 月超限额使用现金人民币 584585.14 元；宜阳县卫生局 2014 年至 2015 年 4 月超限额使用现金人民币 643772.60 元；汝州市卫生局 2014 年至 2015 年 4 月超限额使用现金人民币 71135.00 元。

——无合同支付费用人民币 405682.50 元。

武陟县卫生局 2014 年无合同支付武陟县三和印刷厂宣传印刷费人民币 266582.50 元、无合同支付武陟县鑫杰印刷品经营部宣传印刷费人民币 14000.00 元、无合同支付武陟县有线电视台宣传片制作费人民币 50000.00 元；清丰县卫生局 2015 年 1 月无合同支付清丰县有线电视台专题片制作费人民币 31100.00 元、2015 年 4 月无合同支付清丰县伟达材料制作中心宣传栏费用人民币 44000.00 元。

2. 中国开封 SOS 儿童村项目 2015 年度审计结果公告

审计师意见：我们审查了你村2015年度资产负债表、经费支出明细表、现金收支明细表、利润表。编制财务报表是你村的责任，我们的责任是根据我们的审计对财务报表发表意见。

我们认为，上述财务报表和所附说明公正地反映了你村2015年度的财务状况，符合一般公认的会计原则和国际SOS儿童村组织总部的规定和要求。

审计发现的问题：

——2015年开封市民政局长期借调开封SOS儿童村三名工作人员，除工资和补贴由财政发放外，还挤占协会经费38944元为三名人员发补助。

——2015年12月开封SOS儿童村购买运动会奖品一批21049元，无奖品发放清单。

——青年公寓是开封SOS儿童村的附属机构，开封SOS儿童村未将青年公寓财务收支并入村财务统一核算；同时青年公寓财务管理存在不规范现象，如2015年购买的食品、床上用品和服装等7868.8元未附购货清单，白条列支购菜款32699.5元等。

（六）广东省的外资运用审计公告

1. 亚洲开发银行贷款广东省潮南水资源保护及利用示范项目

审计师意见：我们审计了亚洲开发银行贷款广东省潮南水资源保护及利用示范项目2015年12月31日的资金平衡表及截至该日同期间的的项目进度表、贷款协定执行情况表和专用账户报表等特定目的财务报表及财务报表附注（第6页至第17页）。

我们认为，第一段所列财务报表在所有重大方面按照中国的会计准则、会计制度和本项目贷款协定的要求编制，公允地反映了亚洲开发银行贷款广东省潮南水资源保护及利用示范项目2015年12月31日的财务状况及截至该日同期间的财务收支、项目执行和专用账户收支情况。

审计发现的问题：

——违反国家法规或贷款协定的问题。

子项目实施单位自来水公司部分采购未按规定进行公开招标，涉及金额14856800.00元。龙溪水厂土建个别工程项目基建程序不符合规定，涉及金额56088300.00元。项目办及子项目实施单位自来水公司未按现金支出范围使用现金，共计75笔，金额总计人民币896491.93元，全部为配套资金。项目办于2015年7月使用配套资金支付不应承担的社会稳定风险评估费金额 200000.00 元。

——项目管理方面存在的问题。

采购计划执行进度滞后。征地补偿款未设路专户管理。

2. 世界银行贷款广东省农村经济综合开发示范镇建设项目

审计师意见：我们审计了世界银行贷款广东省农村经济综合开发示范镇建设项目 2015 年 12 月 31 日的资金平衡表及截至该日同年度的项目进度表、贷款协定执行情况表和专用账户报表等特定目的财务报表及财务报表附注（第 6 页至第 21 页）。

我们认为，第一段所列财务报表在所有重大方面按照中国的会计准则、会计制度和本项目贷款协定的要求编制，公允地反映了世界银行贷款广东省农村经济综合开发示范镇建设项目 2015 年 12 月 31 日的财务状况及截至该日同年度的财务收支、项目执行和专用账户收支情况。

审计发现的问题：

——内部控制和项目管理方面存在的问题。

项目整体进度缓慢。个别项目办仍未建立相应的内部管理制度。个别工程项目预算未报相关部门审查。个别工程项目实际开工日期早于施工许可日期，且部分监理日志未记录施工情况。

——项目采购检查的情况。

按照世界银行要求，我们对 1 个合同（韶关市乳源县乳城镇第一期项目培训中心土建工程 GD－TJ－RC－04 合同）开展了采购检查，合同金额合计 1595422.53 美元，分别占应检查合同数和应检查合同金额的 25% 和 21.82%。此次检查为项目生效后的首次检查，应检查后审合同数的统计期间是项目生效后至 2015 年 12 月 31 日。检查中我们关注了采购过程、合同管理和治理情况，发现该合同存在工程项目预算书未经财政部门审核的问题。

——上一年度审计发现问题未整改情况。

上年度项目进展缓慢的问题未整改，本年度仍然存在。

3. 全球环境基金赠款广东省绿色货运示范项目审计结果

审计师意见：我们审计了全球环境基金赠款广东省绿色货运示范项目 2016 年 4 月 30 日的资金平衡表及截至该日同期间的项目进度表、赠款协定执行情况表和专用账户报表等特定目的财务报表及财务报表附注（第 6 页至第 18 页）。

我们认为，第一段所列财务报表在所有重大方面按照中国的会计准则、会计制度和本项目赠款协定的要求编制，公允地反映了全球环境基金赠款广东省绿色货运示范项目 2016 年 4 月 30 日的财务状况及截至该日同期间的财务收支、项目执行和专用账户收支情况。

审计发现的问题：

未发现问题。

4. 世界银行贷款广东城乡社保一体化和农民工培训项目

审计师意见：我们审计了世界银行贷款广东城乡社保一体化和农民工培训项目 2015 年 12 月 31 日的资金平衡表及截至该日同年度的项目进度表、贷款协定执行情况表、专用账户报表等特定目的财务报表及财务报表附注（第 6 页至第 19 页）。

我们认为，第一段所列财务报表在所有重大方面按照中国的会计准则、会计制度和本项目贷款协定的要求编制，公允地反映了世界银行贷款广东城乡社保一体化和农民工培训项目 2015 年 12 月 31 日的财务状况及截至该日同年度的财务收支、项目执行和专用账户收支情况。

审计发现的问题：

——违反国家法规或贷款协定的问题。

省发展改革委批复云浮技校实施的农民工培训子项目总投资为人民币 130000000.00 元，并核准使用财政资金建设的汽车实训楼、学生宿舍（B 栋）工程采用公开招标进行。但云浮技校于 2015 年未经批准对上述 2 栋楼的室外给排水安装、内墙抹灰、室外消防电力管线安装、天花吊顶等 4 项工程实行了邀请招标，中标价合计人民币 1958087.91 元。

——项目管理方面存在的问题。

省轻工学校使用配套资金建设的图书馆和学生宿舍于 2015 年对施工（中标价人民币 70150495.37 元）和监理（中标价人民币 2328240.00 元）2 项招标实行公开招标。经核实，上述 2 项招标的投标截止时间和开标时间不一致，存在 1 天的时间差。而且，部分文件未妥善保存。广州工贸学院使用世界银行贷款采购动漫设计与网站设计设备，未严格按照已批复的年度采购计划及其设备配路标准进行采购，最终中标价超出采购计划预算人民币 432199.00 元。省轻工学校、广州工贸学院、云浮技校于 2015 年使用世界银行贷款列支赴西安参加世界银行贷款采购管理培训班费用合计人民币 32500.00 元。该培训班由清华大学国际工程项目管理研究院发出通知，西安交通大学提供培训场地和出具培训证书，陕西恒通智能机器有限公司开具培训发票，经核查，陕西恒通智能机器有限公司的经营范围并没有培训这项内容，上述学校使用不符合规定的发票作为财务报销凭证。各项目实施单位未落实既定的年度工作计划和活动框架计划，整体进度缓慢。2015 年计划使用世界银行贷款 39983600.00 美元，实际使用 1038116.22 美元，仅占计划的 2.60%。

——上一年度审计发现问题未整改情况。

审计发现，上一年度审计报告披露的问题中，有 2 栋建筑物未按规定履行相关审批程序、农民工培训子项目的目标受益人群范围未确认、资产管理不规范等 3 个问题仍未得到整改。

5. 世界银行贷款（赠款）广东农业面源污染治理项目审计结果

审计师意见：我们审计了世界银行贷款（赠款）广东农业面源污染治理项目 2015 年 12 月 31 日的资金平衡表及截至该日同年度的项目进度表、贷款协定执行情况表、赠款协定执行情况表和专用账户报表等特定目的财务报表及财务报表附注（第 6 页至第 23 页）。

我们认为，第一段所列财务报表在所有重大方面按照中国的会计准则、会计制度和本项目贷款（赠款）协定的要求编制，公允地反映了世界银行贷款（赠款）广东农业面源污染治理项目 2015 年 12 月 31 日的财务状况及截至该日同年度的财务收支、项目执行和专用账户收支情况。

审计发现的问题：

——违反国家法规或贷款（赠款）协定的问题。

自筹资金未及时到位，涉及人民币 1548183.04 元。部分支出依据不合规，涉及人民币 122545.00 元。

——项目管理方面存在的问题。

采购计划完成率较低。经世界银行批准的采购计划，应于 2015 年完成的土建、货物和咨询等采购合同共 51 个。截至 2015 年底，实际完成采购合同 21 个，完成率为 41.18%。项目投资完成率较低。2015 年，项目投资实际完成额人民币 66333259.34 元，占当年计划额人民币 249071200.00 元的 26.63%。

6. 世界银行贷款职业教育发展（广东）项目审计结果

审计师意见：我们审计了世界银行贷款职业教育发展（广东）项目 2015 年 4 月 30 日的资金平衡表及截至该日同期间的项目进度表、贷款协定执行情况表、一级指定账户报表和二级指定账户报表等特定目的财务报表及财务报表附注（第 6 页至第 19 页）。

我们认为，第一段所列财务报表在所有重大方面按照中国的会计准则、会计制度和本项目贷款协定的要求编制，公允地反映了世界银行贷款职业教育发展（广东）项目 2015 年 4 月 30 日的财务状况及截至该日同期间的财务收支、项目执行和指定账户收支情况。

审计发现的问题：

——违反国家法规 或贷款协定。

违规取得世界银行贷款人民币 257400.00 元。违规安排因公出境培训考察，涉及人民币 64034.50 元。违规列支因公出国（境）费用，合计人民币 61112.00 元。费用支出不合规，涉及人民币 1066737.00 元。广告宣传活动未履行世界银行采购程序，币涉及人民币 57600.00 元。擅自改变合同且超过中标价 24%。部分工程未经验收擅自投入使用，且未编制竣工决算报告。

——项目管理方面存在的问题。

培训考察活动管理混乱。未核实培训班的收费标准报备情况，涉及人民币 180300.00。未落实既定的培训计划，造成资金损失合计人民币 30580.00 元。财务核算不规范。省财政安排给轻工高技教学实训楼和学生宿舍楼建设的配套资金合计人民币 35302816.82 元，其中：2014 年 1 月至 2015 年 3 月为人民币 29320000.00 元；2014 年以前为人民币 5982816.82 元，未在项目账上反映。2014 年 11 月至 2015 年 4 月轻工高技学生宿舍楼已完成工程投资人民币 14790697.85 元，未在项目账上反映。会计核算不准确。城建高技将毕业生跟踪系统二期开发费用合计人民币 80080.00 元记入“待摊投资”科目，未正确记入“其他投资”科目；城建高技 2014 年 4 月第 0005 号电子凭证和纸质凭证不相符，纸质凭证多反映使用配套资金支付的培训费人民币 21000.00 元。账户管理不规范。阳江高技收到回补的世界银行贷款人民币 1704853.28 元，未及时归还原资金渠道。

——上一年度审计发现问题未整改情况。

审计发现，以前年度审计报告披露城建高技教学实训楼和综合楼的建设超估算、未经批准增建楼层及未得到相关部门对调整投资规模的批复等 3 个问题仍未整改。

（七）广西壮族自治区的外资运用审计公告

1. 国际农业发展基金贷款广西农业综合开发与利用项目审计结果

审计师意见：我们审计了国际农业发展基金贷款广西农业综合开发与利用项目2015年12月31日的资金平衡表及截至该日同年度的项目进度表、贷款协定执行情况表和专用账户报表等特定目的财务报表及财务报表附注（第6页至第20页）。我们认为，第一段所列财务报表在所有重大方面按照中国的会计准则、会计制度和本项目贷款协定的要求编制，公允地反映了国际农业发展基金贷款广西农业综合开发与利用项目2015年12月31日的财务状况及截至该日同年度的财务收支、项目执行和专用账户收支情况。

审计发现的问题：

——违反国家法规或贷款协定的问题。

部分县项目单位将国际农业发展基金回补资金合计人民币7119510.88元用于非项目用途。平乐县财政局未及时拨付国际农业发展基金回补资金人民币5090090.68元。

——项目管理方面存在的问题。

永福县农业局部分项目支出未履行规定审批程序。项目实施进度缓慢。截至2015年12月31日，项目实际投资完成额为人民币335342590.85元，仅占项目投资总计划额人民币603869000.00元的55.53％。部分国际农业发展基金回补资金被闲置在项目县（市）的财政局或项目实施单位，未能发挥资金使用效益。

2. 世界银行贷款广西来宾水环境综合治理项目审计结果

审计师意见：我们审计了世界银行贷款广西来宾水环境综合治理项目2015年12月31日的资金平衡表及截至该日同年度的项目进度表、贷款协定执行情况表和专用账户报表等特定目的财务报表及财务报表附注（第6页至第18页）。

我们认为，上段所列财务报表在所有重大方面按照中国的会计准则、会计制度和本项目贷款协定的要求编制，公允地反映了世界银行贷款广西来宾水环境综合治理项目2015年12月31日的财务状况及截至该日同年度的财务收支、项目执行和专用账户收支情况。

审计发现的问题：

——项目管理方面存在的问题。

项目档案资料管理不规范。项目业主公司重组调整事项未征世行及相关财政部门同意。

——项目绩效方面存在的问题。

项目建设进度滞后。按项目计划，至 2015 年末，项目累计应完成投资额人民币 318455400.00 元，实际累计完成投资额人民币 45261253.49 元，仅占计划的 14.20%。主要原因一是项目设计方案直至 2015 年 9 月才与世行达成一致；二是 A1－CW 合同包评标结果未能得到世行认可，造成未能按计划开工建设，影响了项目进展。

——上一年度审计发现问题未整改情况。

审计发现，上一年度审计报告中披露的 4 个问题中，项目建设进度滞后的问题未得到整改，本年度仍然存在。

3. 世界银行贷款广西柳州环境综合治理二期项目审计报告

审计师意见：我们审计了世界银行贷款广西柳州环境综合治理二期项目 2015 年 12 月 31 日的资金平衡表及截至该日同年度的项目进度表、贷款协定执行情况表和专用账户报表等特定目的财务报表及财务报表附注（第 6 页至第 20 页）。

我们认为，上段所列财务报表在所有重大方面按照中国的会计准则、会计制度和本项目贷款协定的要求编制，公允地反映了世界银行贷款广西柳州环境综合治理二期项目 2015 年 12 月 31 日的财务状况及截至该日同年度的财务收支、项目执行和专用账户收支情况。

审计发现的问题：

——违反国家法规或贷款协定的问题。

少计项目基建拨款人民币 1000 万元。部分工程多计工程量造成多付工程款共计人民币 58.23 万元。个别项目选址及设计变更未取得规划部门批准即已开工建设。

——项目管理方面存在的问题。

部分已开工工程未取得施工许可证。个别工程部分现场验收资料书面手续不完备。

——项目绩效方面存在的问题。

部分县自来水公司截留城镇污水处理费。

4. 世界银行贷款广西南宁城乡环境综合整治项目审计报告

审计师意见：标准无保留意见

审计发现的问题：

——违反国家法规或贷款协定的问题。

个别子项目多计工程量造成多付工程款共计人民币 265.16 万元。

——项目管理方面存在的问题。

个别子项目设备采购交验货资料不全。个别子项目施工进度滞后。

5. 世界银行贷款桂林市环境综合治理项目审计报告

审计师意见：标准无保留意见

审计发现的问题：

——违反国家法规或贷款协定的问题。

未建立统一的项目财务管理系统。未按规定办理项目工程相关手续。未按规定存缴项目工程相关农民工工资保证金及建安劳保费，涉及金额人民币 200.80 万元。

——项目管理方面存在的问题。

未设置独立的项目财务账。至 2015 年末，项目已支付先征费 250000 美元及承诺费、利息合计人民币 740798.38 元，但至审计时止，桂林市财政局仍未将上述债务分割给各项目实施单位，经审计指出后该局才进行债务分割。未编制 2015 年度项目工作计划，建设进展缓慢。

——项目采购检查的情况。

项目采购中标公示期未达规定天数。采购货物未能按合同约定时间交货。

6. 亚洲开发银行贷款广西百色综合城市环境改善项目审计报告

审计师意见：标准无保留意见

审计发现的问题：

——违反国家法规或贷款协定的问题。

至 2015 年末，项目业主广西百色开发投资集团有限公司仍未为本项目开设独立银行账户，本项目的各项资金收入均在该公司基本户中存储。2012 年 6 月，广西百色开发投资集团有限公司未经招投程序，直接与中国市政工程西北设计研究院有限公司签订广西百色市东笋片区环境综合整治工程项目的服务采购（编制可行性研究报告）合同，合同总金额为人民币 120.76 万元。

——项目管理方面存在的问题。

至 2015 年末，项目办和项目业主均未编制 2015 年度的项目资金使用计划及投资计划。受征地拆迁进展缓慢等因素影响，项目总体建设进度滞后。

7. 亚洲开发银行贷款广西北部湾城市发展项目审计报告

审计师意见：标准无保留意见

审计发现的问题：

——违反国家法规或贷款协定的问题。

个别子项目多计工程量造成多付工程款345.67万元。

——项目管理方面存在的问题。

个别子项目的评标委员会履职不到位。北海竹林大道子项目将大幅超概算。

8. 亚洲开发银行贷款广西南宁职业教育发展项目审计报告

审计师意见：标准无保留意见

审计发现的问题：

——违反国家法规或贷款协定的问题。

部分工程多计工程量造成多付施工单位工程款共计人民币92.85万元。部分子项目的勘察、设计未按规定进行招标。部分工程未经消防设计审核或审核不合格但仍开工建设。

——项目管理方面存在的问题。

南宁市卫生学校相思湖校区二期土建2标工程于2015年4月开工建设，南宁市第四职业技术学校邕宁校区土建1标工程于2015月12月开工建设。经查，至审计时止，上述2个已开工工程未取得施工许可证。

9. 亚洲开发银行贷款广西西南边境城市发展项目审计报告

审计师意见：标准无保留意见

审计发现的问题：

——违反国家法规或贷款协定的问题。

部分项目工程多计工程量造成多付工程款人民币183.08万元。

——项目管理方面存在的问题。

2015年12月，崇左市路网工程子项目业主崇左市城市建设投资有限公司经公开招标，确定崇左市路灯采购与安装工程子项目的中标单位为广西华宇建工有限责任公司，中标价为人民币649.17万元。经审计核查发现，该项目财政评审的预算控制价为人民币620.15万元，中标价高于预算控制价人民币29.02万元。部分子项目建设滞后。

——上一年度审计发现问题未整改情况。

审计发现，上一年度审计报告中披露的7个问题中，部分子项目建设滞后的问题未得到整改，本年度仍然存在。

10. 亚洲开发银行贷款梧州城市发展项目审计报告

审计师意见：标准无保留意见

审计发现的问题：

——项目管理方面存在的问题。

梧州市东泰国有资产经营有限公司负责实施的红岭路网子项目，其CB01等13个工程预算价合计人民币75403.87万元，经查未按规定进行财政评审。红岭路网子项目部分工程竣工决算工作滞后。

（八）四川省的外资运用审计公告

1. 关于世界银行贷款四川小城镇发展项目审计报告

审计师意见：标准无保留意见

审计发现的问题：

——违反国家法规或贷款协定的问题。

重复征地导致虚列投资完成额195469.45元。经查，资中县子项目与成渝高铁资中段二次征地存在重复征地5.61亩，其中：农用地5.12亩、未利用地0.49亩。资中县子项目多支付征地拆迁费195469.45元，其中土地补偿费、安置补偿费用181952.11元，青苗及附着物补偿费6182.40元，多办理农转非人员7人。漏报征地拆迁费和已支付的预付工程款149180元。资中县子项目的征地拆迁支出核算由资中县重龙镇财政所负责，重龙镇财政所在向资中县住建局上报截至2015年12月征地拆迁支付情况时，漏报征地拆迁费和已支付的预付工程款149180元，对应的资金来源也未在资中县子项目财务报表中反映。

——项目管理方面存在的问题。

减少工程内容未按规定履行审批手续。未及时进行项目竣工财务决算。档案资料管理不规范。

2. 世界银行贷款川渝合作（广安）示范区基础设施建设项目审计报告

审计师意见：标准无保留意见

审计发现的问题：

——违反国家法规或贷款协定的问题。

前锋区子项目办未按规定进行招标，涉及金额人民币650000元。前锋子项目委托无资格单位实施招标代理。

——项目管理方面存在的问题。

监理公司擅自变更现场监理工程师。

2014 年，广安市发展和改革委员会对世行贷款川渝合作（广安）示范区前锋区工业园区基础设施建设项目向省发展改革委进行了申报，省发展改革委于 2014 年 12 月 26 日进行了立项批复。在批复的建设内容中，13440 米截污干管工程和 1230 米的芦溪河上游段两岸的景观改造工程，与之前前锋区子项目办、广安鑫鸿投资控股有限公司向广安市前锋区发展和改革局申报获批的三个项目中的建设内容重复。2015 年贷款协议生效之日，世行已直接扣缴项目的先征费，但广安市项目办未相应进行会计核算，少计项目贷款先征费人民币 1623400 元。2015 年，广安鑫鸿投资控股有限公司少计已支付四川农大风景园林设计研究有限公司的前锋子项目勘察设计费人民币 450000 元。

——内部控制方面存在的问题。

2013 年至 2014 年，广安市项目办对费用报销审核不规范，部分费用报销凭证未见审核人员签字。

3. 关于中德财政合作四川森林可持续经营项目审计报告

审计师意见：标准无保留意见

审计发现的问题：

——违反国家法规或贷款协定的问题。

个别子项目未按贷款协定的规定确定劳务队伍。

——项目管理方面存在的问题。

因县城搬迁、项目管理人员更换频繁且有关内部管控交接制度未执行到位等原因，宜宾市屏山县子项目个别内部管理文件遗失。

——项目绩效方面存在的问题。

项目进度普遍滞后。

——上一年度审计发现问题未整改情况。

审计发现，上一年度审计报告中披露的 4 个问题中，项目进度滞后、个别地区子项目资料管理不规范 2 个问题未整改到位。

4. 世界银行贷款武都引水二期灌溉工程项目审计报告

审计师意见：标准无保留意见

审计发现的问题：

——违反国家法规或贷款协定的问题。

违规允许关联公司参加投标并中标参与工程建设，涉及金额103990329元。违规出借项目建设资金1500万元，且未按合同约定收取利息5.44万元。

——项目管理方面存在的问题。

截至2015年12月31日，二期灌溉工程项目计划应完成29.48亿元，实际完成11.72亿元，占计划完成数的39.75%。其中2015年计划应完成9亿元，实际完成4.12亿元，占当年计划完成数的45.77%。

——上一年度审计发现问题未整改情况。

审计发现，上一年度审计报告披露的13个问题中，监管不到位致使关联公司参与工程建设和工程进度滞后2个问题未彻底整改到位。

5. 全球环境基金中国缓解大城市拥堵和减少碳排放项目审计报告

审计师意见：标准无保留意见

审计发现的问题：未发现问题。

（九）重庆市的外资运用审计公告

1. 世界银行贷款重庆市统筹城乡改革与发展二期一卫生项目审计报告

审计师意见：标准无保留意见

审计发现的问题：

——违反国家法规或贷款协定的问题。

巫山中医院子项目不合格支出提款报账41062.50元。

——项目管理方面存在的问题。

项目进展缓慢。潼南区妇幼保健院项目未办理施工许可证。

（十）青海省的外资运用审计公告

1. 审计报告

审计师意见：标准无保留意见

审计发现的问题：

——违反国家法规或贷款协定的问题。

部分项目办虚报冒领世界银行贷款，列支不合格支出累计人民币991660.17元。大通县财政局滞留世界银行回补资金人民币2078964.64元。部分工程设计、技术服务合同未按规定进行招投标。部分工程未按规定程序实施，存在未批先建现象。

——内部控制方面存在的问题。

2014年度，西宁市项目办工作人员未在项目管理信息系统（PRO-MIS）中及时录入已完成投资项目的工程量，导致财务报表不能真实反映截至2014年末该项目的实际支出情况，涉及金额人民币46792760.74元。

——项目管理方面存在的问题。

部分工程项目擅自变更已批准的初步设计。部分工程项目管理程序不规范。

——项目绩效方面存在的问题。

审计抽查西宁市项目办实施的杜家沟参与式流域综合治理工程，发现2014年度项目已建成的2座石谷坊被其他单位拆除、填埋，造成项目损失浪费，涉及建设投资人民币约8.74万元。

——上一年度审计发现问题未整改情况。

审计发现，上一年度审计报告披露的3个问题中，部分工程项目管理程序不规范问题未得到整改，本年度仍然存在。

2. 世界银行贷款/英国赠款中国农村卫生发展项目审计报告

审计师意见：标准无保留意见

审计发现的问题：

——违反国家法规或贷款协定的问题。

虚列支出人民币395254.22元。

挪用项目资金人民币24483.00元。2014年11月至12月，湟中县项目办以湟中大酒店开具的发票报账列支不属于项目活动内容的会议室租赁费、餐费等共计人民币24483.00元。

套取项目资金人民币18991.03元。2015年3月，大通县项目办以虚假发票套取项目资金人民币18991.03元，截至2015年4月21日，该笔资金由项目办出纳人员个人保管。

——项目管理方面存在的问题。

部分项目内容未按计划实施。

——项目绩效方面存在的问题。

2014年，省项目办采购80台“全科医生巡诊箱”并分配至乐都区、互助县、湟中县、大通县4个项目办，上述4个项目办又将巡诊箱分配给相关乡镇卫生院。经审计组实地抽查使用情况，发现4个区县普遍存在设备未使用或使用效率不高，管理不善无法使用等情况。

3. 中德财政合作青海海东贫困地区农村可持续发展项目审计报告

审计师意见：标准无保留意见

审计发现的问题：

——违反国家法规或贷款协定的问题。

古鄯水库管理所挪用项目资金人民币 25000 元。

——项目管理方面存在的问题。

畜牧活动管理不规范。手续不全支付购羊款累计人民币 950400 元。现金管理不规范累计人民币 73252 元。不合规发票报账支付工程款累计人民币 953396.35 元。

——项目绩效方面存在的问题。

经实地调查了解，化隆县项目办实施的宗尕堂村 80 户畜牧养羊、养牛活动，在牛、羊发放给村民后，大部分羊被现任村支书和原村主任以低价从各农户手中收购；民和县项目办实施的大庄村 440 户畜牧养羊、养牛活动，在牛发放给养殖户后，部分养殖户直接以低价出售获得现金，并未按项目规划要求由各农户饲养。

4. 亚洲开发银行贷款青海省东部地区农村水资源综合利用项目审计报告

审计师意见：标准无保留意见

审计发现的问题：

——违反国家法规或贷款协定的问题。

2009 年至 2010 年，青海省财政厅分两次下达化隆县公伯峡北干渠省级水利建设资金共计人民币 10000000 元，化隆县财政局未将资金拨付化隆县利用外资发展水利项目领导小组办公室，而是将资金拨付化隆县水务局，化隆县水务局用于化隆县甘都灌区续建配套与节水改造二期工程项目建设，挪用省级自筹资金人民币 10000000 元。

未经主管部门和亚行审批，支付工程合同价外资金人民币 12475275.46 元。

2011 年至 2014 年，化隆县项目办和尖扎县项目办未经批准征用土地 370.69 亩。

多支付工程款人民币 1408890.92 元。

部分工程合同未按规定进行招投标。

——项目管理方面存在的问题。

设计部门前期工作不充分，设计深度不够，项目设计变更多、漏项严重，导致项目进度缓慢，增加工程投资人民币 22240222.61 元。

部分工程项目管理不规范，未严格履行合同约定。2011 年至 2014 年，化隆县项目办管理费支出人民币 4100624.58 元，其中业务招待费支出人民币 584996.20 元，占管理费支出的 14.27%，超支 4.27%，计人民币 174933.74 元。现金支付征地补偿款。超计划征地 240.62 亩，超计划发放补偿款人民币 3899521.28 元。

——上一年度审计发现问题未整改情况。

审计发现，上一年度审计报告披露的问题中，未经主管部门和亚行审批支付工程合同价外资金、征用耕地无批准文件、项目设计变更漏项多等问题未得到整改，本年度仍然存在。

5. 日本国际协力银行贷款青海湖流域周边地区生态环境综合治理项目审计报告

审计师意见：标准无保留意见

审计发现的问题：

——项目管理方面存在的问题。

审计抽查发现，2013 年门源县和都兰县实施的植树造林项目，项目施工监理资料反映的部分项目实施内容与项目作业设计、施工承包合同反映内容存在不一致的情况。省水利项目办未编制 2014 年项目财务决算报表。

三、前景展望

外资审计是在结合我国审计制度和国际审计准则的基础上，为适应改革开放和合理利用外资的客观需要发展起来的。随着我国经济飞速发展，外资项目已成为现代经济社会的重要组成部分，也是我国积极利用国际资源的重要渠道。同时随着法制不断加强和完善，审计环境也较我国审计制度建立之初以及外资审计制度建立之时发生了许多变化。在当前新的形势和新的任务要求下，外资审计必须更新观念、厘清思路、改进方法、开拓创新、与时俱进进行创新和变革，不断提升外资审计工作质量和水平。

（一）转变思想观念，明确指导思想

新形势下的外资审计必须围绕“反腐、改革、法治、发展”，着力转变思想观念，明确指导思想，在推动外资工作转型升级上下功夫。具体来说：

1. 思想观念上要具备国际视野。要转变内外有别的观念，真正做到在审计监督的基础上，实现审计公证，达到监督和公证的和谐统一。要从根本上转变就外资审外资的过往观念，既要从侧重于对世亚行等国际组织贷援款审计，转变为对政府承担责任的全部外债进行监督，又要从对外资项目财务收支审计为主，转变为对外资项目的管理状况、内控制度以及项目单位的资产、负债和损益的真实、合法和效益和安全进行全面审计。

2. 要在指导思想上坚持问题导向。紧紧围绕刘家义审计长提出的认真查处重大违法违纪问题、重大履职履责不到位、重大风险隐患、重大经营业绩虚假和财务信息不实、重大违反产业政策和资源环保等五个方面突出问题，切实加大审计监督力度，注重查处违法违纪问题，揭示利用外资领域突出矛盾和风险隐患，实现“促进积极、合理、有效地利用外资”的工作目标，切实做到为政府宏观经济决策、进一步改善投资环境和降低政府偿债风险服务。

（二）整合审计资源，创新组织模式

从近两年各地发布的外资运用审计公告来看，目前外资审计工作在全国各地的情况并不平衡。外资审计资源存在封闭运行、各自为战，缺乏有效整合，没有形成有机整体的现象。因此在审计方式方法上要积极探索更加有效的外资审计组织模式。

1. 加强统一组织领导和审计管理

在项目实施中积极采取“期中预审”“上下结合”“交叉审计”和“下审一级”等审计组织方式，充分发挥审计的整体优势，不断提高外资审计的工作效率。

2. 整合审计资源，保证审计投入充分

外资审计要想查深查透，光靠财务审计人员来推动是无法高质量完成审计目标任务的，必须统筹整合审计资源，配备各方面的专才，特别是工程审计方面的专业人员，才能扩大审计范围，开展平时想做而不敢做的工作。

3. 建立健全审计过程指导机制，切实保证审计质量

要加强上级审计机关对审计过程的指导和现场管理，在利用外资项目集中审计期间，对重点项目进行业务督导，加强对审计过程的跟踪指导，

加强审计现场管理，切实保证审计质量。

（三）做好三个审计衔接，服务国家治理

1. 外资项目审计与专项审计调查的衔接

外资审计工作与专项审计调查各有其特点和优势，做好外资项目审计与专项审计调查的衔接，可以促使审计工作相得益彰。专项审计调查具有宏观目的性强、作用范围大、方法灵活等特点。外资运用审计具有外向性、国际性的特点。充分运用审计调查，将外资项目审计与专项审计调查两者有机地结合起来，能更好地发挥审计的效应。

2. 外资审计与财政审计的衔接

外资引进来就是内资，其全部收支就是政府公共财政的一部分，政府外债逐步纳入财政预算管理后，要求把外资审计放在财政审计的范畴来考虑和安排。要通过政府外债项目审计，探索外资审计与财政审计相结合的方法，推动财政制度改革和创新，完善政府外债监督管理制度。同时，借助财政同级审的平台，来扩大外资审计的影响和视界。

3. 做好点与面的衔接

从目前外资审计的现状来看，外资审计还存在分散、单一的问题。外资审计的创新和成果难以相互借鉴、充分利用。在外资审计过程中，善于坚持运用点面结合，使分散的审计工作所产生的微观效果，凝聚和转化为一种宏观的作用。

（四）坚持与时俱进，不断开拓创新

外资审计需要考虑国际协定和准则，所以在审计创新方面有其自身的独特优势。

1. 要积极开展外资项目绩效审计探索。绩效审计代表着现代审计的主流和发展方向，也是国际上审计关注的重要的审计主题。外资项目审计具有连续性，开展项目效益审计能够充分利用审计资源，发挥外资审计优势，提高审计效率，同时也有利于控制项目执行单位的债务风险。当前对外资项目的审计，主要的还是注重资金使用这个环节，对项目建设期效益和偿债期项目状况的审计监督比较薄弱。通过绩效审计对项目和项目执行单位的经济性、效率性、效果性进行评价，可以更好地促进被审计单位改善经营管理、提高经济效益，防范外债风险。绩效审计方法运用到外资审计中，有利于实现外资审计目标由真实性、合法性审计向效益性审计的提升，有助于探索外资效益审计新模式，突破公证审计的瓶颈，拓展外资审计空间，促进外资审计上层次。

2. 在审计内容上着力挖掘，可以考虑对中外合资企业和国有境外资产尤其是国有企业在境外日益增大的投资逐步纳入日常的审计，扩宽外资审计的视野。

第3篇　专题报告

专题报告对审计出现的一些新问题进行专门的调研，2016年选择了审计信息化，形成三个专题报告：电子数据审计国内应用现状调查与分析，大数据审计研究，电子数据审计的技术属性和逻辑过程。

专题报告 1：电子数据审计国内应用现状调查与分析

审计一直受到国内外政府和社会的高度重视。一方面，传统手工审计是通过对纸质账簿的检查来实现这一职责的，随着被审计单位信息化趋向普及，以查账为主要手段的审计职业遇到了信息技术的挑战，审计对象的信息化使得开展计算机辅助审计成为必然，审计人员必须借助计算机技术帮助他们开展审计工作，计算机辅助审计技术（Computer Assisted Audit Technologies，简称 CAATs）成为审计领域研究与应用的重点（国家 863 计划审计署课题组，2006；Lambrechts 等，2011；陈伟等，2012）。另一方面，科学研究在经历了实验科学（empirical science）、理论科学（theoretical science）、计算科学（computational science）这三个阶段后，进入了数据密集型科学阶段（data—intensive science）（James 等，2011；Chen 等，2014），与之相伴的是大数据（Big data）时代的到来。信息化环境下如何审计被审计单位的电子数据，发现大案、要案是目前审计工作的一项最重要任务，特别是政府审计的一项重要任务（国家 863 计划审计署课题组，2006；国家审计署，2014）。我国高度重视审计信息化工作，因此，电子数据审计是目前我国开展审计信息化的重点。2014 年 12 月，国家审计署机构调整，增设了电子数据审计司（国家审计署，2014），电子数据审计司的增设充分说明了电子数据审计在目前我国审计工作中的重要性。国际上也高度关注电子数据审计问题，国际内部审计师协会（Institute of Internal Auditors，IIA）2011 年发布的全球技术审计指南《数据分析技术》中重点分析了面向数据的 CAATs 在审计数据分析中的应用（Lambrechts 等，2011）。可见，电子数据审计是目前国内外审计领域关注的重点。

综上所述，电子数据审计在目前我国审计工作中越来越重要，审计人员掌握电子数据审计技术成为必然（陈伟，2015；陈伟等，2016）。经过十余年的审计信息化建设，审计人员的电子数据审计能力大大增强，为了全面了解目前电子数据审计的应用情况，本部分基于调研数据，研究电子数据审计的应用现状。

1.1 相关概念分析

为了能对本文的调查内容及分析结果有一个系统的认识，本部分首先对后文将要分析的内容做一个简单的解释。

1. 计算机辅助审计技术

根据相关文献的研究（Alali 等，2011；Lambrechts 等，2011），计算机辅助审计技术（CAATs）可以概括为：为了满足信息化环境下审计的需要，基于计算机的用来对信息系统，或被信息系统处理的数据进行审计的技术，其分类可总结为如图 1.1 所示（陈伟等，2009；陈伟，2016；Chen 等，2012）。概括来说，常用的计算机辅助审计技术可以分成两类：一类是用于验证程序/系统的计算机辅助审计技术，即面向系统的计算机辅助审计技术；另一类是用于分析电子数据的计算机辅助审计技术，即面向数据的计算机辅助审计技术，也可以称为电子数据审计技术。

2. 电子数据审计

电子数据审计一般可以理解为“对被审计单位的电子数据进行采集、预处理以及分析，从而发现审计线索，获得审计证据的过程”。其原理如图 1.2 所示（陈伟，2016）。一般来说，电子数据审计包括如下几个关键步骤：

（1）审计数据采集。采集被审计单位信息系统中的数据。

（2）审计数据预处理。根据对采集来的这些数据的分析和理解，将其转换为满足审计数据分析需要的数据形式。

（3）审计数据分析。采用通用软件或专门的审计软件对采集到的电子数据进行分析处理，从而发现审计线索，获得审计证据。

3. 审计软件

为了提高工作效率，审计人员在开展审计的过程中会用到各种各样的

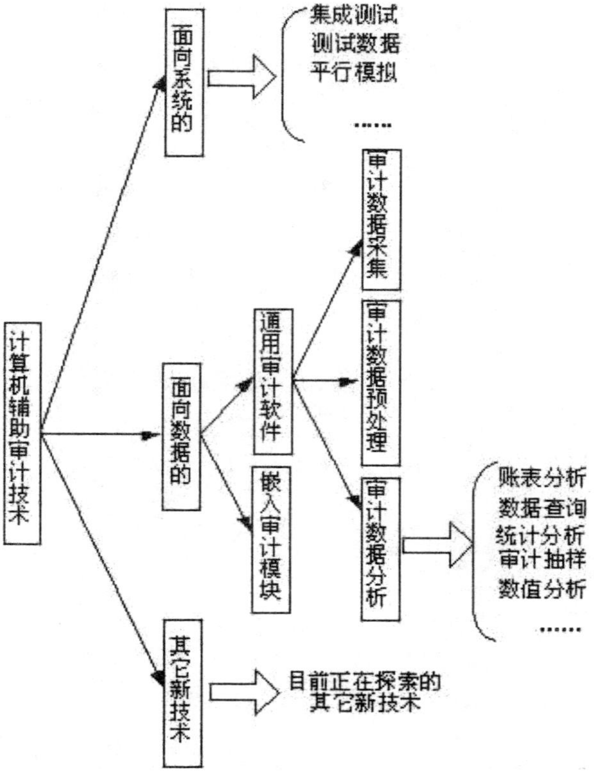

图 1.1　计算机辅助审计技术的分类

辅助工具，审计软件就是一类常用的计算机辅助审计工具（陈伟等，2009；陈伟，2016）。广义上讲，审计软件是指能用于帮助完成审计工作的各种软件工具，包括各类数据库软件如 SQL Server、Access 等，以及 Excel 电子表格工具等，这类软件工具虽然可以用于帮助完成审计工作，但不是专门为审计工作开发的；狭义上的审计软件指的是专门为审计工作开发的各类软件，如 AO（现场审计实施系统）、IDEA、ACL 等。本文中，审计软件指的是狭义上的审计软件。

1.2　被审计单位的信息化环境现状

本部分内容从审计人员的视角出发，根据审计人员在实际审计过程中遇到的被审计单位情况，通过对审计人员的调查问卷分析，发现被审计单位主要使用的应用软件和数据库软件情况分别如下：

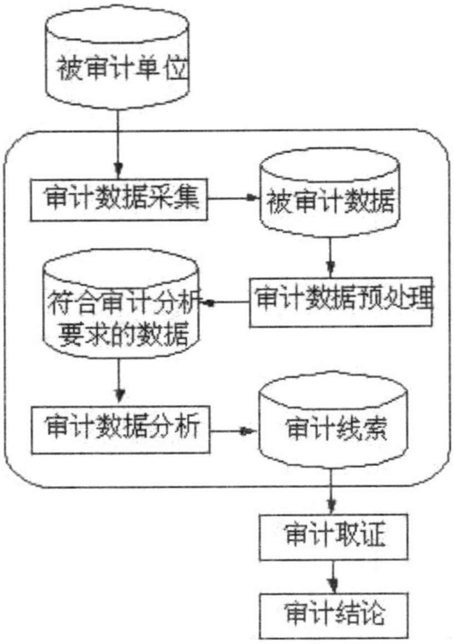

图 1.2　电子数据审计的原理

1. 被审计单位主要使用的应用软件情况

通过对调查问卷分析，被审计单位主要使用的应用软件情况如图 1.3 所示。可以看出：从审计人员的视角出发，审计人员在开展电子数据审计时，目前所遇到的被审计单位主要使用用友软件公司开发的相关软件。

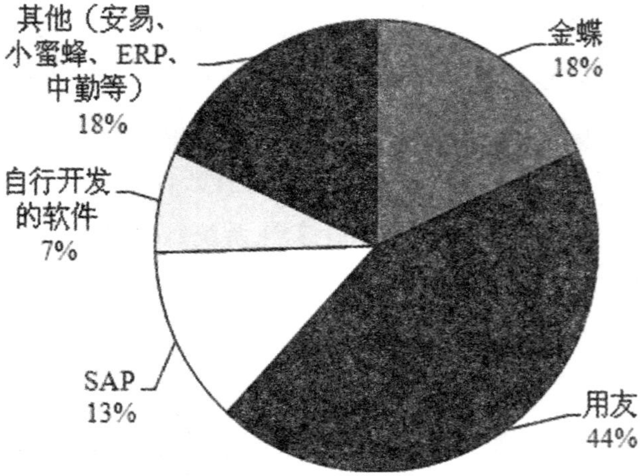

图 1.3　被审计单位主要使用的应用软件情况

2. 被审计单位主要使用的数据库软件情况

通过对调查问卷分析，被审计单位主要使用的数据库软件情况如图 1.4 所示。可以看出：从审计人员的视角出发，审计人员在开展电子数据审计时，所遇到的被审计单位主要使用 Oracle、SQL Server、Access 数据库软件，部分单位还使用 DB2、Sybase、Informix、Foxbase 等数据库软件。其中，Oracle、SQL Server 使用最多。

另外，通过现场调查和座谈，详细情况深入说明如下：

(1) 部分被审计单位的财务软件、办公或小型管理系统，如用友、金蝶等财务软件等，常采用 SQL Server 数据库软件，其目前主要使用的版本有 SQL Server 2000、SQL Server 2005、SQL Server 2008 等。

(2) Oracle 环境也是目前审计中经常遇到的数据环境，对于银行、大型企业、海关、国税等被审计单位中尤其常见。

(3) DB2、Sybase 等数据环境相对较少，但偶尔也可能遇到。

(4) 一些中小被审计单位，Access、Excel 等数据环境也较为常见。

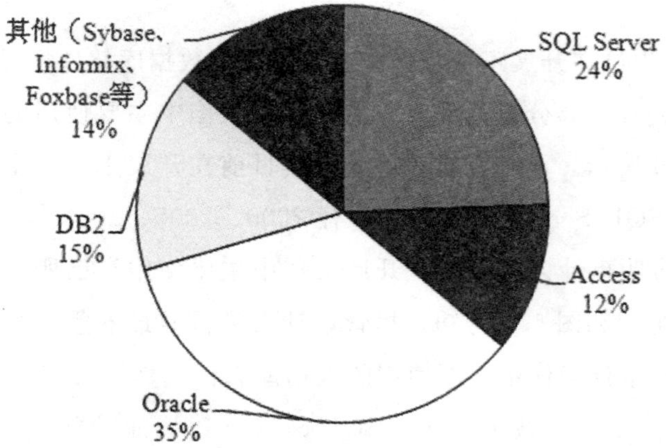

图 1.4　被审计单位主要使用的数据库软件情况

1.3　审计数据分析工具应用现状调查及结果分析

1. 审计人员熟悉的数据库软件情况

通过对调查问卷分析，审计人员熟悉的数据库软件情况如图 1.5 所示。

可以看出：审计人员目前最熟悉的数据库软件主要是 Access 和 SQL Server，尽管被审计单位 Oracle 使用最多，但熟悉 Oracle 的审计人员数量仍然较少。

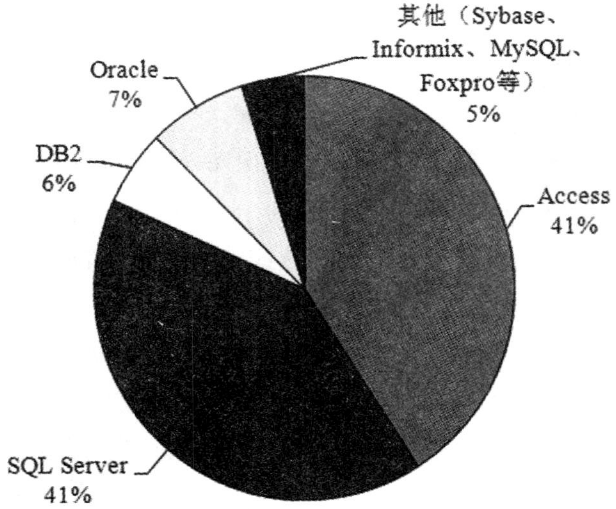

图 1.5 审计人员熟悉的数据库软件情况

2. 审计人员在开展审计工作中主要使用的数据库软件情况

通过对调查问卷分析，审计人员在开展工作中主要使用的数据库软件情况如图 1.6 所示。可以看出：审计人员目前在开展工作中主要使用的数据库软件是 SQL Server（主要版本有 2000、2005、2008 等），其次就是 Access，这表明审计人员目前在开展工作中主要使用自己所熟悉的数据库软件。由图 1.5 和图 1.6 可知，尽管审计人员目前最熟悉的数据库软件是 Access，但在审计工作中主要使用的数据库软件仍然是 SQL Server，这说明考虑到被审计单位数据量大、SQL Server 数据库功能较强大等因素，SQL Server 更能满足目前审计人员开展电子数据审计的需要。值得指出的是，部分审计人员目前在开展工作中也多使用 Excel，表明尽管 Excel 在数据分析上存在一定的不足，但仍然是一个使用比较方便的工具。另外，通过现场调查和座谈，部分审计人员使用 Oracle 数据库（主要版本有 9g、10g 等），这说明对审计人员来说，尽管 Oracle 数据库非常有用，但审计人员使用起来仍存在一定的难度。

3. 审计人员熟悉的审计软件情况

通过对调查问卷分析，审计人员熟悉的审计软件情况如图 1.7 所示。可以看出：审计人员目前熟悉的审计软件主要是 AO（现场审计实施系

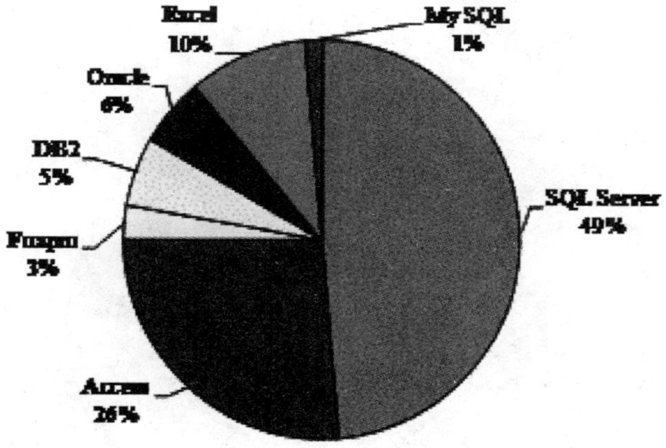

图 1.6　审计人员在开展工作中主要使用的数据库软件情况

统），部分人员还了解审计数据采集分析、联网审计软件等审计软件。值得指出的是，部分审计人员对国际著名的审计软件 IDEA、ACL 有一定的了解，尽管这些软件并不在政府审计中应用。

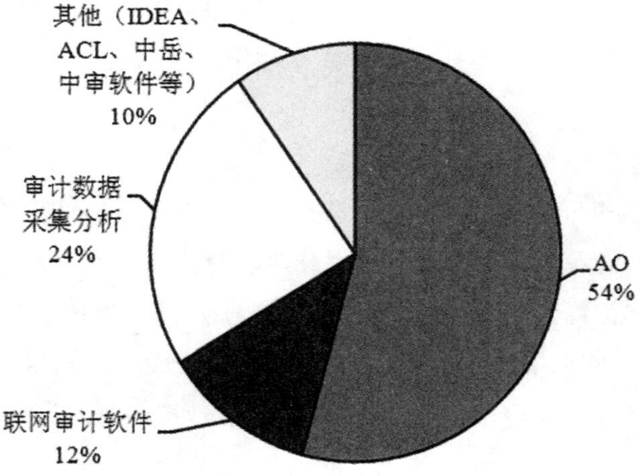

图 1.7　审计人员熟悉的审计软件情况

4. 审计人员在开展工作中主要使用的审计软件情况

通过对调查问卷分析，审计人员在开展工作中主要使用的审计软件情况如图 1.8 所示。可以看出：审计人员目前在开展工作中使用的审计软件主要是 AO（现场审计实施系统，主要版本是 AO 2008 和 AO 2011），这说明作为“金审工程”的一项重要成果，AO 在审计人员中得到广泛应用，这充分说明了“金审工程”的实施对审计人员开展电子数据审计起到了很大的促进作用。另外，通过现场调查和座谈，一些审计部门也尝试使用联网审计系统软件。

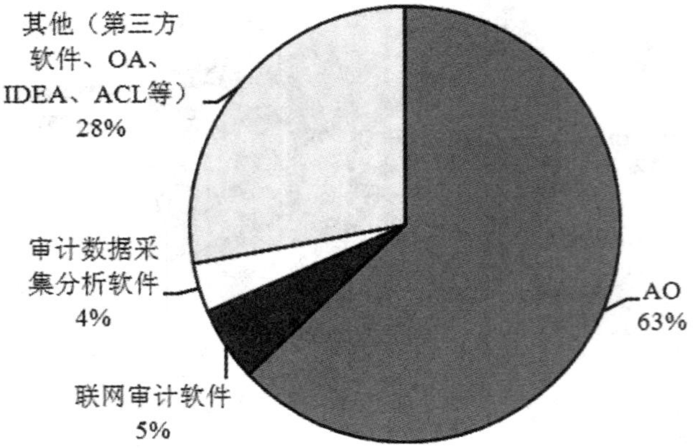

图 1.8 审计人员在开展工作中主要使用的审计软件情况

1.4 审计数据分析技术应用现状调查及结果分析

1. 审计人员熟悉的计算机辅助审计技术情况

通过对调查问卷分析，审计人员熟悉的计算机辅助审计技术情况如图 1.9 所示。可以看出：审计人员目前最熟悉的计算机辅助审计技术主要包括 SQL 查询、统计分析、重号分析、断号分析、审计抽样、测试数据（Test Data），部分审计人员熟悉平行模拟（Parallel Simulation）；少数审计人员熟悉 Benford 定律、集成测试（Integrated Test Facility，ITF）、程序编码审查、跟踪。但没有审计人员都熟悉嵌入审计模块（EAM）技术，尽管这种技术是很经典的计算机辅助审计技术。

2. 审计人员在开展审计工作中主要使用的计算机辅助审计技术情况

通过对调查问卷分析，审计人员在开展审计工作中主要使用的计算机辅助审计技术情况如图 1.10 所示。调查表明：尽管有很多可用的计算机辅助审计技术，但被审计人员广泛使用的只是少数。可以看出：审计人员目前在开展工作中主要使用的计算机辅助审计技术是 SQL 查询，这表明 SQL 查询最适合审计人员目前开展电子数据审计；部分审计人员使用统计

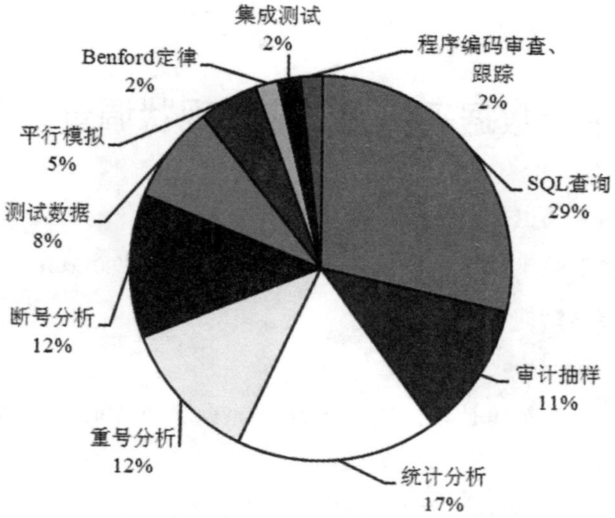

图 1.9　审计人员熟悉的计算机辅助审计技术情况

分析；对于重号分析，断号分析，审计抽样，测试数据，平行模拟，程序编码审查，跟踪等也有审计人员使用；一些审计人员甚至自行编辑程序实现计算机辅助审计技术；但没有审计人员使用过 Benford 定律，尽管这种技术在国际上很知名，这可能是因为 AO 中没有这种方法，而审计人员在数据库软件，如 SQL Server 中又不容易实现这种方法，从而限制了审计人员的尝试使用。尽管审计人员知道集成测试这种经典的计算机辅助审计技术，但没有审计人员使用过，可能是因为目前审计人员主要关注的是电子数据审计，而对面向信息系统的审计技术不太关注；对于嵌入审计模块技术 EAM，尽管这种技术是很经典的计算机辅助审计技术，但没有审计人员知道，更没有审计人员使用过这种技术，这说明这种技术不太适用于政府审计人员。

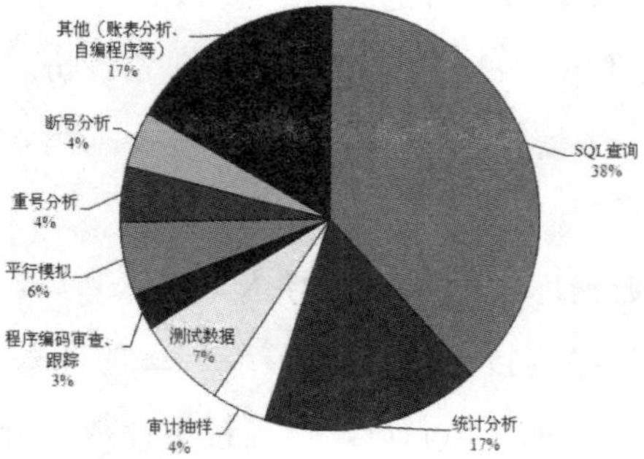

图 1.10 审计人员在开展审计工作中主要使用的计算机辅助审计技术情况

1.5 审计数据采集方法应用现状调查结果分析

审计数据采集也是电子数据审计的一个关键步骤。通过现场调查和座谈，不同环境下关于审计数据采集的方法以及目前业务数据采集过程中遇到的主要困难总结如下：

1. SQL Server 数据库环境

通过调查，当被审计单位使用 SQL Server 数据库时，数据采集一般采用的方法如下：

（1）利用 SQL Server 备份数据库，将备份文件复制后在审计人员的计算机中恢复。

（2）将需要的数据库文件（.mdf）和日志文件（.ldf）文件直接复制到审计人员的存储介质中，再在审计人员的计算机中利用 SQL Server 的“附加”方式将数据库文件进行附加。但是，当被审计单位的 SQL Server 版本高于审计人员安装的版本时，此方法不可行。

（3）通过 ODBC 和网络连接到被审计单位的数据库服务器上，利用 SQL Server 自带的“导入和导出数据”功能将需要的数据库或部分表导出至审计人员的计算机中。

2. Oracle 数据库环境

当被审计单位使用 Oracle 数据时，一般采用的分析方法是服务器—客户端模式，即将需要分析的数据库放在服务器上，审计人员通过若干客户端连接到数据库服务器上对数据进行查询分析。通过调查，对于 Oracle 数据库环境，审计数据采集与分析的方法一般如下：

（1）把被审计单位 Oracle 数据库中的数据先备份，然后再在审计人员的 Oracle 数据库系统中恢复。由于恢复时环境要求高，一般只在特殊情况下考虑。

（2）将 Oracle 数据库中的数据表导入 SQL Server 中，即建立到 Oracle 数据库服务器的网络连接，利用 SQL Server 的导入/导出功能将 Oracle 数据库中的数据表导入 SQL Server，再进行审计数据分析。

（3）将 Oracle 数据库中的数据导入 Access 数据库中，然后再将 Access 数据库中的数据导入审计人员的分析工具中进行审计数据分析。

（4）使用PL—SQL等客户端查询分析工具连接到被审计单位的Oracle数据库服务器，通过查询方式将查询结果导出保存，然后把导出的数据导入审计人员的分析工具中进行审计数据分析。

其中，（2）、（3）和（4）三种方法都需要在审计人员的计算机上安装Oracle客户端软件。

3. Access、Excel等数据环境

通过调查，对于Access和Excel数据库环境，数据采集使用的方法一般如下：

（1）Access数据库一般较小，可以直接复制数据库文件，然后在Access数据库中进行操作，也可以将其导入SQL Server中，或直接采集到AO 2008/AO 2011中。

（2）Excel一般是没有管理系统的情况或数据量较小时，将审计需要数据导出为Excel格式的数据，方便审计人员进行分析。

4. 其他相关数据的采集

对于财务数据，审计人员一般经验为：可以在AO中通过专用模板采集，在没有合适的采集模板的情况下，为方便把财务数据采集到AO中，最好用财务软件的“导出”功能将数据导出为国标数据，然后在AO中采集。

对于DB2、Sybase等大型数据库的采集、分析过程与Oracle类似，可采取类似方式操作。

5. 目前业务数据采集过程中遇到的主要困难

通过调查，目前业务数据采集过程中遇到的主要困难一般如下：

（1）审计数据采集涉及业务面广，数据库软件千差万别、大型数据库软件越来越多。

（2）现阶段还不是所有审计人员都可以完成审计数据采集工作，经常需要专业计算机人员配合完成。

（3）审计对象涉及外部单位时，沟通与协调方面尚存在一定的难度，特别是涉及民营、个体、外资等企业时，存在不配合或不积极配合的可能。

1.6 电子数据审计过程中存在的主要问题及解决对策分析

通过现场调查和座谈，主要调查分析结果总结如下：

1. 审计软件在使用过程中存在的主要问题

尽管AO是审计人员目前应用较多的审计软件，但AO在应用过程中主要存在以下问题：

（1）AO的强项是对财务数据的采集和分析，但AO在对业务数据分析时不够灵活，处理复杂数据时需要借助数据库软件（如SQL Server等）；在业务数据处理和分析上不如直接采用数据库软件操作更简单、方便。

（2）AO中编写计算机审计方法的ASL（审计脚本语言）语言功能不够强大，许多功能无法在AO中实现，许多数据库软件中可以使用的功能在AO中都没有，限制了审计数据分析的应用。

（3）联网审计软件的使用需要投入大量的人力和时间进行前期的准备工作，影响项目的及时开展和工作效率。

2. 通用软件在使用过程中存在的主要问题

尽管SQL Server、Oracle、Access等数据库软件也是审计人员目前应用较多的审计工具，但其在应用过程中主要存在以下问题：

（1）由于SQL Server分析语句没有统一的格式，且需要SQL Server数据运行环境等原因，SQL Server适用范围、推广也受到一定的限制。

（2）Oracle数据库除了具有和SQL Server类似的问题外，还存在审计人员对其不够熟悉，使用困难。因此，尽管Oracle数据库是目前常见的数据库环境，但应用受到一定的限制。

（3）Access数据库处理的数据量小等，适用范围受到限制。

3. 解决办法

（1）一般是多种方法并用，同时开展，如AO与SQL Server、Access等数据库软件同时使用，充分发挥AO处理财务数据和SQL Server等数据库软件数据分析灵活、功能强大的优势。

（2）若希望将AO的应用进一步推广，应增加、增强AO功能以适应审计业务不断发展的需要。

（3）针对经常性项目，可以形成长效机制，逐步建立联网审计环境，实施联网审计。

（4）多组织专业性培训，如对 SQL Server、Oracle 等数据库工具的应用开展有针对性的培训，使更多的审计人员熟悉数据库软件常用知识，提高审计数据采集与分析的能力。

1.7 小结

本部分内容基于问卷调查和实地调研，通过审计人员的视角分析了被审计单位的信息化现状；然后，从审计数据分析和审计数据采集两个方面出发，调查分析了审计人员对电子数据审计技术的熟悉情况及其使用情况，并分析了相应的原因；最后分析了电子数据审计过程中存在的主要问题及解决对策，研究结果为今后开展电子数据审计提供了参考数据。通过本部分内容的研究，不难发现：

（1）掌握电子数据审计技术成为审计人员的必备技术，加强审计人员在电子数据审计技术方面的能力成为今后审计教育和人员培训的重要内容，因此，电子数据审计模拟实验室的建设成为一项重要任务（国家审计署，2014；陈伟，2016）。

（2）研究目前电子数据审计的应用现状对今后开展电子数据审计、制订教育与培训方案、提高相关人员的审计能力等具有重要意义。

（3）大数据时代的到来使得电子数据审计越来越重要，研究大数据环境下的电子数据审计问题成为今后电子数据审计研究的重点（国家审计署，2014；陈伟等，2016）。

参考文献：

[1] 陈伟．2015. 电子数据审计模拟实验室研究［J］．中国注册会计师，(7)：86－92.

[2] 陈伟．2016. 计算机辅助审计原理及应用（第三版）［M］．北京：清华大学出版社

.［3］陈伟，Smieliauskas W. 2016. 大数据环境下的电子数据审计：机遇、挑战与方法［J］. 计算机科学，43（1）：1－8.

［4］陈伟，Robin Qiu. 2009. 审计软件现状及发展趋势研究［J］. 计算机科学，36（2）：1－4，25.

［5］陈伟，Smieliauskas W. 2012. 云计算环境下的联网审计实现方法探析［J］. 审计研究，(3)：37－44.

［6］国家863计划审计署课题组. 2006. 计算机审计数据采集与处理技术研究报告［M］. 北京：清华大学出版社.

［7］国家审计署. 2014. http：//www. audit. gov. cn.

［8］Alali A. F.，Pan F. 2011. Use of Audit Software：Review and Survey［J］. Internal Auditing，26（5）：29－36.

［9］Chen C. L. P.，Zhang C. Y. 2014. Data－intensive Applications，Challenges，Techniques and Technologies a Survey on Big Data［J］. Information Sciences，275：314－347.

［10］Chen W.，Liu S. F.，Smieliauskas W.，etc. 2012. Influence Factors Analysis of Online Auditing Performance Assessment：a Combined use between AHP and GIA［J］. Kybernetes：The International Journal of Cybernetics，Systems and Management Sciences，41（5/6）：587－598.

［11］James P. A.，Bruce H.，Gabrielle L.，etc. 2011. Data－intensive Science in the us Doe：Case Studies and Future Challenges［J］. Computing in Science and Engineering，13（6）：14－24.

［12］Lambrechts A. J.，Lourens J. E，Millar P. B.，etc. 2011. Global Technology Audit Guide（GTAG）：Data Analysis Technologies［M］. The Institute of Internal Audit

专题报告2：大数据审计研究

1.1 大数据的相关研究分析

随着信息技术的发展，大数据（Big data）时代的到来为电子数据审计提供了机遇和挑战。国家审计署刘家义审计长在2013年12月的全国审计工作会议上指出：积极跟踪国内外大数据分析技术的新进展、新动态，探索在审计实践中运用大数据技术的途径，为推动大数据背景下的审计信息化建设做好准备。

综上所述，研究大数据环境下的电子数据审计问题具有重要的理论意义和应用价值。本部分结合目前大数据的研究与应用现状，分析大数据环境下电子数据审计面临的机遇、挑战，以及大数据环境下的电子数据审计方法。

1.1.1 大数据的内涵

如前所述，目前，大数据的研究与应用已经成为国内外的热点，《科学》杂志在2011年专刊讨论如何管理大数据，Gartner把大数据技术列入全球未来5年10大关键技术趋势之一，大数据技术将会对科学研究、商业、公共管理等领域带来重大变革。不同的文献给出了不同的大数据的定义，最常见的定义有世界著名咨询机构麦肯锡公司关于大数据的定义：大数据指的是大小超出常规数据库工具获取、存储、管理和分析能力的数据集。Gartner把大数据定义为：大数据是具有大容量、快速、和（或）多样性等特点的信息资产，为了能提高决策、洞察发现和流程优化，这种信息资产需要新形式的处理方法。

1.1.2 大数据的特点

概括来说，大数据主要具有以下4个特点：

1. 大量（Volume）

一方面，数据量大，非结构化数据的超大规模和增长，比结构化数据增长快10倍到50倍。另一方面，计算量大。

2. 多样性（Variety）

大数据的形式多样，有很多不同形式，如文本、图像、视频、机器数据等。

3. 快速（Velocity）

一方面数据量增长速度快；另一方面大数据要求实时分析，处理速度要求快。

4. 真实性（Veracity）

数据必须是准确的、可靠的、一致的，具有可追溯性。

1.1.3 大数据分析技术与工具

大数据分析需要一些能在有限的时间内对大量数据进行有效分析的技术。为了充分从大数据中挖掘有用的信息，不同种类的大数据技术被研究出来，这些技术覆盖了计算机科学、统计学、经济学等学科。同时，一些用于分析大数据的工具也被开发出来。不同的大数据分析工具有不同的专长，一些主要为批处理数据设计，一些擅长实时数据分析。另外，每一个大数据分析工具也有自己特有的功能。概括来说，这些工具可分为三类（Chen，2014；Melnik，2010；Kelly，2013；Gulisano，2012；Sqlstream，2012）。

1. 批处理工具

这类工具多是基于Apache Hadoop框架，常见的这类工具如Mahout，Dryad等。以Mahout为例，它基于Apache Hadoop框架，使用Map/Reduce模式，集成了一批包括聚类、分类、频繁模式挖掘等的典型的大数据挖掘和机器学习算法。

2. 流处理工具

这类工具多是用于流数据（如日志文件、工业传感器数据等）的实时分析，常见的这类工具如 Storm 和 StreamCloud（Gulisano，2012）、SQL-stream（Sqlstream，2012）、S4 等。淘宝等企业通过采用流数据挖掘技术分析用户的网上浏览记录，获得有价值的信息，来支持企业决策。

3. 交互式分析工具

用户可以使用这类工具以图表或表格的形式查看、比较和分析数据，这类工具如 Google's Dremel（Melnik，2010），Apache Drill（Kelly，2013）等。

根据大数据分析工具的数据批处理能力和实时处理能力，三类工具主要产品的分类比较如图 2.1 所示。

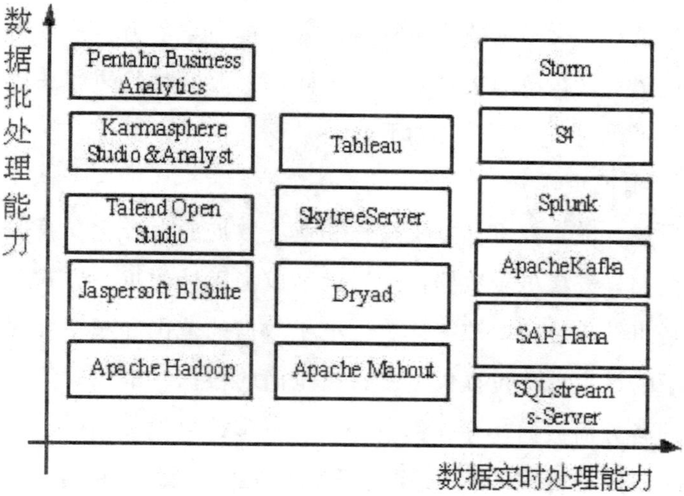

图 2.1　三类工具主要产品的分类比较

2.2　大数据环境下电子数据审计的发展机遇

科学研究在经历了实验科学（empirical science）、理论科学（theoretical science）、计算科学（computational science）这三个阶段后，进入了数据密集型科学阶段（data－intensive science），与之相伴的是大数据（Big data）时代的到来。大数据时代的到来为各行业提供了机遇和挑战。目前，大数据的研究和应用已经成为国内外的热点。世界各国均高度重视大数据相关问题的研究与探索，并从国家战略层面推出研究规划以应对大数据带来的机遇和挑战。2012 年 3 月，美国奥巴马政府公布了“大数据研究与发展”计划，未来的十年将是一个“大数据”引领的智慧科技时代。正如 2012 年 2 月《纽约时报》的一篇专栏文章所称，“大数据”时代已经降临，在商业、经济及其他领域中，决策将日益基于数据和分析做出，而非基于经验和直觉。在公共卫生、经济发展和经济预测等领域，“大数据”的预见能力已崭露头角。亚马逊公司前任首席科学家 Andreas Weigend 认为“数据是新的石油”。IBM 执行总裁罗睿兰认为“数据将成为一切行业当中决定胜负的根本因素，最终数据将成为人类至关重要的自然资源”。麦肯锡认为，大数据可以发挥重要的经济作用，不但有利于私人商业活动，也有利于国民经济和公民。数据可以为世界经济创造重要价值，提高企业和公共部门的生产率和竞争力，并为消费者创造大量的经济剩余。只要具有适当的政策推动，大数据的使用将成为未来提高竞争力、生产力、创新能力以及创造消费者盈余的关键要素。同样，大数据时代的到来也为电子数据审计提供了机遇，主要表现如下：

1. 审计取证更充分

如前所述，随着被审计单位财务和业务数据的电子化，获取被审计单位的电子数据，开展电子数据审计，已经成为审计的重要方式。联网审计技术也使得审计单位获取被审计单位电子数据的范围和频率大大增加。大数据环境下，被审计单位提供更多、更全面的数据，审计单位可以充分利用采集来的各方面数据，建立集中统一的被审计单位数据中心。在此基础上，借助于不同于传统 SQL 关系数据库的新的大数据分析技术，构建审计大数据分析平台和使用更智能的大数据分析技术，通过分析“从数据入口到数据库平台”的更大范围的数据来源，对被审计单位的电子数据进行系统、全面地分析，以及跨部门的综合分析，从而解决目前数据分析局限于查找单个问题的缺陷，获得更充分的审计证据，更好地发挥审计的威力。

2. 更多的数据分析技术可供选择

麦肯锡认为，传统的数据分析技术，如关联规则挖掘、分类、数据聚类、遗传算法、机器学习、自然语言处理、神经网络、预测模型等，也可用于目前的大数据分析。但大数据环境下，开展大数据审计需要更多的智能技术，比如，能够针对不同的数据类型进行交叉分析的智能技术、语义分析技术、图文转换技术、模式识别技术、地理信息技术、多媒体数据

（图像、音频、视频等）处理技术、社交关系数据处理技术等。

目前，为了满足大数据环境下数据分析的需要，一些专门用于处理大数据的关键技术也被研究出来，如：Big Table、云计算、分布式系统、Hadoop、HBase、Map/Reduce、可视化技术等，这为开展电子数据审计提供了机遇。因此，大数据环境下开展电子数据审计时，可以尝试着采用这些技术完成审计数据分析。

3. 大数据的可视化技术更有助于审计数据的分析

可视化技术是大数据应用的重点之一。目前，针对可视化分析的需要，一些企业已成功推出一些可视化数据分析软件，如 tabealu，IBM Many eyes 等。可视化审计分析方式能够帮助审计人员快速有效地交互分析大量的数据，所提供的洞察力有助于审计人员更快、更准确地从复杂的被审计数据中发现审计线索。

4. 审计大数据的实时和快速分析将得以实现

一方面，随着云计算、流处理等技术的应用，以及粒计算（Granular computing）、量子计算（Quantum computing）等用来解决大数据的大计算量技术的研究进展，审计大数据的实时处理和快速决策将得以实现。另一方面，大数据环境下的审计数据实时分析能够使联网审计更好地实现实时的审计，真正实现持续审计的目的。

5. 审计结论更科学

大数据环境下，审计证据的获取、审计报告的形成、审计意见的决策等都可以基于对审计大数据的分析，只要数据可靠，审计结论必然可靠，这使得审计结果更科学。

2.3 大数据环境下电子数据审计面临的挑战

尽管大数据技术给审计信息化带来了机遇，但进入大数据时代，开展电子数据审计将面临一些挑战，主要表现如下：

1. 审计大数据的真实性

大数据环境下，影响数据真实性的因素很多，为了能得到正确、可靠的审计证据，防止大数据环境下的“假账真审”，必须保证被审计的数据是真实的，防范与控制大数据环境带来的审计风险非常重要，其中，审计大数据质量控制是一个关键问题。

2. 审计大数据的控制和保护

大数据环境下，为了获得全面、可靠的审计证据，需要从众多的被审计单位采集大量敏感和重要的数据来分析，这些审计大数据常常会含有一些详细的、潜在的能够反映被审计单位机密的信息，如银行客户的用户名、密码等。这些采集来的数据集中存储在审计单位的数据中心，一般以分布的方式存储，如采用云计算平台方式存储。来自网络的攻击会影响审计大数据的安全，一些对审计数据中心的恶意进攻也会造成更严重的后果，这就需要审计大数据要有合适的、贯穿审计数据采集、审计数据传输、审计数据存储、审计数据维护、审计数据分析等整个数据生命周期的控制和保护，以减少审计风险。

3. 审计大数据分析风险

审计大数据的复杂性给数据分析带来了一定困难。一方面，大数据环境下，数据信息全面，隐藏的或未知的信息较多，采集来的大量数据为审计数据分析提供了基础，为了能做到事中审计，或者是实时审计，需要强大、高效、实时的审计数据分析方法。另一方面，大数据环境下，数据复杂性也急剧增长，其多样性（多源、异构、多模态、不连贯语法或语义等）、低价值密度（大量不相关信息、知识“提纯”难度高）、实时性（数据需实时生成、存储、处理和分析）等复杂特征日益显著。审计单位现有的计算机系统和审计软件不能应对急剧增长、种类众多的被审计数据，审计大数据的复杂性给数据分析带来了一定困难，造成了审计数据分析的风险。因此，大数据环境下，如果不采用大数据技术实现从传统的审计数据分析向审计大数据分析的过度，必将影响审计数据分析结果和分析效率，造成一定的审计风险。

4. 大数据分析平台的选择风险

大数据环境下，开展审计大数据分析需要借助大数据分析平台与工具。目前，大数据分析平台供应商的数目较多，因此，审计单位在采用大数据技术开展电子数据审计时如何选择合适的大数据分析平台非常重要，审计单位和被审计单位应该根据自己的需求，尝试多个大数据分析平台，测试应用程序，选择最佳的大数据分析平台。如果选择不合适的大数据平台，则会造成一定的审计风险。

5. 审计大数据的全面性尚不够

大数据环境下，审计单位需要访问第三方数据来源并将自己信息与外部信息进行集成以充分发挥大数据的潜力。然而，目前尚未建立起数据访问与数据共享机制。这为充分获得大数据的价值带来了障碍，影响了审计取证的查全率，造成了一定的审计风险。

6. 审计大数据的存储

大数据环境下，已有的审计数据、存储技术将不能完全满足大数据环境的需要，被审计单位的大数据为审计数据的存储提出了挑战，研究适合大数据环境的审计数据存储技术成为开展电子数据审计的一项重要任务。

2.4　大数据环境下的电子数据审计方法探析

2.4.1　大数据环境下的电子数据审计方法与现有电子数据审计方法比较

传统环境下，审计人员常采用审阅法、复算法、盘存法、函证法、鉴定法等方法开展审计工作。如前所述，信息化环境下，审计的对象是电子数据，因此，审计证据的获取多是通过采用信息技术对被审计数据的分析来完成的。随着大数据时代的到来，被审计单位的大数据环境为电子数据审计提出了挑战，由大数据的特点可知，目前信息化环境下现有的电子数据审计方法将不能完全满足大数据环境下电子数据审计的需要，因此，大数据环境下需要新的电子数据审计方法。

综合现有文献的分析，大数据环境下的电子数据审计方法与现有电子数据审计方法的比较如表 2.1 所示。

表 2.1 大数据环境下的电子数据审计方法与现有电子数据审计方法比较

比较内容	目前现有电子数据审计方法	大数据环境下的电子数据审计方法
被审计数据来源	审计所需要的被审计单位部分数据，主要是审计交易数据	审计所需要的被审计单位各种类型的数据，不仅包括审计大交易数据，还包括审计大交互数据
审计数据采集方法	常用的审计数据采集方法主要有直接复制、通过中间文件采集、通过 ODBC 接口采集、通过专用模板采集以及远程联网数据采集等方法	审计大数据大环境下，除了采用现有审计数据采集方法之外，一些专门针对大数据的采集方法也可用于审计大数据采集之中，如，对于非结构化数据的采集，可以采用网络数据采集方法，这种方法通过网络爬虫等方式从网站上获取审计数据信息；对于系统日志数据采集，可以采用 Hadoop 的 Chukwa，Facebook 的 Scribe 等
审计数据预处理方法	主要针对采集来的结构化数据进行审计数据预处理，主要是解决不完整数据、不一致的数据、不正确的数据、重复的数据等问题，其中，名称转换、数据类型转换、代码转换、横向合并、纵向合并、空值处理等是目前电子数据审计数据预处理过程中常用方法	不仅包括对结构化数据的预处理，还包括如何把非结构化和半结构化的数据通过预处理转化成结构化数据
审计数据分析方法	常用的审计数据分析方法主要包括账表分析、数据查询、审计抽样、统计分析、数值分析等	传统的数据分析技术也可用于目前的审计大数据分析。但为了满足大数据环境下数据分析的需要，一些专门用于处理大数据的关键技术，如：Big Table、云计算、分布式系统、Hadoop、HBase、Map/Reduce、可视化技术等可用于审计大数据分析。另外，借助以上技术，审计数据实时分析成为可能

续表

比较内容	目前现有电子数据审计方法	大数据环境下的电子数据审计方法
审计数据存储方法	一般情况下，采用一般服务器来存储数据；联网审计环境下，可以在审计机关构建联网审计的海量数据存储系统，或建立审计数据中心系统	目前的数据存储技术不能满足审计大数据环境的需要，审计大数据的存储方法发生改变，包括存储设施、存储架构、数据访问机制等。可借助云计算平台进行审计数据存储，但这同时又带来了审计大数据的存储安全问题

2.4.2　大数据环境下的电子数据审计方法原理

根据前面的分析，大数据环境下的电子数据审计方法如图 2.2 所示，其原理简述如下：

1. 审计大数据来源

大数据环境下，审计数据来源多种多样，主要包括：

（1）审计大交易数据。

这些数据是传统的结构化的、通过关系数据库进行管理和访问的静态历史数据。

（2）审计大交互数据。

这些数据源于社交媒体数据，包括传感器信息、海量图像文件、Web 文本、电子邮件等。

2. 审计大数据集成

审计大数据集成的目的是把从不同被审计单位或同一被审计单位中不同数据源中的各种不同数据整合在一起，这些数据往往涉及诸多数据源，并且它们的数据模式也可能不一样。因此，大数据环境下，在对审计大数据进行分析时，首先需要对这些被审计单位的审计大交易数据和审计大交互数据进行集成和数据预处理，从而满足审计大数据分析的需要。

3. 审计大数据存储与管理

目前的数据存储技术不能满足审计大数据环境的需要，大数据环境下，审计数据的存储方法发生改变，包括存储设施、存储架构、数据访问机制等。因此，可借助云计算平台或分布式文件系统进行审计大数据存储与管理。

4. 审计大数据分析与结果展示

如前文所述，传统的数据分析技术，如关联规则挖掘、分类、数据聚类、遗传算法、机器学习、自然语言处理、神经网络、预测模型等，也可用于目前的大数据分析。但大数据环境下，开展大数据审计需要更多的智能技术。目前，为了满足大数据环境下数据分析的需要，一些专门用于处理大数据的关键技术也被研究出来，如 Big Table、云计算、分布式系统、Hadoop、HBase、Map/Reduce、可视化技术等。因此，可借助以上技术进行审计大数据分析与结果展示。

5. 审计大数据可视化分析技术

信息技术的发展促进了可视化技术的发展，通过可视化界面，有助于对海量复杂数据的分析。大数据环境下，采集来的审计数据在数量和复杂度上都对审计数据分析带来巨大挑战，数据可视化分析方式有助于审计人员探索、分析和解释复杂的海量数据。可视化提供了审计人员对审计数据的直观分析，审计人员可以通过交互界面对审计数据进行分析和了解。可视化审计分析的最终目的是呈现审计大数据的内涵，并挖掘出隐藏在审计大数据内部的规律。可视化审计分析是手段，挖掘知识或规律才是目的。需要指出的是：由于大数据的 4V 特点，相比传统小数据集的可视化，大数据的可视化要相对复杂一些。一般来说，采用可视化手段进行审计数据分析的流程如下：

通过某种可视化软件将被审计数据转化为审计人员可以分析观察的图形和图像。审计人员结合自己的审计背景知识，发挥人类视觉系统高通量的特性，通过视觉系统对可视化的结果图形和图像进行分析、观察和认知，从而从总体上系统地理解和分析被审计数据的内涵和特征。另外，审计人员交互地改变可视化软件的设置，改变输出的可视化图形和图像，从不同的方面获得对被审计数据的理解，从而全面地分析被审计数据。概括来说，审计大数据可视化分析流程如图 2.3 所示。

6. 云计算与审计大数据存储和分析

如前所述，大数据时代的到来为电子数据审计提供了机遇和挑战。对于挑战，其中，被审计单位的大数据为审计数据存储和分析提出了挑战，已有的审计数据存储和分析技术将不能满足大数据环境的需要，而云计算

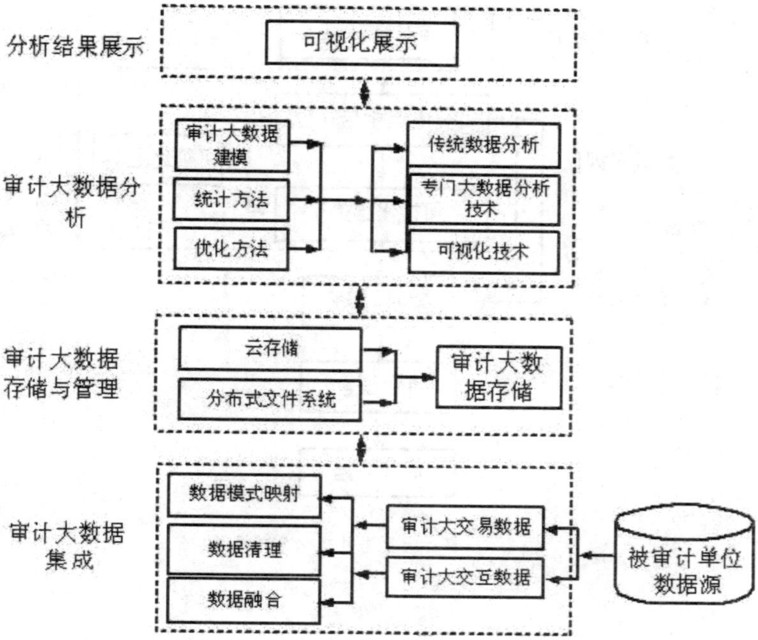

图2.2 大数据环境下的电子数据审计方法原理

则为解决大数据时代的电子数据审计挑战提供了一种有效的解决办法，这是因为：

云计算（Cloud computing）是一种数据分析技术，云计算三个层次的服务模式包括：软件服务（Software as a Service，SaaS）、平台服务（Platform as a Service，PaaS）和设施服务（Infrastructure as a Service，IaaS）。云计算能够充分利用物理设施的弹性，以实现处理快速增长数据的能力。云计算被认为是解决大数据问题最有效的技术。大数据本身就是一个问题集，而云计算则为大数据提供存储、访问和计算。大数据必须有云计算作为基础架构，才能得以顺畅运营。云计算提供了基础架构平台，审计大数据分析等应用在这个平台上运行。没有云计算，就没有数据集中采集和存储的商业基础，而云计算为大数据提供了存储空间和访问渠道，大数据则是云计算的灵魂和必然的升级方向（CCF大数据专家委员会，2013）。因此，如何利用云计算技术开展审计大数据存储和分析，获得审计证据，支撑审计报告，是大数据环境下开展电子数据审计将要面临的重要问题。

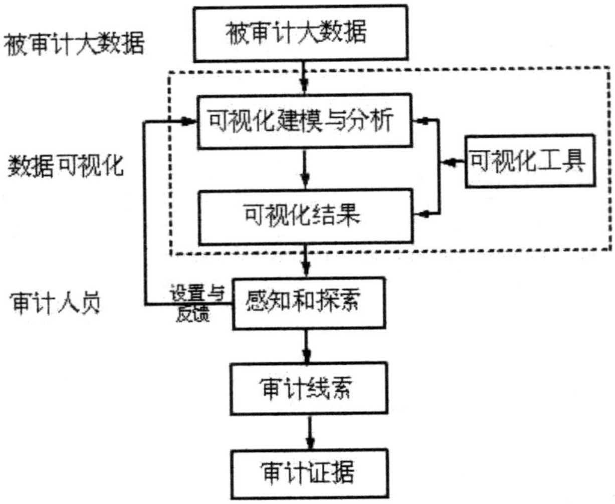

图 2.3　审计大数据可视化分析流程

2.5　小结

总之，大数据时代的到来使得审计工作将不得不面临被审计单位的大数据环境，如果不研究大数据环境下如何开展审计工作，审计人员将再次面临无法胜任审计工作的挑战。本部分结合目前大数据的研究与应用现状，研究大数据环境下电子数据审计面临的机遇、挑战，以及大数据环境下的电子数据审计方法。由本部分内容的研究可知，相对于传统的审计数据分析，审计大数据分析要更复杂一些，大数据分析技术还处于发展的初始阶段，现有的大数据技术和工具还不能完全解决目前所有的大数据问题，还需要政府、企业、学术界的共同努力，从软硬件方面出发，研究解决大数据问题。

参考文献：

[1] 陈伟．2012．联网审计技术方法与绩效评价［M］．北京：清华大学出版社．

[2] 陈伟．2011．一种基于 AHP 的联网审计绩效评价方法［J］．审计与经济研究，26（5）：47－52．

[3] 陈伟，Smieliauskas W. 2012. 云计算环境下的联网审计实现方法探析 [J]. 审计研究，(3)：37—44.

[4] 陈伟，张金城，Qiu R. 2007. 计算机辅助审计技术（CAATs）研究综述 [J]. 计算机科学，34 (10)：290—294.

[5] 宫学庆，金澈清，王晓玲，等. 2012. 数据密集型科学与工程：需求和挑战 [J]. 计算机学报，35 (8)：1563—1578.

[6] 国家863计划审计署课题组. 2006. 计算机审计数据采集与处理技术研究报告 [M]. 北京：清华大学出版社.

[7] 国家审计署. 2014. http：//www.audit.gov.cn.

[8] Alali A. F., Pan F. 2011. Use of Audit Software：Review and Survey [J]. Internal Auditing，26 (5)：29—36.

[9] Alles M. G., Kogan A., Vasarhelyi M. A. 2013. Collaborative Design Research：Lessons from Continuous Auditing [J]. International Journal of Accounting Information Systems，14：104—112.

[10] Armbrust M., Fox A., Griffith R. et al. 2010. A View of Cloud Computing [J]. Communications of the ACM，53 (4)：50—58.

[11] Bell G., Hey T., Szalay A. 2009. Beyond the Data Deluge [J]. Science，323 (5919)：1297—1298.

[12] CCF大数据专家委员会. 2013. 中国大数据技术与产业发展白皮书 [R]. http：//www.ccf.org.cn.

[13] Chen C. L. P., Zhang C. Y. 2014. Data—intensive Applications，Challenges，Techniques and Technologies A Survey on Big Data [J]. Information Sciences，275：314—347.

[14] Chen W., Liu S. F., Smieliauskas W., etc. 2012. Influence Factors Analysis of Online Auditing Performance Assessment：a Combined use between AHP and GIA [J]. Kybernetes：The International Journal of Cybernetics，Systems and Management Sciences，41 (5/6)：587—598.

[15] Chou C. L., Du T., Lai V. S. 2007. Continuous Auditing with a Multi—agent System [J]. Decision Support Systems，42 (4)：2274—2292

[16] CICA/AICPA. 1999. Continuous auditing research report [R]. The

Canadian Institute of Chartered Accountants, Toronto, Ontario.

[17] Deam J., Ghemawat S. 2008. Mapreduce: Simplified Data Processing on Large Clusters [J]. Communications of the ACM, 51 (1): 107—113.

[18] Divyakant A., Philip B., Elisa B., etc. 2011. Challenges and Opportunities with Big Data [R]. Cyber Center Technical Reports, Purdue University.

[19] Gartner E. S. 2012. 10 Critical Tech Trends for the Next Five Years [EB/OL]. http://www.forbes.com/sites/ericsavitz/2012/10/22/gartner—10—critical—tech—trends—for—the—next—five—years/.

[20] Geng B., Li Y., Tao D. C., etc. 2012. Parallel Lasso for Large—scale Video Concept Detection [J]. IEEE Transactions on Multimedia, 14 (1): 55—65.

[21] Gonzalez G. C., Sharma P. N., Galletta D. F.. 2012. The Antecedents of the use of Continuous Auditing in the Internal Auditing Context [J]. International Journal of Accounting Information Systems, 13 (3): 248—262.

[22] Gulisano V., Ricardo J. P., Marta P. M., etc. 2012. Streamcloud: an Elastic and Scalable Data Streaming System [J]. IEEE Transactions on Parallel and Distributed Systems, 23 (12): 2351—2365.

[23] Heer J., Mackinlay J. D., Stolte C., etc. 2008. Graphical Histories for Visualization: Supporting Analysis, Communication, and Evaluation [J]. IEEE Transactions on Visualization and Computer Graphics, 14 (6): 1189—1196.

[24] Hey T., Tansley S., Tolle K. 2009. The Fourth Paradigm: Data—intensive Scientific Discovery [R], Microsoft Research.

[25] IIA. 2012. Global technology audit guide (GTAG): Information Technology Risk and Controls (2nd Edition) [M]. The Institute of Internal Auditors.

[26] James P. A., Bruce H., Gabrielle L., etc. 2011. Data—intensive Science in the us Doe: Case Studies and Future Challenges [J]. Computing in Science and Engineering, 13 (6): 14—24.

[27] Kelly J. 2013. Apache Drill Brings Sql—like, Ad Hoc Query Capabilities to Big Data [EB/OL] . http: //wikibon. org/wiki/v/Apache—Drill— Brings—SQL—Like—Ad—Hoc—Query—Capabilities—to—Big—Data.

[28] Lambrechts A. J. , Lourens J. E. , Millar P. B. , etc. 2011. Global Technology Audit Guide (GTAG): Data Analysis Technologies [M] . The Institute of Internal Auditors.

[29] Lee G. 2012. Using in—memory Analytics to Quickly Crunch Big Data [J] . IEEE Computer Society, 45 (10): 16—18.

[30] Lynch C. 2008. Big Data: How do Your data Grow? [J] . Nature, 455 (7209) 28—29.

[31] Manyika J. , Chui M. , Brown B. , etc. 2011. Big data: The Next Frontier for Innovation, Competition, and Productivity [R] . McKinsey Global Institute.

[32] Marco A. , Giuseppe D. , Rob M. , etc. 2011. What' s Next for Internal Auditing? [R] . The Institute of Internal Auditors.

[33] Melnik S. , Gubarev A. , Long J. J. , etc. 2010. Dremel: Interactive Analysis of Webscale Datasets [C] . Proceeding of the 36th International Conference on Very Large Data Bases. 3 (1): 330—339.

[34] Nathan M. , James W. 2012. Big Data: Principles and Best Practices of Scalable Realtime Data Systems [M] . Manning.

[35] Rutgers Accounting Web. 2014. http: //www. raw. rutgers. edu.

[36] Sakr S. , Liu A. , Batista D. M. , etc. 2011. A Survey of Large Scale Data Management Approaches in Cloud Environments [J] . IEEE Communications Surveys & Tutorials, 13 (3): 311—336.

[37] Science. 2011. Dealing with Data [J] . Science, 331 (6018): 639—806.

[38] Simeon S, Michael H B, Arturas M. 2008. Visual Data Mining: Theory, Techniques and Tools for Visual Analytics [M] . Springer

[39] Sqlstream. 2012. http: //www. sqlstream. com/products/server/

[40] Tabealu. 2014. http: //www. tableausoftware. com.

[41] Thompson D. , Levine J. A. , Bennett J. C. , etc. 2011. Analysis of

Large－scale Scalar Data Using Hixels [C]. IEEE Symposium on Large Data Analysis and Visualization (LDAV): 23－30.

[42] Vasarhelyi M., Alles M., Kuenkaikaew S., et al. 2012. The Acceptance and Adoption of Continuous Auditing by Internal Auditors: A Micro Analysis [J]. International Journal of Accounting Information Systems, 13 (3): 267－281.

专题报告 3：电子数据审计的技术属性和逻辑过程：一个理论框架

【内容摘要】电子数据审计是以电子数据为审计载体的审计模式，它的技术属性可以选择验证或发掘。作为发掘过程时，电子数据审计属于事实发现型取证模式，更多地类似于电子数据分析，只能报告发现的事实，无法对总体发表意见；作为验证过程时，电子数据审计属于命题论证型取证模式，能够根据发现的问题推断总体状况，对总体形成审计意见。作为发掘过程时，其逻辑过程是调查问题和报告问题；作为验证过程时，其逻辑过程是提出问题、调查问题和回答问题。由于发掘型审计存在审计期望差，只能作为过渡性模式，验证型电子数据审计是未来的发现方向。

【关键词】电子数据审计　审计过程　审计主题　审计事项　审计目标

中图分类号：F239.44　文献标识码：A

一、引言

电子数据审计是以电子数据为审计载体的审计模式（石爱中，孙俭，2005），在人类社会信息化进程不断加速的背景下，这种模式将成为主流的审计模式。在电子数据审计的许多问题中，其技术属性和逻辑过程是最基本的问题，前者关注电子数据审计究竟是验证过程还是发掘过程，后者关注电子数据审计的基本思路或流程。对于上述两个基本问题的认知不同，电子数据审计的流程、技术、方法及效率效果都不同。现有文献对电子数据审计的技术属性和逻辑过程都有涉及，但是，不少的认知脱离审计的技术逻辑，将电子数据审计泛化成电子数据分析。本文以审计的技术逻辑为基础，提出一个关于电子数据审计的技术属性和逻辑过程的理论框架。

二、文献综述

根据本文的研究主题，文献综述关注两个方面：一是关于电子数据审计的技术属性；二是关于电子数据审计的基本思路或流程。

关于电子数据审计的属性，一些文献将其作为发掘过程。《数据审计指南——计算机审计实务公告第33号》指出，审计人员应当充分利用历史积累数据，以及数据准备阶段形成的基础表，采用适当的组织方式、方法、技术和工具进行数据分析，以便更高效地选择审计项目、确定审计重点，发现问题线索、得出审计结论。这里虽然没有明确提出审计数据分析是一个发掘过程，但是，通过审计数据分析来选择审计项目，这无疑有将电子数据审计作为发掘过程的意味。冯国富、刘军（2009）指出，在当前的审计实务中，还存在大量从数据集入手构造审计分析模型的现象，一些审计人员往往倾向于在提供的被审电子数据上下功夫，依据自身经验和知识，从所提供的表格字段中挖掘部分数据项之间的逻辑关联，这种方法具有经验性、盲目性和片面性。这里描述的现状，很大程度上有将电子数据审计作为发掘过程的意味。有些文献指出，如何从审计客体海量的、结构化的、非结构化的数据中确定审计重点、审计内容以及审计范围，是审计数据分析所要解决的核心问题（柳巧玲，黄作明，丛秋实，2014）。这里的表述，也有很大程度上将电子数据审计作为发掘过程的意味。有的文献明确表示，电子数据审计不是验证型审计，而是发掘型审计，其审计目标是把隐没在海量的、异构的、杂乱无章的电子数据中的信息集中、萃取和提炼出来，揭示其内在规律，为评价审计客体经济活动和相关资料的真实性、合法性、效益性提供有力的线索或直接的证据（李强，谢汶莉，2016）。当然，也有不少文献提出，要以审计目标为基础来分析电子数据审计，虽然这些文献没有明确表示电子数据审计是验证过程，但是，在很大程度上有将电子数据审计作为验证过程的意味（石爱中，孙俭，2005；刘汝焯，2007；李春青，2007；冯国富，刘军，2009）。

关于电子数据审计的基本思路或流程，有不少的研究文献，主要是研究审计数据分析过程，不同的文献提出的电子数据分析过程大致可以分为两种类型：一种类型是以审计目标为基础提出审计数据分析的基本流程；一种是不信赖审计目标，而是从数据分析的意义上提出审计数据分析的基本流程（石爱中，孙俭，2005；刘汝焯，2007；李春青，2007；冯国富，刘军，2009；姜玉泉，黄昌胤，2003；高浩玮，2010；陈伟，2015）。不同的审计数据分析流程的根本区别是是否信赖审计目标，事实上，也就是将电子数据审计作为验证审计目标的过程，还是与审计目标无关的一个数据分析过程，如果是前者，自然要信赖审计目标；如果是后者，自然与审计目标联系不大。

综上所述，我们发现，对于电子数据审计技术属性的认知会影响其逻辑流程，现有文献及实务，较大程度上存在将电子数据审计泛化成电子数据分析的倾向，这将使得电子数据审计脱离审计目标，进而使得电子数据审计脱离审计的技术逻辑而成为一般的电子数据分析。本文以审计的技术逻辑为基础，提出一个关于电子数据审计的技术属性和逻辑过程的理论框架。

三、理论框架

本文的目的是提出一个关于电子数据审计的技术属性和逻辑过程的理论框架，为此，需要从理论上顺序分析以下三个问题：第一，审计的技术逻辑是什么？第二，根据审计的技术逻辑，电子数据审计究竟是验证还是发掘？第三，如果电子数据审计验证，其逻辑过程是什么？上述思路如图 1 所示，这也是本文的研究框架。

图 1　研究框架

（一）审计的技术逻辑

尽管人们对审计本质的存在认识差异，但是，对于审计的技术属性则有较高程度的共识，一般认为，从技术逻辑来说，审计就是围绕特定主题与既定标准之间的相符程度，采用系统方法收集证据，根据证据，形成对特定主题的审计意见（Auditing Concepts Committee，1972；INTOSAI，

1977；莫茨，夏拉夫，1990；刘家义，2013）。上述过程如图 2 所示。

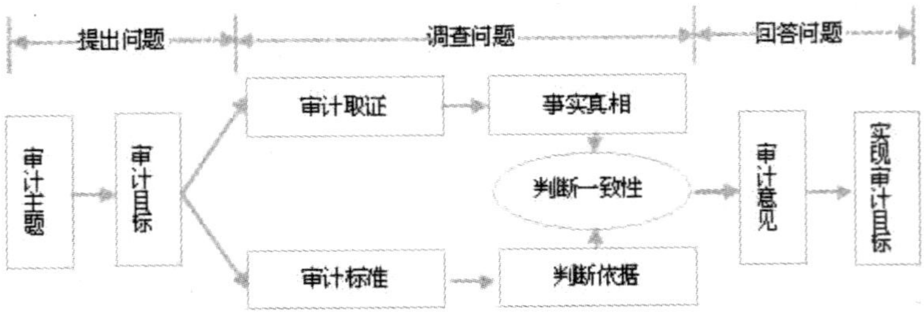

图 2　审计的技术逻辑

一般来说，审计过程包括提出问题、调查问题和回答问题三个阶段。在提出问题阶段，要确定审计主题和审计目标。特定主题也就是审计主题，它是审计委托人或授权人关注的事项，一般来说，审计委托人或授权人会从其利益出发来特定关注的特定主题，主要包括：财务信息、非财务信息、具体行为、具体制度（郑石桥，郑卓如，2015）。围绕这些审计主题，审计人员首先要搞清楚，审计委托人或授权人从哪些方面关注审计主题，这就是审计目标，例如，审计委托人或授权人可能关注财务信息是否真实、非财务信息是否真实、具体行为是否合规、具体制度是否有缺陷，审计人员的使命，就是回答上述这些问题，换言之，也就是验证审计委托人或授权人关注的上述问题是否真的出现了。为此，在调查问题阶段，审计人员需要从两个方面来开展工作：一是审计人员要确定审计委托人或授权人期望它们如何，这就是审计标准；二是要采用系统方法搞清楚审计主题的真实状况。在回答问题阶段，就是根据调查问题阶段获取的审计证据，将审计主题的真实状况与审计标准做一个比较，判断二者的一致性，形成审计意见。所以，总体来说，审计的技术逻辑就是采用系统方法回答审计委托人或授权人关注的特定主题的特定问题的过程，也就是验证审计主题的审计目标的过程，它是以审计主题为基础，围绕审计目标来收集证据并形成关于审计目标的答案的过程，审计目标是审计的起点，也是终点，一切审计活动都是围绕审计目标的有目的行为，不在与审计目标无关的审计活动，从技术本质上来说，审计是一个验证过程（莫茨，夏拉夫，1990；谢盛纹，2007；郑石桥，2015a）。

（二）电子数据审计的技术属性

本文前面的文献综述提到，电子数据审计的技术属性有两种可能情形，一是作为发掘过程，二是作为验证过程。我们来分析电子数据审计选择不同技术属性的内涵及利弊。

1. 电子数据审计作为发掘过程

如果将电子数据审计作为发掘过程，审计人员只是关心特殊问题的数据分析人员，电子数据审计是用适当的统计分析方法对收集来的大量审计数据进行分析，提取有用信息和形成结论，从而对数据加以详细研究和概括总结的过程。审计人员在进行分析时，根据收集到的数据来建立数据分析模式，建立数据分析模型的方法可能有多种，例如，依据法律法规的限定，根据业务的逻辑关系，依据数据钩稽关系，利用外部数据关联关系（姜玉泉，黄昌胤，2003）；基于业务规则，基于数据匹配技术，基于孤立点检测，基于数据规律，基于可视化技术，基于数据挖掘技术（陈伟，刘思峰，邱广华，2006）；基于数据流程（冯国富，刘军，2009）；基于迭代式聚类（杨蕴毅，孙中和，卢靖，2015）；等等，都是可能的方法。

将电子数据审计作为发掘过程的好处是，能充分利用已经获取的数据，从数据中找“黄金”，相关的核心知识有两个方面：一是与数据相关的业务营运活动的知识；二是数据分析技术。一般意义上的审计知识在数据发掘中可能没有实质性价值。如此一来，电子数据审计就不受审计专业知识限制，只要掌握了数据分析技术，再加上了解了审计客体的业务经营情况及相关的法律法规，就可以进行电子数据审计了。在这种情形下，能做电子数据审计的人员范围就大大扩展。事实也正是如此，在审计实务中，一些掌握计算机技术的人员，在电子数据审计过程中发挥了重要作用，甚至成为审计业务骨干。如果按这种技术属性来衡量现在的审计取证学，其绝大部分知识都已经没有实质性价值，审计取证学需要有革命性变化，数据分析理论将成为审计取证学的核心内容，甚至在很大程度上可以取代审计取证学理论。

然而，将电子数据审计作为发掘过程的最大问题是，其审计结论只能针对已经发现的问题，无法根据已经发现的问题来推断总体，进而也无法对总体发表审计意见。从我国已经公告的审计结果来看，很多只是罗列已经发现的问题，没有对总体发表意见（董大胜，2010）。这种发表审计意见的方式，只是告诉大家，审计人员发现了什么，无法回答审计客体总体如何的问题。这其中的根本原因就是，电子数据分析从哪些维度来分析，缺乏一个具有周延性的逻辑框架，电子数据分析只是对已经想到的维度进行分析，但是，这些分析维度是否具有周延性，则不得而知，也正是因为这个原因，除了电子数据分析已经发现的疑点，是否还存在其他的问题，这种审计方式当然也无法回答。既然如此，审计结论就只能罗列已经发现的问题，无法针对总体形成意见。也许有人会说，如果电子数据分析形成了具有周延性的逻辑框架，是否就可以根据已经发现的问题来推断总体状况呢？回答是，如果数据分析框架具有周延性，当然可以对总体发表意见，但是，如果不是从审计目标出发来演绎需要回答的问题，无法形成具有周延性的数据分析逻辑框架，如果从审计目标出发形成了具有周延性的数据分析逻辑框架，电子数据审计的技术属性就已经从发掘过程转为验证过程了。

作为发掘过程的电子数据审计，尽管只是罗列已经发现的问题，并不对总体发表意见，但是，这种审计方式也是有重要价值。首先，具有发挥揭示功能。通过数据分析，能发现审计客体一些问题，从而揭示了被审计存在的问题，并且，对这些问题者确认之后，还可以进行处理处罚，从而发挥了揭示功能。其次，能发挥抵御功能。通过数据分析发现问题之外，追踪到这些问题产生的体制、机制、制度及法律法规原因，推动存在缺陷的体制、机制、机制及法律法规的优化，从而发挥了抵御功能。最后，能发挥威慑功能。由于电子数据审计有可能发现被审计存在的问题，并且还可能会对问题的责任者进行处理处罚，所以，被审计前单位在策划是否要做违规或弄虚作假时，会考虑被审计人员发现的可能性及发现以后的后果，如果结果是发现的可能性较大且后果较严重，则可能放弃违规或弄虚作假的策划，审计发现了威慑功能。

当然，作为发掘过程的电子数据审计，不对总体发表意见，可能形成审计期望差。因为审计委托人或授权人关注的是总体状况，而审计意见回答的是发现了什么，并没有回答总体状况怎样的问题，所以，审计人员并没有回答审计委托人或授权人关注的问题，这就是审计期望差，审计的社会价值受到影响。

2. 电子数据审计作为验证过程

如果将电子数据审计作为验证过程，则电子数据分析是有清晰目标的，是围绕已经确定的命题来进行数据分析，数据分析的结果是对这些命题的回答。在这种技术属性下，电子数据数据分析究竟需要分析什么问题，其本身是清晰的，是有一个具有周延性的数据分析逻辑框架，电子数据分析就是围绕这个逻辑框架来进行。这个逻辑框架就是对于特定的审计主题，从审计总目标到具体审计目标（或审计命题）的分解而形成的。在这种情形下，如何形成具有周延性的数据分析逻辑框架是电子数据审计的关键。电子数据审计只是回答各种具体审计目标或审计命题的手段，所不同的，电子数据审计替代了纸质信息审计，审计本身的技术逻辑依然没有改变。也许有人会说，能否形成具有周延性的数据分析框架呢？当然可以，如果审计主题得以确定，审计目标得以明确，则对于特定的审计主题，完全可能形成具有周延性的审计命题分解体系，纸质审计时代的审计理论和审计实务已经解决了这个问题。如果按这种技术属性来衡量现在的审计取证学，其核心理念并无革命性变化，只是原来的分析性程序扩展为数据分析程序。

将电子数据审计作为验证过程的最大好处表现在两个方面。一方面，审计人员能够根据审计发现的问题形成对总体的审计意见，因为在这种情形下，关于总体的审计意见就是对审计总目标的回答，而审计总目标作为大命题已经分解成小命题（也就是具体审计目标），这种分解具有周延性，通过电子数据分析，对小命题进行了验证。根据小命题的验证结果，并考虑小命题的重要性，可以形成对大命题的结论，这就是关于总体的审计意见。由于能对总体形成审计意见，也就回应了审计委托人或授权人关注的问题，从而也就不会产生因为不能就总体形成意见的审计期望差，从而更具有社会价值。另一方面，由于是围绕审计总目标分解而成的命题体系（具体审计目标）来进行电子数据分析，所以，如何建构数据分析模型已经有了一个较好的逻辑起点，这便于审计人员按一定的规律来建构数据分析模型，虽然审计人员的经验有一定作用，但审计数据分析不是基本凭经验的猜想。

当然，电子数据审计作为验证过程也存在缺陷，最主要的缺陷是需要审计人员掌握较为全面的审计知识，因为要对于特定的审计主题，要从审计总目标分解出具体审计命题（具体审计目标），根据这些审计命题来构建审计数据分析模型，而不是凭经验建构审计数据分析模型，并且，还要求审计命题的分解具有周延性，这要求审计人员具有较扎实的审计学功底，不同命题分解可能出现不周延，进而带来较大的审计风险。当然，审计人员还必须掌握审计客体的业务营运的相关知识，同时还要掌握数据分析技术。总括起来，要求审计人员具有较高的综合素质。

（三）电子数据审计的逻辑过程

1. 电子数据审计作为发掘过程的逻辑过程

电子数据审计作为发掘过程时，其逻辑过程本质上属于事实发现型审计取证模式（郑石桥，2015a，2015b），通过一定的方法，发现某些事实，根据发现的事实，形成审计结论。通过电子数据分析，把隐没在海量的、异构的、杂乱无章的电子数据中的信息集中、萃取和提炼出来，揭示其内在规律，为评价审计客体财政财务收支及相关经济活动提供有力的线索（柳巧玲，黄作明，丛秋实，2014；李强，谢汶莉，2016），通过现场审计工作，核心上述疑点，在这种模式下，审计目标只是为审计数据分析提供了一个方向，并不发挥实质性指导作用。其逻辑过程大致分为两个阶段，一是调查问题，二是报告问题。每个阶段又有具体的步骤，基本情况如图3所示。

调查问题包括审计准备阶段和审计实施阶段。在审计准备阶段的主要任务是通过审计数据分析，发现疑点，并以此为基础，编制现场审计方案，主要包括以下步骤：

（1）了解审计客体有及相关情况。以审计目标为方向，从多个方面了解审计客体及行业相关情况，主要有三个方面：一是了解审计客体的业务营运、组织框架及信息系统状况；二是了解审计客体适用的法律法规；三是审计客体所在行业的整体状况或者审计客体同类单位的基本状况。

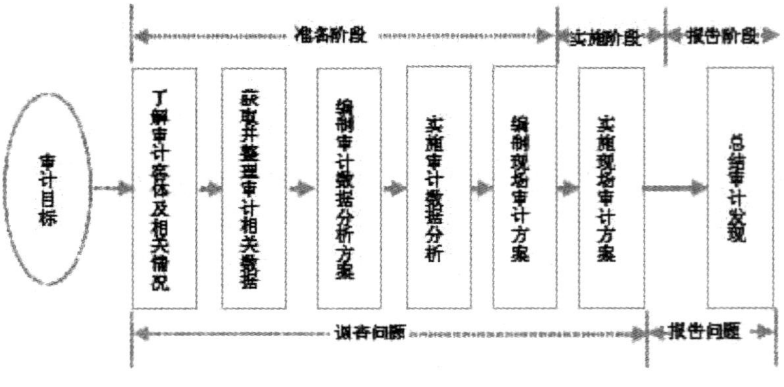

图3　电子数据审计的逻辑过程（发掘过程）

（2）获取并整理审计相关数据。根据了解到的审计客体及相关情况，提出审计数据需求，基本做法是要求提供全部直至底层的业务数据和财务数据，如有可能，还要到审计客体之外的相关单位或部门获取数据。同时，对获取到的数据进行整理，为审计数据分析做好前期准备。

（3）编制审计数据分析方案。根据已经获取并整理之后的数据，编制审计数据分析方案，主要是提出审计数据模型的建构方法，本文前面文献综述中提到的，依据法律法规的限定、根据业务的逻辑关系、依据数据钩稽关系、利用外部数据关联关系、基于业务规则、基于数据匹配技术、基于孤立点检测、基于数据规律、基于可视化技术、基于数据挖掘技术、基于数据流程、基于迭代式聚类等，都是可能的方法。不过，无论如何，由于不根据审计目标演绎需要分析的问题，所以，审计数据分析方案关注到的维度或角度都是不周延的。

（4）实施审计数据分析。根据审计数据分析方案，实施数据分析，确定疑点，编制数据分析报告。

（5）编制现场审计方案。根据发现的疑点，确定审计重点，并在此基础上，编制现场审计方案，核实发现的疑点。在审计实施阶段，主要是实施现场审计方案，核实审计数据分析发现的疑点，获取审计证据。

报告问题属于审计报告阶段，主要是对经过核实的问题做出审计定性，在此基础上，编制审计报告，做出审计决定。由于是发掘型审计，只能就已经核实的问题进行定性，无法根据发现的问题对总体做出推断，所以，没有关于总体的审计意见。在审计报告中，只能报告已经发现的问题（也就是经过数据分析发现的疑点，后来通过现场予以核实之后的事实）。现实生活中，我们也看到有些审计结果公告中有基本评价，这些基本评价，事实是对总体做出审计意见了，由于我国大多数审计机关是采用事实发现型审计取证模式，这种取证模式并不支持根据发现的问题来推断总体，所以，这种做法有较大的审计风险。道理很简单，事实发现型审计取证不具有周延性，即使没有发现问题，也不能推断总体不存在问题；即使发现的问题不具有重要性，也不能推断总体不存在具有重要性的问题。

2. 电子数据审计作为验证过程的逻辑过程

电子数据审计作为验证过程，其逻辑过程本质上属于命题论证型审计取证模式（郑石桥，2015a，2015b），将大命题分解为小命题，对小命题进行数据分析和验证，根据小命题的证明情况，对大命题做出结论，其逻辑过程大致包括提出问题、调查问题和回答问题三个阶段，调查问题是在提出问题为基础的，而回答问题是以调查问题为基础，对提出问题和回应，大致过程如图 4 所示。

提出问题决定了审计要干什么，为此，必须解决两个问题。第一，对

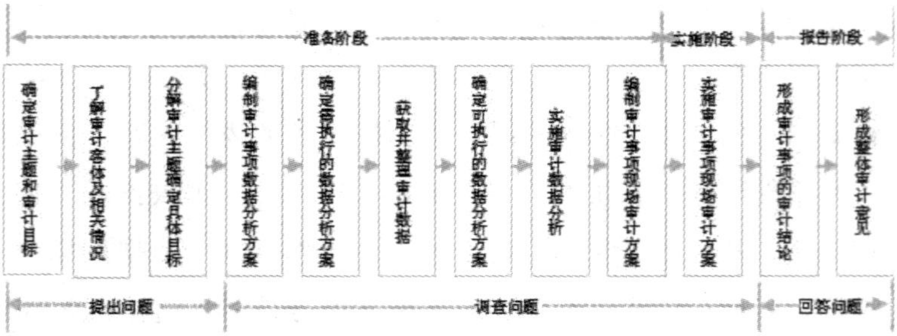

图 4 电子数据审计的逻辑过程（验证过程）

什么进行审计？第二，审计其的什么方面？前者是审计主题，后者是审计目标。审计主题是审计委托人或授权人关注的事项，没有审计主题，审计工作就没有边界；同时，不同的审计主题，可以有不同的审计载体，在审计取证思路和审计程序方面也存在差异。所以，在审计客体确定之后，明确审计主题是非常重要的，它决定了审计的边界，也决定了审计取证思路和程序的选择。审计目标是指审计委托人或授权人从哪些维度来关注审计主题。所以，审计主题及其审计目标，形成了一个审计委托人或授权人关注的事项及其维度的逻辑框架，也就是提出了一个需要审计人员回答的问题的框架体系。当然，要确定这个框架体系，需要在基本原理的基础上，根据审计客体的具体情况予以具体化，这就需要了解审计客体及其相关情况。具体来说，提出问题阶段需要完成以下三方面的工作：

（1）确定审计主题及审计目标。审计不是万能的，是对特定事项发表意见，这种特定事项就是审计主题，包括财务信息、非财务信息、具体制度、具体行为四类。审计主题确定之后，解决了审计什么的问题。对于一定的审计主题，可以从不同的角度发表意见，这就产生的审计目标。一般来说，对于财务信息可以关注其真实性，也可以关注其表征的财务绩效的合理性；对于非财务信息，同样如此；对于具体行为，可以关注其合规性，也可以关注其合理性；对于具体制度，可以关注其合规性，也可以关注其健全性。当然，审计主题和审计目标是基于审计委托人或授权人的审计需求，不是审计人员自行确定的。这是的审计目标，也就是审计人员需要回答的总命题，也称为总目标。

（2）围绕审计主题及审计目标，了解审计客体及相关情况。为了回答审计委托人或授权人的总命题，需要设计电子数据审计方案，而这种审计方案不能凭空想像，而根据审计客体的情况量身定做，为此，需要围绕审计主题和审计目标，对审计客体本身及外部相关情况进行了解，这后续工作遵守基础。

(3) 将审计主题分解为审计事项，并确定审计事项的具体审计目标。对审计客体及相关情况了解之后，需要将审计主题进行分解，并为每个审计事项确定具体的审计目标。因为审计主题是同类事项的集合，不是可实施的审计内容，而具体的审计程序要针对可实施的审计内容，审计主题再分解，就成为审计事项，而将关于审计主题的总目标分解到每个审计事项，就确定了审计事项的具体审计目标。这个过程，犹如将审计总目标这个总命题，分解为可具体论证的小命题了，所以，这种审计取证思路是命题论证式，而这个分解过程是这种取证模式的关键。例如，以财务信息为例，其作为审计主题，审计总目标是验证其真实性。在命题论证模式下，财务信息分解为交易、余额、列报三类审计事项，将真实性这一总目标确定到每类审计事项，产生了不同的具体审计目标，交易这种审计事项的具体审计目标包括：发生，完整性，准确性，截止，分类；余额的具体审计目标包括：存在，权利和义务，完整性，计价和分摊；列报的具体审计目标包括：发生及权利和义务，完整性，分类和可理解性，准确性和计价（中国注册会计师协会，2011）。后续的所有工作，都是为了验证上述这些审计事项的审计命题（或具体审计目标）。

调查问题阶段是为回答或验证具体审计命题提供证据的，主要包括两个逻辑步骤，一是编制现场审计方案，二是实施这个方案以获取证据。编制现场审计方案有个指导思想，就是要抓住重点且提高效率。为此，需要首先用一定的方法，判断审计客体的问题究竟可能在于哪些审计事项的哪些具体审计目标，在电子数据审计模式下，电子数据分析是做出这种判断的主要手段。通过电子数据分析找到疑点，再考虑电子数据分析无法涉及的审计事项的具体目标，编制现场审计方案。具体来说，调查问题阶段需要完成以下七方面的工作：

(1) 按审计事项编制审计数据分析方案。以对审计客体及相关情况的了解为基础，对每个审计事项为对象，编制验证其具体目标可能涉及的数据分析方案，包括分析的问题及分析模型。例如，以财务信息审计为例，需要为每项交易、余额、列报编制审计数据分析方案，以判断其每个具体目标是否存在疑点。当然，有些审计事项的某些具体审计目标可能无法提出通过审计分析来判断其是否存在疑点，对于这类审计事项不能置之度外，而要在现场审计方案中体现出来，只有这种，才能做出到审计事项的具体审计目标的验证具有周延性。

（2）合并各审计事项的审计数据分析方案，删除重复程序，确定需执行的审计数据分析方案。由于是为每个审计事项编制了数据分析方案，在一些情形下，一次数据分析可能与多个具体审计目标相关，甚至与多个审计事项相关，这些数据分析无须多次执行。所以，需要合并各审计事项的审计数据分析，删除重复的数据分析，得到一个无重复的审计数据分析方案，这个方案可以称为可执行的审计数据分析方案。

（3）根据数据分析方案，提出审计数据需求，获取审计数据，整理审计数据。有了可执行的审计数据分析方案，向审计客体或相关部门及单位提出审计数据需求，通过一定的方式获取这些数据，并对数据进行整理，得到审计人员可以直接利用的数据。

（4）确定可执行的审计数据分析方案。由于获取并整理之后的审计数据，可能与审计人员编制审计数据分析方案时的数据期望有差别，为此，需要根据审计数据状况调整审计数据分析方案，确定可执行的审计数据分析方案。

（5）审计数据分析。执行上个步骤确定的审计数据分析方案，对每个审计事项的每个具体审计目标（或小命题）进行初步验证，将验证为伪的小命题，初步确定为疑点。根据疑点相关的审计事项的重要性，确定疑点的重要性。在此基础上，编制审计数据分析报告。

（6）根据审计数据分析结果，编制审计事项的现场审计方案。按疑点及其重要性确定现场审计需要关注的重点，同时，考虑审计数据分析未能涉及的审计事项或具体审计目标。上述两方面的内容，都现场审计需要关注的，以此为基础，编制现场审计方案，确定现场审计事项、审计程序、审计范围（样本）、审计时间及审计人员。从逻辑上来说，审计数据分析未发现疑点的审计事项或具体审计目标，一般不再作为现场审计重点。但是，对于重要的审计事项，即使审计数据分析未发现疑点，现场审计还需要进一步验证。所以，现场审计方案中还需要包括未发现疑点但重要的审计事项。

（7）实施审计事项的现场审计方案。实施现场审计方案，获取三方面的证据：一是核实审计数据分析发现的疑点的证据；二是进一步验证审计数据分析未发现疑点的重要审计事项的真实状况的证据；三是获取审计数据分析未能涉及的审计事项或具体审计目标的真实状况的证据。

回答问题阶段是基于审计证据对审计总目标和具体审计目标做出回答的过程，也就是具体回答审计委托人或授权人关注的问题，或者说是总结验证结果的过程。具体来说，回答问题阶段需要完成以下两方面的工作：

（1）对审计事项做出合理保证或有限保证审计结论。这是对每个小命题做出回答，也就是确定每个审计事项的每个具体审计目标的验证结果。根据审计证据不同，大致有四种情形：一是审计数据分析未发现疑点的一般性审计事项，在后续的现场审计中通常不关注，一般直接判断为真；二是审计数据分析示发现疑点但重要的审计事项，根据现场审计证据判断其真或伪；三是审计数据分析发现疑点的事项，根据现场审计证据判断其真或伪；四是审计数据分析直未涉及的审计事项或具体审计目标，根据根据现场审计证据判断其真或伪。

问题的关健在于，如果现场审计证据表明某审计事项的某些具体审计目标与既定标准存在偏差，如何判断该命题的真伪呢？这需要以该审计事项的重要性（可容忍的最大偏差程度，下同）为依据，凡是超出重要性的，判断为伪；没有超出重要性的，判断为真。

（2）根据审计事项的审计结论，确定总体的审计意见类型。以每个审计事项的小命题验证为基础，判断大命题（针对审计主题的审计总目标）的真伪。从逻辑上来说，小命题的验证结果有三种情况：一是全部小命题都验证为真，此时，大命题自然验证为真，对总体要发表肯定性审计意见；二是全部小命题都验证为伪。此时，大命题自然验证为伪，对总体要发表否定性审计意见；三是部分小命题验证为真，而部分小全部验证为伪，此时，如何对大命题做出结论呢？这需要以整体重要性为基础，并考虑验证为伪的审计事项对于总体的影响程度，确定关于总体的审计意见，可能是否定性的意见，也可能是肯定性的意见，也可能介于二者之间的审计意见。

上述提出问题，调查问题，回答问题的逻辑过程也可以按通过的审计过程来划分，提出问题阶段全部属于审计准备阶段；而调查问题分为两个阶段：一是审计数据分析阶段，这一阶段仍然属于为现场审计做准备的，所以，可以归结为审计准备阶段；二是现场核实阶段，这一阶段类似于纸质审计时代的审计实施阶段。回答问题阶段属于审计报告阶段。

四、结论和启示

电子数据审计是以电子数据为审计载体的审计模式，是未来主流审计模式。本文以审计的技术逻辑为基础，提出一个关于电子数据审计的技术属性和逻辑过程的理论框架。

从技术属性来说，电子数据审计既可以定性为发掘过程，审计目标只是指引方向，并不需要一个以审计目标为起点的拟分析问题逻辑框架，这种模式属于事实发现型取证模式，只能报告发现的事实，无法对总体发表意见，存在审计期望差；电子数据审计也可以定性为验证过程，此时，需要根据审计主题和审计目标，提出一个具有周延性的需要验证问题的逻辑框架，这种模式属于命题论证型取证模式，能够根据发现的问题推断总体状况，对总体形成审计意见，不存在没有总体意见的审计期望差。电子数据审计作为发掘过程时，其逻辑过程是调查问题和报告问题；作为验证过程时，其逻辑过程是提出问题、调查问题和回答问题。由于发掘型电子数据审计存在审计期望差，只能作为过渡性模式，验证型电子数据审计是未来的发现方向。

本文的研究启示我们，我国的审计实务还存在较大的改进机会。现实生活中，一些审计人员将电子数据审计作为数据发掘过程，缺乏审计主题理念，也没有根据审计目标提出需要验证的具体问题的逻辑体系，电子数据分析主要是凭经验。这种审计取证模式，一定程度上也能发挥揭示功能、抵御功能和威慑功能，但是，改进的余地较大。如果能够将电子数据审计定性为验证过程，树立审计主题理念，基于审计主题和审计目标，提出需要验证问题的逻辑框架，则不仅能报告发现的事实，还能形成针对总体的审计意见，审计的社会价值将显著提升。当然，这种转型，需要审计人员有较扎实的审计功底，这需要在审计职业化教育中大力加强。同时，更需要高层基调中，在重视计算机技术、法律法规的同时，重视审计技术。

参考文献

[1] 石爱中，孙俭．初释数据式审计模式［J］．审计研究，2005，(4)：3－6。

[2] 冯国富，刘军．一种基于数据流图的审计分析模型构造方法［J］．审计研究，2009，(4)：30－34。

[3] 柳巧玲，黄作明，丛秋实．基于 PDCA 循环的审计数据分析［J］．商业研究，2014，(3)：152－158。

[4] 李强，谢汶莉．大数据审计中的可视分析［J］．中国内部审计，2016，(2)：79－87。

[5] 刘汝焯．计算机审计概念、框架与规则［M］．清华大学出版社，2007。

[6] 李春青．数据式审计模式下的数据处理策略［J］．财会月刊，2007，(8)：95。

[7] 姜玉泉，黄昌胤．如何进行计算机数据审计模型分析［J］．中国审计，2003，(21)：69－71。

[8] 高浩玮．基于高校财务信息平台的数据审计模式及实务探究［J］．审计研究，2010，(6)：59－66。

[9] 陈伟．电子数据审计模拟实验室研究［J］．中国注册会计师，2015，(7)：87－92。

[10] Auditing Concepts Committee. Report of the Committee on Basic Auditing Concepts, The Accounting Review, 1972, pp. 15－74.

[11] INTOSAI (the International Organization of Supreme Audit Institutions), The Lima Declaration [S], 1977.

[12] 刘家义．中国特色社会主义审计理论［M］．中国时代经济出版社，2013，32。

[13] 罗伯特·K. 莫茨，侯赛因·A. 夏拉夫．审计理论结构［M］．中国商业出版社，1990，102－112。

[14] 郑石桥，郑卓如．基于审计主题的审计学科体系创新研究［J］．会计研究，2015，(9)：81－87。

[15] 谢盛纹．审计证据理论研究［M］．西南财经大学出版社，2007，98—120。

[16] 郑石桥．政府审计取证模式：理论框架和例证分析［J］．会计之友，2015a，（22）：121—126。

[17] 陈伟，刘思峰，邱广华．计算机审计中数据处理新方法探讨［J］．审计与经济研究，2006，（1）：37—48。

[18] 杨蕴毅，孙中和，卢靖．基于迭代式聚类的审计疑点发现——以上市公司财报数据为例［J］．审计研究，2015，（4）：60—66。

[19] 董大胜．财政审计大格局思考［J］．审计研究，2010（5）：6—11。

[20] 郑石桥．审计主题、审计取证模式和审计意见［J］．会计之友，2015b，（6）：125—133。

[21] 中国注册会计师协会，审计（2011年度注册会计师全国统一考试辅导教材）［M］．经济科学出版社，2011。